This is TRENDY HALF !

커넥츠 공단기 gong.conects.com
심슨영어연구소 카페 cafe.naver.com/shimson2000

심우철
하프
모의고사

심우철 지음

필기 노트

Season2
기본편

01 밑줄 친 부분과 의미가 가장 가까운 것은?

The new treatment will usually <u>abate</u> the sensitiveness in a week or so.

① augment
② lessen 줄이다, 축소하다
③ aggravate 악화시키다
④ develop 발전시키다, 개발하다

abate 덜다, 줄이다

① augment 증가시키다, 증가하다 → 5·9 언트 : 5월과 9월에는 식욕이 늘어 체중이 증가하니까

줄이다, 축소하다, 수축시키다
abate
curtail
constrict
contract (+계약하다 ; (병에) 걸리다)
dwindle (줄어들다)
downsize
deflate
diminish
halve (반으로 줄이다)
shrink (+오그라들다, 움츠리다) → 슈링크 (새우처럼 슈링크 오그라들다, 줄어든다)

해석 : 그 새로운 치료법은 보통 일주일 정도 안에 예민함을 줄여 줄 것이다.
① 늘리다 ② 줄이다 ③ 악화시키다 ④ 발달시키다
어휘 : sensitiveness 민감함; 예민함

02 밑줄 친 부분과 의미가 가장 가까운 것은?

We must not <u>lose sight of</u> what we originally aimed for.

① alter 변하다, 바뀌다
② forget
③ conceal 숨기다 (= disguise)
④ reveal 드러내다 (= disclose, unveil)

lose sight of   1. 못보다, 놓치다 ; (시야를) 잃다
　　시력, 시야   2. 잊다, 망각하다

해석 : 우리는 우리가 원래 목표로 했던 것을 잊어서는 안된다.
① 바꾸다 ② 잊다 ③ 숨기다 ④ 드러내다
어휘 : aim for ~을 목표로 하다

3

03 어법상 옳은 것은?

① Could you please tell me [where **is** the bathroom]?
　(의문사+S+V (변형의문어순))
　4V+IO+DO
　의문사 [1형사 : ~에 있다 (사람에게는 1형식으로 사용)
　　　　　 2형식 : ~이다]
　※ 's [be동사]

② His educational background prevented him (from) getting a job.
　　　　　　　　　　　　　　　　　　　O　　RVing

③ Applicants must be submitted (at least) two recommendations.
　　　　　　(동)(동)(→submit)　　　　　O

④ People (from different cultures) understood the meaning/different.
　　　　　　　　　　　　　　　(동)(동)　　O　　형 VS 부 (→differently)

전략
어휘 판단 → 동 VS 형 → 형 VS 부
　　　　　(주어진)　　(동·수동)　시제
　　　　　동·수동　　　　　　　대명사

① where
(1) '그런데 그 장소에서' 또는 '어디에서'로 해석되는지 확인
(2) 뒤에 완전한 문장이 왔는지 확인
(3) 년형의문으로 쓰일 경우, 평서문 어순인지 아닌지 확인

해석
① 화장실이 어디에 있는지 말씀해 주시겠어요?
② 그의 학력이 그가 취직하는 것을 방해했다.
③ 지원자들은 적어도 2개의 추천서를 제출해야 한다.
④ 다른 문화권의 사람들은 그 의미를 다르게 이해했다.

어휘 bathroom 화장실 educational background 학력 recommendation 추천서

04 우리말을 영어로 잘못 옮긴 것은?

① 그녀의 미소는 어린아이의 미소처럼 순수했다.
→ Her smile was as pure as that of a child.
　　A　　　　　　　　　　　B

② 각각의 장난감들은 다른 모양과 색을 가지고 있다.
→ Each of the toys has a different shape and color.
　　복수N　　　　단수V

③ 우리가 잡은 물고기는 너무 작아서 먹을 수 없었다.
→ The fish we caught was too small to eat.
　[형] so X
　to RV의 목적어가 주어로 온 경우,
　to RV의 목적어가 없는지 확인 (목적어 중복 X)

④ 이런 값진 경험을 좀 더 일찍 했었더라면 좋았을 텐데.
　　　　　　　　　　현재 < 과거
→ I wish I had this valuable experience (earlier)
　　　　　had had (had p.p)

① [as ~ as] 원급 구문
(1) 생략어구 확인 (more[-er] ~ than과 혼용 X, as -er as 중복 X)
(2) 비교되는 두 대상의 급이 맞는지 확인
　〈급판〉 the table's legs와 the legs of the table은 같은급임
　따라서 her smile과 that [= the smile] of a child는 같은 급

② 'each of 명사'의 수일치 〈문법편 p.176〉
one, each, either, neither + of + 복수명사 + 단수동사

③ I wish [가정]
종속절의 시제가 주절의 시제와 같을 때 → 가정법 과거
VS 주절의 시제보다 시제가 앞설 때 → 가정법 과거완료

어휘 pure 순수한 valuable 값진

05 밑줄 친 부분에 들어갈 말로 가장 적절한 것은:

A: Hey, I heard you just got your driver's license.

B: Yeah, but I'm having so much trouble parking. I don't want to go driving at all.

A: I could help you with that. 나그거 도와줄수 있어.

B: Really?

A: I don't mind. What are friends for? 생각없어 (빼놓아). 친구 좋다는 게 뭐야 ~

B: Thanks. I owe you for this.

① It's easy once you get the hang of it

② You might get frustrated with me

③ You should have been more careful

④ I'm more comfortable on my own

· What are friends for? 친구 좋다는 게 뭐야?

· get the hang of ~의 요령을 터득하다

· on one's own 혼자서 (= alone), 스스로

해석 A: 안녕, 내가 운전면허를 막 딴 참이라고 들었어.

B: 응, 근데 주차에 너무 애를 먹고 있어. 아예 운전하러 가기도 싫어.

A: 내가 그거 도와줄 수 있는데.

B: 정말? 나 때문에 짜증 날 수도 있어.

A: 상관없어. 친구 좋다는 게 뭐야?

B: 고마워. 이걸로 신세 지네.

① 할 줄 알게 되면 쉬워

② 나 때문에 짜증 날 수도 있어

③ 더 조심하지 그랬어

④ 난 혼자가 더 편해

어휘 license 면허 have trouble 어려움을 겪다 get the hang of ~을 할 줄 알게 되다 frustrated 짜증 난, 답답한

MEMO

06

해석 반달리즘은 설비나 건물과 같은 재산에 대한 의도적 또는 악의적인 손상이다. 그것은 무의미한 재산 피해가 아니다. 개인들은 메시지를 전달하거나, 좌절감을 표현하거나, 복수를 꾀하거나, 수익을 얻거나, 혹은 게임의 일부 등 다양한 이유로 공공 기물을 파손한다. 그것은 흔히 차의 방해와 무단 침입 같은 다른 사회 무질서의 징후와 연관되어 있다. 반달리즘의 유형에는 그라피티, 쓰레기 투기, 조명 파손, 신호 또는 장식의 제거나 훼손, 유리창 파손, 혹은 기타 재산에 대한 손상이 포함된다. 그라피티는 소매점이나 상업용 건물 소유자들이 경험하는 만연한 형태의 반달리즘이다. 그라피티로 공공 기물을 파손하는 사람들은 페인트 스프레이, 두꺼운 마카, 금속성 물질, 식각 펜 또는 구두약 병을 포함한 다양한 도구를 사용해 건물에 낙서하거나 표시한다.

① 반달리즘은 고의로 누군가의 재산을 훼손하는 행위이다.
② 반달리즘의 동기에는 재정적 이득 또는 개인적 복수가 포함된다.
③ 쓰레기 투기는 가장 일반적인 형태의 반달리즘이다.
④ 그라피티로 공공 기물을 파손하는 사람들은 건물에 표시하기 위해 금속성 물체를 사용할 수도 있다.

어휘 vandalism 반달리즘, 공공 기물 파손 willful 의도적인, 고의적인 malicious 악의적인 property 재산, 건물 senseless 무의미한 convey 전달하다 revenge 복수 disorder 무질서 disturb 방해하다 trespass 무단 침입하다 graffiti 그라피티, (공공장소에 하는) 낙서 dump 버리다 smash 박살내다 signage 신호 ornamentation 장식 deface 외관을 훼손하다 pervasive 만연한 retailer 소매점 tag 낙서하다 broad-tipped 끝이 넓은 etching 식각, 부식 shoe polish 구두약 intentionally 고의로 prevalent 일반적인

07

해석 헌팅턴병은 단일 유전자의 결함으로 발생하는 뇌 질환으로, 일반적으로 30세에서 50세 사이의 어느 시점에 증상을 일으키며, 보통 진단 후 15년에서 20년 사이에 사망에 이른다. 선사시대에 인간의 기대 수명은 30~35세 정도 되었으므로, 적어도 진화적인 관점에서 보면 40세에 헌팅턴병에 걸린 55세에 그것으로 사망하는 것은 큰 문제가 되지 않는다. '40살' 인간은 이미 몇 명의 아이들을 낳았을 가능성이 컸고, 그들이 남은 반식 수명은 짧았다. 심지어 현재에도, 헌팅턴병 환자가 그 병으로 쓰러지기 전에 아이들을 맞을 것은 상당히 가능성이 있다. 따라서 그 치명성에도 불구하고, 헌팅턴병은 드물기는 하지만 여전히 인류에 남아 있다. 이것은 우연히 축적된 돌연변이의 명백한 사례인데, 이 경우 단일 유전자는 반식기 이후 연령에 무언가 문명하고도 심각한 데 나쁜 것을 발생시킨다.

① 반식 지연을 일으키는 유전적 질환
② 헌팅턴병의 유전자 돌연변이의 종류
③ 아메서 인간은 여전히 헌팅턴병과 함께 사는가?
④ 헌팅턴병 환자들의 기대 수명의 결정 요인

어휘 give rise to ~을 낳다, 일으키다 deadly 치명적인, 생명을 앗아가는 diagnosis 진단 prehistoric 선사시대의 life expectancy 기대 수명 come down with (병에) 걸리다 reproductive 반식의 lifespan 수명 succumb 쓰러지다, 죽다 albeit 비록 ~일지라도 accumulate 축적하다 mutation 돌연변이 determinant 결정적인 요인

08

해석 현실에 대한 이해의 과학적 진실성이 과학적 노력의 목표이기는 하지만, 많은 과학자들에게 명성이 추진력이라는 것을 부인하기는 불가능할 것이다. 여러 가지 면에서 과학적 추진력은 다소 그림되어 있다. 우리 문화는 과학적 문제를 접근하기 어려운 것으로 간주하면서 그것에 진지한 관심을 가지는 사람들의 상황에 무심하고 있지 않다. 언론과 대중 매체에서 과학적 발견을 다루는 것은 부적절하고 흔히 변덕스러워서, 사소한 사건으로 포착하기 않지만 중요한 사건으로 무시한다. 더 넓은 대중들에게 과학적 생각을 전달하는 것을 목표로 하는 책들은 흔히 과학 자체 밖의 다른 검험에서는 거의 가치 또는 전혀 관심을 받지 못한다. 가장 큰 독창성을 지닌 과학자들의 이름은 다름에게 완전히 알려져 있지 않은 경우가 흔하다. Paul Dirac은 Isaac Newton이나 James Clerk Maxwell과 동시대에 인물을 가치가 있는 이론 물리학자였으며, 심지어 교육받은 사람들 사이에서도 그의 이름은 많은 사람들에게 인식 가능할 것이고, 그의 뛰어난 발견이 무엇이었는지 알 수 있는 사람은 거의 없을 것이다.

③ distinction 탁월함 truthfulness 진실성 endeavor 노력 fame 명성 spur 추진력 isolated 고립된 press 언론 inadequate 부적절한 whimsical 변덕스러운 trivial 사소한 neglect 무시하다 significance 중요 theoretical 이론의 in the same breath 동시에, 잇따라 outstanding 뛰어난

09

해석 우리는 증상을 건강의 감시 장치로 사용하도록 배정받지만, 이는 한계가 있다. 추정컨대 증상이 있으면 건강하지 않다는 것이고, 증상이 없다면 건강하다는 것이지만, 증상의 부재가 건강에 대한 항상음에도 불구하고 지표라는 점은 잘 알려진 것지 않았던 사람들이 무수히 많다. 우리는 건강이 증상이 부재를 구현할 필요가 없다. 어떤 사람들이 태양 주위를 돌고 있을 뿐 아니라, 다른 무언가의 주위를 돌기도 하는 건강을 기준으로 자전하고 있는 지구 위에 서 있는 것임에도 불구하고 증상이 있다. 종상의 완화와 건강은 동일하지 않다. 돈은 같은 것이 아니다. 기 위해 아물 복용하면 더 건강해진다고 생각하는 사람들이 있다.

① 차병분만 대응 약을 먹도록   ② 증상을 건강의 정차로 사용하도록
③ 고통이 건강한 삶의 일부라고 생각하도록   ④ 증상의 완화와 회복을 구별하도록

어휘 supposedly 추정컨대, 아마도 symptom 증상 absence 부재 indicator 지표 be riddled with (특히 나쁜 것이) 가득하다 cancer 암 noticeable 눈에 띄는 distinction 구별 rotate 회전하다 axis revolve 돌다 get rid of ~을 없애다 alleviate 완화하다 prescribe 처방하다 tell 구별하다

10

해석 연구는 인간의 유대들은 인과 관계, 역학, 그리고 다른 사람들의 미음에 관해 알할 수 있는 언어를 습득하기 몇 년 전에 것들에 대한 정교한 정도로 정교한 이해를 발달시킨다는 것을 보여 주었다. 예를 들어, 그들은 백돌 하나가 또 하나의 백돌을 일기 위해서는 그것이 그것과 접촉한 상태에 있어야 한다는 것을 금방 알게 되고, 그들은 물체를 그림이 손을 받아 당을 수 있는 거리를 넓히기 위해 도구를 사용하기 시작한다. 그들은 실험자가 인과 관계를 위반하는 것으로 보이는 어떤 일이 일어나게 만들 때 놀란다. 이런 것들이 도구로 사용되기 시작한다. 그들은 실험자가 인과 관계를 위반하는 것으로 보이는 어떤 일이 일어나게 만들 때 놀란다. 이런 것들이 도구로 사용되기 위한 것들을 거의 고유한 인간의 능력으로, 심지어 침팬지들조차도 막대기가 그들 쪽으로 물건을 끌어당기는 데 사용될 수 있다는 것을 배우기 어렵다. (인간은 그들이 무력함이 경험으로부터 배우므로써, 즉 경험으로부터 배우므로써, 이와 같은 기본 지식을 습득하고, 그것은 계속해서 우리가 본 것에 관해 가장 가치 있는 지식이 되는 종 하니이다.

어휘 infant 유아 remarkably 놀랍게 정교한 도구로 sophisticated 정교한 causality 인과 관계 mechanics 역학 brick 벽돌 reach 벽돌 손이 당을 수 있는 거리(범위) violate 위반하다 uniquely 고유하게 helplessness 무력함 powerlessness 무력감 fundamental 근본적인

01 밑줄 친 부분과 의미가 가장 가까운 것은?

People can admonish themselves for their mistakes and resolve to avoid similar behavior in the future.

① seclude 떼어내다, 은둔시키다
② exert ① 발휘하다, 행사하다 ② 노력하다(-oneself)
③ immerse
④ reprove 꾸짖다, 책망하다

apart (분리) / close

admonish 꾸짖다, 충고하다, 훈계하다

③ immerse 1. 몰두시키다 2. 담그다
※ ~에 몰두하다
be [immersed] in
    [absorbed]
    [engrossed]

꾸짖다, 나무라다
scold   rebuke
admonish   reprove
berate   reproach
censure   reprehend
             reprimand

해석 사람들은 그들의 실수에 대해 스스로를 꾸짖고 미래에 비슷한 행동을 피하기로 다짐할 수 있다.
① 격리시키다 ② 발휘하다 ③ 몰두시키다 ④ 꾸짖다
어휘 resolve 다짐하다

02 밑줄 친 부분과 의미가 가장 가까운 것은?

The pitcher has not always been able to overcome the pressures in big games.

① get by   ② get on
③ get over   ④ get at

① get by   그럭저럭 살아가다
② get on   ~에 타다
③ get over   1. ~을 극복하다(= overcome, surmount, tide over)
              2. ~에서 회복하다
              3. (~with) ~을 끝마치다, 완료하다
④ get at   1. ~을 이해하다, 깨닫다
              2. ~에 도달하다, 이르다

get 이어동사 두개 정리
get along with   1. ~와 사이좋게 지내다 2. (일이) 잘 되다
get through   1. ~을 끝마치다 2. ~에서 벗어나다
get back at   ~에게 복수하다
get down to   1. ~에 착수하다 2. ~에 집중하다
get across   1. ~을 이해시키다 2. ~을 건너다

해석 그 투수는 항상 큰 경기에서의 압박감을 극복하지 못했다.
① 그럭저럭 살아가다 ② 타다 ③ 극복하다 ④ 이해하다
어휘 pitcher 투수 pressure 압박감

7

Shimson_lab

03 밑줄 친 부분 중 어법상 옳지 않은 것은?

강의 0:05:25

The first national system ① was started in 1889 in Germany by Otto von Bismarck. ② Motivating (by a desire / to address a portion of the unhappy complaints of socialists), Bismarck set up the world's first system ③ that paid retirement benefits to an entire nation of workers. It already included many features still found in current systems, including paying via income tax supplemented with employer and government contributions, ④ as well as benefits for disabled workers.

- ① │was│ started 동사(수동태)
- ② Motivating (①(수동)(→Motivated)) / (by a desire) / to address
- ③ system │that│ 명사(선행사) / 주격관·대
- ④ as well as ~뿐만 아니라

③ that 063

(1) ┌ 관계대명사 that
  └ 명사(선행사) + that + 불완전한 문장
  ┌ 동격의 접속사 that
  └ 명사 + that + 완전한 문장
    └→ fact, truth, belief, idea, opinion, evidence, proof 등

(2) 명사절을 이끄는 접속사 that
  └ 동사 + that + 완전한 문장

(3) 앞에 콤마 또는 전치사가 없으면 생략 가능
  cf) ┌ in that : ~라는 점에서
      └ except that : ~라는 사실만 제외하고

해석 최초의 국가 시스템은 1889년 독일에서 Otto von Bismarck에 의해 시작되었다. Bismarck는 사회주의자들의 불만족스러 위 하는 불만의 일부를 해결하고자 하는 열망에 전 국가 노동자들에게 퇴직금을 지급하는 세계 최초의 시스템을 새 웠다. 그것은 장애인 노동자에 대한 수당뿐 아니라 고용주와 정부의 부담금으로 보완된 소득세를 통한 납부를 포함하여, 현 재 시스템에서 여전히 발견되는 많은 기능들을 이미 포함하고 있었다.

어휘 complaint 불만, retirement benefits 퇴직 수당, 퇴직금 supplement 보완하다 contribution 부담금 disabled 장애가 있는

---

04 우리말을 영어로 잘못 옮긴 것은?

강의 0:08:53

① 나는 한 달에 두 번 심야 영화를 보러 가곤 했다.
  → I used to go (to a late-night movie) (twice a month)
       RV

② 그 자선단체는 사람들이 자립할 수 있도록 돕는 것을 목표로 한다.
  → The charity aims to help people become independent.
       096 (to)RV   V   O   C

③ 그는 늦지 않도록 평소보다 한 시간 일찍 나왔다.
  → He came out an hour earlier than usual unless he should be late.
       063 (비교급+than(⑧,졥 접속사) lest

④ 회사의 모든 사람들은 그를 반갑지 않은 손님으로 여긴다.
  → Everyone in the company regards him ⓐ(as) ⓑ(an unwelcome guest.
                                          A   B

① used to 056 : 31지 용법에 유의
  • be used to RV : ~하는 데 사용되다
  • used to RV : ~하곤 했었다
  • be [get] used to RVing : ~하는 데 익숙하다 [익숙해지다]

③ unless 048 VS lest 049 : 이중부정 금지 / 영어 의미 구별
  ┌ unless : ~하지 않는다면
  └ lest : ~하지 않기 위해서, ~하지 않도록

④ regard 101
  (1) 목적격 보어에 as 명/명이 있는지 확인 (as 생략×)
  (2) 수동태일 경우에도 전치사 as가 있는지 확인 (as 생략×)

어휘 late-night 심야의 independent 자립할 수 있는 unwelcome 반갑지 않은

강의 0:14:36

05 밑줄 친 부분에 들어갈 말로 가장 적절한 것은?

A: Hello, I'm looking for bluetooth earphones.

B: Are there any specific models you have in mind?

A: Not really. I just want good sound quality.

B: Try this pair. It has a nice design and also offers noise cancellation.

A: Hmm. <u>무게와 관련하여 불편스러움을 표현</u>   .

B: Then how about this model? This one only weighs 35 grams a piece.

꿀팁 이 모델은 어때요? 이건 한 짝에 35g밖에 안 나가요.
→ 무게에 관한 얘기를 해서 다른 제품 추천

A: Perfect. I'll get it.

① It's a little heavy for me

② The sound isn't really my taste
    취향

③ This is just what I was looking for

④ I don't care much about the color

have in mind   v을 염두에 두다

9

MEMO

Shimson_lab

06

시간 0:14:54

해석 스페인 독감은 어떤 조류종에서 기원한 H1N1 바이러스에 의해 발생한 인플루엔자[독감]의 일종에 붙여진 이름이다. 스페인 독감은 전염병으로, 쉽게 퍼져 전 세계 사람들을 감염시킨 신종 인플루엔자바이러스 A형이었다. 이 바이러스는 신종이었기에, 이 바이러스에 대한 면역이 거의 또는 전혀 없었다. … 1918년부터 1919년까지, 스페인 독감은 전 세계적으로 약 5억 명의 사람들을 감염시켰다. 이는 당시 세계 인구의 약 33%에 달했다. … 스페인 독감으로 약 5천만 명을 죽게 했다. … 스페인 독감은 5세 이하 유아와 65세 이상의 사람들에게 특히 해로웠다. 스페인 독감이 한 가지 남달랐던 점은 20세에서 40세 사이의 젊고 건강한 성인들도 많이 죽게 했다는 것이었다.

① 이것이 발병한 당시 대부분의 사람들은 이것에 면역이 없었다.
② 1918~1919년에 세계 인구의 3분의 1이 이것에 감염되었다.
③ 이것은 독이 유아와 노인들에게 위험했다.
④ 20세에서 40세 사이의 건강한 성인들도 이것으로부터 안전했다.

어휘 pandemic 전염병 infect 감염시키다 immunity 면역력, 면역 infant 유아 outbreak 발생, 발병

07

시간 0:18:34

해석 나쁜 습관은 스스로 무심코 만들도록 하는 감정을 조성한다. … 정크푸드를 먹어서, 당신은 기분이 나쁘다. … 건강을 걱정하는 것을 당신에게 느끼게 하고, 이로 인해 당신은 … 나쁜 습관의 신호 …

① 인간의 약을 중독에 있어 습관의 역할
② 신호 유발 욕구의 개인차
③ 외부적 신호로 유발되는 나쁜 습관의 순환
④ 반복되는 나쁜 습관의 제거의 필요

어휘 foster 조성하다 numb 무감각하게 하다 sluggish 게으른, 활기 없는 ease 덜어주다 induce 유발하다 external 외부적인 craving 갈망 addict 중독시키다 millisecond 밀리초 (1,000분의 1초) spark trigger 계기 compulsive 강박적인, 상습적인 provoke 유발하다 consciously 의식적으로 repetitive 반복적인

08

시간 0:26:12

해석 자기 통제의 첫 번째 단계는 현실적인 목표를 세우는 것이다. …

어휘 realistic 현실적인 draw up 작성하다 trim 늘씬한 payoff 보상 bookmaker(=bookie) 마권 업자 odds 배당률 wager 내기 standing offer 상설 제안

09

시간 0:31:39

해석 불안한 감정에 맞서는 한 가지 방법은 우리를 괴롭히는 감정으로부터 우리 자신을 정신적으로 분리하는 것이다. …

① 정서적 고통의 원인을 멈추게 이해하는
② 그것 그런 감정들의 가장 강렬한 형태를 유도하는
③ 우리를 괴롭히는 감정으로부터 우리 자신을 정신적으로 분리하는
④ 여러 외부 활동에 적극적으로 관여하는

어휘 confront 맞서다 disturbing 불안감을 주는 identify with ~와 동일시하다 fit 발작, 욱하는 감정 omnipresent 어디에나 있는 disfigure 훼손하다 dissolve 녹다 discontent 불만 mindfulness 마음 챙김, 명상 hatred 증오 mean 비열한 dissociate 분리하다 afflict 괴롭히다 appreciate (제대로) 인식하다 distress 고통 appreciate

10

시간 0:43:33

해석 아동이나 정서적 복잡하고 지속적인 건강상의 요구를 가지고 있는지 아닌지를 정의하는 한 가지 방법은 …

어휘 define 정의하다 base A on B A를 B에 기초하다 diagnosis 진단 (pl. diagnoses) exclude 제외하다 assessment 평가 organizational 조직의 definite 명확한

01 밑줄 친 부분과 의미가 가장 가까운 것은?

His friends described him as someone who was affable yet ambitious.

① genial 상냥한, 다정한
② upbeat 명랑한, 힘이넘쳐 찬
③ literate 글을 읽고 쓸 줄 아는
④ fervent 열렬한, 열광적인

↔ Illiterate 문맹의
ⓝ literacy 읽고 쓰는 능력

affable ↓ to 우화 상냥한, 붙임성 있는 → 누군가에게 우화를 생동감 있음에 얘기해주는 모습 연상

다정한, 상냥한, 애정어린, 붙임성 있는
amiable (love)
affable
affectionate 애정
benign (+ 병은, 상냥한)
cordial
genial → 상냥한 재니야 인?
good-tempered

열광적인, 열정적인, 열렬한, 열심인
passionate 열정
enthusiastic
exuberant
vehement
ardent → 열심히 하는 아던디?
avid

해석 그의 친구들은 그를 상냥하지만 야심 있는 사람으로 묘사했다.
① 상냥한 ② 명랑한 ③ 읽고 쓸 줄 아는 ④ 열렬한
어휘 ambitious 야심 있는

02 밑줄 친 부분과 의미가 가장 가까운 것은?

Now he needs to let go of his past self.

① defeat ☑ 패배시키다 ⓝ 패배
② respect ☑ 존경하다
③ abandon 1. 버리다 2. 포기하다, 그만두다
④ anticipate 예상하다, 기대하다

let go of ~에서 손을 놓다; 버리다 (= abandon)

해석 이제 그는 과거의 자신을 버릴 필요가 있다.
① 패배시키다 ② 존중하다 ③ 버리다 ④ 예상하다

11

03 어법상 옳은 것은?

① The new marketing strategy(calling SNS marketing)was successful.
　　　　S　　　　　　　5V　　　　OC(명사)
　(→called) 5형식(→called)

② We suggested that he hire a team of experts in each field.
　　　　　　　　　(should)RV　　　　　　　　각 of + 단수N

③ Such a novel idea had been almost unimaginable ten years ago.
　　　　　　　　　(→was)

④ A number of persons is lining up in the hotel lobby to see Neymar.
　　　　　　　　　복수N + 복수V
　　　　　　(→ people are)

① call
(1) 능·수동 확인
(2) 목적격 보어에 명사가 있는지 확인

② 주요명제동사 V + that + S + (should) RV <p.183>
주장 insist, argue, urge
요구 ask, demand, require, request
명령 order, command
제안 suggest
충고 advise, recommend
결정 decide

③ 특정 시제를 나타내는 표현들 <p.178>
과거 시제명사+ago, in+과거시간, yesterday, last, when~?, just now, then
현재완료 since + 과거시점, until[up to] now, so far, for/over + the last[past] 기간
대과거 시제명사 + before (현재), just, already, for + 기간
미래완료 by the time + 미래시점, by + 미래시점, for + 기간, 횟수
과거·대과거 in one's youth[school days], when young

해석 ① SNS 마케팅으로 불리는 그 새로운 마케팅 전략이 성공적이었다.
② 우리는 그가 각 분야의 전문가들로 구성된 팀을 고용할 것을 제안했다.
③ 그런 참신한 발상은 10년 전에는 거의 상상도 할 수 없었다.
④ 많은 사람들이 Neymar를 보기 위해 호텔 로비에 줄을 서 있다.

어휘 strategy 전략 novel 참신한 unimaginable 상상도 할 수 없는 line up 줄을 서다

---

04 우리말을 영어로 잘못 옮긴 것은?

① 일반적으로 맥주가 소주보다 마시기 쉽다.
　→ In general, beer is easier to drink than soju.
　　　　　　　　A IS 난이형

② 그는 더위로 고통받는 것보다 추위에 떠는 것을 더 선호한다.
　→ He prefers shivering(with cold)to suffering from heat.

③ 무슨 일이 있어도 내가 일할 때 나를 방해해서는 안 된다.
　→ On no account must you disturb me(when I'm working.
　　　　부정 　　　(1) S-V 도치 (2) not이나 never X (부정어 중복 X)

④ 영어는 모든 공항에서 일반적으로 사용되는 세계적인 언어이다.
　→ English is a global language(that is commonly used/in every airport)
　　　　　　　　　명사(선행사) 　　　　주격관·대 + 단수N

② prefer
(1) 비교대상이 없는 경우, 목적어로 to RV와 동명사 모두 가능
(2) 비교대상이 있는 경우, 뒤에 'RVing to RVing' 또는 'to RV (rather) than (to) RV'
(3) preferable 뒤에 전치사 to가 있는지 확인 (than X)

① 난이형용사 구문 <p.194>
(1) 주요 난이형용사 : easy, difficult, hard, (in)convenient / (im)possible
　　　　　　　　　　　　　　　　　　　　　　진S도 that절 가능
(2) It is 난이형 (for+목적격) to RV
　→ 주어가 It이 될 경우, to부정사의 의미상 주어가 for+무목적어인 확인 (of+목적격 X)
(3) A is 난이형 to RV
　→ 문장의 주어가 (to RV의 의미상)...
　→ to부정사의 목적어가 문장의 주어로 쓰여, to부정사의 목적어가 없는지 확인

어휘 shiver 떨다 disturb 방해하다

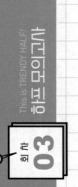

05 밑줄 친 부분에 들어갈 말로 가장 적절한 것은?

A: Try this spaghetti. It's the best I have ever tasted.

B: Wow, it's amazing. It makes me want to ask the chef for the recipe. 레시피 물어보고 싶음

A: Me too. Maybe I'll just go ahead and ask for it. 내가 그냥 가서 그거 물어볼래봐

B: _____.

① I want to make a complaint on this dish

② You know that my recipe is a secret → 주방장이 할 수 있는 말

③ Please share it with me if you get it

④ I'm surprised you don't agree

해석 A: 이 스파게티 먹어 봐. 내가 먹어본 것 중 최고야.

B: 와, 진짜 맛있다. 주방장한테 요리법을 물어보고 싶게 만드네.

A: 나도. 그냥 내가 가서 물어볼까 봐.

B: 그거 얻으면 나와 공유해 줘.

① 난 이 요리에 대해 항의하고 싶어

② 내 요리법이 비밀인 거 너도 알잖아

③ 그거 얻으면 나와 공유해 줘

④ 네가 동의하지 않다니 놀라워

어휘 chef 주방장, 요리사 recipe 요리법 complaint 불평, 항의

MEMO

06

[해석] 오르트 구름은 태양계 전체를 둘러싼 껍질을 이루는 얼음 천체들의 방대한 축적이다. 비록 오르트 구름이 실제로 관측된 적은 없지만, 이 구름의 영역은 1950년에 그것의 존재를 제안한 네덜란드의 전문학자 Jan Oort의 이름을 따서 명명되었다. 그것은 태양으로부터 지구까지 거리의 10만 배, 최대 15조 킬로미터의 거리만큼 뻗어가 있으며, 태양계의 형성 과정에서 남은 물질과 암모니아, 메탄의 얼음으로 이루어진 조각들로 가득 차 있다. 이 조각들은 개별적으로 보면 매우 미미하지만, 같이 합쳐지면 그것들은 우리의 몇 배에 이를 수 있다. 가장 인상적인 장주기 혜성과 비주기 혜성들 중 일부는 오르트 구름에서 여행을 시작한 것으로 생각된다.

① 오르트 구름은 태양계를 둘러싸는 영역이다.
② 오르트 구름은 Jan Oort에 의해 처음으로 관측되었다.
③ 오르트 구름은 몇 가지 물질로 구성되어 있다.
④ 오르트 구름은 일부 혜성들의 원천으로 믿어진다.

[어휘] vast 방대한 reservoir 축적, 저장소 shell 껍질, 겉질, 껍데기 solar 태양의 spherical 구 모양의 astronomer 전문학자 trillion 1조 fragment 조각, 파편 insubstantial 대단찮은 mass 질량 non-periodic 비주기의 comet 혜성 substance 물질

07

[해석] 9세기경 영국에서, 영토는 몇몇 개별적인 읍들에 의해서 지리적인 지역으로 불리는 shire라고 불렸다. 각각의 shire 이내에는 reeve라고 불리는 개인이 있었고, 이것은 수호자를 의미했다. 이 지리적인 지역들은 들에 의해 그들의 비공식적인 사회적인 지도자로 선택되었다. 읍들은 그 직책을 정부 구조에 통합했고, reeve는 왕의 이익을 보호하고 해당 shire의 사람들과의 중재자 역할을 하기 위해 임명된 대표자가 되었다. 시간과 왕명을 통해서 (시간이) 흐르고 나중에 이 (변형에 따라) shire와 reeve라는 단어들은 중재를 의미하는 수호자를 의미하는 shire-reeve로 합쳐졌고, 결국 오늘날 우리가 알고 있는 sheriff라는 단어가 되었다.

① shire의 수호자로서의 읍들
② 중세시대의 정부 구조
③ sheriff의 종류 (또는 종류와) 과제를 수행하기 그 과제를 수행할 것이라고 확신했다.
④ sheriff의 역사적 뿌리

[어휘] geographic 지리적인, 지리학의 guardian 수호자, 보호자 incorporate 통합시키다 appoint 임명하다, 지명하다 representative 대표(자) interest 이익 mediator 중재인, 조정관 medieval 중세의

08

[해석] 무리를 지어 사는 것은 혼자서 또는 심지어 작을 이룬 채를 이룬 방식으로 사는 것과는 다른 것으로 다른 난제를 제시한다. 인간은 생존 전략으로 집단 생활을 채택했다. 그리고 이러한 (사회적) 환경에서의 성공을 최적화하기 위해, 인간은 (신체적 특성과 행동을 포함한) 다수의 고지식성에 우세한 방향으로 사는 것이 훨씬 적합한 작용을 포기한다. 이러한 거래 덕분에 우리 종이 영원한 지리적 범위를 가지고 다니는 당양이처럼 우리는 우리가 아디를 가든 우리와 함께 친구와 집단의 사회적 경험을 동시에 우리는 그러한 보호적인 사회적 경험을 동시에 여기는 우정, 협력, 사회적 허용에 의존하도록 진화해 있다. 비록 그러한 매력적인 지질들이 경험과 폭력의 물결에서 태어났을지라도 말이다.

[어휘] trade-off (타협을 위한) 거래, 균형 geographic 지리적인 range 범위 ascendant 우세한 challenge 난제, 어려운 solitary 혼자의, 고독한 paired 짝을 이룬 fashion 방식 adopt 채택하다 optimize 최적화하다 take on ~을 떠맡다 a host of 다수의 cooperation 협력 appealing 매력적인 adaptation 적응 trait 특징 instinctual 본능의 incredibly 믿을 수 없을 정도로

09

[해석] 예술은 우리의 가치관과 신념이 옳다고 확인시켜 줄 수도 있지만, 예술 가능은 꼭 그것을 확인하라고만은 하지는 않는다. 물론, 예술가들이 자신의 창작물을 이해하고 감상해주기를 건절히 바란다. 이 때문에 비평가 관객 반응에 관심을 기울일 능기들은 흔히 관객들이 자신의 창작물을 만들 때 항상 상상을 고려하는 것이 아니다 하지만, 엔터테이너들은 항상 고려한다. 지도 모른다. 하지만 예술가들은 작품을 만들 때 항상 상상을 고려하는 것이 아니다 하지만, 엔터테이너들은 항상 고려한다. 년은 주요 영화 맞 TV (프로) 제작자들은 '상품을 정식 출시하기 전에 관객들에게 시범을 보이고자 진행 중인 작품을 보여준다. 보통 대상 연령 또는 사회 집단에서 모집된 이 시범 관객들은 상영이 끝난 후 좋았던 점과 그렇지 않았던 점, 이야기가와 캐릭터에 관한 생각을 설문지로 작성하고, 이후 제작자, 작가, 감독 등은 그것을 더욱 관객 친화적으로 만들고자 다시 쓰고 편집한다. 본질적으로, 시범 관객은 제작자들이 상품의 가치관을 소비자에 맞추어 그 상품을 더 판매성이 시장성 있게 만드는 도구이다.

① 그들의 예술적 목적을 달성하여
② 실생활에서 무엇이 창의적으로 여겨지는지를 심판서
③ 상품의 가치관을 소비자에게 맞추어
④ 예상되는 관객 반응의 유형을 분류하여

[어휘] confirm (맞는지 확인하다) desperately 필사적으로 appreciate 감상하다 recruit 모집하다 fill out ~을 작성하다 questionnaire 설문지 in progress 진행 중인 take sth into consideration ~을 고려하다 in essence 본질적으로 categorize 분류하다 marketable 시장성 있는

10

[해석] 학습의 시작 단계는 미래의 성공적인 성과를 결정하는 데 매우 중요하다. 초기 오류는 '설정될' 수 있으며 근절하기가 어려울 수 있다. 결과적으로, 새로운 학습에서 학생들의 초기 시도는 주의 깊게 관찰되어야 하며, 필요할 때 그들이 정확하고 성공적으로 지도받아야 한다. 결과적으로 연습하도록 '학생들을 풀어놓기' 전에 확실한지 교사가 (이용 가능한 도움 없이) 지혜적으로 연습하도록 '학생들을 풀어놓기' 전에 확실한지 교사가 확인하도록 '부화뇌동'하지 하기 위해 전체 집단과 함께 연습하거나 학생을 사이를 돌아다닐 필요가 있다. (많은 학생들이 검무하며 있도) 담아면 기전맥진하고 행복으이 감소되는 것을 경험한다.) 교사의 지도와 함께, 학생은 필요한 경우 명료화 또는 교정이 득시 발생할 수 있도록 모든 (또는 충분히) 과제를 수행하는 정확한 것이라고 확신했다. 기본으는 나중에 도움 없이 정확하게 그 과제를 수행할 것이라고 확신했다.

[어휘] determination 결정 initial 초기의 eradicate 근절하다 accurate 정확한 circulate among ~ 사이를 돌아다니다 well-being 행복, 복지 overwhelm 압도하다 assured 확신하는 subsequently 나중에 guidance 안내, 지도 instruction 지시, 지도 clarification 명료화 remediation 교정 assistance 도움

01 밑줄 친 부분과 의미가 가장 가까운 것은?

Administration officials tried to allay concerns that their request for $2.5 billion was insufficient to address the epidemic.

① retract 취소하다, 철회하다
② assuage (고통·욕구 등을) 덜어주다, 가라앉히다
③ expedite ① 촉진시키다 ② 신속히 처리하다 ④ abolish 폐지하다, 없애다

allay 가라앉히다, 평상시키다

완화[진정]시키다, 경감하다, 누그러뜨리다, 달래다

ease : 편안한(easy) 상태를 만드니까
appease : 평화(peace)의 상태를 만드니까
assuage : 설탕(sugar)처럼 달콤한 상태를 만드니까
allay : 눕혀(all) 놓으니까 (lay)
alleviate : ⎡lev(i), liev(e) = light (가벼운)
relieve : ⎣
relent :
moderate : 이도저도를 알맞게 누그러뜨린다
mitigate : 마치까는 사랑을 누그러뜨리다
mollify : 토닥이며 고통을 오히려 누그러뜨리다
pacify : pac(i) = peace
placate : plac = please (기쁘게 하다)
사랑이 마음을 기쁘게 달래면

soothe : 스무스하게 진정시키다
sedate ⎡ sed, sid(e) = sit
subside ⎣ 아래로 가라앉다
subdue (+진정하다)
calm
comfort
console : 함께(con) 모여 홀로(sole)를 달래고 위로하다
conciliate : 간격을 짜내 경각를 달래다
tranquilize : quil = quiet (조용한)
quell (+진정하다)

02 밑줄 친 부분에 들어갈 말로 가장 적절한 것은?

They were wealthy and prosperous, but generally _____ in their style of living.
(역접)

① alien 이질적인, 외국의, 외계의
② shrewd 영리한, 기민한
③ lavish ① 풍부한, 호화로운 ② 사치스러운
④ frugal 검소한

검소한 ← → 사치스러운, 낭비하는 ; 호화로운
thrifty   wasteful
economical   prodigal
frugal   extravagant
                   lavish
④ 인색한   luxurious
stingy   sumptuous
sparing
miserly
parsimonious

04 회차 모의고사

03 어법상 옳은 것은?

① Most of the houses(in the city)[was] built in the 1920s.
  046 과거시제 현재 (→were)← 045 과거시제 현재

② Last year, more than 200 people [has died] in the area.
  046 과거시제 현재 (→died)

③ No sooner we have sat down than the movie started.
  (→had we sat)

④ Imagine the pressure[you are under](at work)(every day)
  빼+내 that 생략

전략

어휘 표현 → 동 VS 준 → 형 VS 부
  (수일치) (능·수동)   (능·수동) 시제
  (동)   (준)   대명사

① '부분명사 of 전체명사'의 수일치 〈p.176〉

'부분'을 나타내는 부분명사: some, any, most, 예: all

부분명사
- 일부 : part, portion, half, the rest
- 분수 : one third, two thirds …
- 백분율 : 30 percent

+ of + ┌ 복수명사+복수동사
         └ 단수명사+단수동사

③ ∼하자마자 …했다〈p.178〉

(Hardly)   038-1
(Scarcely) 039   had + S + p.p (when) S + 과거V
                                 (before)

No Sooner 040   ∼ than ∼

해석 ① 그 도시에 있는 대부분의 집들은 1920년대에 지어졌다.
② 지난해, 200명 이상의 사람들이 그 지역에서 죽었다.
③ 우리가 앉자마자 영화가 시작되었다.
④ 당신이 매일 직장에서 받는 압박감을 상상해 보라.

어휘 pressure 압박감

04 우리말을 영어로 잘못 옮긴 것은?

① Maverick은 내가 믿기로 그 임무에 가장 적합한 리더이다.
  → Maverick is the leader[who(I believe)[is] best for the mission]
  060 S+V 삽입   주격관계 ⑧(수일치)

② 그녀는 자신의 잘못 때문에 그의 결정에 따를 수밖에 없었다.
  → She had no choice but to follow his decision because of her fault.
  to RV   + 명사

③ 내 아이들은 캐나다에 가서 서울에 있지 않다.
  → My children are not in Seoul/because they have gone to Canada.
  126 ∼에 가고 없다 ⑧have been to : ∼에 가본 적이 있다

④ 그는 현대 관측 천문학의 아버지로 일컬어진다.
  → He has referred to as the father of modern observational astronomy.
      been

② ∼하지 않을 수 없다 〈p.183〉

cannot but RV
cannot help RVing
have no choice[alternative] but to RV
cannot choose [help] but RV

④ '자동사 + 전치사' 타동사구의 수동태 〈p.177〉

be referred to as   ∼라고 불리다   be thought of as   ∼라고 생각되다
be laughed at   비웃음을 당하다   be looked at   보이다
be listened to   들리다   be spoken to   말 걸어지다
be agreed on   동의되다   be dealt with   처리되다
be relied on   의존되다   be depended on   의존되다
be run over   ∼에 치이다   be disposed of   처리되다

어휘 observational 관측의 astronomy 천문학

05 두 사람의 대화 중 가장 어색한 것은?

① A: I hate it when people stick their noses in my business.

　 B: I know. I wish they didn't care so much.

② A: Did you just see that deer?

　 B: Yeah, it came right out of the blue.

③ A: My computer broke down and my paper is due tomorrow.

　 B: Don't worry. I finished mine yesterday so I can play.

④ A: I can't believe you forgot my birthday.

　 B: You know how sorry I am. Let me make up for it.

stick[put/poke] one's nose in(to)　　∨에 참견한다

out of the blue　　갑자기

make up for　　맹회하다, 보상[병]하다

해석 ① A: 사람들이 내 일에 참견하는 게 난 싫어.
　　 B: 내 말이. 그들이 그렇게 신경 쓰지 않았으면 해.
② A: 방금 저 사슴 봤어?
　　 B: 응, 갑자기 튀어나왔어.
③ A: 내 컴퓨터가 고장 났는데 내일까지 리포트를 내야 해.
　　 B: 걱정 마. 내건 어제 끝내서 놀 수 있어.
④ A: 네가 내 생일을 잊었다니 믿을 수가 없어.
　　 B: 내가 얼마나 미안한지 알잖아. 내가 만회하도록 해줘.

어휘 stick one's nose in ~에 참견한다 out of the blue 갑자기 paper 과제, 리포트 break down 고장 나다 make up for 만회하다

06

해석 아데노신은 복잡한 수면 작용, 특히 수면의 시작에 영향을 미치는 여러 신경 전달 물질 중 하나이다. 우리가 깨어 있는 동안, 아데노신 수치는 각성을 촉진하는 대 중요한 뇌 영역에서 점차 증가한다. 농도가 높아지면 아데노신은 각성을 억제하고 졸음을 유발한다. 이후, 아데노신 수치는 수면 도중 감소한다. 그러므로, 과학자들은 오랫동안 높은 수치의 아데노신이 사실상 수면 유발하고 가정했다. 실제로 커피, 차, 다른 카페인 음료에서 발견되는 카페인은 아데노신과 마찬가지로 그스런 물질이다. 뇌에서 아데노신의 작용을 차단하여 수면을 방해 하도록 작용하는데, 이는 각성 수준을 높인다. 다시 말해, 당신이 카페인을 마실 때, 그것은 당신 뇌의 아데노신 처리를 차단하여 각성 효과를 달성한다.

① 아데노신은 수면의 시작보다는 끝과 더 관련 있다.
② 높은 수치의 아데노신은 우리를 정신 바짝 차리게 할 수 있다.
③ 아데노신 수치는 잠들어 있을 때보다 깨어 있을 때 더 높다.
④ 카페인은 아데노신의 효과를 극대화함으로써 각성을 촉진한다.

어휘 neurotransmitter 신경 전달 물질 initiation 시작 gradually 점차 arousal 각성 concentration 농도 inhibit 억제하다 방해하다 assume 가정하다 추정하다 in effect 사실상 beverage 음료 block 차단하다 wakefulness 각성 alert 정신이 초롱초롱한 maximize 극대화하다

07

해석 Daniels 등에 따르면, 국제적인 환경에서 일하는 모든 생산자와 마케팅 담당자는 항상 브랜드에 대한 결정을 내려야 하는 상황에 직면한다. 그들이 세계적인 브랜드를 채택할 것인지 아니면 다양한 국가 시장을 위해 서로 다른 브랜드를 사용할 것인지 결정해야 한다. 한 브랜드를 국제적으로 사용하는 것은 경제적으로 이치에 맞지만, 그 결과 문제가 발생할 수 있는데, 특히 언어에 관한 것이 그렇다. 원래 특정 언어를 가진 특정 시장을 위해 선택된 이름은 다른 언어 영역에서 서로 다른 연상성을 기늘 수 도 있다. Daniels 등이 올바르게 지적하듯이, 국제적으로 브랜드를 홍보하는 것의 문제는 다른 언어에서 브랜드 이름의 일부 소리가 없기 때문에 약화된다. 선택한 이름은 또한 그 이름의 발음이 원래와는 다른 의미를 만들 수 있기 때문에 약화되 수도 있다. 만약 그 브랜드가 서로 다른 알파벳(문자)을 사용하는 국가에서 홍보된다면 그러한 문제는 더욱더 커질 수 있다.

① 국제적인 브랜드는 진짜처럼 보이느냐...지는 이미지를 추구한다.
② 나라마다 서로 다른 브랜드를 사용하는 것은 바람직하지 않다.
③ 쉽게 발음할 수 있는 브랜드명은 국제적인 명성을 얻는다.
④ 하나의 동일한 브랜드명을 국제적으로 홍보하는 것은 언어적 훈련을 야기한다.

어휘 et al. (이름 뒤에 써서) 등, 외 confront 직면하다 adopt 채택하다 make sense 이치에 맞다 when it comes to ~에 관한 한 association 연상성 pronounce 발음하다 exacerbate 악화시키다 promote 홍보하다 authentic 진품[진짜]인 linguistic 언어의

08

해석 Shakespeare의 운율은 창의성의 귀감이다. "사랑은 한숨의 연기로 만들어진 연기이다." "역경의 달콤한 우유, 철학," "남자들이 미소에는 단검이 있다." (B) 그런 운율은 볼 때는 분명해지지만 창작하기 매우 어렵고, 그것이 Shakespeare가 문학적 천재로 여겨지는 한 가지 이유이다. 그런데 운율을 만들어내기 위해 그는 일련의 기발한 비유들을 보아야만 했다. (C) 그가 "남자들의 미소에는 단검이 있다"라고 쓸 때, 그는 단검이나 미소에 관해 말하고 있는 것이 아니다. 단검은 악의와 비슷하고, 남자들의 미소에는 단검이 비슷하다. 단 다섯 단어 안에 두 가지 기발한 비유가 있다. (A) 적어도 그것이 내가 그것을 해석하는 방법이다. 시인들은 새로운 방식으로 개성을 밝히는 식으로, 겉으로 보기에 관련 없는 단어나 개념의 연관성을 보여주는 것이 본질적이다. 그들이 있다. 그들이 높은 수준의 구조를 가르치는 한 가지 수단으로 예상치 못한 비유를 만들어낸다.

어휘 metaphor 은유 paragon 귀감, 모범 fume 연기 adversity 역경 dagger 단검 correlate 연관성을 보여주다 seemingly 겉으로 보기에 unrelated 관계없는 manner 방식 illuminate 밝히다 analogy 비유 literary 문학적인 succession 연속(물) analogous to ~와 비슷한 ill intent 악의 deceit 기만

09

해석 몇 가지 독특한 과학적 방법이 있다고 생각하는 것에서부터 그것(과학)을 기술과 융합하는 것에 이르는, 과학에 관한 무수한 오해들이 있는데, 그것(과학)이 주로 창조력에 달려있지 않은 사람들이 있는 매우 경험적이고 축적에 관한 것이라는 생각을 포함하는 오해들이다. 심지어, 과학의 특별한 단명성이 있는 것, 사회적으로 구성된 신화의 또 다른 단명에 물과에(의) 과학사회하자 피 파도 있다. 예를 들어, 저서 "The Golem"에서 Collins와 Pinch는 과학 논쟁은 추가적인 실험에 의해서 해결되는 것이 아니라, 사회적 협상에 의해 해결된다고 진술한다. Collins는 심지어, 실제 세계는 과학적 생각의 발전에 거의 역할을 하지 못해 왔다고도 썼다. 이러한 상대론자들을 이해를 제공하는 대 있어서 과학의 우월성을 부인하고 삶이 한다. 그러한 견해는 본질적으로 반과학적인 것이고, 그들의 견해가 소위 과학 연구 과정에서 무비판적으로 제시되는 것은 매우 우려되는 문제이다.

① 과학적 방법을 제안하고
② 모두 확실한 증거를 수집하고
③ 과학에 반대하는 어떤 조치도 취하지 않고
④ 과학의 우월성을 부인하고

어휘 numerous 무수한 misconception 오해 range from A to B 범위가 A 에서 B에 이르다 fuse 융합시키다 accumulation 축적 competitive 경쟁력 있는 school 피 myth 신화, 잘못된 믿음 validity 타당성 dispute 논쟁 settle 해결하다 negotiation 협상, 합의 relativist 상대론자 uncritically 무비판적으로 so-called 소위 solid 확실한 superiority 우월성

10

해석 도교는 창의력에 대해 새로운 접근법을 취한다. 그것은 현대 지식으로 우리의 선천적인 호기심과 창의력에 장벽으로 작용할 수 있다고 말한다. 아이들은 선천적으로 호기심이 많고 창의적이지만, 사회와 교육은 그것을 파괴할 수 있다. 예를 들어, 아이들은 어른에게 공을 앞뒤로 말기면서 몇 시간 동안 놀 수 있는 반면에, 어른들은 몇 번 내에 지루해질 수 있다. 이것은 어른들의 공이 얼마로 것이다. 그러나 아이들은 공이 되기는 것을 경험하고, 그 공이 결국 독점이라 봉가 얻다로 보내질 것이라는 결과를 개념화하기 때문이다. 그러나 아이들은 아이들을 공이 되는 것(예를 들어, 방은 우리가 보는 것(예를 들어)에 연관성을 기능 일부 지지 얼기 때문에 신이 난다. 게다가, 현실에서 가장 중요한 부분(예를 들어, 방은 우리가 보지 못하는 것(예를 들어, 게다가, 현실에서 부족한 부분(예를 들어, 방은 우리가 보지 못하는 것(예를 들어, 방은 쓸모기를 결정한다. 그 비 공기가 얼지 않다면, 방은 쓸모가 없다. 라, 우리가 보지 못하고 검증하는 것에 집중하라고 가르치지만, 도교는 우리에게 보이지 않지만 중요한 것에 집중하라고 한다.

어휘 Taoism 도교 barrier 장벽 curiosity 호기심 socialization 사회화 bounce 튕기다 conceptualize 개념화하다 invisible 보이지 않는 결과e.g. 예를 들어 verify 입증하다 outcome 결과

01 밑줄 친 부분과 의미가 가장 가까운 것은?

He made a statement provoking the people to <u>animosity</u> through the media.

① jeopardy
② turmoil 혼란, 동요
③ antipathy 반감
④ stigma 오명, 오점, 낙인

animosity 반감, 적대감 →애니멀시티: 정승 안면 녀석! 해면서 반감을 가지다

증오, 혐오, 반감

antipathy, animosity, aversion, hatred, rancor

① jeopardy 위험 → 제퍼디: 저건에 것혀서 위험함을 연상
= peril, hazard

해석 그는 언론을 통해 국민들의 반감을 자극하는 발언을 했다.
① 위험 ② 혼란 ③ 반감 ④ 오명
어휘 provoke 자극하다

02 밑줄 친 부분과 의미가 가장 가까운 것은?

The country's violent actions(against the civilians)<u>made our blood boil.</u>
　　　　　　V　　　　　O　　　　　　　　　　　OC

① enraged us
② damaged us
③ released us
④ protected us

make one's blood boil　~을 화나게 하다 → 피를 끓게 만드는 거니까

화나게 하다
enrage
make → 반하다; 분노, 격분

outrage
annoy
irritate
infuriate
incense
vex
exasperate

해석 민간인들에 대한 그 나라의 폭력적인 행동은 우리를 화나게 했다.
① 우리를 격분시켰다 ② 우리에게 해를 끼쳤다 ③ 우리를 풀어주었다 ④ 우리를 지켜주었다
어휘 civilian 민간인

03 밑줄 친 부분 중 어법상 옳지 않은 것은?

The early villages were characterized by a harmonious relationship between people and nature. People still relied ① <u>heavily</u> on the land, and villages could not grow so big as to overtake fertile land. As such, if numbers became (too) ② <u>great</u> a new village would be established nearby utilizing other farmland. Advances (in farming technology) (however) ③ <u>allowing</u> smaller portions of land to cultivate more abundant crops. Further, improvements in transportation allowed foodstuffs to be shipped long distances and so villages did not have to ④ <u>be located</u> (close to farmland)

주석:
- ① 동 vs 형 / 동사 rely on
- ② 2V 보사
- Advances → S, allowing (→allowed) → O
- ③ 동 vs 준, OC (to RV)
- ④ 동 vs 형, Ø, +RV

동사의 시제를 따져봐야 하는 경우
(1) have p.p / had p.p 가 있을때
(2) 종속절에 미래시제가 나온 경우
(3) 과거 + 현재[또는 미래]가 맞은 경우

04 우리말을 영어로 가장 잘 옮긴 것은?

① 필요하다면 주저하지 말고 연락 주세요.
→ If necessary, please do not hesitate to contact ~~to~~ me.

② 나는 네 컴퓨터를 망가뜨렸다고 네게 말한 것을 후회한다.
→ I regret to tell you that I broke your computer.
   주석: to tell → telling, RVing(→telling)

③ 당신은 65세가 되면 연금을 받을 자격이 있을 것이다. [067-3]
→ You will be entitled to a pension / when you ~~will~~ reach 65.
   주석: 부사절 / 부사절(~할때) → 현재시제가 미래를 대신함

④ 그녀는 경찰에게서 도망치자마자 다시 붙잡혔다. [039]
→ Scarcely had she run away from the police before she was caught again.
   주석: S run-ran-run, S p.p(run-ran-run), 과거V

①, ③ REMALIODASC : 자동사 없는 타동사 〈p.17〉
R resemble, reach [017]
E enter
M marry, mention
A accompany, attend, approach
L leave, lack
I inhabit, influence
O obey, oppose
D discuss
A announce, address, answer
S survive
C consider, contact [005]

② to 부정사와 동명사 둘 다 목적어로 취하지만 의미가 다른 동사 〈p.185〉

	to RV (미래/아직안 X)	RVing (과거/동작 O)
remember	~해도 할 것을 기억하다	~한 것을 기억하다
forget	~해도 할 것을 잊다	~한 것을 잊다
stop	~하기 위해 멈추다	~하는 것을 그만두다
regret	~하게 돼서 유감이다	~한 것을 후회하다
try	~하려고 애쓰다	시험삼아 ~해보다
mean	~할 작정이다	~하는 것을 의미하다

주석: try ~하기 위해 노력하다

어휘: hesitate 주저하다 | be entitled to ~을 받을 자격이 있다 | pension 연금

해석: 초기 마을들은 사람과 자연 사이의 조화로운 관계를 특징으로 했다. 사람들은 여전히 땅에 크게 의존했고, 마을들은 비옥한 땅을 앞지를 만큼 크게 발달할 수 없었다. 그와 같이 수가 너무 많아지면 다른 농지를 이용하여 근처에 새로운 마을이 세워질 것이다. 하지만 농업 기술의 발전으로 더 적은 부분의 땅이 더 풍부한 작물을 재배할 수 있게 되었다. 게다가, 교통의 개선으로 식료품이 멀리 운송될 수 있게 되었고, 따라서 마을들은 농지 가까이에 위치할 필요가 없었다.

어휘: harmonious 조화로운 | heavily 크게 | overtake 앞지르다 | fertile 비옥한 | cultivate 재배하다 | abundant 풍부한 | advance 발전, 발전시키다 | utilize 이용하다 | ship 운송하다

05 밑줄 친 부분에 들어갈 말로 가장 적절한 것은?

A: What's keeping you so busy?
B: I'm running late for the meeting but all these prints are coming out too light.
A: Is there something wrong with the photocopier? 복사기에 무슨 문제가 있니?
B: Yeah, I think it needs more ink. 네, 잉크가 더 필요해 ∿
A: It's in the supplies department. I'll go get one for you. 그거 비품 부서에 있어.
   └→ 잉크를 얻으러 감
B: Oh, you're a lifesaver.

① I wish I knew how to fix this computer.
② Do you know where the meeting is at? → 잉크가 더 필요하고 그 위치를 찾는 것이므로
③ But I don't know where to find it. 회의를 어디에서 하는지 묻는 것 X
④ I'm so glad it's working again.

MEMO

06

해석 Qi Baishi는 중국의 마지막 위대한 전통 화가 중 한 명이었다. 그는 미천한 출신이었으며, 그는 가난했던 인생의 만년까지 활동했으며 Beijing Institute of Chinese Painting의 원장을 지냈다. 그의 작품은 다양한 동미와 경험을 반영하는데, 일반적으로 큰 풍경보다는 세상의 작은 것들에 초점을 맞추고 있으며, 그는 Shitao와 Zhu Da와 같은 17~18세기 개성주의자들의 양식을 이어 갔다. 물고기, 새우, 게, 개구리는 그가 가장 좋아하던 소재였다. 그는 간단하고 자유롭게 스케치한 그림에 가장 능했지만 꼼꼼한 스타일로 성공적으로 구성할 수 있었다. 그는 진한 먹, 밝은 색상, 그리고 힘찬 붓처림을 이용해 자연과 삶에 대한 자신의 사랑을 나타내는 작품들을 신선하고 활기찬 방식으로 창작했다. 1955년 그는 국제 평화상을 받았다.

① 그는 만년을 편안히 보내지 않고 계속 일했다.
② 그는 작은 생물에 관심이 없다가 풍경화가가 되었다.
③ 밝은 색조 사용이 그의 예술 작품의 특징 중 하나이다.
④ 그는 1955년 국제 평화상의 수상자였다.

어휘 humble 미천한 adept 능숙한 calligraphy 서예 diversity 다양성 landscape 풍경 accomplished 기량이 뛰어난 composition 작품, 구성 execute 실행하다, 해내다 meticulous 꼼꼼한 vigorous 힘찬, 활발한 stroke (붓세의 획, 필치 honor 수여하다 recipient 수령인

07

해석 중앙아프리카는 한때 열대우림으로 덮여 있었다. 수백만 년 전 기후 변화가 시작되면서, 그것은 전보다 건조 대초원으로 바뀌었고, 거기서는 계절적인 건조함으로 인해 풀과 관목이 드문드문 보두되 나무들이 지성하기에 우건됐다. 이러한 과목하고, 확 트이고, 비생산적으로 보이는 풍경은 수많은 종의 초식동물들에게 접근하기 쉽고, 더 영양가 있고, 입맛에 맞는 식물을 제공했다. 초식동물들이 풍부한 식물으로 인해 번성함에 따라, 초기 이류를 포함한 그곳의 육식동물도 번성했고, 이들에게는 그 식물을 먹고사는 초식동물 등이 식량이 있었다. 인류의 이야기도 아프리카에서 시작되는데, 이는 단지 인류가 그곳에서 진화했기 때문만이 아니라, 그곳이 먼 조상들의 큰 동물들을 사냥하는 법을 배운 곳이기 때문이기도 하다.

① 기후 변화의 악영향
② 열대우림이 왜 우리에게 중요한가?
③ 대초원 지대의 먹이 사슬
④ 아프리카: 인류의 기원

어휘 give way to ~로 바뀌다 scrub 관목, 덤불 savanna 대초원, 사바나 aridity 건조함, 건조 상태 shrub 관목 scatter 흩어진 것 palatable 입맛 맞는, 맛있는 herbivore 초식동물 antelope 영양 rhinoceros 코뿔소 thrive 번성하다 abundance 풍부함 carnivore 육식동물 remote 먼, 외딴 ancestor 조상 adverse 부정적인

08

해석 동물에게 일부 성공적인 진화적 적응이나 변화가 있을 때마다, 거의 항상 일부 더 간단한 형태가 선행한다. 인간에게 우리의 솜씨를 창조할 수 있는 능력을 부여해 주었던 돌팔은 기계 장치, 즉 우리의 엄지손가락을 생각하자. 그것은 '마주 보게 할 수 있는' 엄지손가락으로, 그것은 우리가 그것을 다른 어떤 손가락 끝에 맞게 할 수 있다는 것을 의미한다. 이것은 작은 물체를 능숙하게 다루고 도구를 만들고 사용할 수 있는 능력을 제공한다. 이 특별한 엄지손가락은 원숭이에게서 처음 등록된 것으로 나타났는데, 그것은 실제로 어떤 손가락 끝에도 마주 보게 할 수 있는 것이 아니었다. 그러나 다양한 영장류가 유인원로 진화함에 따라, 그것은 더 길어졌고, 일부 다른 영장류에서 그것보다 먼저 있던 더 간단한 형태에서 진화했다는 증거를 보여 준다. 따라서 인간의 엄지손가락으로 그것보다 먼저 있던 더 간단한 형태에서 진화했다는 증거를 보여 준다.

어휘 primate 영장류 ape 유인원 thumb 엄지손가락 oppose (손가락을) 맞대다, 마주 보게 하다 evolutionary 진화적인 adaptation 적응 precede 선행하다 marvelous 놀라운 mechanical 기계적 기계적 device 장치, 기기 opposable (엄지가)다른 손가락을) 마주 보게 할 수 있는 tip 끝 skillfully 능숙하게 manipulate 다루다, 조종하다 stubby 뭉툭한 predate ~보다 먼저 오다

09

해석 피렌체 은행가 길드가 Orsanmichele에 St. Matthew의 거대한 청동상을 의뢰했을 때, 그들(은행가 길드)은 분명히 그들의 장엄함을 염두에 두고 있었다. 그들은 젊다기는 조각가 Lorenzo Ghiberti를 고용하여 그것을 만들도록 했는데, 그것이 경쟁 길드가 고용한 조각가가 같은 장소에 만든 조각상만큼 크기나 보다 더 커야 한다고 작품 계약서에 명기하기도 했다. Ghiberti의 명성, 조각상의 규모, 조각성의 규모, 그리고 그것을 주조하는 대 필요한 기술이 숙련도 등의 모두, 은행가 길드의 사회적 지위를 반영하는 것이었다. 오늘날 우리는 흔히 예술을 만드는 예술가에게 초점을 맞추지만, 르네상스 시대에 작품 창조의 주된 힘으로 여겨진 것은 후원자였다. 후원자에 대한 정보는 예술과 건축의 역사에서 생산과 관련된 복잡한 과정을 들여다 볼 수 있는 창을 제공한다. 우리는 종종 대부분의 역사에서 예술가들이 단순히 예술을 위해 예술을 창조한 것이 아니라는 사실을 잊는다.

① 단순히 예술을 위해 예술을 창조한 것이 아니다
② 사회적명을 옹호하는 것이었다
③ 순수한 예술을 창조하기 위해 헌신했다
④ 그들의 후원자들의 예술적 취향에 영향을 주었다

어휘 guild 길드(기능인들의 조합) commission 의뢰하다 bronze 청동 statue 조각상 magnificence 장엄, 웅장 highly in-demand 수요가 많은, 잠나기는 stipulate 규정(명기)하다 contract 계약서 proficiency 능숙도 cast 주조하다 reflection 반영 patron 후원자 for sth's sake ~을 위해 advocate 옹호하다 committed 헌신적인

10

해석 도시에서의 감정 표현은 전체적으로 합리성에 의해 형성되는 패쇄적인 시스템에 구성을 만드는 것처럼 보인다. 이것은 특히 주관성이 자유롭게 입맛에 맞는 식물을 전달할 수 있을 때에게 억압적일 수 있다. 그러나 이러한 표현은 일련의 공적인 체제에 의존으로써 가능해진다. 이러한 체제에는 사회적 구성과 구성과 삶의 방식이 포함되는데, 그것들은 다른 사람들에게 위협이 되지 않고 주관성을 함께 표현하는 것을 지지한다. 세계의 일부 기반한 도시에서와 마찬가지로, 이러한 사회 기반 시설이 직동하지 않거나 제대로 갖추어져 있지 않을 때, 우리는 우리가 알고 있는, 우리 안에 건강을 억압하는 모든 것을 최소화할 수 있다. (도시에 살면, 우리는 우리가 알고 있는, 우리 안에 건강을 억압하는 모든 것을 최소화할 수 있다.) 시민의 안정이나 쓰기가 수거와 같은 기본적인 사회 기반 시설이 직동하지 않는 곳에서도, 어떤 개성과 삶의 질의 표현도 불평함과 심지어 고통을 초래할 수 있다.

어휘 opening 구멍, 틈 overall 전반적으로 rationality 합리성 subjectivity 주관성 합리성 framework 체제, 틀 norm 규범 spatial order 공간적인 질서 threaten 위협하다 infrastructure 사회 기반 시설 in place 제대로 갖추어져 있는 accumulate 축적되다 instability 불안정성 minimize 최소화하다 individuality 개성 collective 집단적인 misery 고통

01 밑줄 친 부분과 의미가 가장 가까운 것은?

The East India Company began to cast avaricious glances at Bengal in the early 16th century.

① greedy 탐욕스러운

② garrulous 수다스러운, 시끄러운

③ reticent ⓐ 말이 없는 ⓑ 상냥한, 조심하는
→ '레티슨' 하면 말이 없어지니까

④ impertinent 무례한, 버릇없는

⑤ pertinent 적절한, 관련있는(= relevant)

탐욕스러운
voracious
avaricious
devouring
gluttonous
ravenous
rapacious
covetous
unquenchable
insatiable
greedy

수다스러운
수다스러운, 말이 많은, 떠들썩한
garrulous (개뤌러스)
prolix
verbose (verb: 말) ↔ verbal 언어의, 구두
clamorous
loquacious
talkative

해석 동인도 회사는 16세기 초에 벵골에 탐욕스러운 시선을 던지기 시작했다.

① 탐욕스러운 ② 수다스러운 ③ 과묵한 ④ 무례한

어휘 cast 던지다 glance 흘낏 봄

---

02 밑줄 친 부분에 들어갈 말로 가장 적절한 것은?

It rained so much that they had no choice but to _____ the schedule.

① call off

② take down

③ go through

④ make over

have no choice but to RV ~하지 않을 수 없다, ~할 수밖에 없다

① call off 취소하다 (= cancel)

② take down 1. 적어두다 2. 내려두다

③ go through 1. 철저히 조사하다 2. 무엇하다 2. 경험하다

④ make over 1. ~을 고쳐 만들다 2. 양도하다

해석 비가 너무 많이 와서 그들은 일정을 취소할 수밖에 없었다.

① 취소하다 ② 기록하다 ③ 조사하다 ④ 고쳐 만들다

03 어법상 옳은 것은?

did
① Little I dreamed[that it was so hard to teach English] [07]
　　　　　　　　　　　　　　　　　　　　　　진S
② My daughter explained me[why she needed a laptop] [169]
　　　　　　　　　　to
③ He told me[that he would get rid of useless thoughts in his head]
　　[15] 4V　IO　DO(명사절)
④ The region has been attracted a lot of novices and professionals.
　　　　　　　　　　　　　　　　　　O
　　　　　　　⑤(수동지/능)

❶ 무(부)정 도치 ⟨p.208⟩

(1) 부정어 [073-1]
　　Only + 부사(구/절) [169]　　　　　⎤ + V + S

(2) 형용사 + be + S

(3) so 형/부 + V + S + that ~

(4) and so
　　neither + V + S

⑤ 조건 도치 : 정·방향의 부사 ⟨ S(대N) + V
　　　　　　　　　　　　　　　V + S(일반N)

❷ 4형식으로 착각하기 쉬운 3형식 동사 ⟨p.172⟩

· 제안V　suggest, propose [088-3]
· 발표V　announce
· 말V　say [114], mention
· 설명V　explain [013]
　　　　　+ to + 사람 + 명사

[해석] ① 나는 영어를 가르치는 것이 그렇게 어려운 줄은 꿈에도 몰랐다.
② 내 딸은 내게 노트북이 필요한 이유를 설명했다.
③ 그는 마음속의 쓸데없는 생각을 없애겠다고 말했다.
④ 그 지역은 초보자들과 프로들을 끌어들였다.

[어휘] get rid of 없애다 attract 끌어들이다 novice 초보자

---

04 우리말을 영어로 잘못 옮긴 것은?

① 그는 나에게 식습관과 영양에 대한 조언을 해주었다.
　→ He gave me advice on diet and nutrition.

② 문제를 해결할 때 폭력보다 대화가 더 좋다.
　→ Conversation is preferable ⑩ violence in solving problems.
　　　　　　　　　　　　　　　[136-3]　than X

③ 경제학을 공부하는 것은 우리가 생각하는 것만큼 쉽지 않다.
　→ Studying economics is not as easier as we think.
　　　　　　　　　　　　　　　　　　(→easy)

④ 그것은 당신이 하고 싶은 것이 아니라 해야 할 것이다.
　→ It is not so much[what you want to do]as[what you should do]
　　　　　　　　　　[064]　　　A　　　　　　　　　　B

❶ 불가산명사 ⟨p.198⟩

장　equipment　　　　충고　advice [155]
가　furniture　　　　증거　evidence
지　knowledge　　　　날　weather
정　information　　　숙제　homework
뉴　news　　　　　　　　　(clothing　weaponry
　　　　　　　　　　　　　　jewelry　　pottery)
　　　　　　　　　　　　　　machinery　　(도예)

❸ as [08-ㄱ]/more[-er] ~ than [083]/-est

(1)　　　　　동음·강약 금지
　　　　　　　⎡as ~ than
　　　　　　　⎢as -er as
　　　　　　　⎢more -er　　⎦ X
　　　　　　　⎣the most -est

(2) 비교되는 두 대상의 급 확인

④ not so much A as B [17] : A라기보다는 오히려 B인
　· A와 B의 위치와 급이 맞는지 확인

[어휘] diet 식습관 nutrition 영양

05 밑줄 친 부분에 들어갈 말로 가장 적절한 것은?

A: It smells amazing in here, mom. What's in the oven?

B: I'm roasting turkey for our Thanksgiving dinner.

A: Can I have a look at it?

B: Not yet. It's going to take another hour. 한 시간 더 걸릴 거야.

A: _____?

B: Sure. Leave your door open so you can hear me. 그럼, 문 열어두면 내 말 들을 수 있을 거야.

① Why does it take so long

② Is it enough for our whole family

③ Did you use that special recipe

④ Can you call me when it's ready

해석 A: 여기 냄새가 끝내줘요, 엄마. 오븐 안에 뭐가 있는 거예요?

B: 우리 추수 감사절 저녁을 위해서 칠면조를 굽고 있단다.

A: 한 번 봐도 돼요?

B: 아직은 안 돼. 한 시간 더 걸릴 거야.

A: 준비되면 불러 주실 수 있어요?

B: 그럼, 내 말 들리게 문 열어 놓으렴.

① 왜 그렇게 오래 걸려요

② 우리 가족 모두를 위해 충분한가요

③ 그 특별한 요리법을 사용했나요

④ 준비되면 불러 주실 수 있어요

어휘 roast 굽다 recipe 요리법

MEMO

06

해석 우리들 대부분은 마음속에 대략적인 세계지도를 가지고 있지만, 그 지도가 반드시 믿을 수 있는 것은 아니다. 3차원 지구를 평면 위로 평평하게 펴는 것은 왜곡 없이 가능하지 않다. 평면 지도에 지구의 곡면을 나타내는 인기 있는 방법인 메르카토르 도법은 특히 극지방 근처의 대륙의 모양과 상대적 크기를 왜곡한다. 이것이 실제로는 남아메리카가 8배 큰데도, 그린란드가 메르카토르 지도에서 남아메리카와 크기가 비슷해 보이는 이유이다. 이러한 왜곡은 또한 어떻게 한 장소에서 다른 장소로 이동해야 하는지에 대한 우리의 생각에도 영향을 미친다. 만약 당신이 워싱턴 D.C.에서 중국 상하이로 가는 비행기를 탄다면, 가장 곧바로 가는 경로는 태평양 위로 정확히 서쪽으로 가는 것으로 보인다. 하지만, 비행기들은 북극 위를 날아가고 있는데, 왜냐하면 지구상으로 볼 때는, 그것이 그곳에 도달하는 최단 경로이기 때문이다.

① 지도에 대륙을 정확하게 반영하는 것은 불가능하다.
② 메르카토르 도법은 왜곡이 없기 때문에 인기가 있다.
③ 그린란드는 실제로 남아메리카보다 훨씬 작다.
④ 지도상의 최단 경로는 지구상의 최단 경로와 다를 수 있다.

어휘 reliable 믿을 수 있는 flatten 평평하게 하다 three-dimensional 3차원의 globe 지구(본), 구체 distortion 왜곡 projection 투사도, 도법 curved 곡선의 relative 상대적인 continent 대륙 pole (지구의) 극 affect 영향을 미치다 due 정확히 ~쪽으로 reflect 반영하다 precisely 정확히

07

해석 다큐멘터리는 실제 사건들을 보여주고 실제 사람들과의 인터뷰를 담고 있지만, 어떤 장면을 넣고 어떻게 관객에게 보여줄지 결정하는 것은 다큐멘터리 영화 제작자의 몫이다. 다큐멘터리 영화 제작자들은 보통 수백 시간의 영상을 촬영하는데, 이 장면들은 이후 장편 영화 길이로 편집되고 특정한 방법으로 배열된다. 영화 제작자들이 관객들에게 보여주고자 선택하는 영상은 관객들이 주제에 어떻게 반응할 것인가에 강하게 영향을 미친다. 예컨대, 다큐멘터리 영화 제작자는 관객이 영화 속 어느 한 인물에게 공감하기를 원할 수도 있고, 그래서 그들은 그 사람이 부정적으로 비치도록 행동하고 말하는 장면을 보여주지 않기로 결정할 수도 있다.

① 다큐멘터리 영화의 공감을 불러일으키는 능력
② 다큐멘터리 영화 속 객관적 현실의 반영
③ 다큐멘터리에 대한 관객 수요의 결정 요인
④ 현실을 재구성한 표현으로서의 다큐멘터리

어휘 up to ~의 몫인 feature film 장편 영화 sympathise with ~에 공감하다 evoke (감정 등을) 불러일으키다 determinant 결정 요인 reconstruct 재구성하다 representation 표현, 묘사

08

해석 수소는 중량으로 휘발유의 약 3배만큼 에너지를 저장하기 때문에 항상 에너지원으로서 매력적이었다. (C) 전기를 생산하기 위해 연료 전지에서 사용될 때, 그것의 부산물은 마실 수 있을 만큼 충분히 순수한 물과 다른 목적으로 사용될 수 있는 열이다. 하지만 단점이 있는데, 수소는 비싸고 분리하기가 어렵다. (B) 게다가, 수소 가스의 원자는 밀도가 너무 희박해서 연료 탱크와 같은 작은 공간에 매우 유용할 만큼 충분히 채워 넣기가 어렵고, 그것은 인화성이 매우 클 수 있다. 여기에 더해, 수소 주유소는 흔하지 않기 때문에, 수소 자동차 연료 공급은 물류적으로 어렵다. (A) 이것이 수소 연료 차 개발을 방해해왔는데, 왜냐하면 사람들은 연료를 공급하기에 어려운 비싼 차를 사는 것을 좋아하지 않았고, 주유소는 수소 자동차 소유자가 많이 없는 한 수소에 투자하지 않을 것이기 때문이다.

어휘 hydrogen 수소 store 저장하다 hamper 방해하다 fuel 연료; 연료를 공급하다 atom 원자 sparse (밀도가) 희박한 pack 채워 넣다 flammable 인화성의 logistically 물류적으로 fuel cell 연료 전지 by-product 부산물 down side 단점 isolate 분리시키다

09

해석 정보 혁명에서는 크기가 중요하다. 경제학자들이 진입 장벽과 규모의 경제라고 부르는 것은 정보에 관련된 힘의 일부 측면에 남아 있다. 예를 들어, 연성 권력은 방송되거나 영화와 텔레비전 프로그램에 나오는 것의 문화적 콘텐츠에 강한 영향을 받는다. 거대하고 확립된 엔터테인먼트 산업은 콘텐츠 제작과 유통에서 상당한 규모의 경제를 흔히 누린다. 세계 시장에서 영화와 텔레비전 프로그램에 있어 미국의 시장 점유율이 지배적인 것이 좋은 예이다. (인도의 '발리우드'에 폭넓은 추종이 있긴 하지만) 새로 들어온 것들이 할리우드와 경쟁하는 것은 어렵다. 게다가, 정보 경제에서는 규모에 대한 수익 증대와 함께 '네트워크 효과'가 있다. 우리가 알고 있다시피, 전화기 한 대는 쓸모없다. 네트워크가 커감에 따라 두 번째 전화기 등이 가치를 더한다.

① 기술 ② 크기 ③ 속도 ④ 타이밍

어휘 matter 중요하다 barrier to entry 진입 장벽 economies of scale 규모의 경제(생산량이 늘어남에 따라 평균 비용이 줄어드는 현상) soft power 연성 권력(간접적인 무형의 영향력을 행사하는 힘) broadcast 방송하다 considerable 상당한 distribution 유통, 분배 dominant 지배적인 market share 시장 점유율 a case in point 좋은 예 compete 경쟁하다 return 수익 and so forth 기타 등등

10

해석 인간은 복제되지 않았고 생식의 목적으로 인간을 복제하려는 그럴듯한 이유는 거의 존재하지 않는다. 어떤 사람들은 복제가 불임 부모들이 유전적으로 혈연 관계에 있는 아이를 가질 수 있는 수단을 제공할 수도 있다고 말해왔다. 하지만, 출산율 연구는 이 마지막 수단이 필요할지도 모르는 소수의 부부들을 치료하기 위해 더 효과적이면서 덜 논쟁적인 다른 접근법으로 이어질 것 같다. 또 어떤 사람들은 아이가 어린 나이에 죽을 때 복제가 정당화될 수 있다고 말해왔는데, 그들은 부모들이 잃어버린 사랑하는 사람을 되살릴 기회를 가질 자격이 있다고 믿는다. 하지만 많은 사람들은 이것이 전반적으로 실망으로 이어질 것이라고 생각한다. 환경의 영향으로 인해, 복제된 아이는 그 아이가 표면상 대체하고 있는 죽은 아이와 똑같지 않을 것이다. 게다가, 이상화된 기억과 영원히 경쟁하는 그 새로운 아이는 불합리한 기대에 직면할 수도 있다. 결국, 부모도 아이도 잘되지 못할 것이다.

어휘 clone 복제하다 plausible 그럴듯한 reproductive 생식의 infertile 불임의 related 혈연 관계에 있는 fertility 출산율, 생식력 controversial 논쟁적인 approach 접근법 last resort 마지막 수단 bring sb to life ~을 되살리다 disappointment 실망감 all round 전반적으로 deceased 죽은 ostensibly 표면상 idealized 이상화된 unreasonable 불합리한 prosper 번영하다

01 밑줄 친 부분과 의미가 가장 가까운 것은?

The comic strips sometimes bemoan the decline of ethical or moral values in modern-day living.

① yearn 그리워하다, 갈망하다
② reverse
③ compound 1. 혼합하다, 합성하다 2. 악화시키다
④ deplore 비탄하다, 개탄하다

bemoan 한탄하다, 슬퍼하다
② reverse ☑ 1. 뒤집다, 거꾸로 하다 2. 후진하다
　　图 반대의, 역의　四 반대

비탄하다, 한탄하다, 슬퍼하다
mourn
bemoan
bewail
deplore
grieve
lament
sorrow

악화시키다
adulterate (+ 불순물을 섞다, 품질을 낮추다)
aggravate
compound (+ 혼합하다, 복합하다)
debase
degenerate
depreciate
deteriorate
exacerbate
inflame (+ 불붙이다, 흥분시키다)
vitiate
worsen

해석 연재만화는 때때로 현재 사회에서 윤리적 또는 도덕적 가치의 하락을 한탄한다.
① 갈망하다 ② 뒤집다 ③ 혼합하다, 악화시키다 ④ 한탄하다
어휘 comic strip 연재만화 ethical 윤리적인 moral 도덕적인

---

02 밑줄 친 부분과 의미가 가장 가까운 것은?

We all thought that his argument didn't hold water.

① turn up
② take off
③ work out
④ make sense

hold water 말이 되다, 이치에 맞다
① turn up 나타나다 (= appear)
② take off 1. (옷을) 벗다 2. 이륙하다
③ work out 1. 운동하다 (자V) 2. 효과가 있다, 잘풀리다 (자V)
　　3. 생각해내다 (타V) 4. 해결하다 (타V) 5. 계산하다 (타V)
④ make sense 타당하다, 말이 되다, 이치에 맞다

해석 우리 모두는 그의 주장이 이치에 맞지 않다고 생각했다.
① 나타나다 ② 이륙하다 ③ 운동하다 ④ 이치에 맞다
어휘 argument 주장

03 밑줄 친 부분 중 어법상 옳지 않은 것은?

The establishment of cities involved a distancing of man from nature. Nomadic peoples avoided ① devoting energy and resources to establishing things of permanence. Even in the early days of settlement, huts were not made of materials ② (that would last) But cities were(undoubtedly)an artificial environment(built/to resist fire and inclement weather, and ③ enduring a very long time. Walls were created around cities to keep invaders out, and irrigation and sewer systems were established/④ to control nature.

② 동명사를 목적어로 취하는 동사 : MEGAPEPACAS ⟨p.185⟩

Mind, Enjoy, Give up, Avoid 예2, Postpone, Escape, Practice, Appreciate, Consider, Anticipate, Suggest

기타 : finish, quit, admit, deny 등

[해석] 도시의 설립은 인간이 자연과 거리 두는 것을 수반했다. 유목민들은 영속적인 것들을 확립하기 위해 에너지와 자원을 바치는 것을 피했다. 심지어 정착 초기에도 오두막은 오래갈 재료로 만들어지지 않았다. 그러나 도시는 의심할 여지 없이 화재와 악천 후를 견디고 아주 오래 버티도록 세워진 인공 환경이었다. 침입자들을 막기 위해 도시 주변에 벽이 만들어졌고, 자연을 통제하 기 위해 관개 및 하수 시스템이 설치되었다.

[어휘] distance 거리를 두다 nomadic 유목의 devote 바치다 permanence 영속(성) settlement 정착 hut 오두막 undoubtedly 의심할 여지 없이 artificial 인공의 inclement 험한, 궂은 invader 침입자 irrigation 관개 sewer 하수

04 우리말을 영어로 잘못 옮긴 것은?

① 그들은 그를 무기 소지 혐의로 기소했다.
→ They charged him (with) possession of a weapon.
       A   B

② 뉴진스의 신곡에 대해 어떻게 생각하세요?
→ What do you think of NewJeans' new song?

③ 내가 어젯밤에 저녁을 먹지 않았더라면 지금 행복할 텐데.
→ If I hadn't had dinner(last night) I would be happy (now).
     [050-1] had p.p.   would RV

④ 그는 고개를 약간 숙인 채 제 경청하는 자세로 서 있었다.
→ He stood(in a listening attitude)with his head(slightly)bending.
                                         O   OC (분) (수동)(→bent)

OC (분) (수동)(→bent)
[어디가 숙이다 → 능(X)
  머리를 숙이다 → 수동(O)]

① charge [107]

· charge A with B : A를 B에 대해 비난[고발]하다
                        (for X)
· accuse A of B : A를 B에 대해 비난[고소]하다
                     (for X)

② A를 어떻게 생각하세요? [103-3]

What do you think of[about] A?
How (X)

/ How do you feel about A?

④ with 분사구문 [부대상황] ⟨함영어법 p.133⟩

with + O + ┌ RVing (능)
            │ P.P (수동)
            │ 형용사(구)
            └ 전명구

─ 해석 : O가 ∨하면서, ∨한 채로, ∨하는 동안에

[어휘] possession 소지 listening 경청하는 slightly 약간

05 밑줄 친 부분에 들어갈 말로 가장 적절한 것은?

A: Good morning, Did you sleep well last night?

B: Yes, but hiking seems to have been hard on me. I shouldn't have gone to
the top. 똑바로꺼진 거지 말았어야 했는데... ①

A: Still, _____ . 그래도 ⊕

B: That's true, actually. I loved the view from the top of the mountain.
→ 사실 그건 그래. 똑대에서의 경치가 좋았어. ⊕

① I never really liked hiking

② I'm planning on a hiking trip soon

③ you shouldn't strain yourself next time

④ it would have been worth the pain 고생한 가치가 있었을 거야

→ 가정법 과거 완료로 사용하거나
또 과거에 대한 추측 (∨했었지, ∨했을 걸)도 사용합니다.

should have p.p   당연히 ∨해야 했는데 ∨하지 않았다

should not have p.p   당연히 ∨하지 말았어야 했는데 ∨했다

MEMO

Shimson_lab

06

해석 국제 정치 경제에서 자유 무역과 자유 시장의 옹호자는 자유주의자로 불린다. 자유주의적 주장은 자유주의자들이 환경과 시장과 정치를 둘다 ~ 더 (주장한다)... 자유주의자들은 이상적인 조건하에서는 모든 개인이 만족할 수 있다고 생각한다.

① 자유주의자들은 경제 활동의 자유를 지지한다.
② 자유주의자들은 이상적인 조건하에서는 모든 개인이 만족할 수 있다고 생각한다.
③ 자유주의자들은 정부가 경제에 덜 관여해야 한다고 요구한다.
④ 자유주의자들은 오직 수익성이 높은 거래들이 발생해야 한다고 강조한다.

어휘 advocate 옹호자, 지지자 Liberal 자유주의의 party 당사자 impediment 장애(물) reason 판단하다, 사고하다 well off 부유한, 잘사는 stock 비축(물) utility 효용, 유용성 intervention 개입 rewarding 수익이 많이 나는

07

해석 농장은 이제 더 공장처럼 되어가고 있다. 즉, 지역의 변화로부터 기능한 면역이 한 집단... DNA에 대한 더 나아진 이해 덕분에, 농장에서 재배(사육)되는 식물들과 동물들 또한 더 욱 정교하게 통제되고 ... '개발 편집'으로 알려진 유전자 조작을 이해하는 것은 또한 반드시 자제가 이 전문화될 수 있다는 것을 의미한다. 그리고 '라인브레딩'에서의 그러한 기술 변화들은 을 터 ... 앞 또한 그것을 (기술 변화들)로부터 죽권을 받게 될 것이다. 그리고 이때 가장 참 통제되고 정교한 형태의 동의 원래도 더욱 더 그렇게 될 것이다.

① 개도 편집의 기원
② 농업의 생산성 차이
③ 최신 동의 기술의 한계
④ 개도의 통제되는 농장의 출현

어휘 operation 운영 turn out 생산하다 reliable 신뢰할 수 있는 immune 면역 vagary 예상 밖의 변화 manipulation 조작 genome 게놈(유전자 총체) stock 가축 sequence 서열 breeding 번식 precise 정밀한 genetic 유전의 boost 강화하다 horticulture 원예 advent 출현 byre 외양간 orchard 과수원

08

당신의 은행 계좌 안의 돈을 당신의 재량대로 인출할 수 있는 경우에 대해 생각해 본 적 있는가? 이런 일은 일어날 수 있고, 실 제로도 여러 번 일어났다. 경제 혼란으로 은행의 직선이 상태에 있을 때, 모든 예금자들이 한꺼번에 ... 인출하기 위해 은행으로 달려갈 것이다. 이러한 현상은 뱅크런이라고 불리며 대개 사람들의 손실에 대한 두려움에 의해 발생 한다. 또 다른 원인은 부분지급준비제도이며, 이는 모든 예금자가 동시에 자금을 인출하고 싶어 하지는 않을 것이라는 가정에 기반을 둔다. 제도하에서 상업 은행들은 전체 예금 중 10%를 넘지 않는 단지 일부만을 현금 예비금의 형태로 금고에 보유 한다. 나머지는 대출자들에게 빌려주거나 금융시장에 투자하기 위해 사용된다. 그 결과, 은행들은 뱅크런이 발생한 시점에 모든 대출을 충당할 만큼 충분한 돈을 갖고 있지 않을 수도 있다.

어휘 retain 보유하다, 유지하다 deposit 예금 reserve (은행의) 준비금, 예비금 vault 금고 at sb's discretion ~의 재량대로 on the verge of ~의 직전에 insolvent 지급 불능의, 파산한 turmoil 혼란 savings 예금, 저금 withdraw 인출하다 phenomenon 현상 fractional 단편[부분]적인 presumption 추정, 가정 borrower 대출자

09

해석 악당은 공포 영화에만 국한되지 않는다. 액션 영화는 나쁜 놈들로 가득 차있다. 이 영화들은 또한 상업의 표준적인 패턴에 따른는 것처럼 보이기도 한다. 보통, 악당들은 돈이나 권력에 대한 탐욕에 의해 동기를 부여받는다. 이러한 동기는 많은 상태인 말 없이도 제시되는 경향이 있다. 두 가지 추가적인 특성이 돈을 즐기는 것과는 보이고, 그것은 가학성과 이기주의이다. 영화 속 악당들은 다수는 단순 히 희생자들을 다치게 하기 위해 그렇게 하는 것을 즐기는 것처럼 보이고, 그들은 자기 자신에 대해 매우 높게 생각하는 경향이 있다. 실제로, 그들이 자신감은 흔히 치명적인 결함으로 드러난다. 왜냐하면 그들의 과신은 영웅에게 그들의 손아귀에서 벗어나 그들을 물리칠 기회를 주기 때문이다. 가학성은 악의 본질 중 일부이다. 영화의 일부적인 점을 강조했다. "사악한 것을 즐기는 것은 모든 손에서, 전국적으로 유명한 영화 비평가인 Siskel과 Ebert는 이런한 일반적인 점을 강조했다. 그러므로 해로운 행동을 수행하는 것으로 충분하지 않다. 진정으로 사악한 악당은 악을 즐기는 것이다. "그들도 이것은 '가장 중요한 특성'이라고 덧붙였다. 그러므로 해로운 행동을 수행하는 것으로 충분하지 않다. 진정으로 사악한 악당은 악을 즐겨야 하며 그것을 즐기는 것처럼 보여야 한다.

① 자기들만의 범죄를 만든다 ② 보거나 듣기에 재미있다
③ 해를 입히는 것에서 기쁨을 끌어낸다 ④ 사람들이 가장 고통을 느끼도록 만든다

어휘 villain 악당 confine 국한시키다 conform to ~에 따르다 greed 탐욕 elaboration 상술, 정교한 feature 특징 sadism 가학성 egotism 이기주의 for the sake of ~을 위해서 exalted 고귀한, 높은 fatal 치명적인 flaw 결함 overconfidence 과신 clutch 손아귀, 움켜쥠 prominent 유명한 emphasize 강조하다 derive 끌어내다 inflict (고통 등을) 가하다

10

해석 아이스크림 판매량이 증가함에 따라 전반적인 범죄율도 증가한다는 것을 알고 있었는가? 당신이 가장 좋아하는 맛이 아이스크 림에 탐닉하는 것이 혹은 당신을 한바탕 범죄를 저지르도록 몰아붙일 수 있는가? 범죄율 저지르고 난 후 당신은 스스로에게 (아이스크림) 혼을 대접하기로 결심할 것이라고 생각하는가? 아이스크림과 범죄 사이에는 관계가 있을 수 있지만, 단순히 하나 의 요소가 다른 요소에 직접적으로 영향을 미친다고 결론짓는 것은 비이성적일 것이다. 즉, 상관관계가 반드시 인과 관계를 의미하는 것은 아니다. 아이스크림 판매량과 범죄율 둘 다 배일 기온과 관련이 있을 가능성이 훨씬 더 크다. 기온이 따뜻하면 더 밖으로 나와 서로 교류하고, 서로에게 끌리고, 때때로 범죄를 저지르는 경향이 있다. (사실, 대부분의 폭동 사람들은 뜨거운 여 선 거름과 마주쳤을 때 경계한다), 전체적인 인적도 또한 밖의 따뜻할 때, 우리는 아이스크림과 같은 시원한 음식을 찾을 가능성이 더 높다.

어휘 overall 종합적인, 전체적인 indulge in ~에 탐닉하다 spree (범행을) 한바탕 저지르기 commit 저지르다 treat 대접하다, 조심하는 wary 경계하는, 조심하는 irrational 비이성적인 correlation 상관관계 imply 의미하다 causation 인과 관계

01 밑줄 친 부분과 의미가 가장 가까운 것은?

Lansdale was a pioneer in clandestine operations and psychological warfare.

① faulty 결함이 있는, 불완전한
② equivocal 모호한, 불분명한
③ luminous ① 빛나는, 밝은
　　　　　 ② 명백한, 알기 쉬운
　　　　　 ③ 명석한
④ surreptitious 비밀의, 은밀한

clandestine 비밀의, 은밀한

비밀의, 기밀의, 은밀한
secret
concealed
clandestine : 씨족의 은밀한 주술에 의한
（은밀 / 씨족） 비밀스럽게 행해진다
covert
cryptic
classified
confidential
furtive
surreptitious
stealthy : 스텔스기는 은밀하게에 의해
undercover

해석 Lansdale은 비밀 작전과 심리전의 선구자였다.
① 결함이 있는 ② 모호한 ③ 명백한 ④ 비밀의
어휘 pioneer 선구자 psychological warfare 심리전

---

02 밑줄 친 부분에 들어갈 말로 가장 적절한 것은?

Some programmers prefer the semantically equivalent but _____ forms to complicated forms.

A
prefer [complicated forms] → B보다는 A를 선호하다
B

① sturdy 튼튼한, 견고한
② abstruse 난해한, 심오한
③ succinct 간결한, 간명한, 간략한
④ opulent 풍부한, 호화로운

간결한　　　↔　　부잡한, 난해한
brief　　　　　　complex
concise　　　　　complicated
compendious　　　convoluted 함께 volume = roll
succinct　　　　intricated
terse　　　　　　impenetrable
　　　　　　　　 not 꿰뚫을수 있는
　　　　　　　　 incomprehensible
　　　　　　　　 not 이해할수 있는
　　　　　　　　 irresoluble
　　　　　　　　 not 해결할수 있는

abstruse
muddling (혼란스럽게만드)
recondite
tangled (+둥둥어선, 뒤얽힌)
abstract (추상적인)
profound (심오한)

해석 일부 프로그래머들은 복잡한 형태보다는 의미상 동일하지만 간결한 형태를 선호한다.
① 튼튼한 ② 난해한 ③ 간결한 ④ 풍부한, 호화로운
어휘 semantically 의미적으로 equivalent 동등한

03 어법상 옳지 않은 것은?

① One of the disadvantages(of fame) is the loss of privacy.
　　복수N　　　　　　　　　　　　　③단수V

② You had better not pass through the alley(that looks dangerous).
　　　　　　　　　　　　　　　　선행사　주격관대　2V + ⓐ

③ The teachers are busy grading the questions we solved.
　　　　　　　　　　　　+ RVing

④ The city destroyed in 1910 and has (since) been rebuilt.
　　　　　　　　　　　　 045　　　그 이후에 (여기서는 부사로 사용)
　　　　　④(수동/과거시제)
　　　⟨도시가 파괴하다 → 능동(X)
　　　　도시를 파괴하다 → 수동(O)⟩

① 'one of 명사' 의 수일치 ⟨p.176⟩
　one 003, each, either, neither + of + 복수명사 + 단수동사

② had better RV 052 : ∽하는 것이 낫다
　had better not RV : ∽하지 않는 것이 낫다

2등사 관련 주요 문제 ⟨p.171⟩

· 오감V　　look 00-, smell, taste, sound, feel + ⓐ / like + 명사(구)(절)

· 판단·입증 V　seem, appear, prove, turn out + (to be) ⓐ / to RV

· 상태변화 V(∽되다)　become, get, turn, grow, go, come, run, fall + ⓐ

· 상태유지 V(∽이다)　be, remain, stay, keep, hold + ⓐ

③ be busy 057
　뒤에 동명사가 왔는지 확인 (to RV X)
　※ ∽하느라 바쁘다 : be busy (in) RVing, be busy with 명사

[해석] ① 명성으로 인한 단점 중 하나는 사생활의 상실이다.
② 너는 위험해 보이는 골목을 지나가지 않는 것이 좋겠다.
③ 선생님들은 우리가 푼 문제들을 채점하느라 바쁘다.
④ 그 도시는 1910년에 파괴되었고 그 이후에 재건되었다.

[어휘] disadvantage 단점 fame 명성 alley 골목 grade 채점하다

---

04 우리말을 영어로 잘못 옮긴 것은?

① 그 외국인들은 우리의 얼굴을 똑바로 쳐다보았다.
→ The foreigners looked us straight in the face.　look + in the 신체부위
　　　　　　　　　　　　　　　our(x)　　　　　소유격X　00-3

② 내가 휴가를 다녀온 지 2주가 지났다.
→ Two weeks have passed since I went on vacation.

③ 그는 남들이 말하는 것을 전혀 믿지 않는다.
→ He doesn't believe[what others say at all]
　　　　　　　　　　　　　　064

④ 그녀는 화장실에 가기 전에 휴지를 가져가는 것을 잊었다.
→ She forgot taking the tissue before going to the bathroom.
　　　　　　　　　　(→ to take)

② ∽한 지 … 가 되었다 ⟨p.178⟩
　그녀가 죽은 지 5년이 되었다.
　It is[has been] 5 years since she died.
　5 years have passed since she died.
　She died 5 years ago.
　She has been dead for 5 years.

④ to 부정사와 동명사 등 다 목적어로 취하지만 해석상만 의미가 다른 동사 ⟨p.185⟩

　[to 부정사 : 미래적 (동사가 아직 X)
　　동명사 : 과거적 (동사가 일어남)

· remember　to RV　∽할 것을 기억하다　· regret　to RV　∽하게 돼서 유감이다
　　034　　RVing　∽한 것을 기억하다　　036　　RVing　∽한 것을 후회하다

· forget　to RV　∽할 것을 잊다　　· try　to RV　∽하기 위해 노력하다
　　035　　RVing　∽한 것을 잊다　　　　　RVing　시험삼아 ∽해보다

· stop　to RV　∽하기 위해 멈추다　· mean　to RV　∽하는 것을 의미하다
　　037　　RVing　∽하는 것을 멈추다　　　　RVing　∽하는 것을 위미하다

[어휘] foreigner 외국인 go on vacation 휴가를 가다

05 두 사람의 대화 중 가장 어색한 것은?

① A: Tim, you look so tired. Is there something wrong?

B: No, I just feel weak. It's nothing to worry about.

② A: Are you taking a vacation this week?

B: I'd love to, but I can't. I have a huge project soon.

③ A: I have a 10% discount coupon. Can I use it?

B: I'm sorry, this expired last month.

④ A: I have a job interview coming up and I'm so nervous. 다가오는 면접이 있는데 긴장돼.

B: It's good to see that you're confident at your new job. 너의 새로운 직장에서 네가 자신감 있는 걸 보니 좋구나.

→ 긴장된다고 했는데 자신감을 가져라! 하고 조언하는 게

아니라, 자신감 있어 보여 좋다는 건 이상함

· I just feel weak. 그냥 기력이 없는 것 같아.

· take a vacation[holiday] 휴가를 내다

· It's good to see that ~ ~하는 걸 보니 좋구나.

해석 ① A: Tim, 너 엄청 피곤해 보여. 무슨 일 있어?

B: 아니, 그냥 힘이 없어. 걱정할 건 없어.

② A: 이번 주에 휴가 가시나요?

B: 저도 그러고 싶지만, 그럴 수 없네요. 곧 큰 프로젝트가 있어요.

③ A: 10% 할인 쿠폰이 있어요. 사용할 수 있나요?

B: 죄송하지만 이것은 지난달에 만료되었습니다.

④ A: 곧 취업 면접이 있는데 너무 긴장돼.

B: 새 직장에서 자신이 있는 것을 보니 좋다.

어휘 discount 할인 expire 만료되다 confident 자신감 있는

06

[해석] 남태평양 통가 왕국의 화산 폭발은 100개 이상의 히로시마 원자폭탄이 동시에 터지는 것과 맞먹는 폭발력이었다. 연구원들에 따르면, 그것은 1991년 피나투보 화산 폭발 이후 지구상에서 관측된 가장 강력한 화산 폭발이었다. 다만 한 가지 주목할 점은 통가 화산이 수중 화산이라는 점이다. 수심 150미터에서 폭발했음에도 불구하고, 문화 구름이 인공위성에 포착되었고 전 세계적으로 지진파가 감지되었는데, 이는 전례가 없는 일이다. 실제로 엄청난 폭파 탄 듯이 뜨거운 마그마가 접촉하는 곳에서 Surtseyan 폭발로 알려진 격렬한 폭발이 종종 일어난다. 그러나 수증기가 기둥을 우주로 방출 날던 보통 통가 화산 폭발은 전형적인 Surtseyan 폭발보다 훨씬 더 격렬했다. 일부 연구원들은 그것들을 비공식적으로 'ultra Surtseyan' 폭발이라고 부르며, 이런 유형의 사건이 그 지체의 명칭을 붙일 만하다고 생각했다.

① 피나투보 화산 폭발이 화산 폭발의 기준이 되었다.
② 통가 화산 폭발의 여파는 그 지역에서만 감지됐다.
③ 통가 화산 폭발의 시대는 이례적으로 여겨진다.
④ 통가 화산 폭발에 대한 새로운 공식적 분류가 이루어졌다.

[어휘] eruption 분출 ㅣ equivalent to ~와 같은 ㅣ simultaneous 동시의 ㅣ seismic 지진의 ㅣ unprecedented 전례 없는 ㅣ scorching 태우는, 몹시 뜨거운 ㅣ column 기둥 ㅣ designation 명칭 ㅣ aftermath 여파 ㅣ atypical 이례적인 ㅣ classification 분류

07

[해석] 인간 본성에 대한 연구는 사람들이 다른 사람들에게 피해를 준 후에 그들을 훈 후에 그들을 더 싫어한다는 것을 보여준다. 나는 우리가 싫어하는 사람들에게 피해를 준다고 말하지 않았다는 것에 유의하라 바란다. 비록 그게 사실이라도 할지라도 말이다. 요점은 우리가 이미 우리의, 다른 사람에게 피해를 줄 때, 우리는 무의식적으로 그 사람을 싫어하게 된다는 것이다. 이것은 부조화를 해소하기 위한 시도이다. 본성한 내적 감동은, 크게 쓰게 쓰게 쓰게 쓰게 "내가 이것을 왜 이 사람한테 했을까?" 하는 것이다. 그 마음에 합리화는, "내가 그를 지, 가 된다. 이것은 억으로도 작동한다. 우리는 그 분이 그들을 위해 좋은 일을 한 후에 그 사람을 더 좋아한다. 우리가 누군가에게 진절을 배풀면, 우리는 그 사람에 대해 긍정적인 감정과 감동을 가지게 될 가능성이 크다.

① 비이성적인 행동을 정당화하는 것은 다른 사람들의 마음을 얻어야야 한다는 말을
② 당신의 정신 건강을 위해 해로운 관계를 멀리해라.
③ 우리는 합리화를 위해 행동에 따라 감정을 조정 하는 경향이 있다.
④ 작은 친절한 행동이 더 큰 친절로 되돌이올 것이다.

[어휘] on purpose 고의로 ㅣ careless 경솔한 ㅣ in reverse 반대로 ㅣ by accident 우연히 ㅣ unconsciously 무의식적으로 ㅣ dissonance 부조화 ㅣ rationalization 합리화 ㅣ justify 정당화하다 ㅣ adjust 조정하다

08

[해석] 인간화는 다른 사람들을 사고하고 느끼는 존재로 인식하는 것을 포함하기 때문에, 인간화하는 일은 조치의 직원이 직원이 생각과 느낌을 인식하는 일을 제공할 것을 요구한다. (C) 이것은 사람들에게 의미 있고 도전적인 일을 주고 종분히 그들에게 보상하는 것을 의미하지만, 그것은 또한 무언가를 더 포함한다. 그것은 자동화에 직면하여 직원들이 일회용이거나, 기계적이거나, 상품화된 것으로 느끼지 않도록 보장하는 것을 포함하는데, 사람들은 그 무엇으로도 대체할 수 없으며 대체할 수 없는 것으로 느끼고 싶은 같은 육구를 가지고 있다. (B) 이러한 경험을 피하기 위해 조직은 직원들이 가장 특징적인 인적 기술을 동원하는 일을 전형적으로 동시에 많이 의해서 사람들을 정체성을 분리할 수 있는 종분한 여가를 제공해야 한다. (A) 여가가 지체는 그렇이 잠에 담 듯할 수 없는 기술이며, 그러므로 휴식을 통하든, 음악을 듣든, 아니면 단순히 마음이 표류하도록 하게 하든, 여가를 경험하는 듯들이 있을 수 있게 해야 한다.

[어휘] humanization 인간화 ㅣ automaton 자동인형(pl. automata) distinctively 특징적으로 ㅣ drift 표류하다 ㅣ leisure 여가 ㅣ challenging 도전적인 ㅣ detach 분리하다 ㅣ compensate 보상하다 ㅣ disposable 일회용의 ㅣ mechanical 기계적인 ㅣ sufficient 충분한 ㅣ commoditize 상품화하다 (대단히 귀중하여) 대체할 수 없는 ㅣ irreplaceable 기계적인 귀중하여 대체할 수 없는

09

[해석] 이슬람교의 빠른 전파에도 불구하고, 이슬람교는 규정에 무성한 이들을 위한 좋게는 아니다. 오히려, 이슬람교의 교리들 준수하는 것은 공정한 노력과 절제력이 필요하다. 이슬람교도는 새벽 전에 일어나 매일 요구되는 다섯 번의 기도 중 첫 번째 기도를 하는 교리를 지켜야 한다. 그리고 다섯 번의 기도 중 어느 한 기도도 우선 의식에 따라 몸을 씻지 않고서는 할 수가 없다. 수임, 노동, 그리고 오락 활동은 기도 다음의 위치를 차지한다. 라마단 한 달 동안 금식하기, 일생에 적어도 한 번은 메카를 순례하기, 이슬람교를 믿는 가난한 사람들을 구호하기 위해 세금 내기, 그리고 이슬람 교리를 받아들이는 것은 진지하고도 한신을 지닌다. 구현다. 대체로 전 세계의 대다수의 이슬람교도는 이러한 교리들을 지킨다.

① 가난한 이를 위한 연민
② 공정한 노력과 절제력
③ 너그러움과 사전 검증
④ 새벽부터 황혼까지 이어지는 단식

[어휘] casual 무심한, 건성의 ㅣ adhere to ~을 고수하다 ㅣ observe 준수하다 ㅣ prayer 기도 ㅣ ritually 의식에 따라 ㅣ cleanse 씻다 ㅣ fasting 단식 ㅣ recreational 오락의 ㅣ pilgrimage 순례 ㅣ relief 구호(품) ㅣ creed (종교적) 교리 ㅣ energetic 넘치는 ㅣ tenet 교리 ㅣ sympathy 연민 ㅣ discipline 절제력 ㅣ generosity 너그러움 ㅣ commitment 한신 ㅣ dawn-to-dusk 새벽부터 황혼까지 ㅣ thoughtfulness 사려 깊음

10

[해석] 젊은 사람들은 세상과 멀어지지 않는다. 그들은 인간의 동기와 행동, 그리고 이것들 사이의 명백한 불일치에 대해 연구하고, 그것을 이해력을 안도록 잔련된다. 예를 들어, 그들은 생활 물수품이 공정한 분배의 수단으로서의 배급이 이상을 얻어왔다. 지만, 그들을 평면으로는 정직한 사람들(이라도 그들이 가족 구성원들의 필수적인 물품의 공정한 할당 기 이상을 얻어리고 도하는 것들 볼 적이 있다. 그들은 모든 사람이 인류의 공익을 위해 자신의 시간, 돈, 서비스를 아낌없이 배풀어야야 한다는 말을 든는다. 그러나 그들은 자신들의 친구들과 친척들이 그들이 이에 대해 과도하게 높은 음음을 요구하는 것과, 그렇게 해서 변 도로 독각적인 방종을 위해 쓰는 것을 본다.

[어휘] motive 동기 ㅣ apparent 명백한 ㅣ inconsistency 불일치 ㅣ rationing 배급 ㅣ distribution 분배 ㅣ reputedly 평판(소문)으로 ㅣ just 공정한 ㅣ allotment 할당 ㅣ commodity 상품 ㅣ generously 이후하게(너그럽게) good 이익 ㅣ relative 친척 ㅣ excessively 지나치게 ㅣ wage 임금 ㅣ immediate 즉각적인 ㅣ self-indulgence 방종

01 밑줄 친 부분과 의미가 가장 가까운 것은?

He was one of the first scientists to <u>conceive</u> the possibility of quantum computers.

① embody 구체화하다, 구현하다
② envision 상상하다
③ entail 불러일으키다, 수반하다
④ enliven 활기 있게 하다, 더 생동감 있게 만들다

conceive 1. 마음에 품다, 상상하다
          2. 인식하다

en-, em-, -en → ① ~이 되게 하다, ~하게 만들다 (make)
                ③ ~안에 놓다 (put in)

enlarge 확대하다, 확장하다 → 크게 만드는 거니까
endanger 위태롭게 하다 → 위험하게 만드는 거니까 (위험 안에 놓는 거니까)
enrage 격노하게 하다 → 격노하게 만드는 거니까
entitle 1. 자격[권리]를 주다 2. 제목을 붙이다 → 타이틀을 붙여주는 거니까
encompass 1. 둘러싸다 2. 에워싸다 → 컴퍼스로 주변에 원을 만드는 거니까

해석 그는 양자 컴퓨터의 가능성을 상상한 최초의 과학자들 중 한 명이었다.
① 구체화하다 ② 상상하다 ③ 수반하다 ④ 활기 있게 하다
어휘 quantum 양자

02 밑줄 친 부분과 의미가 가장 가까운 것은?

Why do companies <u>turn a deaf ear</u> to calls for treating their employees well?

① ignore
② force
③ accept
④ repeat

turn a deaf ear (to) ~을 듣고도 못 들은 척하다, 귀담아듣지 않다 (= ignore)

귀(ear)와 관련된 기를 이디엄/생활영어 표현 정리

play it by ear 그때그때 임기응변으로 처리하다

wet behind the ears 머리에 피도 안 마른, 초짜인, 경험이 별로 없는
(= not dry behind the ears)

I'm all ears. 잘 듣고 있어, 그래 말해봐.

해석 왜 기업들은 그들의 직원들을 잘 대해야 한다는 요구에 귀를 기울이지 않는가?
① 무시하다 ② 강요하다 ③ 받아들이다 ④ 거듭하다
어휘 treat 대하다

03 어법상 옳은 것은?

V+(~을 모른다)　① 알아나　② 완전

① He had no idea [how carelessly he responded to her]

② I was enough foolish to be deceived by him again. [077]
　형용사 + enough (to RV)

③ I hope you like the book (which I gave it to you yesterday).
　(that) 　그대로 그 명사 @ 불완전

④ The instructor (who teaches the course) will accompany with us.
　그대로 그 명사 @ 불완전

①,③ 관계사 / 의문사 <p.188~191>

N + ((1) 관계대명사　① 그대로 그 명사　② 불완전　③ 격　④ 콤마·전치사 + that X
　　　(2) 관계부사　① 그대로 그 명사에서(는)　② 완전

X + ((3) 의문사　① 해석　② 명사　③ 격　④ 연결의문문 어순 (의+S+V)
　　　(4) 복합관계대명사　① 해석　② 불완전　③ 격
　　　(5) 복합관계부사　① 해석　② 완전

④ REMALIODASC : 자동사 완전 타동사 <p.171>

R　resemble, reach
E　enter
M　marry, mention
A　accompany [018], attend, approach
L　leave, lack
I　inhabit, influence
O　obey, oppose
D　discuss
A　announce, address, answer
S　survive
C　consider, contact

해석 ① 그는 자신이 그녀에게 얼마나 경솔하게 반응했는지 전혀 몰랐다.
　　② 나는 또 그에게 속을 만큼 어리석었다.
　　③ 내가 어제 너에게 준 책이 마음에 들었으면 좋겠다.
　　④ 그 강좌를 가르치는 강사가 우리와 동행할 것이다.

어휘 carelessly 경솔하게, 부주의하게 deceive 속이다 accompany 동행하다

04 우리말을 영어로 잘못 옮긴 것은?

① 내일까지 그에게 계약 조건을 알려주세요.
　→ Please inform him of the terms of the contract by tomorrow.
　　　　　　　　　A　　　　　　　　　　B
[166] until / by ＜ until : '계속' / by : '늦어도'

② 판사는 그가 비영리 단체에 대한 납부금을 면제하라고 명령했다.
　→ The judge ordered that he waive the fee for nonprofit organizations.
　　　　　　　　　　　　(should) RV

③ 그는 너무 화가 나서 그녀가 하는 말을 거의 들을 수 없었다.
　→ He was very angry that he could (hardly) hear [what she was saying]
　　　　　so　　　　　　　　　　　　　부사(~것)
　[038-3]

④ 더 큰 방을 원하신다면 추가 요금이 부과될 것입니다.
　→ An extra fee will be charged / if you require a larger room.
[50+2]　시간·조건의 부사절 → 미래를 현재시제가 대신사용

① 인지동사 + A + of + B <p.174>
코마 뒤 바로 완전 이유접해

지　convince
인　inform　　　　+ A + of + B
느　notify
래　remind　　　　+ A + that 절
완　warn
어슨　assure

② 주요명제충격V + that + S + (should) RV <p.183>
주장　insist, argue
요구　ask, demand, require, request
명령　order [100]
제안　suggest
충고　advise, recommend
결정　decide

③ A be + so　that　그 결과
　　　아주　too　너무~해서
　　　　　　　　to RV
　　　　　　　~할수가 없다

→ 두 표현 섞어 쓰기 X
→ so, too 자리에 very X

very [151]
(1) [네가 ~해서] 구문에서
· 뒤에 to부정사가 오면, too가 아버지 위엄 (very X)
· 뒤에 that 절이 오면, so~that 구문이 아버지 위엄 (very X)

(2) 뒤에 비교급이 오면, much가 아버지 위엄 (very X)
ex) This smart phone is very cheaper than yours.
　　　　　　　　　　　　much

어휘 terms 조건 waive 포기하다, 면제하다 fee 요금 nonprofit 비영리적인

05 밑줄 친 부분에 들어갈 말로 가장 적절한 것은?

A: I'm so glad we picked this island for our trip. I could live here forever.

B: I can't agree more. We have so many activities planned too.

A: Yeah, I'm really looking forward to the cruise tour.

B: But you know, we should cut our spending after this trip. It cost us a fortune.

   여행 이후엔 소비 줄여야 해.

A: _____

B: You're right. We should just enjoy this moment.

   네 말이 맞아.

   우린 이 순간을 그냥 즐겨야 해.

① Let's forget about that now

② We have too many credit cards

③ I felt so seasick on that cruise tour

④ You should plan more activities next time

· fortune 1. 행운 2. 큰돈, 재산

(ex) This shirt cost me a fortune. 이 셔츠는 나에게 큰돈을 쓰게 했다.

→ 이 셔츠는 아주 비싸게 샀어요.

※ make a fortune 큰돈을 벌다

해석 A: 난 우리가 이 섬을 여행하기로 선택해서 너무 기뻐. 난 여기서 영원히 살 수도 있어.
B: 내 말이. 우리 계획된 활동들도 엄청 많아.
A: 응, 크루즈 여행이 정말 기대돼.
B: 근데 알다시피, 이 여행 이후에 우리 지출을 줄여야 해. 이 여행에 돈이 너무 많이 들었어.
A: 지금 그것을 생각하진 말자.
B: 네 말이 맞아. 그냥 이 순간을 즐기자.
① 지금 그것을 생각하진 말자
② 우리 신용카드가 너무 많아
③ 나 그 크루즈 여행에서 뱃멀미 심하게 했어
④ 다음에 넌 더 많은 활동을 계획해야 해

어휘 fortune 거금 credit card 신용카드 feel seasick 뱃멀미를 하다

MEMO

Shimson_lab

06

해석: 흔히 스키너 상자라고 알려진 조작적 조건 형성 상자는 B.F. Skinner에 의해 1930년대에 개발되었던 실험 도구이다. 구체적인 디자인은 동물의 종류와 실험 변수에 따라 달라질 수 있지만, 일반적으로 이것은 동물이 조작할 수 있는 최소 하나의 레버, 막대, 또는 키를 포함한다. 레버를 누르면 음식, 물, 또는 무언가 다른 종류의 강화물이 제공될 수도 있다. 빛, 소리, 이미지를 포함한 다른 자극도 제시될 수 있다. 경우에 따라서는 상자 바닥에 전기가 통할 수 있다. 스키너 상자는 동물이 다른 자극을 경험하지 않게 하기 위해서 외부로 일반적으로 막혀 있다. 이 장치를 이용하여, 연구자들은 매우 통제된 환경에서 행동을 보다 쉽게 연구할 수 있다.

① 스키너 상자는 1930년대에 고안되었으며, 제작자로부터 그 이름을 얻었다.
② 스키너 상자에는 실험 대상이 쉽게 조작할 수 있는 하나 이상의 물체가 장착되어 있다.
③ 어떤 경우에는, 뒷부분이 아니라 전기가 흐르는 바닥도 자극으로 사용된다.
④ 스키너 상자 안의 동물이 외부 자극에 반응할 수도 있도록 개방돼 있다.

어휘: operant conditioning 조작적 조건 형성(어떤 행동에 선택적으로 보상 하여 행동의 강화 또는 약제를 끌어내는 것) chamber 공간, 방 colloquially 일상적인 말로 laboratory 실험실 variable 변수 manipulate 조작하다 reinforcement 강화 dispense 내놓다, 제공하다 devise 고안하다 be equipped with ~을 갖추다

07

해석: 현대 사회의 지구상에서 정치적으로 가장 불안정한 지역에서 나는 석유에 의존하고 있는 생태들을 걱정하지만, 고대 메소포 타미아의 근원으로 훨씬 더 심각했다. 하지만 이 고대 문명의 요람에는 금속, 큰 목재, 그리고 심지어 건축용 돌과 같은, 당대의 전략적 지재가 거의 전혀 없었다. 수메르인, 아카드인, 아시리아인, 그리고 마지막으로 바빌로니아로 바뀌면서, (메소포타미아)의 위대한 제 국들의 생존은 이웃들의 잉여 식량을 오만과 시나와 쪽의 금속, 아나톨리아와 페르시아의 화강암이나 대리석, 레바논의 목재와 외교하는 것에 달려 있었다.

① 메소포타미아 제국의 동맹성장
② 인지재 부족: 그 중대한 이유
③ 고대 메소포타미아에서의 생존을 위한 무역
④ 석유: 인류의 가장 큰 걱정거리

어휘: dependency 의존 plight 곤경 alluvial (하천에 의해 퇴적된/생긴) 충적토의 possess 지니다, 소유하다 excess 과다 yield 산출하다 abundance 풍부함 barley 보리 wheat 밀 cradle 요람 devoid ~이 전혀 없는 strategic 전략적인 timber 목재 hinge on ~에 달려 있다 surplus 잉여, 과잉 granite 화강암 lumber 목재 rise and fall 흥망성쇠 shortage 부족

08

해석: 집단면역은 사람들이 예방 접종이나 이전의 감염을 통해 면역이 되었을 때 발생하는 전염병으로부터의 간접적 보호이다. 일단 집단면역이 확립되고, 질병의 확산 능력이 저하되기 시작하면, 그 질병은 결국 제거될 수 있다. 하지만, 집단면역을 얻는 것은 매우 어려울 수 있고, 그것이 항상 가능한 것은 아니다. 그리고, 질병의 전염성이 더 강할수록, 집단면역을 확보하기 위해 필요한 면역된 사람들이 더 많아진다. 예를 들어, 홍역은 전염성이 매우 강해서 홍역을 막기 위해서는 약 95%의 사람들이 면역될 필요가 있다는 것을 의미한다.

어휘: infectious 전염되는, 전염성의 immune 면역력이 있는, 면역된 herd immunity 집단면역 contagious 전염성이 있는 vaccination 예방 접종 hinder 저해하다 eliminate 없애다, 제거하다 challenging 힘든, 어려운 measles 홍역

09

해석: 언어의 격식과 비격식성을 나타내는 데에 있어, 캐나단 문화처럼 차이점들이 존재한다. 미국, 캐나다, 호주와 같은 나라에서의 영어를 특징짓는 비격식적인 접근 방식은 언어의 격식이 사회적 위치를 정의하는 아시아의 많은 지역에서 적절한 언어를 사용한다. 그에 대해 보이는 우려는 성공이 다르다. 예를 들어, 한국에서 언어는 매우 간 계층 체계를 드러낸다. 한국 사람들은 다른 성별, 사회적 지위수준, 친밀한 정도, 그리고 사회적 행사의 종류에 따라 특별한 어휘를 가진다. 심지어 오래된 친구도, 지인, 그리고 완전히 낯선 사람과의 대화를 위한 격식의 정도에도 차이가 존재한다. 한국 사회에서 교육받은 사람들은 이 차이들을 인지하는 방식으로 언어를 사용하는 능력을 보일 수 있다.

① 공감 능력을 보여주는
② 다양한 사투리를 잘 이해하는
③ 인간관계의 차이점을 인지하는
④ 격식을 차리지 않고 의견을 말하는

어휘: when it comes to ~에 관한 한 display 전시, 표현 formality 격식 characterize ~을 특징으로 하다 define 정의하다 interpersonal 대인관계의 hierarchy 계급, 서열 vocabulary 어휘 status 지위 intimacy 친밀 occasion 행사, 때 acquaintance 지인 learned 교육받은, 박식한 empathy 공감 dialect 사투리 distinction 차이, 구분

10

해석: 과하 심리학자들은 모든 생각, 모든 느낌, 그리고 모든 행동이 어떻게든 신경계에서 표현되고, 그러한 사건의 어떤 것도 생물학적 과정이나 강력한 생물학적 기초 없이는 일어날 수 없을 것이라고 단순하게 생각하지 않도록 조심한다. 그러나 우리는 심리학에 관련된 생물학적 측면을 지나치게 강조하거나 지나치게 단순화하지 않도록 주의해야 한다. 예를 들어, 많은 사람들은 행동이나 정신적 운명이라고 생각한다. 그래 맞춰, 넣은 틈에지들은 니그런 틀을 가지고 있다면, 그것은 우리의 통제를 벗어난다고, 즉 '생물학이 운명이라고 추인다고 확신하기 때문에 (담배를 끊으려는 시도조차 하지 않는) 생물학의 생물학적 충독이 그들을 실패에 차이게 할 것이라고 확신하고 이것은 반드시 사실이 것은 아니다. (행동을 예측함으로써, 심리 학자들은 어떤 사람이 특정한 생활적 직면될 때 건강이나 건강하지 못한 결정을 내릴 것인지를 알아내려고 노력한다.) 모두 행동과 정신가 과정이 생물학적 과정에 근거하고 있다는 사람은 그것이 생물학의 과정만의 연구를 통해 온전히 이해될 수 있다는 것을 의미하지는 않는다.

어휘: nervous 신경의 oversimplify 지나치게 단순화하다 biological 생물(학)적인 quit 그만두다 addiction 중독 doom 운명을 맞게 하다 determine 알아내다 confirm 확인하다 overemphasize 지나치게 강조하다 confront 직면하게 하다

01 밑줄 친 부분과 의미가 가장 가까운 것은?

The base of Buddhism is morality, and wisdom is its apex

① nadir
② summit 1. 정상, 꼭대기 2. 정상 회담
③ catalyst 1. 기폭제, 촉매 2. 자극, 장려
④ shortcoming 결점, 단점

apex 꼭대기, 정점 ↔ nadir 최하점, 밑바닥

꼭대기, 정점, 절정
summit
apex
apogee → 인기나 정점에 이르면 '아포지'
acme 이를 때문에 '아크미'
zenith → 높은 애퍼트 이름에, '제니스'
pinnacle
culmination

결점, 약점
drawback
foible (포커를 서론 약점이 있어!)
blemish (+흠, 티, 오점 ; 해치다, 더럽히다)
shortcoming
disadvantage
defect
flaw
fault
weakness

해석: 불교의 근간은 도덕이고, 지혜는 그것의 정점이다.
① 최하점 ② 정점 ③ 촉매 ④ 결점
어휘: Buddhism 불교

02 밑줄 친 부분에 들어갈 말로 가장 적절한 것은?

I am planning a surprise birthday party for her, so you should not _____.

① beat a dead horse
② let sleeping dogs lie
③ have other fish to fry
④ let the cat out of the bag

· beat a dead horse 헛수고하다, 뒷북치다
· let sleeping dogs lie 긁어 부스럼 만들지 않다
· have other [bigger] fish to fry 더 중요한 일이 있다
· let the cat out of the bag 비밀을 누설하다 (= spill the beans)

누설하다, 폭로하다, 드러내다
divulge
unveil
unfold
confide (털어놓다)
reveal
disclose
let on → 수면 위로 으레끔 하는 거니까.
let out → 밖으로 나오게끔 하는 거니까.

해석: 나는 그녀를 위해 깜짝 생일 파티를 계획하고 있으니 너는 비밀을 누설해서는 안 된다.
① 헛수고한다 ② 긁어 부스럼 만들지 않다 ③ 더 중요한 일이 있다 ④ 비밀을 누설한다

03 밑줄 친 부분 중 어법상 옳지 않은 것은?

The psychological impact of living(in destitution)can lead to drug abuse.
S — V — O
① that might be a crime in itself,)and it can also lead to other criminal activity.
(→which)
Furthermore, proximity to other criminals can increase a person's likelihood
(of) ② engaging in crime through education and opportunity. Criminals teach
                                                                    S   V₁(4형)
others [how to break the law (without getting caught)]and ③ foster negative
IO₁   DO₁   병렬   V₂
ideas. Living in inner-city slums (not only)makes people more likely to engage
O₂   OC@   2V   SC@   예
in crime,(but also)makes ④ them more likely to be a victim of crime.
                        (= people)

① that 063

(1) ┌ 관계대명사 that
   │ — 명사(선행사) + that + 불완전한 문장
   │
   └ 동격의 접속사 that
      — 명사 + that + 완전한 문장
         └→ fact, truth, belief, idea,
            opinion, evidence, proof 등

(2) 명사절을 이끄는 접속사 that
   — 동사 + that + 완전한 문장

(3) 앞에 콤마 또는 전치사가가 없는 동사인
   cf) ┌ in that : ~라는 점에서
      └ except that : ~라는 사실만 제외하고

04 우리말을 영어로 가장 잘 옮긴 것은?

① 그것이 기계식 키보드가 작동하는 방식이다.
→ That's the way how the mechanical keyboard works.   065-2 how가 관계부사로 쓰인 경우,
                                                              앞에 the way가 없어야 함이 원칙
                                                              (the way how X)

② 사업이 개선되지 않으면 그 회사는 파산할 것이다.
→ The firm will go bankrupt unless the business does not improve.
                                                   부정어 중복 X   048-1

③ 나는 30살에 부자가 될 것이 너무 놀랍다고 생각했다.
→ I found it so amazing that I became rich at the age of 30.
  5V 가O OC@   진O   2V   SC@   030

④ 사회학자들은 사회학이 과학인지 아닌지에 대해 다른 의견을 가지고 있다.
→ Sociologists have different opinions about [if sociology is a science or not]
                                            전치사 (→whether)

② not X

(1) hardly / scarcely / rarely / seldom → 앞, 뒤 모두 not X / 시제, 도치 확인
(2) lest / for fear / unless / but ┐ 뒤에 not X
(3) any / either   ┘
(4) Under no circumstances

④ whether vs if ⟨p.192⟩

	whether	if
타동사의 목적어	○	○
주어, 보어, 전치사의 목적어, or not, to 부정사	○	X

어휘 mechanical 기계식의 bankrupt 파산한

05 밑줄 친 부분에 들어갈 말로 가장 적절한 것은?

A: Hey, why the long face? Is there a problem?

B: Well, my friend asked me to give her book back that I had borrowed.

A: And?

B: I thought I had returned it, but she said she never got it.

A: So what happened to the book?

B: Apparently my brother took it without telling me. And *what's worse*, he lost it.
우리 오빠가 내한테 말도 없이 가져갔어. 설상가상으로 그걸 잃어버렸대.

A: _____?

B: I can't get myself to do it. She's going to get so mad at me.
순서야V 내자신을 그렇게 하도록 지키지 못하겠어 (→ 그렇게는 못하겠어.)
그러나 나한테 엄청 화낼 거야.

① Can you remember where you lost it
② Should you get him another book
③ Will you be able to forgive her
④ Did you tell her the truth

・have[pull] a long face 우울하다, 시무룩하다, 울상이다
・what's worse 설상가상으로, 한술더떠서
・tell the truth 사실대로 말하다

해석 A: 안녕, 왜 그렇게 울상이야? 무슨 문제라도 있어?
B: 음, 내 친구가 빌렸던 책을 돌려달라고 했어.
A: 그런데?
B: 난 그것을 돌려줬었다고 생각했는데, 걔는 받은 적이 없대.
A: 그래서 책은 어떻게 됐는데?
B: 오빠가 나한테 말도 없이 가져간 모양이야. 그리고 설상가상으로 읽어버려서기까지 했대.
A: 그런데 못하겠어. 그가 나한테 엄청 화낼 거야.
① 네가 그것을 어디서 잃어버렸는지 기억할 수 있어
② 그에게 다른 책을 줘야 해
③ 그를 용서할 수 있겠어
④ 그녀한테 사실대로 말했어

어휘 long face 울상 apparently 틀자 하니 what's worse 설상가상으로

06

해석 플라스마는 물질이 내 번째 상태라고 불리며, 나머지 셋은 고체, 액체, 기체이다. 기체에다가 충분한 열을 가하면 플라스마가 형성될 것이다. 기체가 과열되면, 그 물질은 양전하를 띤 입자(이온)와 음전하를 띤 입자(전자의 혼합물이 된다. 비록 당신은 플라스마가 너무 이론적이고 우리의 일상생활과 동떨어진 것처럼 보인다고 생각할 수도 있지만, 플라스마에의 작용과 성질은 램프, 레이저, 에너지 변환기, 정수기, 그리고 평판 영상 디스플레이에 활용된다. 사실 눈에 보이는 우주의 약 99%가 플라스마로 이루어져 있다. 밤하늘에서, 플라스마는 별, 성운, 그리고 성간 물질의 형태로 빛난다.

① 에너지를 더하는 것은 액체를 기체로 바꿀 수 있다.
② 상반된 전하를 가진 입자들이 플라스마를 형성한다.
③ 플라스마 기술은 다양한 산업에서 사용된다.
④ 사람의 눈은 플라스마가 방산하는 빛을 감지할 수 없다.

어휘 state 상태 matter 물질 charged 대전된, 전하를 띤 particle 입자 theoretical 이론의, 이론적인 property 속성, 특성 utilize 활용하다, 이용하다 converter 변환기 water purifier 정수기 flat-panel 평판형의 nebula 성운 detect 감지하다

07

해석 어떤 사람이 특정 집단과 이야기할 때 특정 주제에 대해 강한 의견을 말할 수 있지만, 정반대 의견을 가진 다른 그룹과 이야기할 때는 그 주제에 대해 다르게 느낄 수 있다. 흔히 사람들은 자기 말이 다른 사람들에게 어떤 영향을 미칠 수 있는지 고려하지 않고 말한다. 자신이 말한 것이 누군가에게 부정적인 영향을 미쳤는지 그들이 알게 되면, 그들이 그 말을 하지 않았더라면 연 중요한 텐데 라고 말하곤 바란다. 그 말을 했던 바로 그 사람이 나중에 자신으로 그 말이 전에 말했던 것을 완전히 말과 했던 의견을 완전 반대 의견도 당사자를 신경 쓰는 것을 보여 부정할 것이다. 행편없이 표현된 말이의 충격은 자신이 노력하는 것은 화자가 상대방은 당사자를 신경 쓴 것도 좋은 것 아니라, 상대방은 당사자에게 자신이 어떻게 인식되는지 시경 쓴다는 것을 보여준다. 다른 사람들에게 기본 좋게 인식되고 싶은 욕망은 그 욕안 그 사람으로 하여금 가짓을 하고 (자기 말을) 부정하도록 동기를 부여한다.

① 과거 트라우마에 대한 기피되지의 거짓말
② 사실을 부인하는 것의 알려지지 않은 결과
③ 과거를 바꾸는 것의 이면의 동기
④ 상대방의 당사자와의 의사소통 전략

어휘 voice 말로 표현하다 oppositely 정반대로 comment 댓글, 언급 deny 부인하다 state 말하다 emphasis 강조 impact 강조 coping mechanism 대응 기제 motivate 동기를 부여하다 pleasantly 기분 좋게 reward 보상하다

08

해석 프랑스가 독일의 침공을 막기 위해 국경선을 따라 건설한 방어선인 마지노선은 철근 콘크리트와 맞수 감속이 박힌 5,500만 톤의 강철로 요새화되었다. (C) 그것은 강력한 포격, 독가스, 그리고 독일군이 그것에 연결 수 있는 다른 것도 견딜 수 있도록 설계되었다. (B) 그럼에도 불구하고, 2차 세계대전이 발발한 후 프랑스의 구체적인 역할을 하기로 되어 있었으고, 빠르게 움직이는 장갑 실패한 전략이 성공이 되었다. (A) 지도자들은 과거 전쟁의 전술과 기술에 대응하는 대 집중했으나, 빠르게 움직이는 장갑부대의 새로운 위협에 대비하는 데 실패했다.

① 에너지를 탐지치, 배열 defense 방어 시설 deter 단념시키다, 막다 invasion 침공 fortify 강화하다, 요새화하다 reinforced concrete 철근콘크리트 embed 박다, 끼워 넣다 counter 대응하다 tactic 전술 break out 발발하다 salvation 구제, 구제자 withstand 견디 내다 artillery fire 포격

09

해석 Freud에 따르면, 성경 계명인 "죽이지 말지어다"는 바로 우리가 끝없이 길게 이어진 살인자 세대의 후손이라는 증거이다. 그 능격자의 경향은 인간에게 있어 본래의 자율적 성향이라고 주장했다. 하지만, 생리학자들도 심리학자들도 직감에 대한 그렇게 지배적인 충동의 존재를 입증할 수는 없었다. 공격성은 배고픔, 갈증 또는 활동 및 사회적 접촉의 욕구에 비교할 만한 그런자연적 동기로 나타나지 않는다. 심리학자 Jacques Van Rillaer에 따르면, "공격성은 개인이 자신을 파괴하는 지불을 받은 이야 표면화해야 하는, 유기제에 의해 만들어지는 물질의 일종이 아니다. 방아 맞 공격 행동을 이해하려면 불가사의한 죽음의 충동을 들먹이는 것보다는 것보다도 대상과 타인, 그리고 자기 자신과의 관계에 대해 훨씬 더 유용하다. 이 충동의 행동을 들먹이는 것보다는 것보다도 대상과 타인, 그리고 자기 자신과의 관계에 더 조금해 하는 것이 훨씬 더 유용하다. 이 충동의 행동을 들먹이는 것보다는..."
Freud 파의 이론은 미신에 불과하다."

① 자기 파괴적 충동을 과소평가한다
② 우리의 폭력적인 성향을 받아준다
③ 살인에 대한 우리의 생각을 반박한다
④ 미신에 불과하다

어휘 be descended from ~로부터 내려오다, ~의 후손이다 assert 주장하다 aggression 공격성 autonomous 자율적인 disposition 성향 physiologist 생리학자 spontaneous 자발적인 impulse 충동 hostility 적개심에 대한 직감에 대 infinitely 대단히, 엄청나게 manifest 나타나다 comparable to ~에 맞먹는 organism 유기체 externalize 표면화하다 shed light on ~을 밝히다 understate 과소평가하다 invoke 들먹이다 refute 반박하다

10

해석 최근 보스턴에서 뉴욕으로 가는 기차 여행에서, 나는 여자 친구에게 자신의 문제에 관해 이야기를 하고 있던 한 남자 옆에 있었다. 그는 최고며 한배을 거의째 술을 마셨고, 그의 아빠지는 더 이상 그의 수입을 보충해주라고 하지 않았다. 그는 자기가 여자친구가 듣고 나무 많이 쓴다고 생각하고, 그는 그의의 삶 대 돈을 좋아하지 않았다. 나는 그고 하고 있는 말을 듣고 매우 짜증이 났다. 그래서 나는 다른 좌석을 찾으려고 통로를 왔다 갔다 했었다. 나는 불평하는 사람 바로 옆이나 고 싶지 않았다. 좌석으로 되돌아오는 것 이외에 선택의 여지가 없었다. 나는 그가 내게 불평을 하고 있었던 것은 아니라는 것을 알고 있었지만, 나는 내가 사람지기를 정말로 바랐다. 아제면 그럼 많이가 없었는지도 모른다. 나는 그곳에 있지 않은 것처럼 이미 대해지고 있었다. 나는 감사스럽게 분노가 치밀어 오르는 것을 느꼈다.

① 차분하고 무관심한   ② 인상하고 감사하는
③ 짜증나고 분개한   ④ 슬프고 실망한

어휘 bout 한바탕, 한차례 supplement 보충하다 annoyed 짜증이 나는 aisle 통로 complainer 불평하는 사람 surge 치밀어 오름, 급증

01 밑줄 친 부분과 의미가 가장 가까운 것은?

More important than the sanctity of the law was the plight of the individual parties in the particular case.

① quandary 곤경
② frivolity
③ euphoria 행복감, 쾌감
④ bigotry 편협함

plight 곤경

편경, 역경, 궁지

plight

predicament 곤경
윤 │ 딜레마

quandary 곤란

quagmire 수렁

② frivolity 경솔, 경박
└ frivolous 1. 경솔한, 까부는 2. 시시한

02 밑줄 친 부분과 의미가 가장 가까운 것은?

It is very important for the majority of young people to set store by tradition.

① break
② respect
③ restore
④ maintain

set store by   ~을 중요시하다, 존중하다

43

03 어법상 옳은 것은?

① All of the relevant contact information are posted on the website.
ⓑ (수일치)
단수N (불가산) (→is)

② Costs have been reduced by 20% over the past 2 years.
ⓐ(수일치/수동/시제) 056 현재완료 (과거 시제 X)

③ Digital transformation became inevitably(for the success of any business)
ⓐ(수일치/수동/시제)
147 2V + @(→inevitable)

④ Many jobs(in developing countries)were lost while the recession.
147 + 부사N (→during) N

ⓑ '부분명사 of 전체명사'의 수일치 ⟨p.176⟩

부분명사 나타내는 부정대명사 : some/any/most/all 145-1

부분명사 [일부 : part/portion/half/the rest] + of + 복수N + 복수V
           [분수 : one third / two thirds …]   + 단수N + 단수V
           [백분율 : 30 percent …]

ⓒ 접속사 VS 전치사 ⟨p.193⟩

접속사 + (S+V)
           (RVing/p.p)
전치사 + N

	접속사		전치사
(1)	Because	vs	Because of
(2)	(Al)though	vs	Despite / In spite of
(3)	While	vs	During

불가산명사 ⟨p.198⟩

장 equipment
가 furniture
지 knowledge
정 information 155-F
뉴 news
충고 advice
증 evidence
날 weather
숙제 homework

(clothing   weaponry)
(jewelry   pottery) (도기류)
(machinery)

해석 ① 모든 관련 연락처 정보는 웹사이트에 게시되어 있다.
② 지난 2년 동안 비용이 20% 절감되었다.
③ 디지털 전환은 모든 사업의 성공을 위해 불가피해졌다.
④ 개발도상국들이 많은 일자리가 불경기 동안 사라졌다.

어휘 post 게시하다 inevitably 불가피하게 불가피하게 recession 불경기

04 우리말을 영어로 잘못 옮긴 것은?

① 그는 외계인이 다른 행성에 존재한다고 확신한다.
→ He is convinced that aliens exist (on other planets)
ⓑ(수일치/수동)

② 오늘 경기에서 누가 가장 많은 득점을 할 것 같나요?
→ Whom(do you think)will score the most points in today's game?
주격 (→Who)   075-2 + 복수N

③ 내부 및 외부 요인이 그를 사임하게 했다.
→ Internal and external factors caused him to resign.
099 ⓒ O + to RV

④ 그 소설은 대학생들 사이의 토론을 활발하게 하는 데 사용되었다.
→ The novel was used/to stimulate discussion(among college students)
056 be used to RV : ~하는데 사용되다

ⓛ convince 092

(1) convince A[사람] of B 구문에서 A[사람] 뒤에 전치사 of가 있는지 확인 (of 생략X)

(2) 수동태로 쓰일 경우, 뒤에 of (동)명사 또는 that S+V가 있는지 확인
convince A of B : A에게 B를 확신시키다
→ A be convinced of B : A는 B를 확신한다
convince A that S+V : A에게 that 절을 확신시키다
→ A be convinced that S+V : A는 that 절을 확신한다

(3) 뒤에 to RV가 있는지 확인 (불행부동사X, 동명사 X)

ⓛ do you think 구문 103-3

(1) 의문사가 문두로 이동했는지 확인

(2) 의문사의 격 (주격 VS 목적격) 확인

(3) A에 대해 어떻게 생각해요?
→ what do you think of[about] A? (How X)

어휘 alien 외계인 score 득점하다 resign 사임하다 stimulate 활발하게 하다

05 밑줄 친 부분에 들어갈 말로 가장 적절한 것은?

A: I'm so excited for my mom's surprise birthday party.
B: Sounds great! Is there anything I can help you with?
A: _____. You promised you'd get the cake.
B: Oh, my goodness! It totally slipped my mind. I'll be right on my way.

① It's so sweet of you to ask
② Please don't tell me you forgot
③ It'd be great if you could pick her up
④ You can start by remembering my birthday

slip one's mind 잊다, 깜빡하다

[해석] A: 우리 엄마 깜짝 생일 파티가 너무 기대돼.
B: 좋겠다! 내가 뭐 도와줄 거 있어?
A: 설마 잊은 건 아니겠지. 케이크 가져오겠다고 약속했잖아.
B: 오, 맙소사! 완전히 깜빡했어. 지금 바로 갈게.
① 물어봐 주다니 참 다정하다
② 설마 잊은 건 아니겠지
③ 네가 그녀를 데리러 갈 수 있다면 좋을 텐데
④ 내 생일을 기억하는 것부터 시작해 봐

[어휘] slip one's mind 깜빡 잊어버리다 pick sb up ~을 (차에) 태우러 가다

A: I'm so excited for my mom's surprise birthday party.
B: Sounds great! Is there anything I can help you with?
A: _____.
B: Oh, my goodness! It totally slipped my mind. I'll be right on my way.

① It's so sweet of you to ask
② Please don't tell me you forgot
③ It'd be great if you could pick her up
④ You can start by remembering my birthday

MEMO

06

해석 18세기에 스웨덴의 생물학자 Carl Linnaeus는 생물을 분류하는 체계를 공표했다. Linnaeus 이전에, 종의 명명 관행은 다양했다. 생물학자들은 그들이 기술하는 종에 길고 장기 이러한 라틴어 이름을 부여했는데, 이것은 마음대로 바뀔 수 있어서, 한 유기체가 다양한 이름을 가질 수도 있었다. 예를 들어, 일반적인 야생 들장미는 Rosa sylvestris inodora seu canina, 그리고 Rosa sylvestris alba cum rubore, folio glabro로 불렸다. 상용적인 명명 체계의 필요성은 전 세계에서 유럽으로 들여오는 엄청난 수의 새로운 식물과 동물들로 인해 훨씬 더 커졌다. Linnaeus는 속 이름과 종 이름이라는 단 두 이름으로 된 종의 이름을 이루는데, 가장 잘 알려진 것은 단어 Homo sapiens이다.

① 생물학자들은 긴 이름을 붙여 유기체를 명명하곤 했다.
② Linnaeus는 분류를 위해 라틴어를 사용하는 것에 반대했다.
③ Homo sapiens라는 이름은 Linnaeus의 분류 체계에서 비롯된 것이다.
④ 유럽으로의 새로운 종의 수입은 더 나은 명명법을 필요로 했다.

어휘 classify 분류하다 practice 관행, 연습 unwieldy 다루기 어려운 at will 마음대로 workable 실행할 수 있는 simplify 단순화하다 binomial (속명과 종명으로 된) 이명법의 immensely 엄청나게 indicate 지정하다 designate 지정하다 shorthand 약칭 be derived from ~에서 비롯되다

07

해석 삼림 벌채는 숲 외의 무언가를 위한 공간을 만들기 위해 나무를 영구적으로 제거하는 것이다. 과학자들은 숲이 매년 스위스 크기(14,800 제곱마일)의 지역이 삼림 벌채로 손실된다고 추정한다. 인간이 붙이는 불은 보통 농사용 땅을 개간하는데 사용된다. 일본 등은 귀중한 목재를 수확한 다음, 콩 같은 작물이나 소 방목을 위한 길을 내기 위해 숲의 절반에서 발... 유 농작물을 위한 길을 내기 위해 베어 개간된다. 이 야자유는 가장 흔하게 생산하는 식물성 기름이며 모든 슈퍼마켓 제품의 절반에서 발견된다. 기름을 생산하는 나무를 기르는 것은 토착 숲의 파괴와 지역 이탄지의 파괴를 불러온다는데, 이는 생태계에 끼치는...

① 왜 우리는 숲을 잃고 있을까?
② 삼림 벌채가 생태계에 미치는 영향들
③ 삼림 벌채에 대한 해결책은 존재하는가?
④ 삼림 벌채: 0㎤동물을 멸종으로 가는 길

어휘 deforestation 삼림 벌채 permanent 영구적인 estimate 추정하다 human-lit 인간이 (불을) 붙인 clear 개간하다 timber 목재 vegetation 초목 graze 방목하다 palm oil 야자수 plantation 농장 agricultural 농업의 harvest 수확하다 destruction 파괴 peatland 이탄지 level (나무를) 완전히 무너뜨리다

08

해석 경제학에서, 수요의 자체 가격 탄력성은 가격 변화에 대한 수요량의 반응성을 측정한다. 그것은 수요량이 제품의 가격 변화에 얼마나 민감한지에 대한 척도이다. 구매량의 상대적인 변화가 가격의 상대적인 변화보다 클 때, 수요는 탄력적이다(가격 탄력성의 절댓값은 1 이상이다). 수요량의 변화가 가격의 상대적인 변화보다 작으면, 수요는 비탄력적이다(가격 탄력성의 절댓값은 1 미만이다). 예를 들어, 10% 가격 인상으로 상품 구매량이 3.2% 감소할 때, 수요의 가격 탄력성은 -0.32로 비탄력적 수요를 나타낸다. 탄력성은 대체재의 수, 소비자 소득, 가격 변화의 예상 지속 기간, 제품 시장 점유율에 따라 결정된다. 예를 들어, 더 많은 대체재가 적은 제품은 일반적으로 탄력성이 낮고, 따라서 가격이 비탄력적이다.

어휘 relative 상대적인 inelastic 비탄력적인 absolute value 절댓값 responsiveness 반응성, 민감성 sensitive 민감한 good 제품, 상품 commodity 상품 reflect 반영하다, 나타내다 substitute 대체재 income 소득 duration 지속 기간 market share 시장 점유율

09

해석 기축통화는 미국 달러(USD), 유로(EUR), 영국 파운드(GBP) 등 국제 거래의 결제에 환율 기반을 제공하는 안정적이고 크게 변동되지 않는 통화를 말한다. 기축통화는 대개 재정적으로 강하고 경제적으로 안정된 국가에서 나오기에 다른 통화들이가 차를 설정하는 경향이 있다. 특히, 기축 통화는 더 작거나 경제적으로 더 약한 국가들의 통화에 영향을 준다. 그 결과, 그 국가들이 우세한 무역 상대국들에 맞춰 환율을 조정하려고 노력하는 것이 통화 관행이다. 게다가 주요 선진국들과 경제적 관계를 수립하고 유지하기 위한 노력의 일환으로, 그러한 기축 통화가 없는 아프리카와 아시아 일부 국가들은 그들 자국 통화를 이용하여 기축 통화를 매입하다.

① 개발 도상의 ② 의존적인 ③ 국내의 ④ 우세한

어휘 key currency 기축 통화 stable 안정적인 fluctuate 변동을 거듭하다 exchange rate 환율 transaction 거래 monetary 화폐의 advanced 선진의 devoid ~이 전혀 없는 utilize 활용하다 trading partner 무역 상대국 align (~에 맞춰) 조정하다

10

해석 아마도, 런던의 버킹엄 궁전을 생각할 때 가장 먼저 떠오르는 것은 붉은 튜닉 재복과 분명 그들이 경비 임무에 적합하지 않은... 그러나, 편안함이나 기능성을 넘어서는 이유가 존재한다. 18세기에 높이 솟은 곰 가죽 모자를 군대의 표범들은 키가 더 커 보이게 하려고 그와 같은 모자를 씌웠다. 이것은 그들의 적들을 위협하고자 했다. 워털루 전투에서 영국군 프랑스 군대의 포병들 또한 19세기가 초 권력을 잡고 있을 때 그 근위대에게 비슷한 모자를 씌웠다. 국이 Napoleon의 군대를 격파하면서, 그들은 Napoleon의 황제 근위대로부터 곰 가죽 모자를 수장하여 전리품으로 가져왔다. 간단히 말해서, 그 모자는 영국 군대의 가장 위대한 승리 중 하나를 상징한다.

어휘 come to mind 떠오르다 royal guards 왕실 근위대 massive 육중한 comfort 편안함 functionality 기능성 gunner 포병 intimidate 겁을 주다, 위협하다 imperial 황제의 defeat 패배시키다 trophy 전리품 triumph 승리

01 밑줄 친 부분과 의미가 가장 가까운 것은?

Gandhi urged Indians to <u>defy</u> the new law and to suffer the punishments for doing so.

① vindicate   ② disobey
③ meditate   ④ succumb

defy 반항하다(=disobey), 무시하다(=disregard, ignore)

① vindicate   1. 정당성[결백]을 입증하다
        2. 주장[요구]하다

③ meditate   1. 명상하다, 숙고하다   2. 계획하다

숙고하다, 곰곰이 생각하다

contemplate	weigh (+무게가 ~이다, 짓누르다)
cogitate	ruminate
meditate	speculate (+추측하다)
muse	deliberate
ponder	dwell on
pore (over/on)	mull over

④ succumb 굴복하다(to)

굴복하다, 항복하다   Surrender, submit to, succumb to, yield to
give in to, capitulate

해석 Gandhi는 인도인들에게 새로운 법에 반항하고 그렇게 하는 것에 대한 처벌을 받도록 촉구했다.
① 정당성을 입증하다 ② 반항하다 ③ 명상하다 ④ 굴복하다
어휘 urge 촉구하다

02 밑줄 친 부분과 의미가 가장 가까운 것은?

He did not <u>rule out</u> the possibility that his future would become uncertain.

① raise   ② consider
③ involve   ④ exclude

rule out 제외시키다, 배제하다(= exclude)

out 과 결합된 이어동사 정리

break out	1. 발발하다 2. 발병하다
make out	1. 이해하다 2. 알아보다 3. 성공하다
turn out	~으로 판명되다
carry out	수행하다
work out	1. 운동하다(자V) 2. 효과가 있다(자V)
	3. 이해하다(타V) 4. 해결하다(타V) 5. 계산하다(타V)
give out	1. 배포하다 2. (빛이나 열·소리를) 발하다, 내다
bail out	~을 구제하다, 구해주다
pass out	1. 기절하다 2. 나눠주다
iron out	해결하다
blot out	~을 완전히 가리다, 덮다

해석 그는 자신의 미래가 불확실해질 가능성을 배제하지 않았다.
①제기하다 ②고려하다 ③포함하다 ④배제하다
어휘 uncertain 불확실한

03 밑줄 친 부분 중 어법상 옳지 않은 것은?

The view [that marketing has a special responsibility(when discussing the
natural environment)]① is also well developed. By promoting product
manufacture and usage, the organization may be ② encouraged[resource
depletion, pollution ⓐ other environmental deterioration] Most organizations
believe that it is not sufficient to make profits and ③ generate employment
while ignoring an obligation to society regarding the preservation of the
natural environment even though ④ their behavior is within the law.

해석 자연환경을 논할 때 마케팅이 특별한 책임이 있다는 관점도 잘 발달되어 있다. 조직은 제품 제조 및 사용을 촉진하여 지원 고
갈, 오염 또는 기타 환경 악화를 조성할 수 있다. 대부분의 조직들은 그들이 법 테두리 안에 있는데도 자연환경 보존과
관련한 사회에 대한 의무를 무시하면서 이윤을 내고 고용을 창출하는 것은 충분하지 않다고 생각한다.

어휘 promote 촉진하다 manufacture 제조 depletion 제조 deterioration 악화 sufficient 충분한 obligation 의무

---

04 우리말을 영어로 잘못 옮긴 것은?

① 그것은 내게 내 모든 지난날을 상기시켜준다.
→ It reminds me of all my past days.

② 나는 그 간식을 묶음으로 사는 게 낫다.
→ You may as well buy the snack in a bundle.

③ 나는 그곳에 여행을 갔을 때 정말 시간 가는 줄 몰랐다.
→ I have totally lost track of time/when I went on a trip there.

④ 프런트에 아무도 없는 경우 이 번호로 전화해 주십시오.
→ Please call this number/in case there is no one at the front desk.

어휘 bundle 묶음 lose track of time 시간 가는 줄 모르다

어휘/영작

③ 시제를 따지는 경우 3가지
(1) have p.p / had p.p 가 있으면
(2) 문장 앞에 미래시제나 나온 경우
(3) 현재 시제와 과거시제가 혼재

① 인지동사 + A + of + B ⟨p.174⟩

② 구조사 + RV ⟨p.182⟩
had better RV₁ (than RV₂)
would rather RV₁ (than RV₂)   RV₁ 하는 것이
may as well RV₁ (as RV₂)
may well RV   RV 하는 것도 당연하다
ought to RV   RV 해야 한다

convince
inform
notify   + A + of + B
remind
warn
assure

05 두 사람의 대화 중 가장 어색한 것은?

① A: I'm planning on going fishing this weekend. Would you like to come?

　 B: Why not? I have nothing else planned anyway.

② A: Ouch! Did you just pinch my arm?
　　　　　　　　　　　　꼬집다

　 B: It wasn't me. Maybe you got a bug bite.

③ A: It's burning hot outside and it's only April.

　 B: I can't imagine what it'd be like when real summer comes.
　　　　　　　무엇과 같을지 = 어떨지

④ A: I had four slices of pizza for lunch. I'm so full.

　 B: You need to have breakfast every morning to have a lively day.

해석　① A: 저 이번 주말에 낚시하러 갈 계획이에요. 같이 가실래요?

　　　　B: 왜 안 되겠어요? 어차피 다른 계획도 없는 걸요.

　　② A: 아야! 방금 내 팔 꼬집었어?

　　　　B: 나 아니었어. 아마 벌레에 물렸나 봐.

　　③ A: 밖에 타는 듯이 더운데 아직 4월밖에 안 됐어.

　　　　B: 진짜 여름이 오면 어떨지 상상이 안 가.

　　④ A: 나 점심에 피자 네 조각 먹었어. 너무 배불러.

　　　　B: 너도 활기찬 하루를 보내려면 매일 아침을 먹어야 해.

어휘　pinch 꼬집다

MEMO

49

06

해석 1880년대 후반부터 Thomas Edison과 Nikola Tesla는 현재 '전류전쟁'으로 일컫는 싸움에 휘말렸다. General Electric을 설립한 Edison의 직류(DC)를 이용해 시가고 세계박람회에 전력을 공급하려고 입찰했으나, Tesla의 교류(AC)와 함께 훨씬 적은 가격에 입찰한 George Westinghouse에 패했다. 몇 년 후, 뉴욕 부팔로는 나이아가라 폭포에서 전력을 공급할 수 있을지 의심했지만, Tesla는 그에 의해 생성된 전기로 환하게 밝아졌다. 비록 일부는 그 목표가 도시 전체에 전력을 공급하기에 충분하다고 확신했지만, 그 후, 교류는 표준이 되었고, 현재 전력 시장을 지배하고 있다. 하지만 직류는 완전히 없어지지 않았다. 최근 몇 년간 그것은 LED, 태양 전지, 전기 자동차와 같은 직류 전원으로 작동하는 기술 때문에 약간의 부흥을 경험했다. 기업들은 이제 전기 손실을 줄이면서 전기를 장거리 운송하기 위해 직류를 사용하는 방법을 찾고 있다. 따라서 이 시가고 세계박람회에 전력을 공급하는 데 선택되었던 것은 직류가 아닌 것으로 드러났다.

① Edison의 기술이 시가고 세계박람회에 전력을 공급하는 데 선택되었다.
② 바뀐의 사례를 통해, 교류는 실용적이지 않은 것으로 드러났다.
③ 오늘날 직류는 교류가 모두 끝나는 것 같다.
④ 전류전쟁으로 교류의 승리로 끝나는 것 같다.

어휘 embroil 휘말리게 하다 current 전류 bid 입찰하다 electrify 전력을 공급하다 fair 박람회 alternating 교류의 light up 환하게 만들다 polyphase 다상(多相)의 induction 유도 power 전력을 공급하다; 전력 dominate 지배하다 obliterate 없애다, 지우다 renaissance 부흥 solar cell 태양 전지 impractical 비현실적인, 비실용적인

07

해석 많은 추종자를 갖는 것은 숭이에 대한 운갖 기능성을 열어주는데, 당신의 추종자들을 당신을 숭배할 뿐이 아니라, 당신을 적으로부터 보호해주고, 다른 사람들을 꼬드겨 당신의 갓 생긴 사이비 집단에 기입하게 하는 읽을 자발적으로 떠맡을 것이다. 이러한 종류의 힘을 당신을 또 다른 영역으로 고양시켜 줄 것이다. 즉, 당신은 더 이상 당신의 웃음 (남들에게) 강요하고자 분투하지 않아도 될 필요가 없을 것이다. 당신은 종미 얻어 보고 있어며 칭찬을 받을 수가 없다(다른잔자무렴하게 어져진다). 당신은 그리 한 추종자를 만드는 것이 영청난 읽이라고 생각할지 모르지만, 실은 꽤 간단하다. 인간으로서 우리는 어떤 것에도 무언가를 믿고자 하는 깊은 욕구를 지니고 있다. 이는 우리를 대인하게 대만영을 노리는 개척, 또는 최신 기술 동향이나 예술 운동을 우리에게 내보게 해. 그러면 우리는 하나같이 미래들 몸가 위해 읽을 밖으로 뛰어오른다.

① 남들에게 당신의 웃음 강요하는 것은 아무 소용이 없을 것이다.
② 추종자들을 속이는 것은 지도자로서 결코 해서는 안 될 일이다.
③ 신념을 가지고자 하는 사람들의 욕망에 호소하는 것은 부친 일이다.
④ 힘의 비밀은 당신의 하신적인 추종자를 만들어내는 데 있다.

어휘 deception 속임, 기만 worship 숭배하다 take on ~을 맡다 entice 꾀다, 유도하다 fledgling 갓난, 신생의 cult 추종, 사이비 집단 realm 영역 enforce 강요하다 adore 흠모하다 desperate 필사적인 eminently 대단히 gullible 잘 속는 emptiness 공허(감) dangle sth in front of ~에게 내보이다 cause 대의명분 tense 긴장한; 긴장되는 operation 작동 scheme get-rich-quick 일확천금의 계략, 책략 bait 미끼 get sb nowhere 아무 성과를 못 내게 하다 daunting 벽찬 piece together 종합하다

08

해석 결정 지점까지의 근접은 신호가 행동에 영향을 미치는 주요 요인이다. 진숙한 마케팅 메들 듣는 결정이 일어날 때 음성이 식점적으로 살펴하기 때문에 그러한 영향에 대한 지각을 완부히 갖추고 있다. (C) 한 연구에서, 과학자들은 서로 다른 홍보가 스니커즈 바의 매출에 미친 영향을 실패보았다. 첫 번째 홍보는 오로지 행동에 대한 요청('몇 개를 사서 냉장고에 넣으세요')으로만 구성되었다. 이 홍보는 평균 1.4개의 판매율을 보았다. (A) 그런고 나서 그들은 '18개를 사서 냉장고에 넣으세요'라는 행동 고정 장치를 추가하여 홍보를 바꿨다. 이것은 우스꽝스럽게 보일 수도 있지만, 그 영향은 상당했다. 이번에 판매된 바의 평균수는 2.6개였다. (B) 어느 경우에도 가격을 할인되지 않았다. 그저 인지할수 있고 실제적인 고정 장치로 더 높은 숫자를 추가함으로써 그들은 태도 변화라는 선행 단계 없이, 매출을 거의 두 배로 만들었다.

어휘 proximity 가까움, 근접 promotional 홍보의 preceding 선행하는 call 요청 anchor 고정 장치 freezer 냉장고 qualify 자격을 갖추다 interface 접점 점검 perceivable 인지 가능한 tangible 실제적인, 유형의 discount 할인하다 significant 상당한 ridiculous 우스꽝스러운

09

해석 과도한 물 사용과 낭비의 주요 원인은 이 소중한 자원에 대한 낮은 가격 책정이다. 많은 수도 당국은 물 사용에 정액 책정구이고, 몇몇 곳은 가장 많이 사용하는 사용자들에게 훨씬 더 적게 청구한다. 메들 들어, 미국의 평균 수도 시스템이 만 5분의 1은 수도 계량기를 갖추고 있지 않고, 거의 한계 없이 양질의 물을 사용하는 것에 단일한 낮은 요금을 청구한다. 또한 이은 이파트 거주자들은 물을 절약할 동기가 거의 없는데, 물 사용이 집세에 포함되어 있기 때문이다. 콜로라도주의 Boulder에서 수도 계량기를 도입했을 때, 인당 물 사용량이 40% 감소했다. 연구자들은 수도 가격을 10% 올림 때마다 가정에서의 물 사용을 3~7% 줄인다는 것을 발견했다.

① 지역 수도 당국의 위배
② 규제 시스템의 형식 준수
③ 수도 계량기의 과도한 설치
④ 이 소중한 자원에 대한 낮은 가격 책정

어휘 authorities 당국 charge 청구하다 flat fee 정액 요금 dweller 거주자 incentive 동기, 장려책 conserve 아끼다, 절약하다 rent 집세, 임차료 domestic 가정의 illegitimacy 위법, 부조리 formality 형식 water meter 수도 계량기 rate 요금 installation 설치 underprice 적정 가격보다 낮게 매기다

10

해석 감정은 생화학적으로 인식과 상호작용하여, 바애서 혈류나 도관을 통해 전달되는 호르몬으로 나를 직시고 놔세포의 행동을 수정한다. 호르몬은 노 작용에 경확한 편향을 발위한다. 긴장되고 위협적인 상황에서, 감정 시스템은 나를 편향시켜 그 환경이 관련 부분에 초점을 맞추게 하는 호르몬의 방출을 촉발한다. 근육은 행동을 준비하기 위해 긴장한다. 차분하고 위협적이지 않은 상황에서, 감정 시스템은 근육을 이완시키고 나를 덜함과 창의성을 향해 펑항시키는 호르몬의 방출을 촉발한다. (식동는 감정 시스템이 없는 인간은 선택하는 데 어려움을 겪는다.) 이제 너는 덜욱이 환경의 변화를 알아차리다, 시간에 주의를 빼앗기고, 이전에는 관련 없이 보였지도 모르는 시간과 지식을 종합하는 경향이 있다.

어휘 cognition 인식 biochemically 생화학적으로 bathe 적시다 bloodstream 혈류 duct 도관(導管) modify 수정하다 exert 발위하다 bias 편향; 편향시키다 operation 작동 tense 긴장한; 긴장시키다 trigger 촉발하다 distract 주의를 빼앗다

01 밑줄 친 부분과 의미가 가장 가까운 것은?

Companies take advantage of the fact that people value some things and that they <u>detest</u> others in shaping marketing campaigns.

① forgo 포기하다, 그만두다
② elude 교묘히 피하다, 빠져나오다
③ abhor 혐오하다, 몹시 싫어하다
④ overlook
  1. 간과하다, 못 보고 지나가다
  2. 눈감아주다, 못 본 척하다
  3. 내려다보다

detest 혐오하다, 몹시 싫어하다

몹시 싫어하다, 혐오하다

abhor 호러(horror)를 몹시 싫어해서 멀리(away)하다.
away

abominate 징조(omen)가 혐오스러워 멀리(away)하다.
omen

detest 테스트는 디(de)게 싫어요~

disillusion (환상을 깨뜨리다, 환멸을 느끼게 하다)

loathe

cloy (물리다, 싫증나다, 뎃늘다)

disgust (역겹게 하다, 메스껍게 하다)

포기하다, 그만두다

abandon   abjure
forgo   renounce
forsake   relinquish
waive

피하다

avoid   shun
evade   circumvent
elude   avert
eschew   abscond

해석 기업은 마케팅 캠페인을 형성할 때 사람들이 어떤 것들은 가치 있게 여기고 그리고 다른 것들은 <u>혐오한다</u>는 사실을 이용한다.

① 포기하다 ② 피하다 ③ 혐오하다 ④ 간과하다

어휘 take advantage of ~을 이용하다

02 밑줄 친 부분과 의미가 가장 가까운 것은?

He always prefers to <u>sit on the fence</u> at staff meetings.

① follow the majority
② avoid taking sides
③ listen to others calmly
④ make an opinion freely

sit[be] on the fence   상황을 관망하다, 중립적인 태도를 취하다

해석 그는 항상 직원회의에서 중립적인 태도를 취하는 것을 선호한다.

① 다수를 따른다 ② 편드는 것을 피한다 ③ 차분히 남의 말을 듣는다 ④ 자유롭게 의견을 낸다

03 어법상 옳은 것은?

① Hardly (he/had) come home when he started to complain.

② My expenses are always more greater than my income.
비교급 강조 X

③ I will meet you tomorrow/unless something unexpected will happen.
현재시제가-미래를 대신

④ Had I known [that he was coming to the party] I wouldn't have come.
Had S p.p (가정법 도치)

① ~ 하자마자 … 했다 〈p.178〉
Hardly [038] / Scarcely [039] had + S + p.p when/before S + 과거V
                                    //   //
No Sooner [040]   than

② more[-er] ~ than / as [082-ㄱ]/-est
(1) 형용. 부사 긍지
    as ~ than
    as -er as   X
    more -er
    the most -est

(2) 비교되는 두 대상의 급 확인

③ 시제를 따지는 명우 3가지
(1) have p.p / had p.p가 있으면
(2) 과거절에 미래시제나 나온 명우
    현재절에 미래시제나 과거시제나 나온
(3) 현재 시제와 과거시제가 공존

④ 가정법 도치 〈p.180〉
(1) 가정법 과거   Were + S ~ , S + 조동사의 과거형 + RV
(2) 가정법 과거완료 Had + S + p.p ~ , S + 조동사의 과거형/현재형 + have p.p
(3) 가정법 미래   Should + S + RV ~ , S + 조동사의 과거형/현재형 + RV
                Were + S + to RV ~ , S + 조동사의 과거형 + RV
(4) 혼합 가정법   Had + S + p.p ~ , S + 조동사의 과거형 + RV + (now/today)

[해석] ① 그는 집에 오자마자 불평하기 시작했다.
② 내 지출은 항상 수입보다 많다.
③ 나는 예기치 못한 일이 일어나지 않는 한 내일 당신을 만날 것이다.
④ 그가 파티에 올 줄 알았더라면 나는 오지 않았을 텐데.

[어휘] complain 불평하다 · expense 지출 income 수입

04 우리말을 영어로 잘못 옮긴 것은?

① 나는 3주에 한 번씩 머리를 자른다.
사역V O   OC
→ I have my hair cut every three weeks.
                     (수동)

② 그는 다른 어느 죄수들보다 더 열심히 복역했다.
→ He served his sentence harder than any other prisoner.
                                               단수N

③ 우리 반에는 10명의 학생이 있는데, 모두 미술에 재능이 있다.
→ There are 10 students in my class, all of them are talented in art.
                                     whom (두 문장을 이어줄 관계대명사가 필요)

④ 나는 10살이 되어서야 알파벳을 배웠다.
→ It was not until I was 10 years old that I learned the alphabet.
→ It is[was] not until A that B [042-2] : A하고 나서야 비로소 B하다
                         A   B

① 사역동사 〈p.172〉
make [028-ㄱ], have [029] + O + RV(능)/p.p (수)
let [097]   + O + RV(능)/be p.p (수)
                               p.p (x)

② every + 명사 [143-2]
every + 기수명사가 나오는 경우, 기수 + 복수명사 또는 서수 + 단수명사인지 확인
       + 복수N
ex) 5일마다 : every five days = every fifth day

② 비교급 + than any other + 단수N [075-ㄱ]
· 뒤에 단수명사가 있는지 확인 (복수명사 X)
· 최상급으로 해석되는지 확인 〈영어〉 : 그 어떤 …보다 가장 ∨하다

③ , (콤마) + some[all] of whom[which]
목적격 관계대명사 whom[which]이 있는지 확인

[어휘] serve one's sentence 복역하다

동물과 관련된 기술 아이엄 정리

black sheep 골칫거리, 애물단지
beat a dead horse 헛수고하다, 뒷북치다
hold one's horses 잠시 기다리다, 조급한 마음을 가라앉히다
have butterflies in the stomach (마음이) 두근거리다, 초조해하다
let the cat out of the bag 비밀을 누설하다
let sleeping dogs lie 긁어 부스럼 만들지 않다
like a fish out of water 매우 불편한
rain cats and dogs 비가 억수로 쏟아지다
take the bull by the horns 용감하게 난관에 맞서다
white elephant 무용지물, 돈만 많이 들고 쓸모가 없는 것

05 밑줄 친 부분에 들어갈 말로 가장 적절한 것은?

A: I heard you got the role as leading actress in the play. How's it going so far?

B: Not well, actually. I keep forgetting my lines.

A: Well, that's a problem. Is the script too hard to memorize?

B: Yeah, but it's not the way it's written, it's the pressure. Maybe I'm not fit for this role.

A: I understand the pressure, but you should never doubt yourself. All you need is some practice and you'll be fine.

B: You're right. _____.

① I'm feeling under the weather

② I probably just got cold feet

③ It's a long shot like you said

④ You need to hold your horses

under the weather 몸이 안 좋은, 아픈
get cold feet 겁먹다
a long shot (성공률이 낮은) 대담한 시도, 거의 승산 없는 것
hold one's horses 잠시 기다리다, 조급한 마음을 가라앉히다

해석 A: 네가 그 연극에서 주연 여배우 역할을 맡았다고 들었어. 지금까진 어떻게 되어가?
B: 사실 잘 안 되고 있어. 계속 내 대사를 까먹어.
A: 음, 그건 문제네. 대본이 외우기가 너무 어려워?
B: 응, 근데 그게 쓰인 방식이 아니라 압박감 때문이야. 내가 이 역할에 맞지 않나 봐.
A: 그 압박감은 이해하지만, 절대 너 자신을 의심해서는 안 돼. 연습만 좀 하면 괜찮아질 거야.
B: 네 말이 맞아. 그냥 겁이 났나 봐.

① 몸이 좀 안 좋은 가 봐
② 그냥 겁이 났나 봐
③ 내가 말했듯이 거의 가망이 없어
④ 넌 마음을 좀 가라앉혀야 해

어휘 leading 주연의 line 대사 under the weather 몸이 좀 안 좋은 get cold feet 겁이 나다 a long shot 거의 승산 없는 것
hold one's horses 잠시 기다리다, 조급한 마음을 가라앉히다

MEMO

Shimson_lab

06

해석 오케스트라는 현악기, 금관악기, 목관악기, 타악기 부문을 포함하는 대규모 기악 합주단이다. 오케스트라는 시간이 지남에 따라 구성에 있어서 거의 변화가 없었지만, 각 역사적 시기의 지명한 작곡가들의 음악이 그 시대의 표준적인 규모와 구성을 결정 지었다. 그리고 기악 편성 요건인 악기들의 이용 가능성에 영향을 받아왔다. 예를 들어, 바로크 오케스트라는 보통 클라리넷을 사용하지 않는데, 그 악기가 18세기까지 발명되지 않았기 때문이다. 19세기 목관악기 부문도 피콜로를루트, 잉글리시 호른, 베이스 클라리넷, 콘트라바순의 사용이 증가함에 따라 확장을 목격했다(확장되었다). 금관악기 부문도 19세기 초에 밸브가 모두 빠르게 들어섰다.

또든, 그시기에는 오케스트라 식물에서 트럼펫의 주된의 수와 중요성이 모두 빠르게 들어섰다.
① 오케스트라는 다양한 부문의 악기를 필요로 한다.
② 오케스트라의 구성은 시간이 지나도 크게 변하지 않았다.
③ 클라리넷은 바로크 오케스트라에 흔히 사용되었다.
④ 19세기 초에 트럼펫이 오케스트라에서 흔히 사용되었다.

어휘 ensemble 합주단, 앙상블 string 현악기 brass 금관악기(의) woodwind 목관악기(의) percussion 타악기
composition 구성 prominent 저명한 composer 작곡가 make-up 구성 instrumentation 기악 편성 employ 이용하다
expansion 확장, 확대 prominence 중요성, 유명

07

해석 설계의 우수함과 통일성의 느낌을 주는 한 가지 방법은 특정 대메일을 집 전체에 반복하는 것이다. 그것은 한 음악 주제가 연주된 후 변주들이 이어지는 것과 아주 유사하다. 가령 당신은 디아이몬드 모양을 좋아할지도 모른다. 이것은 설계 전체에 걸쳐 누비듯이 이어지며도 반복되는 미묘한 주제로 사용하여, (이것이) 에기지 못한 곳에서 다시 나타나는 것에 대해 생각해 보라. 당신이 들어와 들어서서 그 디아이몬드 모양이 우리문에서, 또 창문에서 반복되는 것을 보는데, 여기서는 크기가 크거나다 작을 수도 있다. 누군가 집에 치
가그 디아이몬드 모양이 우리문에서, 또 창문에서 반복되는 것을 보는데, 여기서는 크기가 크거나다 작았지만, 결국 그 사람은 알아차릴 것이다. 반복
들울 때 그 모든 디아이몬드 무늬의 반복을 알아차리면 당시 관찰력 있어야 하겠지만, 결국 그 사람은 알아차릴 수 없는 통일감과 완성감을 줄 것이다.
신의 현관문에 들어서고 모양이 우리문에서, 또 창문에서 반복되는 것을 보는데, 그런 다음, 당신은 무에게 들어
① 디아이몬드 모양에 대한 선호 보편적 현상
② 반복된 음악 인식에 미치는 부정적인 영향
③ 주제의 반복에서 비롯된 지루함을 피하는 법
④ 설계에 통일성을 이끌기 위한 반복의 기술

어휘 quality 우수함, 양질 unity 통일성 variation 변주, 변형 affection 애정 subtle 미묘한 inlaid (표면에) 무늬를 새긴 observant 관찰력 있는 motif 대려를 누비듯이 mass-produce 대량 생산하다 phenomenon 현상

08

해석 공기파는 돌이 공을 치는 것보다 던지는 것을 신뢰한다. 공은 패 정확하게 근처의 동료에게 굴려지거나 던져질 수 있다. 때때로 공기파는 공을 치기보다는 중앙으로 똑으로 던지기를 택하는데, 이 방식에서 인상적인 시정거리가 연이을 수 있다. 한쪽 팔만 사용하든데도 이 던지기는 양손이 필요한 소근이보다 더 멀리 감수 있다. 이것은 부분적으로든 던지는 동안 공기의 접속이 더 길어서 힘이 더 오래 가해질 수 있기 때문이고, 부분적으로든 신체 근육을 더 많이 사용하기 때문이다. 긴 시정거리를 위한 최적의 던지기 각도를 얻는 것이다 더 쉬운 점이 아마 다른 요인일 것이다. 실제 던지기의 경우 손은 약 6피트 공과 접속 상태를 유지하며, 그 던지기를 위한 접속 시간은 보통 스모임을 위한 접속 시간의 몇 배든 더 길다.
accurately 정확하게 hurt 던지다 half-way line 중앙선 range 사정거리, 범위 optimum 최적의 angle 각도

09

해석 고대 이집트인들은 나일강의 주기적 범람을 이용한 지연 관계 방법을 개발했다. 농지가 물에 잠기고 나면, 그들은 토양을 수분으로 적시게 하기 위해 수로를 패서렀다. 그렇게 함으로써 그들은 땅의 비옥함을 확장했고, 그러나서 땅을 나일강으로 다시 방류되었다. 건기에는 농사를 지을 수 없었기 때문에, 모든 작물은 엄격한 관계 계획으로 맞아야야 했다. 그러나 평균적으로 5년 중 1년은 범람이 너무 작거나 너무 가서 친작과 기근을 가늘 수 있었다. 작은 범람의 경우, 상부 유역에 충분한 제비를 수 없었고, 이는 불씨 더 넓은 수확량을 의미했다. 범람이 너무 크면 그것이 마을, 농지, 제방, 운하들 을 휩쓸하며 재해 피종을 시작하는 것이 거의 거의 불가능했다.
① 원인과 결과
② 곰파 현상
③ 잔치(풍요)와 기근
④ 빛과 그림자

어휘 irrigation 관계 periodic 주기적인 flooding 범람 inundate 침수시키다 saturate 흠뻑 적시다 moisture 수분 silt
침미(물에 운반되어 침적된 세설물) deposit 침전되다 fertility 비옥함 discharge 방류하다 scheme 계획 basin 계획
(큰 강의) 유역 yield 수확량 dyke 지방 canal 운하, 수로 sowing 씨 뿌리기, 파종 feast 잔치, 성찬 famine 기근

10

해석 물통은 부정적인 감정과 흔히 비슷한 행동을 초래하는 부정적인 사고의 결과이다. 이해하여야 할 중요한 점은 이것, 즉 어떤 사람이 자신의 부정적인 사고 과정을 내려놓는 것은 바로 그 순간, 그 자신이 느끼는 방식에서 더 좋은 쪽으로의 즉각적인 변화를 겪을 것이다. 예를 들어, 당신이 동료의 걱정된 얼굴을 해서 쓱쓱대며 대화를 들어가다가 생각해 보자. 당신은 방에서 막 참한다는 것이다. 예를 들어, 당신이 동료의 걱정된 얼굴을 해서 쓱쓱대며 대화를 계속해서 되내리건다. 그 길들에 관해 생각한다면, 거니와, 물들이 화가 난 채 집으로 차를 몰아온다 미숙으로 그 길들을 마음속으로 계속한다고 되내리건다. 하지만 집에 돌아오자마자, 당신의 배우자가 부정적인 영향을 느까, 당신은 더 화가 나고 불맨스러워진다. 하지만 집에 들어가서 전화를 걸고 있다. 당신이 주의는 분산되고 리고, 당신의 관심은 그 문제에서 떨어져서, 시상의 그것은 사라진다. 1가 넘도록 친구와 전화를 걸고 있다. 당신의 문제는 더고 있고, 당신의 관심은 그 문제에서 떨어져서, 시상의 그것은 사라진다. 1가 넘도록 친구와 전화를 걸고 있다. 당신의 주의는 분산되
immediate 즉각적인 shift 변화, 변경 huff heated 열받 in a huff 씩씩거리며, 발끈 성을 내며 steam 성내다 rush over 서툴러다 가다 on the line 전화 중인 distracted 주의가 산만해진 for all practical purposes 사실상

어휘 quality 우수함, 양질 variation 변주, 변형 affection 애정 subtle 미묘한 inlaid (표면에) 무늬를 새긴 observant 관찰력 있는 motif 대려를 누비듯이 있는 motif completeness 완전 inlaid (표면에) 무늬를 새긴 observant 관찰력 있는 motif mass-produce 대량 생산하다 phenomenon 현상

01 밑줄 친 부분과 의미가 가장 가까운 것은?

As the possibility of military conflict looms over Europe, Japan joined the global diplomatic effort to dissuade Russia.

① dismiss 해고하다, 해산시키다
② divulge 폭로하다
③ defer 1. 미루다, 연기하다
　　　　 2. 경의를 표하다, 순종하다
④ deter 단념시키다, 그만두게 하다

dissuade 단념시키다

미루다, 연기하다

adjourn
defer (+ 경의를 표하다)
retard (+ 지체시키다)
shelve
suspend (+ 매달다, 달다 ; 중지하다, 정직하다)
postpone
procrastinate

막다, 금지하다, 못 하게 하다

ban
forbid
hinder
discourage
prevent
prohibit
inhibit
interdict
preclude
proscribe
forestall
deter
dissuade (단념시키다, 만류하다)

02 밑줄 친 부분에 들어갈 말로 가장 적절한 것은?

Clean beaches have many benefits for human health because the polluted beaches may ___⊙___ human lives by beach accidents.

① protect 보호하다
② beguile
③ specify 명시하다, 구체화하다
④ imperil

imperil 위험에 빠뜨리다, 위태롭게 하다 (= endanger, jeopardize)

② beguile　1. 현혹시키다, 속이다 (= cheat, deceive, delude)
　　　　　 2. (마음을) 끌다, 사로잡다
　　　　　 (= attract, fascinate, enamor, enchant, captivate)

03 어법상 옳은 것은?

3V(완전타동사)
① She discussed about the measures in detail with her colleagues.
② It was boring to watch a movie (that I had already seen again)
③ My brother is sleeping in the room/While I played soccer outside.
④ As interest in history grows, the number of visitors (to museums) are increasing.

① REMALIODASC : 자동사 같은 타동사 〈p.171〉
R resemble, reach
E enter
M marry, mention
A accompany, attend, approach
L leave, lack
I inhabit, influence
O obey, oppose
D discuss
A announce, address, answer
S survive
C consider, contact

② 특정 시제를 나타내는 표현들 〈p.178〉

과거	ago, in + 과거시점, yesterday, last, when ~?, just now, then
현재완료	since + 과거시점, until[up to] now, so far, for/over + 기간
과거완료	시간접속 before (부사), just, already, for + 기간
미래완료	by the time + 미래시제, by + 미래시점, for + 기간, 횟수
과거: 대과거	in one's youth [school days], when young

[해석] ① 그녀는 동료들과 그 조치에 대해 자세히 논의했다.
② 내가 이미 봤던 영화를 다시 보는 것은 지루했다.
③ 내가 밖에서 축구를 하는 동안 내 동생은 방에서 자고 있었다.
④ 역사에 대한 관심이 커지면서 박물관을 찾는 방문객의 수가 늘고 있다.

[어휘] measure 조치

04 우리말을 영어로 잘못 옮긴 것은?

① 나는 독일어를 읽을 줄 모르고, 쓰는 것은 말할 것도 없다.
→ I cannot read German, much less write it.
② 그는 가난할지라도 남들을 도우며 산다.
→ Poor as if he may be, he lives by helping others.
③ 무언가를 원하는 것과 실제로 그것을 성취하는 것은 별개이다.
→ Desiring something is one thing and actually achieving it is another.
④ 제 생일을 기억하고 선물을 보내주시다니 사려 깊으시네요.
→ It is thoughtful of you to remember my birthday and send me a gift.

① ~은 말할 것도 없이
• 긍정문 + much[still] more
• 부정문 + much[still] less

② 형/부/명 + as[though] + S + V 양보 도치 구문
• (As) 형 (a + 명) as + S + V
명사가 문두에 오는 경우에는 반드시 무관사명사 사용
• as 나 through 대신에 (although / as if) ✕
• 양보로 해석되는지 확인 (영역) : 비록 ~지만

③ A와 B는 별개이다 : A is one thing, (and) B is another.

④ It is thoughtful
• 뒤에 of + 목적어가 왔는지 확인 (for + 목적격 ✕)
• 사람의 성품을 나타내는 ⓐ : wise / thoughtful, considerate (사려 깊은) / foolish

[어휘] desire 바라다 thoughtful 사려 깊은

05 밑줄 친 부분에 들어갈 말로 가장 적절한 것은?

A: Mom! Can you come over here and take a look at my leg?

B: Oh! What happened? Did you trip?

A: Yeah, I tripped and fell down really hard while playing soccer.

B: Why didn't you get any help? You don't even have a band-aid on.

A: Class was nearly over and I just wanted to come home.

B: _____.

① Take that band-aid off and I'll put on a new one   밴드를 붙이지 않았었는데 했었음

② You should only play soccer after school

③ You still should have gotten some help

④ I really enjoyed last night's soccer game

① take off 1. 벗다 2. 이륙하다

put on 1. 착용하다 2. 상연하다, 공연하다

③ should have p.p 당연히 ~해야 했는데 하지 않았다

해석 A: 엄마! 이리 와서 제 다리 좀 봐주실 수 있어요?
A: 오! 무슨 일이야? 넘어졌니?
A: 네, 축구하다가 넛다가서 엄청 세게 넘어졌어요.
B: 왜 아무 도움도 받지 않았니? 심지어 반창고도 안 붙였잖아.
A: 수업이 거의 끝나서고 그냥 집에 오고 싶었어요.
B: 그래도 도움을 받아야야지.
① 그 반창고 떼면 내가 새 걸 붙일종게
② 방과 후에만 축구해야해
③ 그래도 도움을 좀 받았어야지
④ 어젯밤 축구 경기 정말 재밌었어

어휘 trip 발을 헛디디다 band-aid 반창고

MEMO

57

06

해석 음악에서 론도는 실험부터라 불리는 음악의 다른 대비되는 부분들과 함께 후렴이라고 불리는 음악의 반복되는 부분으로 구성된다. 후렴과 삽입부는 항상 후렴으로 돌아가는 패턴으로 변화이 나온다. 론도 형식은 새로운 주제의 도입과 전개하는 놀라움과 음악 조성의 익숙한 소재의 사이에서 균형을 이룰 수 있는 점 때문에 귀중한 여겨졌다. 론도 구조를 사용하는 많은 작품들이 제목에 론도라는 용어를 사용하며, 그 형식은 흔히 소나타나 단 간 작품들의 마지막 악장에 약장에 사용된다. 때때로 론도 구조는 소나타 형식과 결합되어 소나타 론도 형식이라고 불리는 변형 구조를 만들어 낸다. 비록 론도 형식이 흔히 쓰이지는 않았지만, 그것은 후기 음악의 구조와 발전에 관한 아이디어에 영향을 미쳤다.

① 후렴과 삽입부가 변화이 나오는 것이 론도의 특징이다.
② 론도는 흔히 소나타의 시작 악장을 구성한다.
③ 소나타 론도 형식은 소나타 요소와 론도 요소의 결합이다.
④ 론도는 고전주의 시대가 끝나면서 인기가 떨어졌다.

어휘 recur 반복되다 refrain 후렴 contrasting 대비되는, 대조적인 episode 삽입부 alternate 변화이 나오다 prize 귀중히 여기다 tonic key (현대의) 기본 조성 movement 악장 blend 혼합하다 variant 다른, 변형이 employ 사용하다 era 시대 characterize ~의 특징이 되다 comprise 구성하다

07

해석 미국의 막히지 않은 버려진 유정들은 화석연료를 생산하지는 아니라, 온실가스를 직접 배출해서 지구 온난화를 가속하고 있다. 온실가스의 대부분은 막히지 않은 유정들을 매년 28만 미터톤의 메탄을 대기 중으로 누출시키는데, 그 정도 양의 메탄은 매우 매사추세츠의 모든 발전소에서 1년간 배출되는 이산화탄소와 같은 기후 온난화 효과를 지닌다. 지원위원회 서부지부의 지역 간사인 David Wieland는 택시소에만 14만 개 이상의 버림성 상태로 간주되는 유정들이 있으며, 이것들은 사람상 버려진 유정일 수도 있다고 말했다.

① 화석연료의 무분별한 사용으로 인한 결과들
② 사용되지 않는 산업 시설이 환경에 미치는 영향
③ 지속 가능한 자연 개발의 필요성
④ 환경운동가와 기업가 사이의 의견 대립

어휘 unplugged (안·구멍 등이) 막히지 않은 orphaned 고아가 된, 버려진 oil well 유정(油井) fossil fuel 화석연료 emit 방출하다, 내뿜다 cite 인용하다 methane 메탄(가스) atmosphere 대기 pack ~을 가지다[지니다] carbon dioxide 이산화탄소 power plant 발전소 council 위원회 indiscriminate 무분별한 disused 사용되지 않는, 폐기된 sustainable 지속 가능한 entrepreneur 기업가

08

해석 태평양의 거대 쓰레기 지대는 북어메리카의 서해안부터 일본까지의 수역에 걸쳐 있다. 이 지대는 실제로 일본 근처에 있는 서부 쓰레기 지대와 하와이와 캘리포니아 사이에 있는 동부 쓰레기 지대로 구성되어 있다. (B) 플라스틱의 농도가 캘리포니아 해안에서 막 변경졌고 성장해보다. 긴 항해 결에, 그것은 광활한 태평양을을 건너 서부 쓰레기 지대에 도달할 것이다. 그리고 마침내, 천천히 돌아가는 서부 쓰레기 지대의 소용돌이가 그것을 끌어들일 것이다. (A) 이런 식으로, 태평양 거대 쓰레기 지대에 쓰레기를 제때에 론도는 용법을 사용하며, 그 형식은 흔히 소나타나 단 간 작품들의 마지막 악장에 약장에 사용된다. 그것들은 그저 더 작고 작은 조각들로 부서진다. 레기양은 축적된다. 게다가, 생분해되지 않는 플라스틱으로 마주되지 않는다. (C) 이러한 이유로, 지대들은 거의 전적으로 미세 플라스틱으로라고 불리는 그 작은 플라스틱 조각들을 이루어져 있다. 미세 플라스틱은 항상 육안으로 볼 수 있는 것은 아니다. 그것들은 단지 물을 부연 수프처럼 보이게 할 뿐이다.

어휘 patch 지역, 구역 span ~에 걸치다 debris 잔해, 쓰레기 accumulate 축적되다 biodegradable 생분해[자연분해]의 vortex 소용돌이 bit 작은 조각 vast 거대한 voyage 항해 discard 버리다 wear down 마모되다 cloudy 뿌연

09

해석 세계화는 하나의 사건 또는 일련의 시간들조차 아닌 것으로 드러났다. 그것은 아주 오랜 시간 동안 천천히 발전 중인 과정이다. 세상은 인터넷의 발명으로 단지기 '평탄'해진 것이 아니라, 생업은 20세기 말에 갑자기 전 세계로 뻗은 대기업의 지배를 통해 된 것이 아니다. 기록된 역사 초기에 고기의 호롱로 시작하고 무피가 크고 성하기 쉬운 물건들로 서로가 확장해 오면서, 구세계의 시장은 점차 더 통합되어 갔다. 신세계의 첫 유럽 항해되는 때까지 이 세계 통합의 과정은 가속되었다. 오늘날의 거대한 컨테이너선, 인터넷, 그리고 점점 단지 세계화되는 네트워크는 지난 5천 년간 예술기들을 남기기 위해 머리 잡기 제품 뿐이다. 우리가 오늘날 오늘날 그 과정대로 부유하는 것을 볼 수 있다. 그러나 20세기 게임 뿐이다. 우리가 오늘날 오늘날 그 글로벌한 임이 얼마하고 실제로 우리에게 제임 뿐이다. 진에 어떤 임이 있었는지 실제보는 것이 우리에게

① 그것이 결국 어디에 이를지 주의를 기울이는
② 얼마나 많은 이들이 연루되어 있는지 않아내는
③ 어떤 물건이 가치 있는지 탐구하는
④ 진에 어떤 임이 있었는지 실펴보는

정답의 도움이 된다.

어휘 sequence 연속 abruptly 갑자기 commerce 상업 무역 corporation 기업 dawn 시작, 시조 cargo 화물 bulky 부피가 큰 perishable 상하기 쉬운 gradually 점점 integrate 통합하다 voyage 항해 shift 바꾸다 end up 결국 (~에) 이르다

10

해석 그래피티는 새로운 시장 영역이다. 그러나 그 이면의 욕구는 적어도 6만년 동안 존재해왔다. 인간은 벽에 그림 그리는 것을 좋아한다. 방하시대에 사람들은 붉은 물감을 만들기 위해 동굴 벽에 손을 누르고 (그 위에) 황토색 안료를 뿜어냈다. 그 당시에는 다른 종류의 교기가 작용했나) 거의 같은 오늘날 오늘날 예술기들이 빠르게 거리 예술기들을 남기기 위해 머리 잡기 제품이 있다. 그러나 20세기 거리 제품이 있다. 그러나 20세기 제품이 있다. 방하기 미술을 그래피티로 부유하는 것을 발견하는 것은 불공평해 보일 수도 있다. 그러나 20세기 제품이 있다. 에 그러한 예술의 진정한 오래됨(전통적 가치)가 인정되기 전에, 동굴에 그린된 매머드를 우연히 발견한 사람들은 실제로 그것들이 그래피티인 것처럼 누가 동굴 벽화를 그렸는지 죽은 왜 그렸는지 중명합서 면질가가 없다.

어휘 novel 새로운, 참신한 urge 욕구, 충동 spit 뱉다 ocher 황토, 황토색 pigment 색소, 안료 pre-cut 미리 잘린저 있는 antiquity 오래됨, 고대 class 부류이 irreverent 불경한 dismiss 일축하다 come across ~을 우연히 발견하다 crude 대중이, 대장이

01 밑줄 친 부분과 의미가 가장 가까운 것은?

The government does not appear to be obnoxious to any serious reproach, except about its mismanagement of foreign affairs.

① compliment ⓜ 칭찬 ☑ 칭찬한다 ☑ 칭찬하다
② cruelty 잔인, 잔혹
③ hostility 적대(감), 반감
④ reprimand ⓜ 비난, 질책 ☑ 비난하다, 꾸짖다

hostile 적대적인, 비우호적인

reproach ⓜ 비난, 책망 ☑ 비난하다, 꾸짖다

비난하다, 요욕하다; 꾸짖다, 나무라다, 질책하다

affront	reprove	적대적인
blame	reproach	hostile
criticize	reprehend	inimical (+ 불리한)
condemn	reprimand	antagonistic
charge	rebuke	adversarial
declaim (+역설하다)	censure	
denounce	scold	
deprecate		
decry		
impugn		
oppugn		

해석: 정부는 외교 문제에 대한 잘못된 처리에 관한 것 이외에는 어떤 심각한 비난에도 아주 불쾌해 보이지 않는다.
① 칭찬 ② 잔인함 ③ 적대감 ④ 비난
어휘: obnoxious 아주 불쾌한 mismanagement 잘못된 처리[편리] foreign affairs 외교 문제

02 밑줄 친 부분과 의미가 가장 가까운 것은?

She is always at odds with her boyfriend over investment.

① in comparison with
② in accordance with
③ in conjunction with
④ in disagreement with

at odds with ~와 사이가 나쁜

※ odd 1. 이상한 2. 홀수의, 짝이 맞지 않는
odds 1. 차이, 판이 2. 역경, 곤란 3. 다름, 불화 4. 승산, 가능성

① in comparison with[to] ~에 비해서, ~와 비교해 보면
= compared with[to]

② in accordance with ~에 따라서, ~에 부합되게

③ in conjunction with ~와 함께 (conjunction ⓜ 접합, 결합 ② 접속사)
= in combination with ~와 결합[협동]하여

④ in disagreement with ~와 불일치하여, 의견이 안 맞는

해석: 그녀는 투자에 대해서는 그녀의 남자친구와 항상 뜻이 안 맞는다.
①~에 비해서 ②~에 따라서 ③~와 함께 ④~와 의견이 안 맞는

59

Shimson_lab

03 밑줄 친 부분 중 어법상 옳지 않은 것은?

Today, awareness of animal rights issues ① has certainly increased in society, with increased vegetarianism and labeling of the origins of food products. In recent years, Britain ② has even banned the traditional sport of fox hunting(in the interests of animal rights) However, society is currently fragmented on the issue, with many ③ argued[that aspects of human rights require more urgent attention] It is evident/that our collective stance(toward animals)will continue ④ to evolve over the coming years.

evolve (자·v) 발전하다, 진화하다
(타·V) 발전시키다, 진화시키다

③ with 분사구문 [부대상황] 〈합버영어법R p.133〉

with + O + [RVing (능)
              P·P (수)
              형용사(구)
              전명구]

─ 해석 : O가 ~하면서, ~한 채로,
         ~하는 동안에

04 우리말을 영어로 가장 잘 옮긴 것은?

① 그는 아무리 배가 고파도 절대 과식하지 않는다.
→ However he is hungry, he never eats too much.

② 그의 작품은 다른 모든 작품들보다 훨씬 뛰어났다.
→ His work was far more outstanding than all the other works.

③ 우리는 어제 2차 세계대전이 1939년에 발발했다는 것을 배웠다.
→ We learned yesterday[that World War II had broken out in 1939]

④ 그들이 전 세계의 인종차별을 막을 수 있는 몇 가지 방법이 있었다.
→ There were a little ways[that they prevented racism throughout the world]
(→ a few)

③ 시제 일치의 예외 〈p.179〉

(1) 항상 현재시제인 경우 : 불변의 진리나 속담/격언
· 지역이 둥글다, 빛은 빠르다, 해는 동쪽에서 뜬다, 정의가 죄악을 방지이다
· always, usually, everyday

(2) 항상 과거인 경우 : 역사적 사실
· 6·25전쟁, 제1·2차 세계대전, 콜롬버스의 미국 발견

(3) 시간·조건의 부사절 : 내용상 미래(완료)시제를 현재(완료)시제로 대신사용
· 시간접속사 : when, while, until, before, after, as soon as, as long as
· 조건접속사 : if, unless, once, in case, as long as

④ (a) few

(1) 뒤에 복수명사가 있다니 복인(단수명사 X)
┌ (a) few + 복수명사(가산명사)
└ (a) little + 단수명사(불가산명사)

(2) few와 a few의 의미 구별〈영수〉
┌ few : 거의 없는
└ a few : 약간의

어휘 outstanding 뛰어난 break out 발발하다

[해석] 오늘날, 채식의 증가와 식품의 기원에 대한 명사에 대한 명사와 함께, 사회에서 동물 권리문제에 대한 인식이 확실히 커졌다. 최근 몇 년 동안, 영국은 심지어 동물의 권리를 위해서 여우 사냥이라는 전통적인 스포츠를 금지했다. 그러나 많은 사람들이 인권 측면이 더 긴급한 관심을 요구한다고 주장하면서, 사회는 현재 그 문제에 대해 분열되어 있다. 동물에 대한 우리의 집단적 입장은 앞으로 몇 년 동안 계속해서 발전할 것이 분명하다.

[어휘] vegetarianism 채식주의 label (라벨을 붙여) 분류하다; 명사하다 in the interests of "~을 (도모하기) 위해 fragment 산산이 부수다, 분열시키다 urgent 긴급한 collective 집단적인

05 밑줄 친 부분에 들어갈 말로 가장 적절한 것은?

A: Have you ever been to a musical?

B: Yeah, I have. Why do you ask?

A: My wife wants to go, but I don't know of any good musicals.

B: I don't either, but I have a friend who knows a lot about them.

A: _____

좋은 뮤지컬을 많이 아는 친구가 있어.

① You must have seen many of them.

② Oh, I bought the tickets already!

③ Great! Will you ask him for me?

④ Trust me, I know the best seats.

[have been to ~에 가본 적이 있다

[have gone to ~에 가고 없다

해석 A: 너 뮤지컬 보러 간 적 있어?

B: 응, 있어. 그건 왜 물어봐?

A: 아내가 가고 싶어 하는데, 난 좋은 뮤지컬을 하나도 모르겠어.

B: 나도 모르지만, 그것들에 대해 많이 아는 친구가 있어.

A: 잘됐다! 나 대신 물어봐 줄래?

① 너 많이 봤겠다.

② 아, 나 이미 표 샀어!

③ 잘됐다! 나 대신 물어봐 줄래?

④ 날 믿어, 내가 제일 좋은 자리를 알아.

MEMO

06

해석] 어떤 아메리카 원주민 언어에서도 우리는 영어 단어 "종교"로 번역되는 단어를 찾을 수 없다. 원주민 전통의 다양성이 기저의 공통분모 못 안 되는 공통분모로 종 하나는 사회생활의 모든 차원이 깊이 통합되어 있다는 관념이다. 예를 들어, 알래스카의 Koyukon 족 사이에서, 성계와 사냥의 성공을 지향과 큰 사냥은 영혼을 필요로 하는데, 이 지식은 사냥감들이 명과 동물을 존중해야 한다고 명령한다. 정교한 윤리 강령을 수반한다. 비슷하게, 애리조나의 Hopis 혹은 그들의 함께 감사를 표한다. 그런데 정신적인 또는 종교적인 전통은 아메리카 원주민 원주민 공동의 경제생활과 분리되어 있지 않으며, 이마 삶의 전반적인 방식의 구조와 구별될 수조차 없을 것이다.

① Koyokon 족은 그들 고유의 규칙에 따라 동물을 사냥한다.
② 아메리카 원주민들은 종교에 해당하는 단어를 갖고 있지 않다.
③ 종교의 개념은 아메리카 원주민 사회에 존재하지 않는다.
④ Hopis 족은 그들이 가진 음식을 차인이 준 것으로 여긴다.

어휘] common denominator 공통분모 sense 의식, 관념 dimension 차원 profoundly 깊이 integrate 통합하다 subsistence 생존, 생계 game 사냥감 elaborate 정교한 code of ethics 윤리 강령 mandate 명령하다 gratitude 고마움 sacred 성스러운 reestablish 재건하다, 회복하다 bond 유대 indistinguishable 구별할 수 없는 fabric 구조 in compliance with ~에 따라 correspond to ~에 해당하다

07

해석] 오늘날까지도 많은 사람들은 보름달이 신비로운 힘이 남난 행동, 자살, 살인, 사고를 유발한다고 생각한다. 그리고 어떤 사람들은 은 이른바 보름달이 행동에 미치는 영향은 그것이 달에 미치는 영향에서 비롯되며, 그것이 어떤 식으로든 인간 신경계에서 물 분자의 정렬을 야기한다고 추측한다. 하지만 이 설명이 맞이 되지 않는 몇 가지 이유가 있다. 달의 중력 효과는 행동은거녕 뇌 활동에 어떤 의미 있는 영향이라도 일으키기에는 너무나도 미미하다. 그리고 달의 중력은 바다와 호수 같은 개방된 수역에만 영향을 미칠 뿐, 인간의 뇌 같은 함유된 수원에는 영향을 미치지 않는다. 마지막으로, 달의 중력 효과는 시야패서 나타날 때 모막 보름달이 뜰 때뿐만 아니라 보름달이 뜰 때에도 달 속에 영향을 주는 방식으로 작용할 것이고 그것을 알아내는 대 있어 장벽에 직면할 것이다. 예를 들어, 상담자에게 도움을 방지 가능한 그런 사람의 결론을 수 있어요?"라고 묻는다면 자유롭게 응답하는 것은 혼한 방식으로 응답하는 것을 써서라도 피해야 할 것이다.

① 뇌 활동의 주기적인 변화
② 달의 중력
③ 보름달의 돌파
④ 보름달이 있을 뿐 아무것도 하지 않는다

어휘] mystical 신비로운 induce 유발하다 erratic 불규칙한 suicide 자살 homicide 살인 conjecture 추측하다 alignment 정렬 molecule 분자 nervous 신경의 minuscule 극소의, 미미한 gravitational 중력의 disrupt 방해하다 let alone ~은커녕 contained 함유된 potent 강력한

08

해석] 오늘날 스마트폰의 의무적인 필요성과 소셜 미디어 플랫폼에의 쉬운 접근과 더불어, 누구나 사이버 폭력의 끝임없는 표적이 될 수 있다. 온라인 연결을 유지하는 것이 보이는 것보다 것 같은 항상 무해하지는 않다. 사이버 폭력은 욕설, 유언비어 유포, 성적으로 노골적인 이미지 및 메시지 전송, 사이버 스토킹과 같은 형태를 띤다. 기본적으로, 그것은 건강한 관계를 형성하는 데 어려움을 초래할 수 있다. 심약하게 만드는 두려움, 자존감 파괴, 사회적 고립 또한 사이버 폭력의 다른 피해로 여겨진다. 가장 중요한 것은 사이버 폭력으로 인해 우울이나 심각한 중상이 생길 수 있다는 것이다. 이러한 수많은 심리적 영향은 나타날 수도 있고 나타나지 않을 수도 있는데, 우울이나 심각한 중상이 생길 수 있다는 것이다. 이러한 수많은 심리적 영향은 나타날 수도 있고 나타나지 않을 것으로 보인다.

이에 상관없이 그들에게 피해적일 수 있고, 아무도 그것이 읽으기는 종말이 정신적 외상에 면역이 있지 않은 것으로 보인다. develop (병·문제가) 생기다 post-traumatic 외상 후의 mandatory 의무적인 명령하는 forward 전송하다 explicit 노골적인 끝임없는 cyberbullying 사이버 폭력 innocent 무해한 name-calling 욕하기 debilitating 쇠약하게 하는 self-esteem 자존감 devastating 대단히 피괴적인 immune 면역이 있는

09

해석] 공무원은 다양한 목적을 위해 이용할 수 있는 자료를 얻기 위해 보고 요구를 포함한 행정 부담을 지우릴지도 모르고, 그것이 대중에게 큰 이익이 될 수도 있다. 예를 들어, 공무원은 전국적 유행병 기간에 도움을 주는 식염 훈련이나 재정 지원을 받는 사람들이 실제로 관련 프로그램으로부터 혜택을 받고 있는지도지 않고 삶을 수 있다. 그들은 그 훈련이나 그 지원으로 무엇을 했는가? 행정 부담은 그 질문에 대한 답을 얻기 위해 필수적일 수 있다. 또는 정부가 전염병의 확산을 줄이거나, 고속도로 개발을 촉진하거나, 유해 폐기물 관리를 감시하거나, 조종사가 제대로 검증되고 비행기가 제대로 유지 보수되게 보장하거나, 식품 안전 프로그램이 어떻게 작동하고 있는지 확인하기 위해 노력하고 있다고 가정하자. 행정 부담에 관한 정부 수집 요구를 받는 사람들로부터 불법이 있을 수도 있지만, 그것을 중요하거나 심지어는 필수적인 지식의 획득을 보장하는 수단으로 정당화할 수 있다.

impose 부과하다 administrative burden 행정 부담 pandemic 전국적 유행병 infectious 전염성의 promote 촉진하다 hazardous 위험한 certify 증명(보증)하다 complaint 불명 diversify 다양화하다 come up with ~을 생각해내다 acquisition 획득, 습득 indispensable 필수적인

① 기술이 불당하디 보수가 좋은 직업들을 다양화하는
② 복잡한 문제에 대한 창의적인 해결책을 생각해내는
③ 종요하거나 심지어는 필수적인 지식의 획득을 보장하는
④ 공무원이 부적정한 사익을 추구하는 것을 막는

10

해석] 인터뷰를 하는 동안, 조언자는 고객이 말하고 있는 것에 판단을 내리는 것을 피해야 한다. 판단을 내리지 않는 것은 고객이 자유롭게 이야기하도록 격려한다. 조언자가 판단을 내린다고 느끼는 고객은 조언자의 인정을 얻거나 적어도 은연 중 암묵의 향 방식으로 자신의 이야기를 하고 싶어질 것이다. 그 결과, 조언자는 완전한 이야기를 피어내지 못할 것이고 그것을 알아내는 데 있어 장벽에 직면할 것이다. 예를 들어, 상담자에게 도움을 청하는 하는것에는 어떤 인터뷰 조언에는 이런부 초반에 상담자가 "어떻게 그런 사람의 결론을 수 있어요?"라고 묻는다면 자유롭게 응답하는 것은 혼한 방식으로 응답하는 것을 써서라도 피해야 할 것이다. 마치지도 당신이 자기 일을 처리하는 방식에 부정적인 판단을 내리고, 그것은 언제 능력을 칭찬하는 역할을 하는 것 외에, 당신의 고객이 자기 일을 처리하는 방식에 부정적인 판단을 내리고, 그것을 언제 나 고객들에게 방어적인 관계에 빠지게 할 수도 있다.

judgmental 판단을 내리는 approval 인정 implied 은연 중, 무언의 abuse 학대하다 at all costs 무슨 수를 써서라도 woe 고민, 비통 admonition 책망 other than ~외에 invariably 언제나, 예외 없이 defensive 방어적인 guarded 조심스러운 ~응거녕 contained 함유된 potent 강력한

회차
16
해프 모의고사

01 밑줄 친 부분과 의미가 가장 가까운 것은?

It was foolish to hope that the owners of slaves will ultimately emancipate them from conscientious motives.

① endanger 위태롭게 하다
② liberate 해방하다
③ reprehend 꾸짖다, 비난하다
④ invigorate 1. 기운 나게 하다 2. 활성화하다

emancipate 해방시키다

풀어주다, 해방시키다
release
liberate
extricate : 트릭(속임수)에서 빠져나오니까~
    └ out
enfranchise : 선거권을 만들어 주니까~
    └ make 선거권
disentangle
salvage

활력을 돋우다, 재기시키다
refresh
energize
animate
stimulate (자극하다, 활발하게 하다)
invigorate
rejuvenate
revitalize
enliven
exhilarate (+ 기쁘게 만들다)
galvanize

해석: 노예 소유주들이 양심적인 동기로 노예들을 궁극적으로 해방시키기를 바라는 것은 어리석은 일이었다.
① 위험에 빠뜨리다 ② 해방시키다 ③ 비난하다 ④ 기운 나게 하다

어휘: conscientious 양심적인

02 밑줄 친 부분에 들어갈 말로 가장 적절한 것은?

Some teenagers _____ idol groups and regard them as role models.

① brush up on
② look up to
③ call down
④ account for

brush up (on) ~을 복습하다(=review)

look up to ~을 우러러보다, 존경하다(=respect)
look down on ~을 얕보다, 경시하다, 업신여기다(=despise, scorn)

call down 비난하다, 꾸짖다

account for 1. 설명하다 2. 지지하다

해석: 일부 십대들은 아이돌 그룹을 존경하고 그들을 롤모델로 여긴다.
①복습하다 ②존경하다 ③비난하다 ④설명하다

03 어법상 틀린 것은?

① Hotel rates **have risen** sharply(during the peak season)
(통)(수일치/능/시제)   ad

② The vice president insisted [that more employees **be recruited**]
전치사   (should) RV (통)(수동) ∅

③ Our system can clear all data and **get them to store** for the future.
095→ 준사역V O   OC(수동)(→stored)

④ (Among the victims of the shooting incident) **were** two firefighters.
前→ 방향의 부사구   (통)(수일치)   S (일복명사)

---

① rise / arise / raise 073

자동사(rise / arise) 인지 vs 타동사(raise) 인지 확인

- rise – rose – risen   (자V) 오르다, 일어나다
- arise – arose – arisen (자V) 생기다, 발생하다
- raise – raised – raised (타V) 들어올리다, 일으키다

② 수요명제 동사V + that + S + (should) RV 〈p.183〉

- 주장 insist 08번→, argue
- 요구 ask, demand, require, request
- 명령 order
- 제안 suggest
- 충고 advise, recommend
- 결정 decide

④ among / under / on 168

문두에 요 1형/2형의 자동사이면 '형부, 주어동사'의 도치 가능 (수일치에 유의)

---

04 우리말을 영어로 잘못 옮긴 것은?

① 환절기에는 감기에 걸리기 쉽다.
→ **It is easy** [to catch a cold(during the change of seasons)]
가S 형S   진S

② 그는 나에게 그의 이름을 아무에게도 알리지 말라고 부탁했다.
→ He asked me not to **let** anyone know his name.
O   to RV   RV

③ 땅값은 그 크기보다는 그 위치에 따라 결정된다. B라기보다는 A : A rather than B
→ The price of land is determined by its location rather than its size.
B   A   B

④ 그 문제로 인해 우리는 그들과 더 중요한 관계를 형성하지 못했다.
→ The problem kept us **forming** a more significant relationship with them.
from
022 keep O from RVing : O가 ~하는 것을 막다

② ask 085-2

: 목적격 보어에 to RV가 왔는지 확인 (원형부정사, 동명사 X)

지각동사·사역동사 (p.172)

(1) 지각동사   RV·RVing (통)
    watch, see, notice, hear, + O +   to RV (x)
    listen to, feel   p.p (수)

(2) 사역동사
    make, have + O + RV(통)/p.p(수)
    let 097   + O + RV(통)/be p.p(수)
                         p.p(x)

(3) 지각동사·사역동사의 수동태
    S + 지각/사역V + O + RV → O + be p.p + to RV
                                              RV(x)

어휘 significant 중요한

05 두 사람의 대화 중 가장 자연스러운 것은?

① A: It's a shame this restaurant doesn't offer any desserts.

  B: I would like some chocolate syrup on the ice cream, please.

② A: I should join the local baseball team. I used to play in high school.

  B: That was ten years ago. You need to get in shape first.

③ A: I saw your ballet dance yesterday. You shined like a star.

  B: So are you suggesting that I just give up?

④ A: I'm having the worst headache. Do you have any pills?

  B: Yes, I'm feeling a lot better. Thanks for asking.

① It's a shame (that) S + V ∨하는 것이 아쉽네요

② used to RV ∨하곤 했다

You should [need to] get in shape. 몸매를 좀 가꾸는 게 좋겠어. / 몸 관리 좀 해.

해석 ①A: 아쉽게도 이 식당은 디저트를 제공하지 않네요.
 B: 아이스크림에 초콜릿 시럽 좀 올려주세요.
②A: 지역 야구팀에 가입해야겠어. 고등학교 때 했었는데.
 B: 그건 10년 전이잖아. 먼저 몸부터 만들어야 돼.
③A: 어제 네 발레 춤 봤어. 너 별처럼 빛나더라.
 B: 그래서 내보고 그냥 포기하라고 하는 거야?
④A: 나 두통이 너무 심해. 약 있어?
 B: 응; 많이 좋아졌어. 물어봐 줘서 고마워.

어휘 shame 유감스러운 일 get in shape 몸을 만들다[단련하다] pill 알약

06

[해석] Clara Schumann은 독일의 피아니스트이자 작곡가로, 작곡가 Robert Schumann의 아내이다. 그녀는 5살 때부터 피아노를 공부했고 1835년 무렵 유럽 전역에서 신동으로 명성을 얻었다. 1838년에 그녀는 오스트리아 궁정에서 차위를 받았으며, 또한 빈의 명성 있는 'Society of the Friends of Music'에 선발되었다. 아버지의 심한 반대에도 불구하고 그녀는 1840년에 Schumann과 결혼했다. 그들은 1841년부터 1854년부터 1854년까지 8명의 자녀를 두었다. 가사 부담이 그녀의 일을 줄이기는 했지만, 그녀는 Leipzig 음악원에서 가르치고, 작곡하고, 순회공연도 자주 했다. 1853년부터, Schumann 부부는 작곡가 Johannes Brahms와 지역적 및 개인적으로 두터운 친분을 쌓았다. 그는 기쁜 이 여행 동안 친구이자 동반자로 그녀의 곁을 지켰다. 남편 의 사후에, 그녀는 남편의 작품을 홍보하는 데 헌신했다. 그녀 본인의 작품에는 오케스트라, 실내악, 실내악, 가곡, 그리고 피아노 독주를 위한 많은 성격 소품이 포함된다.

① 어린 시절, 그녀의 음악적 재능을 알아챈 이름은 소수에 불과했다.
② 그녀의 아버지는 그녀가 Robert Schumann과 결혼하는 것을 반대했다.
③ 그녀는 가사 부담 때문에 가르치는 일을 포기했다.
④ 그녀의 남편이 죽은 후, 그녀는 Brahms와 사이가 멀어졌다.

[어휘] composer 작곡가 child prodigy 신동 honor (작위 등을) 수여하다 court 궁정 prestigious 명망 있는 family responsibility 가사 부담, 가족 부양 curtail 축소하다, 줄이다 frequently 자주 companion 동반자 dedicate 헌신하다 chamber music 실내악 character piece 성격 소품(특정 분위기 및 사상을 표현하는 짧은 음악 작품) pass away 사망하다 grow apart from ~와 사이가 멀어지다

07

[해석] 많은 동물들은 깨어있는 시간의 대부분을 먹이를 찾고 그것을 먹는 데 쓴다. 그들은 먹을 것들을 위해 환경을 탐색한다. 어떤 동물들은 혼자 탐색하고, 또 어떤 동물들은 함께 탐색하지만, 일반적으로 그들은 자연으로부터 직접 먹이를 얻는다. 인간인 음식 역시 자연에서 나오지만, 대부분의 사람들은 이제 다른 사람들로부터 음식을 얻는다. 지난 한 해 동안, 당신이 먹은 것 중에 나 대부분은 다른 사람들이 직접 재배하거나 죽여서 얻었거나 아니면 그게 자연이든 아니더라도 당신이 다른 사람들에 의해 요 약 대부분은 다른 사람들이 준비한 음식이 팔리는 슈퍼마켓이나, 아니면 어떤 사람들이 재배한 음식이 다른 사람들에 의해 요 리되고 제공되는 식당과 카페테리아와 같은 음식점에서 왔을 것이다. 만약 그 모두 기업들의 강자기 패점하고 사람들이 지역으로 부터 직접 음식을 얻어야 한다면, 우리 대부분은 그것을 어떻게 시작해야 할지 모를 것이다. 않은 사람들이 굶주릴 것이다.

① 인간의 활동이 점점 더 자연에 해를 끼치고 있다.
② 인간은 동물과 달리 남으로 음식을 가공하는 능력이 있다.
③ 음식을 얻는 방식은 환경에 따라 달라진다.
④ 동물과 인간 모두 먹이를 얻는 반면, 인간은 다른 사람들에게서 음식을 얻는다.

[어휘] pick off ~을 떼어 내다, 처치하다 dining establishment 식사 시설 institution 기관, 제도 abruptly 갑자기 go out of business 폐업하다 go about ~을 시작하다 draw 낳다

08

[해석] 개념이 세계에서 가장 기본적인 가장 소이만 민족일 때 가까이 가까이 올수록, 그들이 이웃과 다른 언어를 향한 언어들이 더욱이 크다. (C) 가장 언어적으로 다양하고 경제적으로 개발되지 않은 아프리카 국가 중 하나인 Cameroon을 생각해보라. Ombessa의 Nuguru 족에 게 개념이라는 개념은 개발이 가장 은하게 제도되고 전달되는 언어인 프랑스어처럼 공적 활동 영역에 속하는 것으로 보인다. (B) 개념 은 멀리 떨어져 있고 그들의 삶의 장에 있다. 지아나가 거의 않는 마을 사람들은 개념 기반이나 그들의 마인으라 거의 어떤 상호작용도 하지 않는데, 겨우 4%(대개 남성인)의 개인적으로 그리고 조직적으로 외에서 경축했을 뿐이다. 따라서 개념은 평범한 마을 사람보다 지역 여성 엘리트들에게 더 쉽게 도달한다. (A) 이런 지역 엘리트들은 또한 최고 수준의 학교 교육을 받고 프랑스어에 가장 능숙한다. 그 의 사후에, 그녀는 남편의 작품을 홍보하는 데 헌신했다. 그녀 본인의 작품에는 오케스트라, 실내악, 가곡, 그리고 피아노 독주를 위한 많은 성격 소품이 포함된다.

[어휘] marginalized 소외된 competence 능숙, 배타적이다 encounter 접촉, 만남 exacerbate 악화시키다 self-perpetuating 자립로 계속되는 멀리 떨어져 있는 status 지위 agency 기관 지역 agent 대리인 readily 쉽게 쉽게

09

[해석] 사형 제도에 대한 논쟁에서 사람들은 흔히 사형과 구금형 사이의 결정적 차이를 지적한다. 한 사람이 유죄라고 판결될 때, 영국만 은 평결에 의문을 제기하는 증거가 나중에 알려질 경우 그 평결을 재고할 수 있으며, 필요할 경우 차별로 철회될 수 있다는 사실 을 참작한다. 그러나 사형이 집행될 경우, 이 선택사항은 제거된다. 그 차별로 되돌을 수 없다. 사형의 돌이킬 수 없음은 사형의 반대자를 은 사형에 반대하는 자신들의 주장에 이 시살을 이용한다. 철학적인 언어를 사용한다면, 그들 주장의 핵심은 범죄이 마인 유지나 된다. 증거에 대한 어떤 판단도 언제나 '무효화할 수 있다'는 것이다. 즉, 아무리 허박정지라도, 만일에 새롭거나 그런다지 않은 증가에 비추어 수정될 가능성은 항상 열려 있다는 것이다. 그러므로 그러한 판결이 무효가 될 수 있는 것을 고려할 때, 누군가에게 돌이킬 수 없는 차별을 선고하는 것은 부적절하다. 그러한 행동 방법은 범죄 마인이 무효화될 수 없을 경우에만 정상화될 것이다.

① 누군가에게 돌이킬 수 없는 차별을 선고하는
② 철학적 증거 없이 누군가가 유죄인지 결정하는
③ 누군가가 자지을 범죄에 대한 판결을 미루는
④ 정치적 체제 구금의 수단으로 사형을 이용하는

[어휘] death penalty 사형 sentence 형벌; 선고하다 custodial 구금의 come to light 알려지다 allow for ~을 참작하다 irreversible 되돌릴 수 없는 remote (가능성이) 희박한 rescind 철회하다[폐지하다] carry out ~을 이행하다 irreversible 되돌릴 수 없는 opponent 반대자 capital punishment 사형 crux 핵심 case 주장 defeasible 무효화할 수 있는 revise 수정하다 in the light of ~에 비추어 given that ~을 고려할 때 inappropriate 부적절한 course of action 행동 방침 [개선]하다 postpone 연기하다

10

[해석] 대도시에 많은 거주자들이 그들이 사는 곳에서 은하수를 볼 수 없는데, 도시 지역의 불빛이 에너지 대부분을 흐리 쓰더라면 이들을 향한 해 쏟으며 방생하는 방기 때문이다. 이것은 단지 아마추어 천문학자들에게만 문제거리인 것은 아니며, 도시 지역 근처의 연주소들은 점점 더 도시의 환한 빛 때문에 가구들이 쓸모없게 될 우종에 처해 있다. 아마추어 천문학자들에게도, 도시 아무리 작용하는 능력을 방 해하는 밝고 환한 빛이 여러 추가적인 물자지리가 있는데, 심지어 그렇지 않으면 달빛이 맑게 작용하는 지역에서도, 밤에도록 커 놓을 이것이 치고 것의 문제이 될이으로 있으로 수 있다. (인간이 눈은 흘륭한 도구이지만, 아무에 작용하는 데는 매우 오랜 시간이 걸릴 수 있다.) 및 공해에 대한 장기적인 해결책은 도시 지역에 더 스마트한 조명을 수반하는데, 여기에는 전략이 위쪽(하늘)으로 낭비되지 않게 조명을 차폐하는 것이 포함된다. 하지만 단기적으로, 가장 좋은 해결책은 흔히 단순히 도시를 벗어나, 근처에 빛 공해가 자유로운 observatory 관측소 glare 환한 빛, 눈비나다 nuisance 골칫거리 interfere with ~을 방해하다 adjust to ~에 적용하다 free of ~이 없는 inhabitant 거주자 the Milky Way 은하수 urban 도시의 amateur 아마추어 astronomer 천문학자 lighting 조명 shielding 차폐 wattage (와트로 표현되는) 전력량

[어휘] observatory 관측소 glare 환한 빛, 눈부심 nuisance 골칫거리 interfere with ~을 방해하다 adjust to ~에 적응하다 free of ~이 없는 inhabitant 거주자 the Milky Way 은하수 urban 도시의 amateur 아마추어 astronomer 천문학자 lighting 조명 shielding 차폐 wattage (와트로 표현되는) 전력량

02 밑줄 친 부분과 의미가 가장 가까운 것은?

It seemed out of the question to defeat such a large army with a small number of troops.

① realistic   현실적인
② prudent   신중한, 사려깊은
③ impossible   불가능한
④ attainable   이룰 수 있는, 달성할 수 있는 (= certain)

attain   1. 이루다, 달성하다
         2. 도달하다, 이르다

out of the question   불가능한 (= impossible)

④ out of question   의심의 여지가 없는, 확실한 (= certain)
   ↔ in question   의심스러운, 불확실한 (= uncertain)

회차 17
This is TRENDY HALF!
하프 모의고사

01 밑줄 친 부분과 의미가 가장 가까운 것은?

In Vienna, so as not to infuriate the indigent poor, tables are no longer placed near the window of the restaurants.

① appease   진정시키다, 달래다
② beguile   1. 현혹시키다, 속이다   2. (시름을) 달다
③ override   1. 짓밟다, 무시하다   2. 무효로 하다
④ exasperate   1. 몹시 화나게 하다   2. 악화시키다

infuriate   격분하게 하다 (fury 분노)

화나게 하다
enrage / outrage (rage 분노; 분노하다)
infuriate
irritate
annoy
vex
exasperate
incense
provoke (+ 유발하다, 불러일으키다)

속이다, 위조하다, 조작하다
beguile
cheat
cozen
deceive
delude
defraud (사취하다)   사기, 사기꾼
fabricate
falsify (+ 잘못됨을 입증하다)
forge
manipulate

67

03 어법상 옳은 것은?

① If he had been more careful, the accident could have prevented.
　had p.p　　　　　　　　　　　　　　 could have-prevented → s/w/c/m + have p.p (가정법 과거완료)
　　　　　　　　　　　　　　　　　　 (수동)(→have been prevented)

② I thought[that I would rather walk (than) to take the subway]
　　　　　　　　　　　　　　　 RV₁　　　　　　RV₂

③ She looks forward to receive your reply as soon as possible.
　　　　　　　　　　 [058] +RVing (→receiving)

④ Adolescence is the period (during which an individual's future is determined)
　　　　　　　　　　　　　　 전치사 + 관·대 + 완전한 문장　　　　　 (동)(수일지/수동)

① 가정법 〈p.180〉

· 가정법 과거 : If + S + 과거V[were], S + s/w/c/m + RV

· 가정법 과거완료 : If + S + had p.p, S + s/w/c/m + have p.p

· 가정법 미래 : ┌ If + S + should RV (불확실한 미래), S + s/w/c/m + RV
　　　　　　　 │　　　　　　　　　　　　　　　　　　　　 과·현 or 현·과
　　　　　　　 └ If + S + were to RV(불가능), S + s/w/c/m + RV

· 혼합 가정법 : If + S + had p.p, S + s/w/c/m + RV + (now/today)

② would rather RV [05] : 차라리 ~하는 것이 낫다

(1) 뒤에 원형부정사가 왔는지 확인 (to RV X)

(2) would rather RV than RV 구조로 쓰였는지 확인 (to RV X)

④ 전치사 + 관계대명사 [14]

(1) 뒤에 완전한 문장이 왔는지 확인 (불완전한 X)

(2) 알맞은 전치사를 사용했는지 확인

해석 ① 그가 더 조심했더라면 사고를 막을 수 있었을 텐데.
　　② 나는 지하철을 타느니 차라리 걷는 게 낫겠다고 생각했다.
　　③ 그녀도 가능한 빨리 당신의 답장을 받기를 기대한다.
　　④ 청소년기는 한 개인의 미래가 결정되는 시기다.

어휘 adolescence 청소년기

04 우리말을 영어로 잘못 옮긴 것은?

① 그 특별 할인은 9월 말까지만 유효하다.
　→ The special offer is only valid until the end of September.

② 우리는 경쟁자들에게 뒤처져서는 안 된다.
　→ We must not let ourselves left behind by our competitors.
　　　　　　　　　　　 O　 OC(→be left만)
　　　　　　　　　　　　 (RV vs be p.p)

③ 니뿐만 아니라 그도 다가오는 World Cup.
　→ He as well as you is interested in the upcoming World Cup.
　　　 A　　　　 B　 (A에 수일치)

④ 나는 강릉에 가본 적이 없어서 그곳의 깨끗한 바다가 궁금하다.
　→ I have never been to Gangneung, so I'm curious about the clean sea there.

① until VS by [16]

until = 계속 , by = 늦어도 ~ 넘고 ~해주하여 ~때

② let [097]

무의지 보어에 원형부정사(능) / be p.p (수동)가 왔는지 확인 (to RV X , p.p X)

③ A as well as B [15] : B뿐만 아니라 A도

A에 수일치했는지 확인(B에 수일치 X)

④ have been to VS have gone to [12]

┌ have been to : ~에 가본 적이 있다
└ have gone to : ~에 가고 없다

어휘 valid 유효한　competitor 경쟁자　upcoming 다가오는

05 밑줄 친 부분에 들어갈 말로 가장 적절한 것은?

A: What are some things we should discuss before renting a house?

B: We've already set our budget, right?

A: Right. How many bedrooms do we need?

B: I think two will be enough for us. 우리에게는 두 개면 충분할 듯해.

A: _____. There should be an extra bedroom. 여분의 침실 하나가
있어야 돼.

B: I doubt our budget could cover a three-bedroom house.

① We can have two beds in a single room

② But we often have guests staying at our house

③ Then I would rather live near the park

④ Sure, you always make the right choices

해석 A: 집을 빌리기 전에 우리가 논의해야할 것들이 뭘까?

B: 우리 예산은 이미 짜놨어, 그렇지?

A: 맞아. 우리 침실은 몇 개 필요해?

B: 두 개면 우리한테 충분할 거 같아.

A: 그런데 우리 집에는 종종 손님이 머무르잖아. 침실이 하나 더 있어야 해.

B: 우리 예산으로 침실 세 개짜리 집이 감당될지 의문이야.

① 우린 한 방에 침대 두 개를 둬도 돼

② 그런데 우리 집에는 종종 손님이 머무르잖아

③ 그럼 난 차라리 공원 주변에서 살래

④ 그래, 넌 항상 옳은 선택을 하지

어휘 budget 예산 cover (비용을) 감당하다

MEMO

06

해석 FIFA의 최장수 회장의 이름을 딴 Jules Rimet 트로피는 축구의 독특한 신화에서 특별한 위치를 차지하고 있다. 그 트로피는 1966년 월드컵을 4개월 앞두고 영국 런던에서 공개 전시 도중 도난당했다. 다행히 그 트로피는 처음 사라진지 7일 만에 발견됐다. 17년 후인 1983년, 브라질이 그것을 3회 수상하는 데 성공했기 때문에, 그 나라가 그 트로피를 리우데자네이루에서 영구적으로 소장하고 있었다. 그때, 또 다른 절도가 그곳에서 발생했고, 그 이후로 그것은 한 번도 발견된 적이 없다. 일부는 그 트로피가 녹여져 금괴로 만들어지기 위해 팔렸을지도 모른다고 제의했다. 그러나 그것은 실제로는 금으로 도금한 순은으로 만들어졌기 때문에 그러한 결과는 있을 법하지 않으며, 여전히 Jules Rimet 트로피의 궁극적인 운명은 미스터리로 남아 있다.

① Jules Rimet 트로피는 결국 리우데자네이루에서 발견되었다.
② 브라질은 Jules Rimet 트로피를 3회 수상한 국가다.
③ Jules Rimet은 트로피 제작 능력으로 유명했다.
④ Jules Rimet 트로피의 금 함유량이 그것을 가치 있게 만들었다.

어휘 longest-serving 가장 오래 집권한 mythos 신화 locate ~의 위치를 알아내다 permanently 영구적으로 gold-plated 금으로 도금한 sterling silver 순은 ultimate 궁극적인 renowned 유명한 content 함유량

07

해석 포크는 10세기에 (신성 로마 제국의) 황제 Otto 2세의 부인인 Theophanu Byzantine에 의해 유럽에 도입되었다. 그것은 11세기 무렵 이탈리아에 진출했고 14세기 무렵에는 (이탈리아의) 상인들 사이에서 인기가 많아졌다. 포크는 곧 유럽 전역에서 친숙한 광경(물건)이 되었지만, 알프스 북부에서는 오랫동안 눈살의 찌푸림을 받았다. 우리의 유럽 이웃사촌들이 새로운 철제 식사 도구를 가지고 열심히 먹는 동안 영국인들은 이탈리아인들의 이런 '여성스러운 허식'을 그저 비웃었다. 영국 남자들은 손가락으로 먹으며 자랑스러워했다! 설상가상으로, 심지어 교회도 포크의 사용에 반대했다. 로마 가톨릭교회를 위해 글을 쓰는 몇몇 작가들은 하느님이 그의 지혜로 우리에게 자연스러운 포크를 우리의 손가락에 제공했다는 것은 엄청난 섬세함이라고 선언했고, 그것을 이러한 금속 기구로 대체하는 것은 그에 대한 모욕일 것이다.

① 포크가 유럽에서 받아들여지는 방식의 차이
② 포크가 여성성의 상징이 된 방법
③ 포크가 처음 유럽에 도입된 시기
④ 로마 가톨릭 사제들이 포크를 멀리하게 만든 것

어휘 emperor 황제 make one's way 진출하다 merchant 상인 frown 눈살을 찌푸리다 tuck in 열심히 먹다 eating irons 철제 식사 도구 affectation 가장, 허식 delicacy 섬세함 insult 모욕 substitute 대체하다 metallic 금속성의 priest 사제

08

해석 우리 중 많은 이들은 벌레 물리는 것에 알레르기가 있다. 물린 상처는 가렵고, 발진이 돋으며 심지어 감염될 수도 있다. 개는 벼룩 그리고/또는 진드기에 같은 반응을 보인다. 벌레가 당신 위에 앉으면, 당신은 그것을 손으로 쫓아낼 기회가 있다. 불행하게도, 당신의 개가 벼룩 그리고/또는 진드기에 물릴 땐 그것을 긁어내거나 무는 것밖에 못 한다. 개가 물렸을 무렵 기생충은 어느 정도 해를 가했다. 그것은 또한 알을 낳아 가까운 미래에 더 많은 문제를 일으킬지도 모른다. 기생충에 물려서 생기는 가려움은 아마도 기생충이 개의 피를 빨 때 그 부위에 주입된 침 때문일 것이다.

어휘 parasite 기생충 allergic 알레르기가 있는 itch 가렵다 erupt (발진이) 돋다 infect 감염시키다 flea 벼룩 mite 진드기 whisk away 쫓아내다 scratch 긁다 saliva 침 inject 주입하다 suck 빨다

09

해석 경제학자이자 노벨상 수상자인 Milton Friedman은 자유 시장 경제의 확고한 옹호자로서 가장 잘 알려져 있다. Friedman은 (자유 시장 경제에) 의구심을 품었던 Adam Smith보다 훨씬 더 경쟁적 이기심의 보이지 않는 손이 궁극적으로 시장을 규제할 것이며, (정부의) 규제를 완전히 불필요한 것으로 만들 것이라고 믿었다. Friedman은 시카고 대학에서 수년간 강의했으며, 전 세계의 경제에 영향을 미치기 위해 나선 많은 경제 학도들에게 영향을 미쳤다. Friedman의 지지자들은 종종 Friedmanite라고 불리며, Friedman의 이름은 시장이 외부 도움 없이 스스로 규제할 수 있다고 믿는 사람들을 지칭하는 약칭이 되었다.

① 정부가 경제에서 적극적인 역할을 해야 한다
② 시장이 외부 도움 없이 스스로 규제할 수 있다
③ 시장이 공급과 수요 사이의 균형을 맞추지 못할 것이다
④ 지나친 규제는 정부 폐쇄로 이어진다

어휘 defender 옹호자 invisible 보이지 않는 self-interest 사리사욕, 이기심 ultimately 궁극적으로 regulate 규제하다 shorthand 약칭(의) shutdown 폐쇄

10

해석 토양이 좋고 야생동물이 살도록 장려된 지역에서는, 극소수의 식물들이 침략적으로 행동한다. 예를 들어, 나는 마당에 많은 민들레를 갖고 싶다. 그러나 20년 동안 나는 집 주변에 겨우 몇 그루의 민들레만 가지고 있었다. 그것들이 부족한 이유는 내가 항상 야생동물을 염두에 두고 조경을 해 와서 자연히 민들레의 수를 제한하는 동물들을 갖고 있기 때문이다. 미국 황금방울새는 민들레 씨앗을 즐겨서, 발아할 수 있는 씨앗의 총수를 줄인다. 게다가, 동부솜꼬리토끼는 민들레 잎을 먹고 산다. 만약 그것들이 한 번에 식물을 충분히 먹는다면, 이는 개화를 지연시키거나 없앨 수 있는데, 잎이 없어진 민들레는 새로운 잎을 자라게 하는 데 에너지를 쏟아야 하기 때문이다.

어휘 invasively 침략적으로, 침습적으로 dandelion 민들레 scarcity 부족 landscape 조경하다 American Goldfinch 미국 황금방울새 diminish 줄이다 germinate 발아하다 eliminate 없애다 flowering 개화

01 밑줄 친 부분과 의미가 가장 가까운 것은?

The college says he attended the conference and was <u>insolent</u> toward the scientists.

① imprudent   신중치 못한, 경솔한
   신중한

② obstinate   고집 센, 완고한

③ impolite   무례한, 불손한

④ pretentious   허세 부리는, 가식적인

insolent   무례한, 버릇없는
= rude, impolite, impudent, impertinent
             ↳ 적절한, 관련 있는

고집 센, 완고한
obstinate
obdurate
stubborn
insistent
persistent
intractable (다루기 힘든)
tenacious (끈질긴, 끈기있는)

해석   그 대학은 그가 그 회의에 참석했고 과학자들에게 무례했다고 말한다.

① 경솔한 ② 고집 센 ③ 무례한 ④ 허세 부리는

어휘   conference 회의, 회담

02 밑줄 친 부분에 들어갈 말로 가장 적절한 것은?

Economic forecasting is <u>   </u> because it is based on the <u>probability</u> of
                모호한   가능성, 확률
statistical information(<u>that may or may not be accurate</u>)
                          정확할 수도 있고 그렇지 않을 수도 있는

① valid

② vital

③ viable   실행가능한, 생존할 수 있는   ④ vague
          (= feasible)

해석   경제 예측은 전황할 수도 있고 그렇지 않을 수도 있는 통계 정보의 확률에 기초하기 때문에 모호하다.

① 타당한 ② 필수적인 ③ 실행 가능한 ④ 모호한

어휘   forecasting 예측 probability 확률 statistical 통계의

71

03 밑줄 친 부분 중 어법상 옳지 않은 것은?

The detailed history of urbanization ① began in Neolithic times. Once early humans devised techniques to cultivate and store food, they were easily able to gather in one place to settle. Mass production of food meant that larger numbers of people could be supported, and ② it allowed for specialization of labor because people were not burdened with hunting game and gathering food everyday. A small group of people could be in charge ③ of provide food for a large group; this freed many other members of the group to perform much-needed, different duties. While some people focused on agriculture and ④ others were able to devote time and energy to other tasks.

began 동(시제) ← in+과거연도(시점)

it vs they 수일치

of provide food 전 ㅇ 동(능)(→providing) → 수일치

others 대명사

해석 도시화의 상세한 역사는 신석기 시대에 시작되었다. 초기 인류가 식량을 재배하고 저장하는 기술들을 고안해내자, 그들은 쉽게 한곳에 모여 정착할 수 있었다. 식량의 대량 생산은 더 많은 사람들이 부양될 수 있다는 것을 의미했고, 그것은 사람들이 매일 사냥하고 식량을 모으는 부담을 지지 않기 때문에 분업을 가능하게 했다. 소수의 사람들이 다수를 위한 식량 제공을 책임질 수 있었는데, 이는 그 집단의 많은 다른 구성원들이 지우들에게 매우 필요한 다른 임무들을 수행하게 해주었다. 어떤 사람들이 농업에 집중하는 동안, 다른 사람들은 다른 일에 시간과 에너지를 쏟을 수 있었다.

어휘 urbanization 도시화 Neolithic 신석기 시대의 devise 고안하다 settle 정착하다 support 부양하다 specialization 전문화 burden 부담을 지우다 in charge of ~의 책임이 있는 agriculture 농업 tribe 부족

04 우리말을 영어로 잘못 옮긴 것은?

① 통계 수치는 MZ 세대의 취향을 분명히 보여준다. 152 statistics
→ The statistics clearly represent the tastes of the MZ generation.

통계화 → 단수 취급 / 통계수치 → 복수 취급

동(수일치/능)

② 당신은 유명할수록 더 겸손하게 행동해야 한다.
→ The more famous you are, the more modest you should behave.
(→modestly)

The more famous you are ← beV / the more modest you should behave ← 일반V

③ 새 소프트웨어는 지난 금요일부터 오작동하고 있다.
→ The new software has been malfunctioning since last Friday.
047 + 명사(과거시점)

동(수일치/능)(시제)

④ 상처 부위를 이틀에 한 번씩 소독하는 것이 중요하다.
→ It is important that the wounded area be disinfected every other day.
It:S / 진S (should)RV 동(수) / [상처 부위가 소독하다 → 능x / 상처 부위를 소독하다/상처 부위가 소독되다 → 수동이]

③ 현재완료 시제와 함께 쓰이는 시간부사구 〈p.178〉
(1) ~ 이래로 : [since + 명사(과거시점)] , S + 현재완료 V / since + 과거 V
(2) 지금까지 : up to now / until now / so far
(3) ~ 동안 : [for + the [last / past] 기간] / over

④ 이성적 판단의 형용사구문 〈p.195〉
It:S + 이성적 판단의 형용사 + that + S + (should) + RV 138-F
[중요/필요 : important, vital, necessary, essential, imperative / 당연한/마땅한 : advisable, desirable, natural]

격일로/이틀마다 143-2
every two days = every second day = every other day

어휘 taste 취향 modest 겸손한 behave 행동하다 wounded 상처 있는 disinfect 소독하다

05 밑줄 친 부분에 들어갈 말로 가장 적절한 것은?

A: Look at those waterfalls near that bridge!

B: Oh, they're beautiful. I want to go on a boat ride to see them up close.

A: Okay, let's get on then.

B: _____?

A: Maybe, but I have an umbrella in my bag just in case.
　　　　　　　　　　　　　만약을 위해서

B: Okay, then we're all set!

① Have you gone on one before

② Then won't we get wet

③ Do you have the tickets

④ Should we get on now

get on 타다 (↔get off 내리다)

해석 A: 저 다리 근처에 있는 폭포 좀 봐.
B: 오, 아름답다. 보트 타고 가까이에서 보고 싶어.
A: 그래, 그럼 타보자.
B: 그러면 우리 젖지 않을까?
A: 그럴 수도 있지만, 만일을 대비해서 내 가방에 우산이 있어.
B: 그래, 그럼 준비됐네!

① 전에 타본 적 있니
② 그러면 우리 젖지 않을까
③ 표 있니
④ 지금 타야 할까

어휘 waterfall 폭포

MEMO

06

해석 태양의 바깥쪽 (대기)층은 섭씨 110만 도에 달한다. 이 수준에서는 태양의 중력이 빠르게 움직이는 미립자들을 붙잡을 수 없고, 그것들은 태양풍을 형성하면서 흘러나간다. 때때로 태양은 코로나 질량 방출(CME) 또는 태양폭풍이라고 알려진 플라스마의 큰 폭발을 내뿜는다. 태양 극대기로 알려진 주기의 활동 기간에 흔한 CME는 표준 태양풍보다 더 강한 영향을 미친다면 만약 지구의 표면이 태양풍에 노출되었다면, 대전 입자들로부터 생성된 방사선은 행성의 어떤 생명체에게도 심각한 손상을 입혔을 것이다. 하지만 지구는 미립자들의 방향을 바꾸어 태양풍으로부터의 보호와 역할을 하는 자기장에 의해 보호된다. 반면에, 우리의 달은 그것을 보호할 게 아무것도 없어서 정면으로 완전한 타격을 받는다.

① 태양풍은 지구의 표면에 도달하지 않는다.
② CME든 태양 활동의 주기적인 변화와 관련이 있다.
③ 달은 태양풍으로부터의 보호막을 갖고 있지 않다.
④ 태양풍은 코로나 내부의 기체 흐름을 지원한다.

어휘 layer 층 stream 흐르다 ejection 방출 solar maximum 태양 극대기 radiation 방사선 charged particle 대전 입자 (전자를 따고 있는 입자) magnetic field 자기장 redirect 방향을 바꾸다 take the brunt 타격을 정면으로 받다 periodic 주기적인

07

해석 지구 외부에 관해 놀라운 점은 그것이 염처난 압력에도 불구하고 고체가 아니라는 것이다. 이는 서로 다른 종류의 지진파, 즉 압축파와 전단파의 전파를 연구하여 입증되었다. 압축파(또는 P파)는 공기 중의 음파 와 같아서, 압축과 팽창이 교차하는 진동 운동으로 구성된다. 전단파(또는 S파)는 절리를 흔들어서 진동을 어떤 것이는 통과할 수 있지만 전단파는 액체를 구성할 수 없다는 것이다. 지진계는 이 두 유형의 파동을 구별할 수 있고, 이를 통해 우리는 P파만이 외해을 통과해 전달되므로 외해은 틀림없이 액체라는 것을 알 수 있다.

① 내부에 외핵의 물리적 특성
② 액체를 통과할 수 있는 파동의 종류
③ 유체 외핵에 대한 증거로서의 지진파
④ 지진파 속도의 주된 결정 요인

어휘 remarkable 놀라운, 주목할 만한 immense 염청난 solid 고체(의) demonstrate 입증하다 compressional 압축의 shear 전단(의) alternate 교차하다 교대(교차)하다 pulse 파동, 진동 dilation 팽창 wobble 흔들림, 떨림 distinction 차이 seismometer 지진계 distinguish 구별하다 property 특성 fluid 유체의 determinant 결정 요인

08

해석 전통적인 민족지학자들은 수천 명의 사람들 사이의 의사소통을 통해 표현된 문화를 기술했다. (C) 예를 들어, Raymond Firth의 고전적인 연구는 1929 년에 인구가 1,300명이었던 태평양 섬 Tikopia에 대해 수행되었는데, 그 섬의 모든 사람이 다 른 사람과 의사소통을 한다고 해도, 총연결의 수는 약 845,000 건에 불과했을 것이다. 이와 대조적으로, 현대 사회에서 연구하는 민족지학자들은 훨씬 더 큰 규모의 수에 직면한다. (B) 2000년 인구 조사에 따르면 미국 인구는 280,000,000명이 다. 게다가, 현대의 통신 매체는 이 방대한 수의 사람들이 즉각적으로 정보를 공유하는 것을 가능하게 한다. 1980년까지만 해도 150,000,000 명이 전 세계 사람들의 슈퍼셋을 보고 동시에 그것을 경험했다. (A) 같은 시기에, 미국 가구 중 절반의 거의 100,000,000명의 사람들의 텔레비전이 미니시리즈 Roots를 시청했다. 의사소통의 규모와 범위는 이야기는 20년 동안 많이 증가해왔다. 이런 환경에서, 구식의 조사지학은 완전한 잃을 할수 없다.

어휘 ethnographer 민족지학자 era 시기, 시대 household 가정 scope 범위 ensuring 뒤따르는 milieu (사회적) 환경 old-fashioned 구식의 census 인구 조사 instantaneously 즉각적으로 동시에 confront 직면하다 magnitude 규모

09

해석 전문가로서의 교사에 대한 한 가지 잘못된 믿음은 교사들이 '다 알고 있다'는 것과 그들의 기본적이 비전문가일 뿐이 아니라아 무것도 모를 수도 있는 학생들에게 이 전문 지식을 전하는 것을 수반한다는 것을 시사한다. 사람들에게 이 잘못된 믿음을 버리 라고 설득해야 하는 두 가지 주요 결함이 있다. 첫째, 교사는 지식의 총부와고 학생은 지식이 빈약하다고 가정하는 것은 학생 이 교실에 가져오는 독특한 관점을 자동으로 부정한다. 둘째, 어떤 개인이 모든 주제에서 전문가가 되는 것은, 심지어 유치원에서 가르치는 것에 관해서라도 매우 불가능하다. 예를 들어, 유치원생들은 흔히 자연에 대해 호기심이 많은데, 특히 새로운 발견이 이루어지고 있는 상황에서, 누가 자연의 모든 것에 대해 완전한 지식을 가지기를 기대할 수 있을까? 전선의 가르침은 더 나아지는 과정이다. 전문가는 주장은 그 사람만이 그 주제에 더 배울 것이 거의 없다는 것을 시사한다.

① 더 나아지는   ② 주고받는
③ 사물을 통합하는   ④ 지식을 분석하는

어휘 myth 잘못된 믿음 transmit 전달하다 expertise 전문 지식 flaw 결함 discard 버리다 automatically 자동으로 kindergarten 유치원 at one's best 가장 좋은 상태에서 claim 주장하다 integrate 통합하다 when it comes to ~에 관해서라면

10

해석 우리가 장례식에 참석해서 이제는 세상을 떠난 우리가 사랑하는 사람의 삶을 돌아보며 다른 사람들에게 들려주 일 때, 우리는 우리 안에서 고요의 '영혼을 느낄 수 있다. 그리고 실제로, 재세에서 우리 각자 안에 있는 수조 개의 뉴런 연결의 우리의 패턴은 고인에 대한 우리의 유사한 경험 때문에 유사성을 가지고 있을 수도 있다. 선조자로서 우리는 우리가 우리의 삶 에서 함께 구성하는 이야기 속에서 사랑하는 사람과의 일치감을 만들어냄으로써 상실에 대처하려고 시도한다. (사람들이 세 상에는 다양한 문화들이 있고 우리는 함께 사는 날을 배울 필요가 있으는 것을 알 수 있게 하는 것이 중요하다.) 그런 제시에서 는, 이제 막 죽은 사람의 이름을 반복을 포함하기 위해서 이야기가 심상체로 들려질 것이다. 이런한 이야기의 공유는 인간 삶의 일치를 만들고 우리의 마음의 믿음을 따르게 지지를 제시한다.

어휘 funeral 장례식 pass away 세상을 따나다 the deceased 고인 memorial service 제사, 추모식 parallel 유사한, 평행한 coherence 일치성, 일치 trillion 1조 neuronal 뉴런의 determinant 결정 요인

01 밑줄 친 부분과 의미가 가장 가까운 것은?

Various studies of the <u>noxious</u> effects of the use of plastics containing these softeners for packing or transportation of foodstuffs showed that the softeners easily migrate into foodstuffs.

① tentative   일시적인, 잠정적인
② beneficial   유익한, 이로운
③ equivocal   불분명한, 모호한
④ detrimental   해로운

noxious   유해한, 유독한

해로운, 치명적인
harmful   deadly   fatal
baneful : 반대(ban)도 가득찼어서

deleterious : 해로운 것들은 지워야 하니까

detrimental : 해로운 것들 때문에 멘탈이 무너져

nocuous
noxious   } noc, nox, nic = harmful
pernicious

venomous (+독이있는)   독

virulent (+악성의, 해로운)   바이러스

inimical (+적대적인) : 이 녀석 꽉

lethal

해석 식품의 포장이나 운송을 위해 이러한 유연제를 함유한 플라스틱을 사용하는 것이 해로운 영향에 관한 다양한 연구는 그 유연제가 식품으로 쉽게 이동한다는 것을 보여주었다.
① 일시적인 ② 이로운 ③ 모호한 ④ 해로운
어휘 softener 유연제 foodstuff 식품 migrate 이동하다

02 밑줄 친 부분과 의미가 가장 가까운 것은?

You don't just have to spend a lot of money to <u>make a splash</u>.

① get an opportunity
② maintain a relationship
③ establish trust
④ attract a lot of attention

make a splash   큰 인기를 끌다, 큰 주목[화제]을 받다

불분명한, 모호한
vague
obscure
ambiguous
nebulous
hazy
inarticulate
blurry
equivocal

해석 당신은 큰 인기를 끌기 위해 많은 돈을 쓸 필요만은 없다.
① 기회를 얻다 ② 관계를 유지하다 ③ 신뢰를 쌓다 ④ 많은 관심을 끌다

75

03 어법상 옳은 것은?

used to 056
- be used to RV : ∨하는 데 사용되다
- used to RV : ∨하곤 했다
- be used to RVing : ∨하는 데 익숙하다

① Our generation is very used to use digital devices.
(→using)

② I wonder [if the company will fire him(just for that reason)]
명사절

③ It was very difficult to book the movie, that I will watch tomorrow.
가S   (→which)

④ He should have had a stomachache/because he ate too spicy food.
(→must) 바슈 ∨해썼음이 틀림없다

- must have p.p 063 : 당연히 ∨해야 했는데 하지 않았다
- should have p.p : 반드시 ∨했음이 틀림없다

② if 050

(1) 가정법인지 확인!

(2) ┌ 조건부사절로 쓰인 경우, 현재시제이므로 확인 (미래시제 X)
   └ 명사절로 쓰인 경우, 미래시제이므로 확인 (현재시제 X)

ex) If you [do/will do], you'll be necessarily discreet about it.
조건부사절

I wonder if she [finishes /will finish] the work by tonight.
명사절

(3) 타동사 뒤에 나오는 if 명사절
┌ 명사절로 쓰인 경우, 타동사의 목적어이므로 확인 (S, C, 전치사의 O X)
└ whether (to RV) 과 가능
   if(x)   (or not)

③ that 063

(1) ┌ 관계대명사 that
   ├ 명사(선행사) + that + 불완전한 문장
   │
   └ 동격의 접속사 that
   ├ 명사 + that + 완전한 문장

(2) 명사절을 이끄는 접속사 that
   ├ 동사 + that + 완전한 문장

(3) 앞에 콤마 또는 전치사가 없는지 확인!
cf) ┌ in that : ∨라는 점에서
   └ except that : ∨라는 것을 제외하고
   → fact, truth, belief, idea,
      opinion, evidence, proof 등

해석 ① 우리 세대는 디지털 기기를 사용하는 데 매우 익숙하다.
② 나는 그 회사가 단지 그 이유만으로 그를 해고할지 궁금하다.
③ 내가 내일 볼 그 영화를 예매하는 것은 매우 어려웠다.
④ 그는 너무 매운 음식을 먹어서 배가 아팠음이 틀림없다.

---

04 우리말을 영어로 잘못 옮긴 것은?

① 오늘 밤 우리 식당에는 손님이 거의 없었다.
→ There [were] few customers in our restaurant tonight.
002 (수일치)   부사N

② 집에 가는 길에 나는 가족들이 상자를 옮기는 것을 보았다.
→ On my way home, I saw the family [moved] the boxes.
022수동   S   O   OC(→move 또는 moving)

③ 그 사고가 없었다면 우리는 제시간에 도착했을 것이다.
→ But for the accident, we would have arrived on time.
123

④ 우리는 친절하고 예의 바르고 사려 깊은 사람을 찾고 있다.
→ We are looking for someone (who [is] kind, polite and considerate).
060 (수일치)   관계대명사 병렬
                                       ⓐ   ⓐ   ⓐ

① (a) few 072

(1) 뒤에 복수명사가 왔는지 확인 (단수명사 X)
┌ (a) few + 복수명사 (가산명사)
└ (a) little + 단수명사 (불가산명사)

(2) few 와 a few 의 의미 구별
┌ few : 거의 없는
└ a few : 약간의

② ∨이 없다면 / 없었다면 <p.180>

∨이 없다면   If it were not for ∨, S + would/s/c/m + RV
(가정법 과거)   = Were it not for ∨,
              = But [Except] for ∨,
              = Without ∨,

∨이 없었다면   If it had not been for ∨, S + would/s/c/m + have P.P
(가정법 과거완료) = Had it not been for ∨,
              = But [Except] for ∨,
              = Without ∨,

어휘 considerate 사려 깊은

05 밑줄 친 부분에 들어갈 말로 가장 적절한 것은?

A: Hey, take a look at these photos.

B: How cute! Those polar bears are swimming.

A: That's not it. These bears can't stay on the ice because it's melting so quickly.

B: Oh, I didn't realize. _____? ← 해결책 제시!

A: We could start by riding a bike to work and taking stairs instead of an elevator.

B: So we can reduce global warming and get exercise at the same time!

① Is there anything we can do

② Is it related to global warming → A가 관련이 있다/없다 대답하지 않았고 해결책을

③ Where did you get these photos   곧바로 제시하므로 있으므로 정답 X

④ What kind of exercises do you do

해석 A: 안녕, 이 사진들 좀 봐.
B: 귀여워라 북극곰들이 수영하고 있네.
A: 그게 아니야. 얼음이 너무 빨리 녹아서 이 곰들이 얼음 위에 있을 수가 없는 거야.
B: 아, 난 몰랐어. 우리가 할 수 있는 일이 있을까?
A: 자전거를 타고 출근하고 엘리베이터 대신에 계단을 이용하는 것으로 시작할 수 있지.
B: 그럼 우리는 지구 온난화를 줄이는 동시에 운동도 할 수 있겠구나!

① 우리가 할 수 있는 일이 있을까
② 그게 지구 온난화와 관련이 있을까
③ 이 사진들 어디서 났어
④ 어떤 운동을 해

어휘 polar bear 북극곰

06

해석 눈물의 길은 (미국) 남동부의 조상 대대로 삶이온 고향을 떠나 오늘날 오클라호마주의 '새 인디언 준주'로 이주하도록 강요받은 아메리카 원주민들의 여정을 묘사한다. 1830년 연방 인디언 이주법이 통과된 이후 10년 동안, 약 6만 명의 원주민, 아프리카 가계 노예, 백인 배우자들이 이간소주를 지나 근간소주를 타고 상류로 원시적인 길을 따라 이동했다. 대부분의 이주 집단에 의사가 배치되었음에도, 많은 사람이 콜레라, 홍역, 천연두 같은 전염병으로 죽었다. 아무도 얼마나 많은 사람이 그 길에 묻혔는지, 또는 정확히 얼마나 많은 사람이 살아남았는지 모른다.

① 눈물의 길은 아메리카 원주민들의 강제 이주를 일컫는다.
② 아메리카 원주민이 아닌 노예와 배우자들 또한 이주의 대상이었다.
③ 의료진이 전무함으로 인해 많은 이들이 여정 중에 사망했다.
④ 생존자의 정확한 수는 알려지지 않았다.

어휘 ancestral 조상의 territory 영토, 준주(準州) federal 연방의 physician 의사 assign 배치하다 infectious 전염성의 measles 홍역 removal 이동, 이주 estimated 대략의 spouse 배우자 upriver 상류로 steamboat 증기선 primitive 원시의 relocation 이전, 이주
smallpox 천연두 migration 이주 subject to ~의 대상인

07

해석 인간의 습관을 반영하는 자동화된 행동과 습관을 타파하는 조정된 행동 사이의 경쟁 속에서 삶이란다. 너는 융통성을 위해 신경망을 간소화해야 하는가, 아니면 융통성을 위해 신경망을 남기지 모양으로 만들어야 하는가? 우리는 둘 다 할 수 있는 것에 이른다다. 자동화된 행동은 우리에게 전문성을 준다. 조각가가 조각상을 만들거나, 건축가가 모형을 만들거나, 과학자가 실험할 때, 숙련된 손재주는 새로운 결과를 가능하게 만드는 대 도움이 된다. 만약 우리가 우리의 새로운 아이디어를 실행해내지 못하면, 우리는 그것을 소생시키고자고 부투한다. 하지만 지동화된 행동은 조정된 행동을 우리가 참지 못하면, 우리는 그것을 소생시키고자 부투한다. 하지만 지동화된 행동은 조정된 행동을 통해 신경망을 만들어내는 방법이다. 그것은 창의성의 신경학적 기자이다. Arthur Koestler가 말했듯이, "창의성은 죽임으로써 건설한다."

그것은 나의 두 가지 구성 요소이다.
① 독특한 행동 유형은 창의력을 필요로 한다
② 조정된 행동은 새로운 동력학을 필요로 한다
③ 습관 형성: 융통성을 위한 최고의 선택
④ 창의성의 자동화: 무성의한 불가피성

어휘 automate 자동화하다 mediate 조정[중재]하다 defeat 이기다 neural 신경의 streamline 간소화하다 execute 실행하다 dexterity 응동성 expertise 전문성 손이나 머리를 쓰는 재주 bring sth to life ~을 소생하다 flexibility 응통성 innovate 혁신하다 generate 만들어내다 novelty 새로움, 참신함 building block 구성 요소 inevitable 불가피한

08

해석 TV를 시청하는 동안 뜨개질을 할 수 있거나 운전하는 동안 라디오를 들을 수 있는 사람이라면 어제 나가는지를 안다. 우리가 어떤 일을 거듭해서 반복하여 그것을 더 잘하게 되면, 그 일의 개별적인 부분들이 우리의 의식 밖으로 나간다. 결국, 우리는 우리가 더 이상 그 일을 어떻게 하는지 모른다고 해도 그것을 할 수 있다고 상상하게 된다. 사람, 그 과정에 의문을 제기하는 것을 놀라운 결과를 가져올 수 있다: 무언가나 누군가가 우리로 하여금 우리가 작업하고 있는 그 일의 단계들을 찾아보게 하거나 다시 의식하게 만들면, 우리는 그 일의 단계들을 찾을 수 있다. 그러나

만 아런 식으로 숙달 후에 계속 학습도지, '않은 임에 대한 우리의 능력에 의문을 제기하게 하면, 우리는 우리가 무능하다고 '않고고 결론지를 수 있다. 그러나 기 위해 우리의 마음을 뭐고 그것들을 찾을 수 있다. 그러다서 우리는 우리가 무능하다고 수행할 수 있다면, 이러한 단계들을 더 이상 의식적

우리가 어떤 일을 너무 잘 알고 있어서 그것을 '능숙하게' (아무 생각 없이) 능숙하게 의실함 수 있다.

으로 이롭할 수 없을 수도 있고 우리는 우리의 능력을 의심할 수밖에 없다.

어휘 question 의문을 제기하다 competence 능력, 능숙함 moderately 적당히 expertly 전문가답게, 능숙하게 incompetent 의식 consciousness 의식 뜨개질을 하다 knit
뜨개질을 하다 overlearn 숙달 후에도 계속 학습하다 mindlessly 아무 생각 없이

09

해석 나에게는 고등학교 수준에서 소녀와 소녀 모두를 지도했던 경험이 광범위한 친구가 있다. 그는 소녀들이 그룹 양쪽에서 그룹을 지도 만들었었다고 말했는데, 처음에 소녀들의 경멸을 상하게 하고 살지 낳은 것에 관해 화가 성이었다. 그러나 나서 그는 같은 기술을 소년들에게 그는 더 건설적인 언어를 사용 하고 그것을 더 부드럽게 어조로 말하는 법을 배웠다. 그러나 나서 그는 같은 기술을 소년들에게 더 효과적이게 만든다 는 것을 발견했다. 그는 또한 일반적으로 소녀들이 자신들이 같은 탐색서 뛰고 있다는 것을 더 많이 생각한다는 것을 발견했 다. 그들도 다른 선수를 비판할 기능성이 더 작고, 격려하고 뛰어난 경기를 인정할 기능성이 더 있다. 그는 자신이 소년 팀들에

팀 동료가 하는 말의 중요성을 기본했을 때 그들의 분위기와 궁합이 상당히 개선되었다고 느꼈다.

① 훈련 방법에 대한 믿음
② 기술 발달의 필요성
③ 팀 동료가 하는 말의 중요성
④ 경쟁에 대한 노출의 결과

어휘 extensive 광범위한 initially 처음에 constructive 건설적인 acknowledge 인정하다 outstanding 뛰어난 atmosphere
분위기 chemistry (사람 사이의) 화학 반응, 궁합 significantly 상당히

10

해석 오늘날 인도는 28개 주와 7개 지역에 13억 명 이상의 인구가 삼고 있는 다양성이 매우 풍부한 나라이다. 바로 인도 헌법이 어 든 인도에 국어의 지위를 부여하지 않고 있으니, 공식적으로 22개 언어를 인정한다. 실제로는, 2001년 인도 인구 조사에 따 르면, 인도는 122개의 주요 언어와 1,599개의 다른 언어를 가지고 있다. 그중에서, 힌디어는 인도 연방정부의 공식 언어이자 가장 널리 사용되는 언어 중 하나이다. 그럼에도 불구하고, 인도 국민 대다수가 힌디어를 사용한다는 것은 잘못된 생각이다.

인도 거주민의 최소 56%는 힌디어 외의 다른 언어를 사용한다. 마라티어, 벨루구어, 구자라트어, 우르두어가 그 나라에서 사용되는 다른 언어들이다.

어휘 territory 지역, 영토 constitution 헌법 census 인구 조사 misconception 오해, 잘못된 생각 resident 거주자, 주민 other than ~이외의 other than ~의

01 밑줄 친 부분과 의미가 가장 가까운 것은?

Marketplaces served as open town halls where people gathered to discuss and ponder local issues.

① contemplate 숙사숙고한다, 고려한다
② disclose 드러내다, 폭로하다
③ precipitate 촉발시키다
④ unravel 풀다, 해결한다
　　　　　　(= solve, resolve, settle)

ponder 숙고하다, 곰곰이 생각하다

숙고하다, 곰곰이 생각하다
muse
meditate
deliberate
speculate
contemplate
ponder
mull over
dwell on
ruminate

폭로하다, 드러내다
reveal
disclose
divulge
unveil
unfold
confide (털어놓다)
let on → 수면 위로 오르게 하는 커내
let out → 밖으로 내보내게 하는 커내
let the cat out of the bag
spill the beans

해석 시장은 사람들이 모여 지역 문제에 대해 토론하고 숙고하는 야외 마을 회관 역할을 했다.
① 숙고하다 ② 드러내다 ③ 촉발시키다 ④ 해결하다
어휘 marketplace 시장, 장터

02 밑줄 친 부분에 들어갈 말로 가장 적절한 것은?

Charles had great success in real estate investment, enabling him to _____ and live a satisfying life.

① go through the roof
② go from rags to riches
③ go off the deep end
④ go down the drain

① go through the roof 1. 치솟다 2. 화가 머리끝까지 치밀다
② go from rags to riches 벼락부자가 되다
③ go off the deep end 자제력을 잃다, 웅하다 1. 헹수고하다 2. 파산하다
④ go down the drain 1. 헹수고하다 2. 파산하다

해석 Charles는 부동산 투자에서 큰 성공을 가두었고, 그것이 그를 벼락부자가 되어 만족스러운 삶을 살게 했다.
① 치솟다 ② 벼락부자가 되다 ③ 자제력을 잃다 ④ 수포로 돌아가다
어휘 real estate 부동산

79

03 밑줄 친 부분 중 어법상 옳지 않은 것은?

The social security program in general was controversial from the beginning. Nevertheless, it ① was regarded as a great success through the seventies.
(동)(수일치/수동)
However, financial reports(that surfaced around that time)showed [that the
V(과거)
system ② would require reorganization/to manage the aging population (that
(동)(수일치/시제)
O
had an uneven ratio of workers to retirees)] For instance, in 1940 there ③ were
045 과거   (동)(수일치/시제)
nearly six workers for every retiree over age 65. However, in the year 2040,
for instance, that ratio will be two to one. This could ④ be resulted in the
(→result in)
bankruptcy of the social security system.

❶ regard [回]

(1) 목적격 보어에 αS 형/명이
있는지 확인   (αS 생략×)

(2) 수동태의 경우에도 전치사 αS가
있는지 확인   (αS 생략×)

❹ 수동태로 쓸 수 없는 거동사 ⟨p.177⟩

occur/happen) 발생하다
take place

emerge 나오다, 나타나다, 등장하다

(dis)appear 나타나다(사라지다)

come 오다

arrive 도착하다

result in ∨를 야기하다

result from ∨에서 기인하다

belong to ∨에 속하다

consist of ∨로 구성되다

---

04 우리말을 영어로 가장 잘 옮긴 것은?

066-3 so + V + S 정용 동의구문
                        대동사 확인
                    도치 확인
                 앞에 and

① 그녀는 샴페인을 즐겨 마시고, 그녀의 남자친구도 그렇다.
→ She enjoys drinking champagne, and so is her boyfriend.
                   +RVing   (→does)
                                         S

② 그녀가 최근에 산 헤드폰은 내 것보다 훨씬 더 무거웠다.
093
→ The headphones(she bought recently)were very heavier than mine.
                                              (→much)

③ CEO는 그렇게 재능 있는 직원을 잃은 것에 대해 슬픔을 표현했다.
070 such + a(n) + 형 + 명
→ The CEO expressed his sadness/at the loss of such(talented a)employee.

④ 나의 도움이 없었다면 나는 더 크게 다쳤을 테니.
                                     가정법 과거완료   (동)(수동)
→ Had it not been for your help, I would have been injured more seriously.

❶ 동명사를 목적어로 취하는 동사 : MEGAPEPACAS ⟨p.185⟩

Mind, Enjoy, Give up, Avoid, Postpone, Escape,
Practice, Appreciate, Consider, Anticipate, Suggest

기타 : finish, 동사ㅏ, admit, deny 등

❷ very [5]

(1) [너무 ∨해서] 구문에서
· 뒤에 to 부정사 오면, too ㅏ 어쓰지 으쓰(very X)
· 뒤에 that 절이 오면, so ∨ that 구문이 어쓰지 으쓰(very X)

(2) 뒤에 비교급이 오면, much ㅏ 어쓰지 으쓰(very X)
ex) This smart phone is very cheaper than yours.
                              much

❹ were it not for / had it not been for [122]
수일이 가정법 과거인지 VS 가정법 과거완료인지 확인

어휘 champagne 샴페인 talented 재능 있는

해석 사회보장 프로그램은 대체로 처음부터 논란이 많았다. 그럼에도 불구하고, 그것은 70년대에 걸쳐 큰 성공으로 여겨졌다. 그러나 그 무렵 표면화된 재무 보고서는 그 제도가 퇴직자 대비 근로자 비율이 불균등한 인구 고령화를 관리하기 위해 개편이 필요하리라는 것을 보여주었다. 예를 들어, 1940년에는 65세 이상의 퇴직자 한 명당 거의 6명의 근로자가 있었다. 그러나 가령 2040년에는 그 비율이 2대 1이 될 것이다. 이는 사회보장제도의 파산을 초래할 수 있다.

어휘 social security 사회보장(제도) controversial 논란이 많은 surface 드러나다, 표면화되다 reorganization 개편 uneven 불균등한 ratio 비율 retiree 퇴직자 bankruptcy 파산

05 밑줄 친 부분에 들어갈 말로 가장 적절한 것은?

A: How may I help you?

B: Hello, I'd like to sign up for a French course for beginners.

A: Sure. Is it your first time learning French?

B: No, I took a course a while back, but I don't think I remember much.

A: Why don't you take the level test to see which course fits you?

B: _____

① Thank you for offering me the opportunity to teach!

② We provide courses for five different levels.

③ That would be perfect. When can I take it?

④ I don't think my English is good enough.

sign up for   ~을 신청하다

Why don't you[we] ~ ?   ~하는 게 어때?

MEMO

06

[해석] 고대 전쟁에서 가장 효과적이고 오래가는 군사 대형 중 하나는 군대 서로를 긴밀하게 밀집시킨 전사들로 이루어진 밀집된 전사 무리인 그리스 팔랑크스의 대형이었다. 그리스 팔랑크스의 강점은 방패와 창으로 빽빽하게 채워진 직사각형 대형을 이룬 병사들의 일체화된 정체성에 있었다. 일단 팔랑크스가 형성되면, 병사들은 방패로 무기를 막아내고 상대편의 대형을 돌파하기 위해 대형을 단단히 유지하면서 적군을 향해 천천히 전진했다. 기원전 5세기 이전에, 전투의 승패는 처음 전쟁에 빠진 두 대형들에 의해 결정되었고, 결과적으로, 팔랑크스 대형을 이루는 사람들은 상대편보다 오래 버틸 준비가 되어 있어야 했다. 일단 두 팔랑크스가 전장에서 교전을 시작하면, 전투는 한쪽의 대열이 흐트러지고 패배할 때까지 계속되었다.

① 병사들의 역할이 그리스 팔랑크스에서 중요한 역할을 했다.
② 그리스 팔랑크스는 다른 대형들로 바뀔 수 있었다.
③ 두 그리스 팔랑크스의 충돌은 전투에서 거의 일어나지 않았다.
④ 그리스 팔랑크스는 더 빠른 이동을 위해 만들어졌다.

[어휘] enduring 오래가는 formation 대형 phalanx 팔랑크스(고대 그리스의 밀집 대형 전술) close-rank 대열 사이가 좁은 dense 밀집한 spear 창 interlock 서로 맞물리다 discipline 절제력, 규율 advance 전진하다 outlast ~보다 더 오래가다 engage 교전을 시작하다 defeat 패배시키다 missile 투척 무기 blow 강타, 타격 break through 돌파하다 fend off ~을 막아내다

07

[해석] 당신 몸의 형태와 신체적 속성은 당신의 생각과 믿음의 힘에 기반을 두고 있고 그것들로부터 [떼어낼 수] 없다. 만약 당신이 5피트 2인치라면, 6피트 2인치 체격이 될 생각을 할 수 없는데, 왜냐하면 당신 몸의 높이에 관한 당신의 믿음이 그러한 [x]도를 경계하기 때문이다. 하지만 당신은 실생활 경험 상황에 많이 변한다. 당신이 보는 변화는 당신이 내리는 [x]에 당신의 믿음의 힘에 의해 허용되는 변화이다. 어느 특정 시점에서도, 당신은 항상 당신의 몸에 대해 가지고 있는 인식의 기반을 당신이 생각으로 드러낼 수 있다. 당신의 생각은 시간이 지나면서 변하기 때문에, 당신의 의식적인 마음은 당신의 신체에 대해 가지고 있는 인식을 변화시키고, 그리하여 몸이 당신의 생각과 믿음과 일치한다. 결과적으로, 당신의 생각이 변하기 때문에 당신은 변한다.

① 나이가 들면서 신체 능력은 떨어지는 경향이 있다.
② 믿음은 주로 어린 시절에 형성된다.
③ 생각과 믿음은 경험의 부산물이다.
④ 생각과 믿음은 변할 때마다 몸이 변한다.

[어휘] attribute 속성 alienate 소외시키다, 떼어 놓다 frame 틀, 골격 regarding ~에 관한 stand guard 조심경계하다 coincide 일치하다 alter 바꾸다 decline 감소하다 by-product 부산물 conscious 의식하는 perception 인식

08

[해석] 전기는 인간과 정체성의 본질을 이해하고 설명하는 경쟁적인 방법들, 즉 정신 분석, 철학, 소설, 시, 사회학, 민족학, 역사와 항상 맞닥뜨린다. (B) 그 학문들의 종사자들은 전기에 대해 직관적이거나 회의적인 태도를 취하는 경우가 흔한데, 특히 19세기와 20세기에 전기에 반대하여 쓰이거나 또는 반어적인 의미나 경우 전기를 다른 소설기의 예가 났다. (A) Freud는 전기의 단순화와 지나친 확정성 때문에 전기(특히 그에 대해 쓰일 수 있는 것이든)를 두려워하고 불신했다. Proust는 비평가 Sainte Beuve가 그가 선택한 작가들의 저쪽을 그들의 인생 이야기를 통해 양적이며 해석한 것 때문에 그에게 반대 의견을 냈다. (C) 하지만 Freud는 Leonardo에 대한 그의 시대 연구에서 같이 성신 분석적 전기의 기능성에 매혹되었고, Proust는 그의 필생의 역작을 전기적 해석에 지향 하면서도 그것을 초대하는 소설로 만들었다.

① biography 전기 rub up against ~와 맞닥뜨리다 psychoanalysis 정신 분석 ethnography 민족학 over-conclusiveness 지나치게 확정적임 belittlingly 얕잡아보며 interpret 해석하다 practitioner 종사자, 현역 discipline 학과, 학문 hostile 적대적인 skeptical 회의적인 ironical 반어적인, 비꼬는 suspicion 의심 distaste 혐오

09

[해석] 한 종 내의 유전적 변이는 몇 가지 다른 근원에서 비롯될 수 있다. 돌연변이, 즉 DNA 내 유전자 배열의 변화는 유전적 변이의 이동이다. 마지막으로, 또 다른 근원인 유전자 흐름, 즉 서로 다른 집단의 유기체들 사이에서 유전자 이동이 있을 수 있다. 한 유기체 집단 내의 유전적 변이는 어떤 유기체들을 그들이 사는 환경의 다른 유기체들보다 잘 살아남을 수 있게 한다. 심지어 작은 개체군에 속한 유기체도 특정 환경에서의 생태에 그들이 얼마나 적합한지에 관해서는 현저하게 다를 수 있다. 다른 색의 날개를 가진 종이 그 예일 것이다. 나무껍질 색과 비슷한 날개를 가진 나방은 다른 색의 나방보다 자신을 더 잘 위장할 수 있다. 결과적으로, 나무 색깔의 나방은 그들의 유전자를 물려줄 가능성이 더 크다.

① 형편없는 번식 때문에 멸종하게 되다
② 살아남아 그들의 유전자를 물려주다
③ 같은 색 나무의 종수에 영향을 주다
④ 새로운 서식지를 찾기 위해 기존의 서식지를 떠나다

[어휘] variation 변이 mutation 돌연변이 sequence 순서, 배열 gene flow 유전자 흐름 sexual reproduction 유성 생식 pass on 전달하다 camouflage 위장하다 proliferation 증식, 확산 habitat 서식지 strikingly 현저하게 moth 나방 bark 나무껍질

10

[해석] Ananda는 어둠 속에 가만히는 느낌으로 잠에서 깼다. 춥고 어두웠으며, 잠시 그는 자신이 침대를 적셨다고 생각했다. 그가 전 자신의 마음을 가다듬고 도망을 모아 쥐었을 때, 자신이 침잠에 물 주전자를 찼다는 것을 깨달았다. 다리에 기운을 전달이 날 가로운 열렬함이 그의 엄음을 붉혔다. 그는 조심했어야 했고 바닥의 매트 가까이에 주전자를 너무 가깝게 낮설게 느꼈고, 그가 자신의 침잠 부모부터 얼 아저 새로운 환경에 익숙해지지 못했다고 느꼈다. 방의 어둠조차도 그에게 낯설게 느껴졌고 마나 멀리 떨어져 있는지 깨닫게 했다.

① 들뜨고 신이 난 ② 평화롭고 차분한
③ 초연하고 무관심한 ④ 어색하고 당황스러운

[어휘] wet 적시다 gather one's wits 마음을 가다듬다 pitcher 주전자 tingle 따끔거림, 얼얼함 redden 붉어지게 하다 stand guard 조심경계하다 aware of ~을 인식하는 distant 멀리 떨어져 있는

This is TRENDY HALF !

Shimson_lab

커넥츠 공단기 gong.conects.com
심슨영어연구소 카페 cafe.naver.com/shimson2000

심우철
하프
모의고사

심우철 지음

정답 및 해설

Season2
기본편

01	②	02	②	03	②	04	④	05	②
06	③	07	③	08	④	09	②	10	④

01

정답 ②

해설 abate는 '줄이다'라는 뜻으로, 이와 의미가 가장 가까운 것은 ② 'lessen (줄이다)'이다.

① 늘리다 ③ 악화시키다 ④ 발달시키다

해석 그 새로운 치료법은 보통 일주일 정도 안에 예민함을 줄여 줄 것이다.

어휘 sensitiveness 민감함, 예민함

02

정답 ②

해설 lose sight of는 '~을 잊다'라는 뜻으로, 이와 의미가 가장 가까운 것은 ② 'forget(잊다)'이다.

① 바꾸다 ③ 숨기다 ④ 드러내다

해석 우리는 우리가 원래 목표로 했던 것을 잊어서는 안 된다.

어휘 aim for ~을 목표로 하다

03

정답 ②

해설 'prevent + O + from + RVing'는 'O가 ~하는 것을 막다, 방해하다'를 의미하는 구문으로 적절하게 쓰였다.

① (is the bathroom → the bathroom is) tell의 직접목적어로 쓰인 where절은 간접의문문의 어순을 취하기 때문에 '의문사 + S + V'의 어순으로 써야 한다.

③ (be submitted → submit) 주어인 지원자들이 추천서를 '제출하는' 것이므로, 수동태가 아닌 능동태로 써야 한다. 이때 at least는 전치사구가 아닌 숫자 two 앞에 쓴 '적어도'라는 의미의 부사이다.

④ (different → differently) 문맥상 그 의미를 '다르게' 이해했다는 것이 적절하므로, 동사 understood를 수식할 수 있는 부사 differently로 고쳐야 한다.

해석 ① 화장실이 어디에 있는지 말씀해 주시겠어요?

② 그의 학력이 그가 취직하는 것을 방해했다.

③ 지원자들은 적어도 2개의 추천서를 제출해야 한다.

④ 다른 문화권의 사람들은 그 의미를 다르게 이해했다.

어휘 bathroom 화장실 educational background 학력 recommendation 추천서

04

정답 ④

해설 (had → had had) earlier라는 과거를 나타내는 표현이 있고 주어진 우리말도 '좀 더 일찍 했었더라면'이라고 했으므로, 과거 상황을 반대로 가정하는 가정법 과거완료를 써야 한다. 따라서 had를 had had로 고쳐야 한다.

① 'as ~ as' 원급 비교 구문이 적절하게 쓰였고, 대명사 that은 앞에 나온 단수명사인 smile을 지칭하므로 수에 맞게 썼다.

② each는 'each + of + 복수명사 + 단수동사'의 구조를 취하므로 적절하게 쓰였다.

③ '너무 ~해서 ~할 수 없다'라는 의미의 'too ~ to RV' 구문에서, to RV의 목적어와 문장의 주어가 같은 경우 to RV의 목적어 자리는 비워두어야 하므로 적절하게 쓰였다.

어휘 pure 순수한 valuable 값진

05

정답 ②

해설 B가 주차에 어려움을 겪고 있다고 하자, A가 도와주겠다고 한 상황이다. 빈칸 뒤에서 A가 "상관없어."라고 한 것을 보아, 빈칸에서 B는 A에게 불편한 상황이나 어떤 문제가 생길 수 있다는 것을 언급했음을 추측할 수 있다. 따라서 빈칸에 들어갈 말로 가장 적절한 것은 ② '나 때문에 짜증 날 수도 있어'이다.

① 할 줄 알게 되면 쉬워

③ 더 조심하지 그랬어

④ 난 혼자가 더 편해

해석 A: 안녕, 네가 운전면허를 막 딴 참이라고 들었어.

B: 응, 근데 주차에 너무 애를 먹고 있어. 아예 운전하러 가기도 싫어.

A: 내가 그것 도와줄 수 있는데.

B: 정말? 나 때문에 짜증 날 수도 있어.

A: 상관없어. 친구 좋다는 게 뭐야?

B: 고마워. 이걸로 신세 지네.

어휘 license 면허 have trouble 어려움을 겪다 get the hang of ~을 할 줄 알게 되다 frustrated 짜증 난, 답답한

06

정답 ③

해설 마지막 2번째 문장에서 '그라피티'가 소매업자나 상업용 건물주가 경험하는 만연한 형태의 반달리즘이라고 했으므로, 글의 내용과 일치하지 않는 것은 ③ '쓰레기 투기는 가장 일반적인 형태의 반달리즘이다.'이다.

① 반달리즘은 고의로 누군가의 재산을 훼손하는 행위이다. → 첫 문장에서 언급된 내용이다.

② 반달리즘의 동기에는 재정적 이득 또는 개인적 복수가 포함된다. → 3번째 문장에서 언급된 내용이다.

④ 그라피티로 공공 기물을 파손하는 사람들은 건물에 표시하기 위해 금속성 물체를 사용할 수도 있다. → 마지막 문장에서 언급된 내용이다.

해석 반달리즘은 설비나 건물과 같은 재산에 대한 의도적 또는 악의적인 손상이다. 그것은 무의미한 재산 피해가 아니다. 개인들은 메시지를 전달하거나, 좌절감을 표현하거나, 복수하거나, 수익을 얻거나, 혹은 게임의 일부 등 다양한 이유로 공공 기물을 파손한다. 그것은 흔히 치안 방해와 무단 침입 같은 다른 사회 무질서의 징후와 연관되어 있다. 반달리즘의 유형에는 그라피티, 쓰레기 투기, 조명 파손, 신호 또는 장식의 제거나 훼손, 유리창 파손, 혹은 기타 재산에 대한 손상이 포함된다. 그라피티는 소매업자들과 상업용 건물 소유자들이 경험하는 만연한 형태의 반달리즘이다. 그라피티로 공공 기물을 파손하는 사람들은 페인트 스프레이, 두꺼운 마커, 금속성 물체, 식각 펜 또는 구두약 병을 포함한 다양한 도구를 사용해 건물에 낙서하거나 표시한다.

어휘 vandalism 반달리즘, 공공 기물 파손 willful 의도적인, 고의적인 malicious 악의적인 property 재산, 건물 senseless 무의미한 convey 전달하다 revenge 복수 disorder 무질서 disturb 방해하다, 어지럽히다 trespass 무단 침입하다 graffiti 그라피티, (공공장소에 하는) 낙서 dump 버리다 smash 박살 내다 signage 신호 (체계) ornamentation 장식 deface 외관을 훼손하다 pervasive 만연한 retailer 소매업자 tag 낙서하다 broad-tipped 끝이 넓은 etching 식각, 부식 shoe polish 구두약 intentionally 고의로 prevalent 일반적인

07

정답 ③

해설 헌팅턴병은 그 치명성에도 불구하고 번식이 활발한 시기 이후에 발현된다는 점 때문에 (자연 선택에 의해 제거되지 않고) 우연히 축적된 돌연변이로 남아 여전히 인류 안에 존속한다는 내용의 글이다. 따라서 글의 제목으로 가장 적절한 것은 ③ '어째서 인간은 여전히 헌팅턴병과 함께 사는가?'이다.

① 번식 지연을 일으키는 유전적 질환 → 헌팅턴병은 번식을 방해하지 않는다고 언급되므로 적절하지 않다.

② 헌팅턴병의 유전자 돌연변이의 종류 → 헌팅턴병이 유전자 결함으로 발생한다는 내용은 있지만, 헌팅턴병으로 생기는 유전자 돌연변이를 구체적으로 설명하는 내용은 없다.

④ 헌팅턴병 환자들의 기대 수명의 결정 요인 → 헌팅턴병 환자의 기대 수명이 암시되긴 하나 그것을 결정짓는 요인은 언급되지 않았다.

해석 헌팅턴병은 단일 유전자의 결함으로 발생하는 뇌 질환으로, 일반적으로 30세에서 50세 사이의 어느 시점에 증상을 일으키며, 보통 진단 후 약 15년에서 20년 사이에 치명적이다. 선사시대에 인간의 기대 수명은 30~35세 정도 되었으므로, 적어도 진화적인 관점에서 보면 40세에 헌팅턴병에 걸려 55세에 그것으로 사망하는 것은 큰 문제가 되지 않는다. '야생' 인간은 이미 몇 명의 아이를 낳았을 가능성이 컸고, 그들의 남은 번식 수명은 짧았다. 심지어 현대에도, 헌팅턴병 환자가 그 병으로 쓰러지기 전 아이를 갖는 것은 상당히 가능성 있다. 따라서 그 치명성에도 불구하고, 헌팅턴병은 드물기는 하지만 여전히 인류에게 남아 있다. 이것은 우연히 축적된 돌연변이의 명백한 사례인데, 이 경우 단일 유전자는 번식기 이후 연령에 무언가 분명하고도 심각하게 나쁜 것을 발생시킨다.

어휘 give rise to ~을 낳다, 일으키다 deadly 치명적인, 생명을 앗아가는 diagnosis 진단 prehistoric 선사시대의 life expectancy 기대 수명 come down with (병에) 걸리다 reproductive 번식의 lifespan 수명 succumb 쓰러지다, 죽다 albeit 비록 ~일지라도 accidentally 우연히 accumulate 축적하다 mutation 돌연변이 unambiguously 분명하게 determinant 결정 요인

08

정답 ④

해설 과학계가 다소 고립되어 있다는 내용의 글이다. 주어진 문장은 가장 탁월한 과학자들의 이름이 대중에게 완전히 알려지지 않은 경우가 흔하다는 내용으로, 위대한 과학자였으나 학식 있는 사람들도 잘 모르는 Paul Dirac의 예 바로 앞에 와야 한다. 따라서 주어진 문장이 들어갈 위치로 가장 적절한 곳은 ④이다.

해석 현실에 대한 이해의 진실성이 과학적 노력의 목표이기는 하지만, 많은 과학자들에게 명성이 추진력이라는 것을 부인하기는 불가능할 것이다. 여러 가지 면에서 과학계는 다소 고립되어 있다. 우리 문화는 과학적 문제를 접근하기 어려운 것으로 간주하면서 그것에 진지한 관심을 가지려는 시도를 거의 하지 않는다. 언론과 다른 매체에서 과학적 발견을 다루는 것은 부적절하고 흔히 변덕스러워서, 사소한 사건은 포착하고 훨씬 더 중요한 사건은 무시한다. 더 많은 대중에게 과학적 생각을 전달하는 것을 목표로 하는 책들은 흔히 과학 저널 밖의 리뷰 칼럼에서는 거의 또는 전혀 관심을 받지 못한다. 가장 큰 탁월함을 지닌 과학자들의 이름은 대중에게 완전히 알려져 있지 않은 경우가 흔하다. Paul Dirac은 Isaac Newton이나 James Clerk Maxwell과 동시에 언급될 가치가 있는 이론 물리학자였지만, 심지어 교육받은 사람들 사이에서도 그의 이름은 많은 사람들에게 인식되지 못하고, 그의 뛰어난 발견이 무엇이었는지 말할 수 있는 사람은 거의 없을 가능성이 크다.

어휘 distinction 탁월함 truthfulness 진실성 endeavor 노력 fame 명성 spur 추진력 isolated 고립된 press 언론 inadequate 부적절한 whimsical 변덕스러운 trivial 사소한 neglect 무시하다 significance 중요 theoretical 이론의 in the same breath 동시에, 잇따라 outstanding 뛰어난

09

정답 ②

해설 사람들은 흔히 증상의 부재와 건강이 같다고 믿지만 이는 한계가 있는 관점이라는 내용의 글이다. 첫 문장의 빈칸에서 통념을 지적한 뒤 반박이 전개되는 흐름으로 보아, 통념에 해당하는 빈칸에 들어갈 말로 가장 적절한 것은 ② '증상을 건강의 감시 장치로 사용하도록'이다.

① 처방받은 대로 약을 먹도록
③ 고통이 건강한 삶의 일부라고 생각하도록 → 증상이 없거나 완화된다고 해서 건강하다는 의미가 아니라는 것이 글의 주제이기는 하지만, 이를 통해 건강한 삶 안에 고통이 포함된다는 결론을 내리기는 어렵다.
④ 증상의 완화와 회복을 구별하도록 → 통념이 아닌 반박, 즉 주제에 해당하는 내용이다.

해석 우리는 증상을 건강의 감시 장치로 사용하도록 배웠지만, 이는 한계가 있다. 추정컨대 증상이 있으면 건강하지 않은 것이고, 증상이 없다면 건강할 것이지만, 증상의 부재가 건강에 대한 형편없는 지표라는 점은 잘 알려진 사실이다. 몸이 암으로 가득한데 그 병이 몸속에 최소 5년에서 10년 동안 존재했음에도 불구하고 눈에 띄는 증상을 전혀 겪지 않았던 사람들이 무수히 많다. 우리는 건강과 증상의 부재를 구별할 필요가 있다. 어떤 사람들이 태양 주위를 돌고 있을 뿐 아니라, 다른 무언가의 주위를 돌기도 하고 축을 기준으로 자전하고 있는 지구 위에 서 있는 것임에도 자신들이 가만히 있을 수 있다고 생각하는 것처럼, 증상을 없애기 위해 약을 복용하면 더 건강해진다고 생각하는 사람들이 있다. 증상의 완화와 건강을 혼동하지 말라. 둘은 같은 것이 아니다.

어휘 supposedly 추정컨대, 아마도 symptom 증상 absence 부재 indicator 지표 be riddled with (특히 나쁜 것이) 가득하다 cancer 암 noticeable 눈에 띄는 distinction 구별 rotate 회전하다 axis 축 revolve 돌다 get rid of ~을 없애다 alleviate 완화하다 prescribe 처방하다 tell 구별하다

10

정답 ④

해설 인간은 유아들조차도 인과 관계, 역학, 그리고 다른 사람들의 마음에 관한 놀라울 정도로 정교한 이해를 발달시키는데, 이는 동물에게는 없는 인간 고유 능력이라는 내용의 글이다. 따라서 인간이 동물과 다르게 무력하고 무기력한 채로 태어난다는 내용의 ④가 글의 흐름상 가장 어색한 문장이다.

해석 연구는 인간의 유아들은 인과 관계, 역학, 그리고 다른 사람들의 마음에 관해 말할 수 있는 언어를 습득하기 몇 년 전에 그것들에 대한 놀라울 정도로 정교한 이해를 발달시킨다는 것을 보여 주었다. 예를 들어, 그들은 벽돌 하나가 또 하나의 벽돌을 밀기 위해서는 그것이 그것과 접촉한 상태에 있어야 한다는 것을 금방 알게 되고, 그들은 물체를 그들이 손을 뻗어 닿을 수 있는 거리를 넓히기 위한 도구로 사용하기 시작한다. 그들은 실험자가 인과 관계를 위반하는 것으로 보이는 어떤 일이 일어나게 만들 때 놀란다. 이런 것들은 거의 고유한 인간의 능력으로, 심지어 침팬지들조차도 막대기가 그들 쪽으로 물건을 끌어당기는 데 사용될 수 있다는 것을 배우지 못한다. (인간은 그들이 무력함과 무기력함의 상태에서 태어난다는 점에서 동물과 다르다.) 우리는 세상과 상호 작용하고, 그것을 관찰하고 우리가 본 것에 관해 생각함으로써, 즉 경험으로부터 배움으로써, 이와 같은 기본적인 지식을 습득하고, 그것은 계속해서 평생 우리의 가장 가치 있는 지식의 원천 중 하나이다.

어휘 infant 유아 remarkably 놀라울 정도로 sophisticated 정교한 causality 인과 관계 mechanics 역학 brick 벽돌 reach (손이 닿을 수 있는) 거리[범위] violate 위반하다 uniquely 고유하게 helplessness 무력함 powerlessness 무기력함 fundamental 근본적인

01	④	02	③	03	②	04	③	05	①
06	④	07	③	08	④	09	③	10	②

01

정답 ④

해설 admonish는 '꾸짖다'라는 뜻으로, 이와 의미가 가장 가까운 것은 ④ 'reprove(꾸짖다)'이다.

① 격리시키다 ② 발휘하다 ③ 몰두시키다

해석 사람들은 그들의 실수에 대해 스스로를 꾸짖고 미래에 비슷한 행동을 피하기로 다짐할 수 있다.

어휘 resolve 다짐하다

02

정답 ③

해설 overcome은 '극복하다'라는 뜻으로, 이와 의미가 가장 가까운 것은 ③ 'get over(극복하다)'이다.

① 그럭저럭 살아가다 ② 타다 ④ 이해하다

해석 그 투수는 항상 큰 경기에서의 압박감을 극복하지 못했다.

어휘 pitcher 투수 pressure 압박감

03

정답 ②

해설 (Motivating → Motivated) 분사구문으로 쓰인 Motivating 이하의 의미상 주어인 Bismarck가 '자극받은' 것이므로, 수동을 나타내는 과거분사 Motivated로 고쳐야 한다.

① 특정 과거 시점을 나타내는 in 1889가 쓰였으므로 was의 시제는 적절하다.
③ that은 the world's first system을 선행사로 받는 주격 관계대명사로 적절하게 쓰였다.
④ as well as는 '~뿐만 아니라'라는 뜻을 가진 상관접속사로 의미에 맞게 적절히 쓰였다.

해석 최초의 국가 시스템은 1889년 독일에서 Otto von Bismarck에 의해 시작되었다. Bismarck는 사회주의자들의 불만족스러워 하는 불평의 일부를 해결하고자 하는 열망에 자극받아 전 국가 노동자들에게 퇴직금을 지급하는 세계 최초의 시스템을 세웠다. 그것은 장애인 노동자에 대한 수당뿐만 아니라 고용주와 정부의 분담금으로 보완된 소득세를 통한 납부를 포함하여, 현재 시스템에서 여전히 발견되는 많은 기능들을 이미 포함하고 있었다.

어휘 complaint 불평, 불만 retirement benefits 퇴직 수당, 퇴직금 supplement 보완하다 contribution 분담금 disabled 장애가 있는

04

정답 ③

해설 (unless → lest) unless는 '~하지 않는다면'이라는 의미의 접속사이다. 주어진 우리말을 참고하면 '늦지 않도록'이라고 했으므로, '~하지 않도록'이라는 의미의 lest로 고쳐야 한다.
① '~하곤 했다'의 의미를 가지는 'used to RV'가 적절하게 쓰였다.
② 준사역동사 help는 목적격 보어 자리에 '(to) RV'를 취하므로, become은 적절하게 쓰였고, 2형식 동사 become 뒤에 형용사인 independent가 온 것도 적절하다.
④ 'A를 B로 여기다'라는 의미의 구문인 'regard A as B'가 적절하게 쓰였다.

어휘 late-night 심야의 independent 자립할 수 있는 unwelcome 반갑지 않은

05

정답 ①

해설 빈칸 뒤에서 B가 다른 모델을 제시하며 이 모델은 가볍다는 것을 강조한 것으로 보아, A는 먼저 추천받은 모델은 무거워서 거절했음을 유추할 수 있다. 따라서 빈칸에 들어갈 말로 가장 적절한 것은 ① '저한테는 조금 무거워요'이다.
② 음향이 별로 제 취향이 아니에요
③ 이게 바로 제가 찾던 거예요
④ 색상에 대해서는 크게 신경 쓰지 않아요

해석 A: 안녕하세요, 블루투스 이어폰을 찾고 있어요.
B: 특별히 생각하고 계신 모델이 있나요?
A: 딱히 없어요. 그냥 좋은 음질을 원해요.
B: 이 쌍 한번 껴보세요. 디자인이 좋고 소음 제거 기능도 제공합니다.
A: 흠. 저한테는 조금 무거워요.
B: 그러면 이 모델은 어떠신가요? 이것은 한 짝에 35g밖에 안 나가요.
A: 좋아요. 이걸로 할게요.

어휘 specific 특정한 noise cancellation 소음 제거 weigh 무게가 ~이다

06

정답 ④

해설 마지막 문장에서 20세에서 40세 사이의 건강한 성인들도 많이 죽었다고 했으므로, 글의 내용과 일치하지 않는 것은 ④ '20세에서 40세 사이의 건강한 성인들은 이것으로부터 안전했다.'이다.
① 이것이 발병한 당시 대부분의 사람들은 이것에 면역이 없었다. → 3번째 문장에서 언급된 내용이다.
② 1918~1919년에 세계 인구의 3분의 1이 이것에 감염되었다. → 4, 5번째 문장에서 언급된 내용이다.
③ 이것은 특히 유아와 노인들에게 위험했다. → 마지막 2번째 문장에서 언급된 내용이다.

해석 스페인 독감은 어떤 조류종에서 기원한 H1N1 바이러스에 의해 발생한 인플루엔자(독감)의 일종에 붙여진 이름이다. 스페인 독감은 전염병으로, 쉽게 퍼져 전 세계 사람들을 감염시킨 신종 인플루엔자바이러스 A형이었다. 이 바이러스는 신종이었기에, 있었다고 해도 아주 극소수만이 이 질병에 면역력을 가지고 있었다. 1918년부터 1919년까지, 스페인 독감은 세계적으로 약 5억 명의 사람들을 감염시켰다. 이는 당시 세계 인구의 약 33%에 달했다. 게다가, 스페인 독감은 약 5천만 명을 죽게 했다. 사망자 중 약 67만 5천 명은 미국에서 나왔다. 오늘날 우리가 걸리는 독감과 마찬가지로, 스페인 독감은 5세 이하 유아와 65세 이상의 사람들에게 특히 해로웠다. 스페인 독감이 한 가지 남달랐던 점은 20세에서 40세 사이의 건강한 성인들도 많이 죽게 했다는 것이었다.

어휘 pandemic 전염병 infect 감염시키다 immunity 면역력, 면제 estimated 대략, 추정의 amount to (합계가) ~에 이르다 infant 유아 outbreak 발생, 발발

07

정답 ③

해설 외부적 단서가 주어지면 이에 대한 무의식적 반응으로 나쁜 습관을 반복하게 된다는 '신호 유발 욕구'에 관해 설명하는 글이다. 코카인 중독자들이 아주 짧은 찰나에 코카인 사진을 봤을 뿐인데도 부지불식간에 코카인에 대한 갈망을 느낀다는 연구 데이터로 주제를 뒷받침하고 있다. 따라서 글의 주제로 가장 적절한 것은 ③ '외부적 신호로 유발되는 나쁜 습관의 순환'이다.
① 인간의 약물 중독에 있어 습관의 역할 → 약물 중독은 나쁜 습관의 일례로 언급되었을 뿐이다.
② 신호 유발 욕구의 개인차 → 개인차에 관해서는 언급되지 않았다.
④ 반복되는 나쁜 습관의 계기인 불안 → 불안뿐 아니라, 걱정이나 습관과 관련된 사진 등 외부적인 계기에 관해 두루 언급하고 있다.

해석 나쁜 습관은 자급자족한다. 이것들은 스스로 무감각하게 만들려는 감정을 조장한다. 당신은 기분이 나빠서 정크푸드를 먹는다. 정크푸드를 먹어서, 당신은 기분이 나쁘다. 텔레비전을 보는 것은 당신을 기운 없다고 느끼게 하고, 그래서 당신은 다른 일을 할 기력이 없어 텔레비전을 더 보게 된다. 건강을 걱정하는 것은 당신에게 불안감이 들게 하고, 이로 인해 당신은 불안을 덜고자 담배를 피우며, 이것은 건강을 훨씬 악화시키기에, 당신은 곧 더욱 불안함을 느낀다. 연구자들은 이러한 연쇄를 '신호 유발 욕구'라고 부르는데, 외부적인 계기가 나쁜 습관을 반복하려는 강박적 갈망을 유발한다는 것이다. 일단 당신이 어떤 것을 의식하면, 당신은 그것을 원하기 시작한다. 이러한 과정은 우리가 그것을 깨닫지 못하는 사이에도 흔히 일어난다. 과학자들은 (코카인) 중독자들에게 단 33밀리초 동안 코카인 사진을 보여주는 것이 뇌의 보상 경로를 자극하고 욕망을 촉발한다는 것을 발견했다. 이 속도는 너무 빨라서 뇌가 의식적으로 인식할 수 없기에 중독자들은 자신이 무엇을 본 것인지 당신에게 말하지도 못하지만, 그들은 그래도 그 약을 갈망했다.

어휘 foster 조성하다 numb 무감각하게 하다 sluggish 게으른, 활기 없는 ease 덜어주다 induce 유발하다 external 외부적인 trigger 계기 compulsive 강박적인, 상습적인 craving 갈망 addict 중독자 millisecond 밀리초(1,000분의 1초) spark 촉발하다 consciously 의식적으로 all the same 그래도 provoke 유발하다 repetitive 반복적인

손글씨 필기노트, 해설지, 백지복습지 다운로드 http://cafe.naver.com/shimson2000

08

정답 ④

해설 자기 통제의 첫 번째 단계는 현실적인 목표를 세우는 것으로, 살을 빼기 위해 합리적인 계획을 작성할 수 있다는 내용의 주어진 글 다음에는 그 내용을 that으로 가리켜 그렇게 할 수 있는 사람이 거의 없다는 내용의 (C)가 와야 한다. 그다음에는 한 영국 마권 업체(an English bookmaker)의 내기를 소개한 (C)에 이어, 그 마권 업체를 The bookmaker로 받아 내기가 참가자들에게 유리한 조건임을 설명하는 (B)가 온 후, 그 이점에도 불구하고 참가자들이 80% 실패한다는 내용의 (A)가 오는 것이 자연스럽다. 따라서 글의 순서로 가장 적절한 것은 ④ '(C) - (B) - (A)'이다.

해석 자기 통제의 첫 번째 단계는 현실적인 목표를 세우는 것이다. 살을 빼기 위해서, 당신은 거울을 보고, 몸무게를 재보고, 그런 다음 더 날씬한 몸매로 끝을 맺기 위해 합리적인 계획을 작성할 수 있다. (C) 당신은 그렇게 할 수 있지만, 그렇게 하는 사람은 거의 없다. 사람들의 목표는 너무 비현실적이어서 영국의 마권 업체 William Hill 에이전시는 살을 빼기 위한 계획을 세우는 누구에게나 반대로 내기를 하겠다는 상설 제안을 가지고 있다. (B) 최대 50대 1의 배당률을 제시하는 그 마권 업체는 내기를 하는 사람들이 얼마나 많은 시간에 얼마나 많이 살을 뺄 것인지에 대한 자기 목표를 정하도록 한다. 마권 업체가 내기를 하는 사람으로 하여금 내기의 조건을 정할 뿐만 아니라 그것의 결과를 통제하게 하는 것은 미친 짓처럼 보이는데, 그것은 달리기 선수가 자신이 정한 목표 시간을 깨뜨리는 것에 내기를 걸게 하는 것과 같다. (A) 하지만 이러한 이점에도 불구하고, 7천 달러가 넘는 보상을 받는 장려책에도 불구하고, 내기를 하는 사람은 80%의 경우 실패한다.

어휘 realistic 현실적인 draw up 작성하다 sensible 합리적인 trim 늘씬한 payoff 보상, 이득 bettor 내기하는 사람 bookmaker(=bookie) 마권 업자 odds 배당률 terms 조건 wager 내기 standing offer 상설 제안

09

정답 ③

해설 우리가 감정을 한참 겪는 동안에도 사실 정신은 그 감정을 살펴볼 수 있는 상태이므로, 외부에서 일어나는 사건을 관찰하는 듯한 태도로 감정을 바라보려고 노력할 필요가 있다는 내용의 글이다. 따라서 빈칸에 들어갈 말로 가장 적절한 것은 ③ '우리를 괴롭히는 감정으로부터 우리 자신을 정신적으로 분리하는'이다.
① 정서적 고통의 원인을 철저히 이해하는 → 원인을 이해하라는 내용은 언급되지 않았다.
② 그저 그런 감정들의 가장 강렬한 형태를 유도하는 → 감정을 더 강하게 몰아붙이라는 내용이 아니다.
④ 여러 외부 활동에 적극적으로 관여하는 → 외부 사건은 글에서 우리 감정을 바라보는 태도를 설명하는 지엽적인 소재에 불과하다.

해석 불안한 감정에 맞서는 한 가지 방법은 우리를 괴롭히는 감정으로부터 우리 자신을 정신적으로 분리하는 것이다. 보통, 우리는 우리 감정과 완전히 동화된다. 우리가 홧김에 사로잡힐 때 그 분노는 우리 마음속에 만연해 있고, 인내심 또는 불만을 진정시킬 수 있는 그 어떤 것이라도 고려하는 것과 같은 다른 정신 상태를 위한 여지를 거의 남기지 않는다. 하지만 그런 순간에도 정신은 그 안에서 벌어지고 있는 일을 살펴볼 수 있는 상태이다. 그렇게 하려면 정신은 그저 감정을 관찰하면 되는데, 우리가 눈앞에서 벌어지는 외부 사건을 관찰하듯 그렇게 하는 것이다. 분노를 인지하는 우리 정신의 부분은 단지 인지하는 것일 뿐, 그 자체가 화가 나 있지는 않다. 다시 말해, 마음 챙김은 그것이 바라보는 감정에 영향을 받지 않는데, 마치 빛 한 줄기가 증오로 뒤틀린 얼굴이든 미소 띤 얼굴이든, 그 빛 자체가 비열하거나 친절해지지 않고 비출 수 있는 것과 같다. 이것을 이해하는 것은 우리가 거리를 유지하게 해주고 화가 스스로 녹을 수 있는 충분한 여지를 주게 한다.

어휘 confront 맞서다 disturbing 불안감을 주는 identify with ~와 동일시하다 fit 발작, 욱하는 감정 omnipresent 어디에나 있는 discontent 불만 mindfulness 마음 챙김, 명상 disfigure 훼손하다, 망가뜨리다 hatred 증오 mean 비열한 dissolve 녹다 appreciate (제대로) 인식하다 distress 고통 dissociate 분리하다 afflict 괴롭히다

10

정답 ②

해설 (A) 앞에서는 진단 및 건강상 요구의 복잡성에 기초한 정의가 복잡한 건강상의 요구가 있는지에 정확히 초점을 맞춘다는 내용이 나오고, 뒤에서는 이로 인해 다른 중요한 요구들이 배제되는 부작용이 언급되므로, 역접으로 연결되어야 한다. 따라서 (A)에 들어갈 연결사로 가장 적절한 것은 However이다. (B) 뒤에서는 앞의 내용에 이어 진단에 초점을 두는 정의가 가지는 다른 부작용을 추가로 언급하므로, (B)에 들어갈 연결사로 가장 적절한 것은 In addition이다.

해석 아동이나 청년이 복잡하고 지속적인 건강상의 요구를 가지고 있는지 아닌지를 정의하는 한 가지 접근법은 의료 또는 신체 건강 문제에 초점을 맞추고, 그 정의를 그들의 진단 또는 진단들, 아니면 그들의 건강과 관련된 요구의 복잡성에 기초하는 것이다. 이러한 정의는 아동이나 청년이 다른 유형의 복잡한 요구가 아닌, 복잡한 건강상 요구가 있는지에 매우 분명하게 초점을 맞춘다. 그러나 그 정의는 그들이 가지고 있는 다른 중요한 요구가 그들의 평가에서 제외된다는 것을 의미할 수 있다. 예를 들어, 그들의 사회적 및 정서적 요구, 그들이 가지고 있을 수도 있는 모든 행동상의 어려움, 그리고 지원의 조직적 측면은 그들 삶의 질에 매우 중요할 수도 있지만 놓치게 될 수 있다. 게다가, 진단에 초점을 맞추는 정의는 명확한 진단을 받지 않았거나 아직 받지 않은 그러한 아이들이나 청년들을 제외시키고, 상당한 요구를 가지고 있음에도 서비스 제공을 위한 그들의 선택 사항을 줄일 수도 있다.

어휘 define 정의하다 base A on B A를 B에 기초하다 diagnosis 진단(pl. diagnoses) exclude 제외하다 assessment 평가 organizational 조직적 definite 명확한

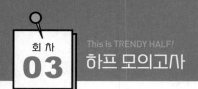

01	①	02	③	03	②	04	①	05	③
06	②	07	④	08	②	09	③	10	③

01

정답 ①

해설 affable은 '상냥한'이라는 뜻으로, 이와 의미가 가장 가까운 것은 ① 'genial(상냥한)'이다.
② 명랑한 ③ 읽고 쓸 줄 아는 ④ 열렬한
해석 그의 친구들은 그를 상냥하지만 야심 있는 사람으로 묘사했다.
어휘 ambitious 야심 있는

02

정답 ③

해설 let go of는 '버리다'라는 뜻으로, 이와 의미가 가장 가까운 것은 ③ 'abandon(버리다)'이다.
① 패배시키다 ② 존중하다 ④ 예상하다
해석 이제 그는 과거의 자신을 버릴 필요가 있다.

03

정답 ②

해설 suggest와 같은 주장·요구·명령·제안·충고·결정 동사가 당위의 의미를 지니는 that절을 목적어로 취할 때, that절의 동사는 '(should) + RV'의 형태를 취한다. 따라서 (should) hire는 적절하게 쓰였다. 또한 each 뒤에 단수명사인 field가 쓰인 것도 적절하다.
① (calling → called) 그 새로운 마케팅 전략이 SNS 마케팅이라고 '불리는' 것이므로 수동의 과거분사 called로 고쳐야 한다.
③ (had been → was) 특정 과거 시점을 나타내는 ten years ago가 나왔으므로, 동사의 시제는 과거완료가 아닌 과거로 써야 한다. 참고로 'such + a(n) + 형용사 + 명사'의 어순은 적절하게 쓰였다.
④ (person is → people are) 'a number of' 뒤에는 '복수명사 + 복수동사'가 나와야 하므로, person is를 people are로 고쳐야 한다.
해석 ① SNS 마케팅으로 불리는 그 새로운 마케팅 전략이 성공적이었다.
② 우리는 그가 각 분야의 전문가들로 구성된 팀을 고용할 것을 제안했다.
③ 그런 참신한 발상은 10년 전에는 거의 상상도 할 수 없었다.
④ 많은 사람들이 Neymar를 보기 위해 호텔 로비에 줄을 서 있다.
어휘 strategy 전략 novel 참신한 unimaginable 상상도 할 수 없는 line up 줄을 서다

04

정답 ①

해설 (drink it → drink) 난이형용사 구문에서 to 부정사의 목적어가 주어로 오는 경우 to 부정사의 목적어가 중복되지 않아야 하므로, it을 삭제해야 한다.
② prefer의 목적어 뒤에 비교 대상이 있는 경우, 'prefer RVing to RVing' 또는 'prefer to RV (rather) than (to) RV'의 형태로 사용된다.
③ 'On no account'라는 부정어가 문두에 나왔으므로, 주어와 동사가 적절히 도치되었다.
④ a global language를 선행사로 받는 주격 관계대명사 that이 적절하게 쓰였고, 언어가 '사용되는' 것이므로 수동태로 쓴 is commonly used도 적절하다. 또한 every 뒤에 단수명사인 airport가 온 것도 적절하다.
어휘 shiver 떨다 disturb 방해하다

05

정답 ③

해설 요리법을 물어보고 싶다는 B의 말에 A도 "그냥 내가 가서 물어볼까 봐." 라며 동의하는 상황이다. B도 요리법을 알고 싶어 하는 상황이므로, 빈칸에 들어갈 말로 가장 적절한 것은 ③ '그거 알아내면 나와 공유해 줘'이다.
① 난 이 요리에 대해 항의하고 싶어
② 내 요리법이 비밀인 거 너도 알잖아
④ 네가 동의하지 않다니 놀라워
해석 A: 이 스파게티 먹어 봐. 내가 먹어본 것 중 최고야.
B: 와, 진짜 맛있다. 주방장한테 요리법을 물어보고 싶게 만드네.
A: 나도. 그냥 내가 가서 물어볼까 봐.
B: 그거 알아내면 나와 공유해 줘.
어휘 chef 주방장, 요리사 recipe 요리법 complaint 불평, 항의

06

정답 ②

해설 2번째 문장에서 오르트 구름이 실제로 관측된 적은 없다고 했고, Jan Oort는 오르트 구름을 처음으로 관측한 사람이 아니라 오르트 구름의 존재를 제안한 사람임을 알 수 있다. 따라서 글의 내용과 일치하지 않는 것은 ② '오르트 구름은 Jan Oort에 의해 처음으로 관측되었다.'이다.

① 오르트 구름은 태양계를 둘러싸는 영역이다. → 첫 문장에서 언급된 내용이다.
③ 오르트 구름은 몇 가지 물질로 구성되어 있다. → 3번째 문장에서 언급된 내용이다.
④ 오르트 구름은 일부 혜성들의 원천으로 믿어진다. → 마지막 문장에서 언급된 내용이다.

해석 오르트 구름은 태양계 전체를 둘러싼 껍질을 이루는 얼음 천체들의 방대한 축적이다. 비록 오르트 구름이 실제로 관측된 적은 없지만, 이 구형의 영역은 1950년에 그것의 존재를 제안한 네덜란드의 천문학자 Jan Oort의 이름을 따서 명명되었다. 그것은 태양으로부터 지구까지 거리의 10만 배, 최대 15조 킬로미터의 거리만큼 떨어져 있으며, 태양계의 형성 과정에서 남은 물과 암모니아, 메탄의 얼어붙은 조각들로 가득 차 있다. 이 조각들은 개별적으로 보면 매우 미미하지만, 같이 합쳐지면 그것들은 지구 질량의 몇 배에 이를 수 있다. 가장 인상적인 장주기 혜성과 비주기 혜성들 중 일부는 오르트 구름에서 여행을 시작한 것으로 생각된다.

어휘 vast 방대한 reservoir 축적, 저장소 shell 껍질, 껍데기 solar 태양의 spherical 구 모양의 astronomer 천문학자 trillion 1조 fragment 조각, 파편 insubstantial 대단찮은 mass 질량 non-periodic 비주기의 comet 혜성 substance 물질

07

정답 ④

해설 보안관을 의미하는 단어 sheriff의 유래를 설명한 글이다. 지역과 수호자를 의미하는 별개의 두 단어였던 shire와 reeve가 시간이 지남에 따라 한 단어로 합쳐지고 형태가 바뀌어 현재의 sheriff가 되었다고 했으므로, 글의 제목으로 가장 적절한 것은 ④ 'sheriff의 역사적 뿌리'이다.

① shire의 수호자로서의 왕들
② 중세시대의 정부 구조 → 비공식 직책이었던 reeve가 정부의 구조에 통합되어 왕이 임명하는 직책으로 바뀌었다는 언급이 있으나, 글의 전체 내용을 아우르기에는 지엽적이므로 적절하지 않다.
③ sheriff의 업무는 과거에 어떻게 달랐는가? → sheriff의 과거와 현재의 업무를 비교하는 내용이 아니므로 적절하지 않다.

해석 9세기경 영국에서, 영토는 몇몇 개별적인 왕들에 의해서 지배받는 지리적인 지역으로 나뉘었으며, 이 지리적인 지역들은 shire라고 불렸다. 각각의 shire 이내에는 reeve라고 불리는 개인이 있었고, 이것은 수호자를 의미했다. 이 개인은 원래 농노들에 의해 그들의 비공식적인 사회적 지도자로 선택되었다. 왕들은 그 직책을 정부 구조에 통합했고, reeve는 왕의 이익을 보호하고 해당 shire의 사람들과의 중재자 역할을 하기 위해 임명된 대표자가 되었다. 시간과 용법을 통해(시간이 흐르고 사용법이 변함에 따라) shire와 reeve라는 단어들은 shire의 수호자를 의미하는 shire-reeve로 합쳐졌고, 결국 오늘날 우리가 알고 있듯 sheriff라는 단어가 되었다.

어휘 geographic 지리적인, 지리학의 guardian 수호자, 보호자 incorporate 통합시키다 appoint 임명하다, 지명하다 representative 대표(자) interest 이익 mediator 중재인, 조정관 medieval 중세의

08

정답 ②

해설 인간은 집단생활이라는 사회적 환경에 최적화된 적응을 택함으로써 광범위한 환경에서 생존할 수 있게 되었다는 내용의 글이다. 주어진 문장의 This trade-off가 인간이 사회적 환경(집단생활)에 대한 적응을 택하는 대신 혼자서 사는 삶에 대한 적응을 포기했다는 ② 앞 문장의 내용을 가리켜, 그 덕에 인간이 넓은 지리적 범위와 우위를 확보했다는 내용이 계속 이어지는 것이 자연스럽다. 따라서 주어진 문장이 들어갈 위치로 가장 적절한 곳은 ②이다.

해석 무리를 지어 사는 것은 혼자서 또는 심지어 짝을 이룬 방식으로 사는 것과는 다른 난제를 제시한다. 인간은 생존 전략으로 집단생활을 채택했다. 그리고 이러한 (사회적) 환경에서의 성공을 최적화하기 위해, 인간은 (신체적 특성과 본능적 행동을 포함한) 다수의 적응을 떠맡았고 혼자서 사는 삶에 적합한 적응을 포기했다. 이러한 거래 덕분에 우리 종은 엄청난 지리적 범위를 가지고 지구상에 우세한 종으로 서는 것이 가능했다. 등에 자신의 물리적 환경을 가지고 다니는 달팽이처럼, 우리는 우리가 어디를 가든 우리와 함께 친구와 집단의 사회적 환경을 가지고 다닌다. 그리고 이러한 보호적인 사회적 껍질로 둘러싸인 우리는 그러고 나서 믿을 수 없을 정도로 넓은 환경에서 생존할 수 있다. 한 종으로서 우리는 우정, 협력, 사회적 학습에 의존하도록 진화해왔다. 비록 그러한 매력적인 자질들이 경쟁과 폭력의 불길에서 태어났을지라도 말이다.

어휘 trade-off (타협을 위한) 거래, 균형 geographic 지리적인 range 범위 ascendant 우세한 challenge 난제, 어려움 solitary 혼자의, 고독한 paired 짝을 이룬 fashion 방식 adopt 채택하다 optimize 최적화하다 take on ~을 떠맡다 a host of 다수의 adaptation 적응 trait 특징 instinctual 본능의 incredibly 믿을 수 없을 정도로 cooperation 협력 appealing 매력적인

09

정답 ③

해설 예술가는 관객의 의견을 고려하지 않을 수 있는 반면, 엔터테이너들은 항상 고려한다는 핵심 내용을 제시한 뒤, 엔터테인먼트 작품의 시범 상영을 예로 들고 있다. 진행 중인 영화나 TV 프로그램을 시범 관객에 선공개한 후 작품을 보다 '관객 친화적으로' 다듬어간다는 설명으로 보아, 빈칸에 들어갈 말로 가장 적절한 것은 ③ '상품의 가치관을 소비자에게 맞추어'이다.

① 그들의 예술적 목적을 달성하여 → 엔터테이너들은 관객의 의견을 항상 고려한다는 내용으로, 이는 예술적 목적을 달성하는 것과는 거리가 멀다.
② 실생활에서 무엇이 창의적으로 여겨지는지를 살펴서 → 실생활에서 창의적 요소를 찾아본다는 내용은 언급되지 않았다.
④ 예상되는 관객 반응의 유형을 분류하여 → 반응의 분류에 관해서는 언급되지 않았다.

해석 예술은 우리의 가치관과 신념이 옳다고 확인시켜 줄 수도 있지만, 예술가들은 꼭 그것을 확인하려고만 하지는 않는다. 물론, 예술가들은 흔히 관객들이 자신의 창작물을 이해하고 감상해주기를 간절히 바라고, 이 때문에 비평과 관객 반응에 관심을 기울일지도 모른다. 하지만 예술가들은 작품을 만들 때 항상 관객의 의견을 고려하는 것이 아닌 반면, 엔터테이너들은 항상 고려한다. 많은 주요 영화 및 TV (프로) 제작자들은 '상품'을 정식 출시하기 전에 관객들에게 시범을 보이고자 진행 중인 작품을 보여준다. 보통 대상 연령 또는 사회 집단에서 모집된 이 시범 관객들은 상영이 끝난 후 좋았던 점과 그렇지 않았던 점, 이야기와 캐릭터에 관한 생각을 설문지로 작성하고, 이후 제작자, 작가, 감독들은 그것을 더욱 관객 친화적으로 만들고자 다시 쓰고 편집한다. 본질적으로, 시범 관객은 제작자들이 상품의 가치관을 소비자에게 맞추어 그 상품을 더 재미있고 시장성 있게 만드는 도구이다.

어휘 confirm (맞음을) 확인하다 desperately 필사적으로 appreciate 감상하다, 진가를 알아보다 take sth into consideration ~을 고려하다 in progress 진행 중인 recruit 모집하다 fill out ~을 작성하다 questionnaire 설문지 in essence 본질적으로 marketable 시장성 있는 categorize 분류하다

10

정답 ③

해설 학습 시작 단계의 중요성을 강조하며, 교사들은 이를 주의 깊게 관찰하고 학생들 곁에서 지시함으로써 잘 지도해야 한다는 내용의 글이다. 따라서 많은 학생이 공부에 압도당하면 지치고 덜 행복해한다는 내용의 ③이 글의 흐름상 가장 어색한 문장이다.

해석 학습의 시작 단계는 미래의 성공적인 성과를 결정하는 데 매우 중요하다. 초기 오류는 '설정될' 수 있으며 근절하기가 어려울 수 있다. 결과적으로, 새로운 학습에서 학생들의 초기 시도는 주의 깊게 추적 관찰되어야 하며, 필요할 때 그들이 정확하고 성공적이도록 지도받아야 한다. 교사들은 (이용 가능한 도움 없이) 자립적으로 연습하도록 '학생들을 풀어놓기' 전에 확실한 지시가 '취해지도록' 하기 위해 전체 집단과 함께 연습하거나 학생들 사이를 돌아다닐 필요가 있다. (많은 학생들이 공부에 압도당하면 기진맥진하고 행복감이 감소되는 것을 경험한다.) 교사의 지도와 함께, 학생은 필요한 경우 명료화 또는 교정이 즉시 발생할 수 있도록 모든 (또는 충분한) 과제를 수행해야 한다. 그런 방식으로, 교사는 학생들이 스스로 공부할 때 오류를 연습하기보다는 나중에 도움 없이 정확하게 그 과제를 수행할 것이라고 확신한다.

어휘 determination 결정 initial 초기의 eradicate 근절하다 accurate 정확한 circulate among ~ 사이를 돌아다니다 instruction 지도, 지시 independently 독립[자립]적으로 exhausted 기진맥진한 well-being 행복, 복지 overwhelm 압도하다 guidance 안내, 지도 clarification 명료화 remediation 교정 assured 확신하는 subsequently 나중에 assistance 도움

01	②	02	④	03	④	04	④	05	③
06	③	07	④	08	③	09	④	10	④

01

정답 ②

해설 allay는 '가라앉히다'라는 뜻으로, 이와 의미가 가장 가까운 것은 ② 'assuage(가라앉히다)'이다.
① 철회하다 ③ 촉진시키다 ④ 폐지하다

해석 정부 고관들은 25억 달러에 대한 그들의 요청이 전염병을 다루기에 충분하지 않다는 우려를 가라앉히려고 노력했다.

어휘 administration official 정부 고관 address 다루다 epidemic 전염병

02

정답 ④

해설 빈칸 앞에 but이 있으므로, 빈칸에는 부유하고 번영했다는 내용과 대조되는 표현이 들어가야 함을 알 수 있다. 따라서 빈칸에 들어갈 말로 가장 적절한 것은 ④ 'frugal(검소한)'이다.
① 이질적인, 외국의 ② 기민한 ③ 낭비하는, 사치스러운

해석 그들은 부유하고 번영했지만, 그들의 생활방식은 대체로 검소했다.

어휘 prosperous 번영한

03

정답 ④

해설 동사원형인 Imagine으로 시작하는 명령문이 적절하게 쓰였다. the pressure와 you 사이에는 목적격 관계대명사가 생략되어 있으므로 전치사 under 뒤에 목적어 자리가 비어있는 것도 적절하다.
① (was → were) 문장의 주어는 복수명사 the houses의 일부이므로, 복수동사를 써야 한다.
② (has died → died) Last year라는 특정 과거 시점을 나타내는 명사가 나왔으므로, 동사의 시제를 과거로 써야 한다.
③ (we have sat → had we sat) '~하자마자 ~했다'의 의미를 가지는 'No sooner + had + S + p.p. ~ than + S + 과거동사'의 구문이 쓰여야 하므로, we have sat을 had we sat으로 고쳐야 한다.

해석 ① 그 도시에 있는 대부분의 집들은 1920년대에 지어졌다.
② 지난해, 200명 이상의 사람들이 그 지역에서 죽었다.
③ 우리가 앉자마자 영화가 시작되었다.
④ 당신이 매일 직장에서 받는 압박감을 상상해 봐라.

어휘 pressure 압박감

04

정답 ④

해설 (has referred → has been referred) 'refer to A as B'는 'A를 B로 일컫다'라는 뜻을 가진 구문인데, 이를 수동태로 바꾸면 'A be referred to as B'의 형태가 된다. 주어진 우리말을 참고하면 그가 현대 관측 천문학의 아버지로 '일컬어진다'고 했으므로, has referred를 has been referred로 고쳐야 한다.

① 선행사인 the leader를 수식하는 관계사절에 'I believe'가 삽입절로 들어간 구조이다. 관계대명사가 is의 주어 역할을 하고 있으므로, 주격 관계대명사 who는 적절하다.

② 'have no choice but to RV'는 '~할 수밖에 없다'라는 관용 표현으로, to follow는 적절하게 쓰였다.

③ '~에 가고 없다'라는 의미의 'have gone to'가 적절하게 쓰였다. '~에 간 적이 있다'라는 의미의 'have been to'와의 구분에 유의해야 한다.

어휘 observational 관측의 astronomy 천문학

05

정답 ③

해설 컴퓨터가 고장 난 상황에서 내일까지 리포트를 내야 한다고 하는 A의 말에, 걱정하지 말라고 하면서 자신은 어제 끝내서 놀 수 있다고 답하는 B의 말은 적절하지 않다. 따라서 대화 중 가장 어색한 것은 ③이다.

해석 ① A: 사람들이 내 일에 참견하는 게 난 싫어.
B: 내 말이. 그들이 그렇게 신경 쓰지 않았으면 해.
② A: 방금 저 사슴 봤어?
B: 응, 갑자기 튀어나왔어.
③ A: 내 컴퓨터가 고장 났는데 내일까지 리포트를 내야 해.
B: 걱정 마. 내 건 어제 끝내서 놀 수 있어.
④ A: 네가 내 생일을 잊었다니 믿을 수가 없어.
B: 내가 얼마나 미안한지 알잖아. 내가 만회하도록 해줘.

어휘 stick one's nose in ~에 참견하다 out of the blue 갑자기 paper 과제, 리포트 break down 고장 나다 make up for 만회하다

06

정답 ③

해설 2, 4번째 문장에서, 아데노신 수치는 각성 상태일 때 계속해서 높아지다가 수면 도중 감소한다고 하므로, 글의 내용과 일치하는 것은 ③ '아데노신 수치는 잠들어 있을 때보다 깨어 있을 때 더 높다.'이다.

① 아데노신은 수면의 시작보다는 끝과 더 관련 있다. → 첫 문장에서 아데노신은 특히 수면의 시작과 관련이 있는 신경 전달 물질이라고 언급되므로 옳지 않다.

② 높은 수치의 아데노신은 우리를 정신 바짝 차리게 할 수 있다. → 3번째 문장에서 아데노신의 농도가 높아지면 각성을 억제한다고 언급되므로 옳지 않다.

④ 카페인은 아데노신의 효과를 극대화함으로써 각성을 촉진한다. → 마지막 두 문장에서 카페인이 아데노신의 작용을 차단한다고 언급되므로 옳지 않다.

해석 아데노신은 복잡한 수면 작용, 특히 수면의 시작에 영향을 미치는 여러 신경 전달 물질 중 하나이다. 우리가 깨어 있는 동안, 아데노신 수치는 각성을 촉진하는 데 중요한 뇌 영역에서 점차 증가한다. 농도가 높아지면 아데노신은 각성을 억제하고 졸음을 유발한다. 이후, 아데노신 수치는 수면 도중 감소한다. 그러므로, 과학자들은 오랫동안 높은 수치의 아데노신이 사실상 수면을 유발한다고 가정했다. 실제로 커피, 차, 다른 카페인 음료에서 발견되는 카페인은 아데노신과 마찬가지로 크산틴 물질이며, 뇌 속에서 아데노신의 작용을 차단하여 수면을 방해하도록 작용하는데, 이는 각성 수준을 높인다. 다시 말해, 당신이 카페인을 마실 때, 그것은 당신 뇌의 아데노신 처리를 차단하여 각성 효과를 달성한다.

어휘 neurotransmitter 신경 전달 물질 initiation 시작 gradually 점차 arousal 각성 concentration 농도 inhibit 억제하다, 방해하다 assume 가정하다, 추정하다 in effect 사실상 beverage 음료 block 차단하다, 막다 wakefulness 각성 alert 정신이 초롱초롱한 maximize 극대화하다

07

정답 ④

해설 하나의 브랜드명을 국제적으로 사용하게 되면 특히 언어에 관한 문제가 발생하는데, 원래 특정 언어를 가진 특정 시장을 위해 선택된 이름이 다른 언어 영역에서 서로 다른 연관성을 가질 수 있고, 선택한 이름이 원래와 다른 의미를 만들 수도 있는 등의 문제가 발생한다는 내용의 글이다. 따라서 글의 요지로 가장 적절한 것은 ④ '하나의 동일한 브랜드명을 국제적으로 홍보하는 것은 언어적 혼란을 야기한다.'이다.

① 국제적인 브랜드는 진짜처럼 보이고 느껴지는 이미지를 추구한다.

② 나라마다 서로 다른 브랜드를 사용하는 것은 바람직하지 않다. → 오히려 반대로 모든 나라에 하나의 브랜드를 사용하는 것의 문제점을 제시하는 글이다.

③ 쉽게 발음할 수 있는 브랜드명은 국제적인 명성을 얻는다. → 국제적인 명성을 얻는 브랜드명의 조건에 쉬운 발음이 있는지는 글에서 추론할 수 없다.

해석 Daniels 등에 따르면, 국제적인 환경에서 일하는 모든 생산자와 마케팅 담당자는 항상 브랜드에 대한 결정을 내려야 하는 상황에 직면한다. 그들은 세계적인 브랜드를 채택할 것인지 아니면 다양한 국가 시장을 위해 서로 다른 브랜드를 사용할 것인지 결정해야 한다. 한 브랜드를 국제적으로 사용하는 것은 경제적으로 이치에 맞지만, 그 결과 문제가 발생할 수 있는데, 특히 언어에 관한 한 그렇다. 원래 특정 언어를 가진 특정 시장을 위해 선택된 이름은 다른 언어 영역에서 서로 다른 연관성을 가질 수도 있다. Daniels 등이 올바르게 지적하듯이, 국제적으로 브랜드를 홍보하는 것의 문제는 다른 언어에서 브랜드 이름의 일부 소리가 없기 때문에 악화된다. 선택한 이름은 또한 그 이름의 발음이 원래와는 다른 의미를 만들 수 있기 때문에 발음하기 어려울 수도 있다. 만약 그 브랜드가 서로 다른 알파벳(문자)을 사용하여 홍보된다면 그러한 문제는 더욱더 커질 수도 있다.

어휘 et al. (이름 뒤에 써서) 등, 외 confront 직면하게 하다 adopt 채택하다 make sense 이치에 맞다 when it comes to ~에 관한 한 association 연관성 promote 홍보하다 exacerbate 악화시키다 pronounce 발음하다 authentic 진품[진짜]인 linguistic 언어의

08

정답 ③

해설 창의성의 귀감으로서의 Shakespeare의 은유를 예를 통해 소개하는 주어진 글 다음에는 Such metaphors로 그런 은유가 만들어내기 어렵기 때문에 Shakespeare는 문학적 천재로 여겨진다는 내용의 (B)가 와야 한다. 그다음에는 (B)에서 언급된 기발한 비유의 연속에 대해 "There's daggers in men's smiles."를 예시로 들어 설명하는 (C)가 온 후, 마지막으로 (C)에서 제시한 예시에 대한 필자의 해석을 At least that is how I interpret it.으로 표현하는 (A)가 오는 것이 자연스럽다. 따라서 글의 순서로 가장 적절한 것은 ③ '(B) - (C) - (A)'이다.

해석 Shakespeare의 은유는 창의성의 귀감이다. "사랑은 한숨의 연기로 만들어진 연기이다." "역경의 달콤한 우유, 철학." "남자들의 미소에는 단검이 있다." (B) 그런 은유는 볼 때는 분명해지지만 창작하기 매우 어렵고, 그것이 Shakespeare가 문학적 천재로 여겨지는 한 가지 이유이다. 그러한 은유를 만들어내기 위해 그는 일련의 기발한 비유들을 보아야만 했다. (C) 그가 "남자들의 미소에는 단검이 있다"라고 쓸 때, 그는 단검이나 미소에 관해 말하고 있는 것이 아니다. 단검은 악의와 비슷하고, 남자들의 미소는 기만과 비슷하다. 단 다섯 단어 안에 두 가지 기발한 비유가 있다. (A) 적어도 그것이 내가 그것을 해석하는 방법이다. 시인들은 새로운 방식으로 세상을 밝히는 식으로, 겉으로 보기에 관련 없는 단어나 개념의 연관성을 보여주는 재능을 가지고 있다. 그들은 더 높은 수준의 구조를 가르치는 한 가지 수단으로 예상치 못한 비유를 만들어낸다.

어휘 metaphor 은유 paragon 귀감, 모범 fume 연기 adversity 역경 dagger 단검 correlate 연관성을 보여주다 seemingly 겉으로 보기에 unrelated 관계없는 manner 방식 illuminate 밝히다 analogy 비유 literary 문학적인 succession 연속(물) analogous to ~와 비슷한 ill intent 악의 deceit 기만

09

정답 ④

해설 과학은 사실들의 축적에 불과하며 타당성이 없는, 사회적으로 구성된 신화의 집합일 뿐이라는 주장을 비판하는 글이다. 빈칸에서는 이렇듯 과학에 반하는 견해를 지닌 상대론자들이 추구하는 바가 언급되므로, 빈칸에 들어갈 말로 가장 적절한 것은 ④ '과학의 우월성을 부인하고'이다.
① 과학적 방법을 제안하고 → 상대론자들은 본질적으로 반과학적이라고 했으므로, 글의 내용에 부합하지 않는다.
② 모든 확실한 증거를 수집하고 → 상대론자들이 자기 주장을 위해 증거를 수집하는 내용은 언급되지 않았다.
③ 과학에 반대하는 어떤 조치도 취하지 않고 → 오히려 과학에 반한다는 내용이므로 적절하지 않다.

해석 몇 가지 독특한 과학적 방법이 있다고 생각하는 것에서부터 그것(과학)을 기술과 융합하는 것에 이르는, 과학에 관한 무수한 오해들이 있는데, 그것(과학)이 주로 창조력은 없지만 매우 경쟁력이 있는 사실들의 축적에 관한 것이라는 생각을 포함하는 오해들이다. 심지어, 과학은 특별한 타당성이 없는, 사회적으로 구성된 신화의 또 다른 집합에 불과하다고 주장하는 과학사회학자 파도 있다. 예를 들어, 저서 "The Golem"에서 Collins와 Pinch는 과학 논쟁은 추가적인 실험에 의해서 해결되는 것이 아니라, 사회적 협상에 의해 해결된다고 진술한다. Collins는 심지어, 실제 세계는 과학적 생각의 발전에 거의 역할을 하지 못해왔다고도 썼다. 이러한 상대론자들은 이해를 제공하는 데 있어서 과학의 우월성을 부인하고 싶어 한다. 그러한 견해는 본질적으로 반과학적인 것이고, 그들의 견해가 소위 과학 연구 과정에서 무비판적으로 제시되는 것은 매우 우려되는 문제이다.

어휘 numerous 무수한 misconception 오해 range from A to B 범위가 A에서 B에 이르다 fuse 융합시키다 accumulation 축적 competitive 경쟁력 있는 school 파 myth 신화, 잘못된 믿음 validity 타당성 dispute 논쟁 settle 해결하다 negotiation 협상, 합의 relativist 상대론자 uncritically 무비판적으로 so-called 소위 solid 확실한 superiority 우월성

10

정답 ④

해설 도교는 창의력을 위해 보이지 않지만 중요한 것에 집중하라고 가르친다는 내용의 글이다. (A) 앞은 사회화와 교육이 아이들의 호기심과 창의력을 파괴할 수 있다는 내용이고, 뒤에는 교육받은 어른과 아이의 호기심에 관한 차이를 구체적 사례를 통해 언급하고 있으므로, (A)에 들어갈 연결사로 가장 적절한 것은 For example이다. 또한 (B) 뒤에서는 앞의 예시에 이어 우리가 보지 못하는 것, 즉 창의력의 영역에 있는 것의 중요성을 추가로 예를 들며 설명하고 있으므로, (B)에 들어갈 연결사로 가장 적절한 것은 Moreover이다.

해석 도교는 창의력에 대해 새로운 접근법을 취한다. 그것은 현대 지식은 우리의 선천적인 호기심과 창의력에 장벽으로 작용할 수 있다고 말한다. 아이들은 선천적으로 호기심이 많고 창의적이지만 사회화와 교육은 그것을 파괴할 수 있다. 예를 들어, 아이들은 어른에게 공을 앞뒤로 튕기면서 몇 시간 동안 놀 수 있는 반면에, 어른들은 몇 분 내에 지루해질 수 있다. 이것은 어른은 공이 앞뒤로 보내질 것이라는 결과를 개념화하기 때문이다. 그러나 아이들은 공이 튕기는 것을 경험하고, 그 공이 결코 똑같이 튕겨지지 않기 때문에 신이 난다. 게다가, 현실에서 가장 중요한 부분(예를 들어, 방)은 우리가 보는 것(예를 들어, 벽과 천장)이 아니라, 우리가 보지 못하는 것(예를 들어, 벽으로 둘러싸인 빈 공간)이다. 그 빈 공간이 없다면, 방은 쓸모가 없을 것이다. 과학은 우리에게 우리가 보고 검증하는 것에 집중하라고 가르치지만, 도교는 우리에게 보이지 않지만 중요한 것에 집중하라고 가르친다.

어휘 Taoism 도교 barrier 장벽 curiosity 호기심 socialization 사회화 bounce 튕기다 conceptualize 개념화하다 outcome 결과 e.g. 예를 들어 verify 입증하다 invisible 보이지 않는

01	③	02	①	03	③	04	④	05	③
06	②	07	④	08	④	09	①	10	④

01

정답 ③

해설 animosity는 '반감'이라는 뜻으로, 이와 의미가 가장 가까운 것은 ③ 'antipathy(반감)'이다.
① 위험 ② 혼란 ④ 오명

해석 그는 언론을 통해 국민들의 반감을 자극하는 발언을 했다.

어휘 provoke 자극하다

02

정답 ①

해설 make one's blood boil은 '화나게 하다'라는 뜻으로, 이와 의미가 가장 가까운 것은 ① 'enraged us(우리를 격분시켰다)'이다.
② 우리에게 해를 끼쳤다 ③ 우리를 풀어주었다 ④ 우리를 지켜주었다

해석 민간인들에 대한 그 나라의 폭력적인 행동은 우리를 화나게 했다.

어휘 civilian 민간인

03

정답 ③

해설 (allowing → allowed) 문장의 주어는 Advances인데, 동사가 없는 구조이다. 따라서 준동사인 allowing을 동사 allowed로 고쳐야 한다.
① 부사 heavily는 동사인 relied를 수식하여 적절하게 쓰였다.
② became이 2형식 동사로 쓰여 주격 보어 자리에 형용사 great가 온 것은 적절하다.
④ 주어인 마을들이 '위치되는' 것이므로, 수동태가 적절하게 쓰였다.

해석 초기 마을들은 사람과 자연 사이의 조화로운 관계를 특징으로 했다. 사람들은 여전히 땅에 크게 의존했고, 마을들은 비옥한 땅을 앞지를 만큼 크게 발달할 수 없었다. 그와 같이 수가 너무 많아지면 다른 농지를 이용하여 근처에 새로운 마을이 세워질 것이다. 그러나 농업 기술의 발전으로 더 작은 부분의 땅이 더 풍부한 작물을 재배할 수 있게 되었다. 게다가, 교통의 개선으로 식료품이 멀리 운송될 수 있게 되었고, 따라서 마을들은 농지 가까이에 위치할 필요가 없었다.

어휘 harmonious 조화로운 heavily 크게 overtake 따라잡다, 앞지르다 fertile 비옥한 utilize 이용하다 advance 발전 cultivate 재배하다 abundant 풍부한 ship 운송하다

04

정답 ④

해설 '~하자마자 ~했다'라는 의미를 가지는 'Scarcely + had + S + p.p. ~ before + S + 과거동사' 구문이 적절하게 쓰였다.
① (to me → me) contact는 전치사 없이 목적어를 바로 취하는 완전타동사이므로 전치사 to를 삭제해야 한다.
② (to tell → telling) 'regret to RV'는 '~하게 되어 유감이다'라는 의미이고, 'regret RVing'는 '~했던 것을 후회하다'라는 의미이다. 따라서 주어진 우리말에 맞게 to tell을 telling으로 고쳐야 한다. 참고로 여기서 tell은 4형식 동사로 적절하게 쓰였다.
③ (will reach → reach) when이 이끄는 시간의 부사절에서는 현재시제가 미래시제를 대신하므로, will reach를 reach로 고쳐야 한다.

어휘 hesitate 주저하다 be entitled to ~을 받을 자격이 있다 pension 연금

05

정답 ③

해설 B가 복사기 잉크가 더 필요한 상황인데, 빈칸 뒤에서 A가 그것이 비품 부서에 있다고 말했다. 따라서 빈칸에 들어갈 말로 가장 적절한 것은 ③ '그런데 어디서 찾아야 할지 모르겠어요.'이다.
① 이 컴퓨터를 어떻게 고치는지 알면 좋을 텐데.
② 회의 어디서 하는지 아시나요?
④ 다시 작동해서 정말 다행이에요.

해석 A: 왜 그렇게 바쁘신 거예요?
B: 회의에 늦었는데 이 인쇄물들이 다 너무 연하게 나와요.
A: 복사기에 무슨 문제가 있나요?
B: 네, 잉크가 더 필요한 것 같아요. 그런데 어디서 찾아야 할지 모르겠어요.
A: 그거 비품 부서에 있어요. 제가 가서 하나 가져올게요.
B: 아, 당신은 생명의 은인이에요.

어휘 run late 늦는 photocopier 복사기 supplies 비품 lifesaver 생명의 은인

06

정답 ②

해설 4, 5번째 문장에 따르면 Qi Baishi는 큰 풍경보다는 세상의 작은 것들에 관심을 두었으며, 물고기, 새우, 게, 개구리 등을 가장 즐겨 그렸다고 하므로, 글의 내용과 일치하지 않는 것은 ② '그는 작은 생물에 관심이 없어서 풍경화가가 되었다.'이다.

① 그는 말년을 편안히 보내지 않고 계속 일했다. → 3번째 문장에서 언급된 내용이다.

③ 밝은 색조 사용은 그의 예술 작품의 특징 중 하나이다. → 마지막 2번째 문장에서 언급된 내용이다.

④ 그는 1955년 국제 평화상의 수상자였다. → 마지막 문장에서 언급된 내용이다.

해석 Qi Baishi는 중국의 마지막 위대한 전통 화가 중 한 명이었다. 그는 미천한 출신이었으며, 그가 시, 서예, 회화에 숙달한 것은 주로 그의 노력 덕분이었다. 그는 길었던 인생의 만년까지 활동했으며 Beijing Institute of Chinese Painting의 원장을 지냈다. 그의 작품은 다양한 흥미와 경험을 반영하는데, 일반적으로 큰 풍경보다는 세상의 작은 것들에 초점을 맞추고 있으며, 그는 Shitao와 Zhu Da와 같은 17~18세기 개성주의자들의 양식을 이어 갔다. 물고기, 새우, 게, 개구리는 그가 가장 좋아하던 소재였다. 그는 간단하고 자유롭게 스케치한 그림에 가장 능했지만 꼼꼼한 스타일도 성공적으로 구사할 수 있었다. 그는 진한 먹, 밝은 색상, 그리고 힘찬 필치를 이용해 자연과 삶에 대한 자신의 사랑을 나타내는 작품들을 신선하고 활기찬 방식으로 창작했다. 1955년 그는 국제 평화상을 받았다.

어휘 humble 미천한 adept 능숙한 calligraphy 서예 diversity 다양성 landscape 풍경 accomplished 기량이 뛰어난 composition 작품, 구성 execute 실행하다, 해내다 meticulous 꼼꼼한 vigorous 힘찬, 활달한 stroke (글씨나 그림의) 획, 필치 honor 수여하다 recipient 수령인

07

정답 ④

해설 아프리카에서 진화한 초기 인류가 기후 변화로 인해 식생이 바뀐 결과로 번성할 수 있었다는 내용의 글이다. 따라서 글의 제목으로 가장 적절한 것은 ④ '아프리카: 인류의 기원'이다.

① 기후 변화의 악영향 → 오히려 기후 변화가 인류의 번성이라는 긍정적인 결과로 이어졌다는 내용이다.

② 열대우림이 왜 우리에게 중요한가?

③ 대초원 지대의 먹이 사슬 → 먹이 사슬에 대한 언급은 초기 인류가 아프리카에서 번성한 이유를 설명하기 위한 것이므로 전체적인 내용을 아우르는 제목으로는 적절하지 않다.

해석 중앙아프리카는 한때 열대우림으로 덮여 있었다. 수백만 년 전 기후 변화가 시작되면서, 그것은 천천히 관목 대초원으로 바뀌었고, 거기서는 계절적인 건조함으로 인해 풀과 관목과 드문드문 분포된 나무들이 자생하기에 유리했다. 이러한 광활하고, 확 트이고, 비생산적으로 보이는 풍경은 사실 코끼리, 영양, 얼룩말, 코뿔소 등 아프리카 모든 종류의 초식동물들에게 접근하기 쉽고, 더 영양가 있고, 입맛에 맞는 식량을 제공했다. 초식동물들이 풍부한 식량으로 인해 번성함에 따라, 초기 인류를 포함한 그곳의 육식동물들도 번성했고, 이들에게는 그 초식동물들이 식량이었다. 인류의 이야기는 아프리카에서 시작되는데, 이는 단지 인류가 그곳에서 진화했기 때문만이 아니라, 그곳이 인류의 먼 조상들이 큰 동물을 사냥하는 법을 배운 곳이기 때문이기도 하다.

어휘 give way to ~로 바뀌다 scrub 관목, 덤불 savanna 대초원, 사바나 aridity 건조함, 건조 상태 shrub 관목 scatter 흩어진 것 nutritious 영양가 높은 palatable 입에 맞는, 맛있는 herbivore 초식동물 antelope 영양 rhinoceros 코뿔소 thrive 번성하다 abundance 풍부함 carnivore 육식동물 remote 먼, 외딴 ancestor 조상 adverse 불리한

08

정답 ④

해설 어떤 성공적인 진화적 적응이나 변화가 있을 때는 그에 앞서 더 간단한 형태가 있다는 내용으로, 다른 손가락과 마주 보면서 그것들과 닿을 수 있는 인간의 엄지손가락의 진화를 기술하고 있는 글이다. 주어진 문장의 대명사 it은 ④ 앞의 원숭이에게서 나타난 뭉툭한 것(a stubby thing)을 가리키고, 그것이 더 길어지면서 인간의 엄지손가락으로 진화했다는 내용으로 이어진다. 따라서 주어진 문장이 들어갈 위치로 가장 적절한 곳은 ④이다.

해석 동물에게 일부 성공적인 진화적 적응이나 변화가 있을 때마다, 거의 항상 일부 더 간단한 형태가 선행한다. 인간에게 우리의 기술 세계를 창조할 수 있는 능력을 부여해 주었던 놀라운 기계 장치, 즉 우리의 엄지손가락을 생각하자. 그것은 '마주 보게 할 수 있는' 엄지손가락으로, 그것은 우리가 그것을 우리의 다른 어떤 손가락 끝에 닿게 할 수 있다는 것을 의미한다. 이것은 작은 물체를 능숙하게 다루고 도구를 만들고 사용할 수 있는 능력을 제공한다. 이 특별한 엄지손가락은 원숭이에게서 처음 뭉툭한 것으로 나타났는데, 그것은 실제로 어떤 손가락 끝에도 마주 보게 할 수 있는 것이 아니었다. 그러나 다양한 영장류가 유인원으로 진화함에 따라, 그것은 더 길어졌고, 일부 다른 영장류에서 그 엄지손가락이 어느 정도까지 하나 또는 심지어 두 개의 손가락을 맞댈 수 있었다. 따라서 인간의 엄지손가락은 그것보다 먼저 왔던 더 간단한 형태에서 진화했다는 증거를 보여 준다.

어휘 primate 영장류 ape 유인원 thumb 엄지손가락 oppose (손가락을) 맞대다, 마주 보게 하다 evolutionary 진화적인 adaptation 적응 precede 선행하다 marvelous 놀라운 mechanical 기계적인 device 장치, 기기 opposable (엄지가 다른 손가락을) 마주 보게 할 수 있는 tip 끝 skillfully 능숙하게 manipulate 다루다, 조종하다 stubby 뭉툭한 predate ~보다 먼저 오다

손글씨 필기노트, 해설지, 백지복습지 다운로드 http://cafe.naver.com/shimson2000

09

정답 ①

해설 이 글은 르네상스 예술의 특징을 말하고 있다. 르네상스 예술에서 중요한 것은 예술가 자체가 아니라 예술가를 후원하고, 예술가를 사실상 지배했던 귀족 후원자였다. 사실상 르네상스 시대의 예술 작품은 후원자의 요구와 취향을 따라 만들어졌다고 했으므로, 빈칸에 들어갈 말로 가장 적절한 것은 ① '단순히 예술을 위해 예술을 창조한 것이 아니다'이다.
② 사회정의를 옹호하는 예술을 추구했다
③ 순수한 예술을 창조하기 위해 헌신했다 → 르네상스 시대에는 후원자의 요구와 취향을 따라야 했으므로 순수한 예술이 존재하기 어려웠다고 봐야 한다.
④ 그들의 후원자들의 예술적 취향에 영향을 주었다 → 오히려 반대로 후원자들의 취향이 예술가들의 창작에 영향을 주었다는 내용이다.

해석 피렌체 은행가 길드가 Orsanmichele에 St. Matthew의 거대한 청동상을 의뢰했을 때, 그들(은행가 길드)은 분명히 그들만의 장엄함을 염두에 두고 있었다. 그들은 잘나가는 조각가 Lorenzo Ghiberti를 고용하여 그것을 만들었을 뿐만 아니라, 그것이 경쟁 길드가 고용한 조각가가 같은 장소에 만든 조각상만큼 크거나보다 더 커야 한다고 작품 계약서에 명기하기도 했다. Ghiberti의 명성, 조각상의 규모, 그리고 그것을 주조하는 데 필요한 기술적 숙련도 등은 모두, 은행가 길드의 사회적 지위를 반영하는 것이었다. 오늘날 우리는 흔히 예술 작품을 만든 예술가에게 초점을 맞추지만, 르네상스 시대에 작품 창작의 주된 힘으로 여겨진 것은 후원자였다. 후원자에 대한 정보는 예술과 건축의 생산과 관련된 복잡한 과정을 들여다볼 수 있는 창을 제공한다. 우리는 종종 대부분의 역사에서 예술가들이 <u>단순히 예술을 위해 예술을 창조한 것이 아니라</u>는 사실을 잊는다.

어휘 guild 길드(기능인들의 조합) commission 의뢰하다 bronze 청동 statue 조각상 magnificence 장엄, 웅장 highly in-demand 수요가 많은, 잘 나가는 stipulate 규정[명기]하다 contract 계약서 proficiency 능숙도 cast 주조하다 reflection 반영 patron 후원자 for sth's sake ~을 위해 advocate 옹호하다 committed 헌신적인

10

정답 ④

해설 도시에서 주관성을 자유롭게 표현하는 것은 사회적 규범, 법, 공간적 질서 같은 일련의 공적인 체제에 의존함으로써 가능해진다는 내용의 글이다. 이러한 체제가 부재할 경우에 불안정성이 조성될 수 있으며 불편과 고통으로 이어질 수 있다고 하는 내용 사이에, 우리는 우리에게 긴장을 유발하는 것을 최소화해야 한다는 내용이 오는 것은 자연스럽지 않으므로, ④가 글의 흐름상 가장 어색한 문장이다.

해석 도시에서의 감정 표현은 전체적으로 합리성에 의해 형성되는 폐쇄적인 시스템에 구멍을 만드는 것처럼 보인다. 이것은 특히 주관성이 자유롭게 표현되고 전달될 수 있을 때 매력적일 수 있다. 그러나 이러한 표현은 일련의 공적인 체제에 의존함으로써 가능해진다. 이러한 체제에는 사회적 규범과 법과 공간적 질서가 포함되는데, 그것들은 다른 사람들에게 위협이 되지 않고 주관성을 자유롭게 표현하는 것을 지지한다. 세계의 일부 가난한 도시에서와 마찬가지로, 이러한 사회 기반 시설이 작동하지 않거나 제대로 갖춰져 있지 않을 때, 감정의 표현은 축적되어 아무도 그런 자유를 누릴 수 없는 도시 생활에 불안정성을 조성할 수 있다. (<u>도시에 살 때, 우리는 우리가 알고 있는, 우리 안에 긴장을 유발하는 모든 것을 최소화할 방식의 생활 스타일을 갖도록 노력해야 한다.</u>) 시민의 안전이나 쓰레기 수거와 같은 기본적인 사회 기반 시설이 작동하지 않는 곳에서는, 어떤 개성과 감정의 표현도 집단적 불편함과 심지어 고통을 초래할 수 있다.

어휘 opening 구멍, 틈 overall 전반적으로 rationality 합리성 subjectivity 주관성 framework 체제, 틀 norm 규범 spatial order 공간적인 질서 threaten 위협하다 infrastructure 사회 기반 시설 in place 제대로 갖춰져 있는 accumulate 축적되다 instability 불안정성 minimize 최소화하다 individuality 개성 collective 집단적인 misery 고통

01	①	02	①	03	③	04	③	05	④
06	②	07	④	08	④	09	②	10	①

01

정답 ①

해설 avaricious는 '탐욕스러운'이라는 뜻으로, 이와 의미가 가장 가까운 것은 ① 'greedy(탐욕스러운)'이다.
② 수다스러운 ③ 과묵한 ④ 무례한

해석 동인도 회사는 16세기 초에 벵골에 탐욕스러운 시선을 던지기 시작했다.

어휘 cast 던지다 glance 흘깃 봄

02

정답 ①

해설 빈칸에는 비가 너무 많이 와서 일정을 어떻게 했는지에 관한 말이 들어가야 한다. 따라서 빈칸에 들어갈 말로 가장 적절한 것은 ① 'call off(취소하다)'이다.
② 기록하다 ③ 조사하다 ④ 고쳐 만들다

해석 비가 너무 많이 와서 그들은 일정을 <u>취소할</u> 수밖에 없었다.

03

정답 ③

해설 told는 4형식 동사로 쓰여 간접목적어 me와 직접목적어 that절이 온 것은 적절하다. 또한 주절의 시제가 과거이므로, that절에 쓰인 would의 시제 일치도 적절하다.
① (I dreamed → did I dream) 부정부사 Little이 문두에 나왔으므로, 주어와 동사가 did I dream으로 도치되어야 한다.
② (me → to me) explain은 4형식으로 쓸 수 없는 3형식 동사이므로 me 앞에 전치사 to를 같이 써야 한다.
④ (has been attracted → has attracted) 주어인 그 지역이 목적어로 쓰인 많은 초보자들과 프로들을 '끌어들인' 것이므로, 수동태가 아닌 능동태로 써야 한다.

해석 ① 나는 영어를 가르치는 것이 그렇게 어려운 줄은 꿈에도 몰랐다.
② 내 딸은 나에게 노트북이 필요한 이유를 설명했다.
③ 그는 나에게 머릿속의 쓸데없는 생각을 없애겠다고 말했다.
④ 그 지역은 많은 초보자들과 프로들을 끌어들였다.

어휘 get rid of 없애다 attract 끌어들이다 novice 초보자

04

정답 ③

해설 (easier → easy) 'as ~ as' 원급 비교 구문에서는 형용사나 부사의 '원급'이 들어가야 한다. 따라서 easier는 비교급이므로, 원급인 easy로 고쳐야 한다.
① gave가 4형식 동사로 쓰여 간접목적어 me와 직접목적어 advice가 온 것은 적절하다. 또한 advice는 불가산명사이므로 앞에 부정관사 없이 쓴 것도 적절하다.
② 라틴어에서 유래한 비교급 preferable은 일반 비교급과는 달리 비교 대상 앞에 than이 아닌 to를 쓴다.
④ 'not so much A as B'는 'A라기보다 B'라는 의미로, 영작 문제에서 A와 B가 서로 바뀌는 것에 유의해야 하는데 여기서는 의미에 맞게 쓰였다.

어휘 diet 식습관 nutrition 영양

05

정답 ④

해설 빈칸 앞에서 칠면조가 다 될 때까지 한 시간이 더 걸린다고 했고, 빈칸 뒤에서 말이 들리게 문을 열어 놓으라고 했으므로, 요리가 다 되면 불러달라고 하는 내용이 빈칸에 오는 것이 자연스럽다. 따라서 빈칸에 들어갈 말로 가장 적절한 것은 ④ '준비되면 불러 주실 수 있어요'이다.
① 왜 그렇게 오래 걸려요
② 우리 가족 모두를 위해 충분한가요
③ 그 특별한 요리법을 사용했나요

해석 A: 여기 냄새가 끝내줘요, 엄마. 오븐 안에 뭐가 있는 거예요?
B: 우리 추수 감사절 저녁을 위해서 칠면조를 굽고 있단다.
A: 한 번 봐도 돼요?
B: 아직은 안 돼. 한 시간 더 걸릴 거야.
A: 준비되면 불러 주실 수 있어요?
B: 그럼. 내 말 들리게 문 열어 놓으렴.

어휘 roast 굽다 recipe 요리법

06

정답 ②

해설 3번째 문장에서 메르카토르 도법은 극지방 근처의 대륙의 모양과 상대적 크기를 왜곡한다고 했으므로, 글의 내용과 일치하지 않는 것은 ② '메르카토르 도법은 왜곡이 없기 때문에 인기가 있다.'이다.
① 지도에 대륙을 정확하게 반영하는 것은 불가능하다. → 2번째 문장에서 언급된 내용이다.
③ 그린란드는 실제로 남아메리카보다 훨씬 작다. → 4번째 문장에서 언급된 내용이다.
④ 지도상의 최단 경로는 지구상의 최단 경로와 다를 수 있다. → 마지막 두 문장에서 언급된 내용이다.

해석 우리들 대부분은 마음속에 대략적인 세계지도를 가지고 있지만, 그 지도가 반드시 믿을 수 있는 것은 아니다. 3차원 지구를 평면 위로 평평하게 펴는 것은 왜곡 없이 가능하지 않다. 평면 지도에 지구의 곡면을 나타내는 인기 있는 방법인 메르카토르 도법은 특히 극지방 근처의 대륙의 모양과 상대적 크기를 왜곡한다. 이것이 실제로는 남아메리카가 8배 큰데도, 그린란드가 메르카토르 지도에서 남아메리카와 크기가 비슷해 보이는 이유이다. 이러한 왜곡은 또한 어떻게 한 장소에서 다른 장소로 이동해야 하는지에 대한 우리의 생각에도 영향을 미친다. 만약 당신이 워싱턴 D.C.에서 중국 상하이로 가는 비행기를 탄다면, 가장 곧바로 가는 경로는 태평양 위로 정확히 서쪽으로 가는 것으로 보인다. 하지만, 비행기들은 북극 위를 날아가고 있는데, 왜냐하면 지구상으로 볼 때는, 그것이 그곳에 도달하는 최단 경로이기 때문이다.

어휘 reliable 믿을 수 있는 flatten 평평하게 하다 three-dimensional 3차원의 globe 지구(본), 구체 distortion 왜곡 projection 투사도, 도법 curved 곡선의 relative 상대적인 continent 대륙 pole (지구의) 극 affect 영향을 미치다 due 정확히 ~쪽으로 reflect 반영하다 precisely 정확히

07

정답 ④

해설 다큐멘터리 영화는 실제 사건과 인물을 담지만, 수백 시간의 촬영 장면 중 어떤 장면을 보여줄 것인지는 결국 제작자의 의도에 따라 선택되기에, 결국 다큐멘터리 영화 안에서도 현실이 특정 방향으로 재구성된다는 내용의 글이다. 따라서 글의 주제로 가장 적절한 것은 ④ '현실을 재구성한 표현으로서의 다큐멘터리'이다.
① 다큐멘터리 영화의 공감을 불러일으키는 능력 → 특정 인물에 공감을 불러일으키고자 다큐멘터리 장면이 선택된다는 내용은 다큐멘터리 속 현실의 재구성에 관한 하나의 예시에 불과하다.
② 다큐멘터리 영화 속 객관적 현실의 반영 → 실제 사건과 인물을 담지만 장면은 관객에게 어떤 반응을 미칠 것인가에 관한 제작자의 의도에 따라 재구성된다는 것이 주된 내용이다.
③ 다큐멘터리에 대한 관객 수요의 결정 요인 → 관객 수요에 관해서는 언급되지 않았다.

해석 다큐멘터리는 실제 사건들을 보여주고 실제 사람들과의 인터뷰를 담고 있지만, 어떤 장면을 넣고 어떻게 관객에게 보여줄지 결정하는 것은 다큐멘터리 영화 제작자의 몫이다. 다큐멘터리 영화 제작자들은 보통 수백 시간의 영상을 촬영하는데, 이 장면들은 이후 장편 영화 길이로 편집되고 특정한 방법으로 배열된다. 영화 제작자들이 관객들에게 보여주고자 선택하는 영상은 관객들이 주제에 어떻게 반응할 것인가에 강하게 영향을 미친다. 예컨대, 다큐멘터리 영화 제작자는 관객이 영화 속 어느 한 인물에게 공감하기를 원할 수도 있고, 그래서 그들은 그 사람이 부정적으로 비치도록 행동하고 말하는 장면을 보여주지 않기로 결정할 수도 있다.

어휘 up to ~의 몫인 feature film 장편 영화 sympathise with ~에 공감하다 evoke (감정 등을) 불러일으키다 determinant 결정 요인 reconstruct 재구성하다 representation 표현, 묘사

08

정답 ④

해설 수소가 에너지원으로서 매력적이라는 주어진 글 다음에는 수소의 장점을 이어 설명하다가 단점을 언급하는 (C)가 온 후, Additionally로 시작하여 수소의 단점을 추가적으로 소개하는 (B)가 와야 한다. 마지막으로 수소 주유소가 흔하지 않아 수소 자동차 연료 공급이 어렵다는 (B)의 마지막 문장을 This로 받아, 이것이 수소 연료 차 개발을 방해했다는 내용으로 이어지는 (A)가 오는 것이 자연스럽다. 따라서 글의 순서로 가장 적절한 것은 ④ '(C) - (B) - (A)'이다.

해석 수소는 중량으로 휘발유의 약 3배만큼 에너지를 저장하기 때문에 항상 에너지원으로서 매력적이었다. (C) 전기를 생산하기 위해 연료 전지에서 사용될 때, 그것의 부산물은 마실 수 있을 만큼 충분히 순수한 물과 다른 목적으로 사용될 수 있는 열이다. 하지만 단점이 있는데, 수소는 비싸고 분리하기가 어렵다. (B) 게다가, 수소 가스의 원자는 밀도가 너무 희박해서 연료 탱크와 같은 작은 공간에 매우 유용할 만큼 충분히 채워 넣기가 어렵고, 그것은 인화성이 매우 클 수 있다. 여기에 더해, 수소 주유소는 흔하지 않기 때문에, 수소 자동차 연료 공급은 물류적으로 어렵다. (A) 이것이 수소 연료 차 개발을 방해해왔는데, 왜냐하면 사람들은 연료를 공급하기에 어려운 비싼 차를 사는 것을 좋아하지 않았고, 주유소는 수소 자동차 소유자가 많이 없는 한 수소에 투자하지 않을 것이기 때문이다.

어휘 hydrogen 수소 store 저장하다 hamper 방해하다 fuel 연료; 연료를 공급하다 atom 원자 sparse (밀도가) 희박한 pack 채워 넣다 flammable 인화성의 logistically 물류적으로 fuel cell 연료 전지 by-product 부산물 down side 단점 isolate 분리시키다

09

정답 ②

해설 이 글은 정보와 관련해서 산업의 진입 장벽, 규모의 경제, 네트워크 효과를 설명하고 있다. 정보 경제에 있어서 규모가 커짐에 따라 수익이 증대하며 가치가 높아지기 때문에 이미 확립된 거대한 산업을 상대로 새로 진입하기엔 어렵다고 한다. 이처럼 정보 혁명에는 규모가 중요하다는 내용의 글이므로, 빈칸에 들어갈 말로 가장 적절한 것은 ② '크기'이다.

① 기술 → 기술 자체보다는 기술들이 모여 어느 정도의 규모를 이루는 것이 중요하다는 내용이다.

③ 속도 → 얼마나 빠른지가 아니라, 얼마나 큰지가 중요하다는 내용이다.

④ 타이밍 → 네트워크가 커감에 따라 규모의 경제를 이룬다는 내용으로, 타이밍은 주요 요인으로 언급되지 않았다.

해석 정보 혁명에서는 크기가 중요하다. 경제학자들이 진입 장벽과 규모의 경제라고 부르는 것은 정보에 관련된 힘의 일부 측면에 남아 있다. 예를 들어, 연성 권력은 방송되거나 영화와 텔레비전 프로그램에 나오는 것의 문화적 콘텐츠에 강한 영향을 받는다. 거대하고 확립된 엔터테인먼트 산업은 콘텐츠 제작과 유통에서 상당한 규모의 경제를 흔히 누린다. 세계 시장에서 영화와 텔레비전 프로그램에 있어 미국의 시장 점유율이 지배적인 것이 좋은 예이다. (인도의 '발리우드'에 폭넓은 추종이 있긴 하지만) 새로 들어온 것들이 할리우드와 경쟁하는 것은 어렵다. 게다가, 정보 경제에서는 규모에 대한 수익 증대와 함께 '네트워크 효과'가 있다. 우리가 알고 있다시피, 전화기 한 대는 쓸모없다. 네트워크가 커감에 따라 두 번째 전화기 등이 가치를 더한다.

어휘 matter 중요하다 barrier to entry 진입 장벽 economies of scale 규모의 경제(생산량이 늘어남에 따라 평균 비용이 줄어드는 현상) soft power 연성 권력(간접적인 무형의 영향력을 행사하는 힘) broadcast 방송하다 considerable 상당한 distribution 유통, 분배 dominant 지배적인 market share 시장 점유율 a case in point 좋은 예 compete 경쟁하다 return 수익 and so forth 기타 등등

10

정답 ①

해설 인간 복제의 부정적인 면에 관한 글이다. (A) 앞에서는 인간 복제가 불임 부모들을 위한 하나의 수단이 될 수 있다는 이점을 소개한 반면, 뒤에서는 복제보다 더 효과적이고 덜 논쟁적인 다른 접근법이 나올 것이라고 했으므로 (A)에 들어갈 연결사로 가장 적절한 것은 However이다. (B) 앞에서는 복제된 아이가 원래 아이와는 다를 것이라고 한 후, 뒤에서 복제된 아이가 불합리한 기대에 직면할 수 있다고 하는 등 인간 복제의 부정적인 면을 추가로 언급하므로, (B)에 들어갈 연결사로 적절한 것은 Furthermore이다.

해석 인간은 복제되지 않았고 생식의 목적으로 인간을 복제하려는 그럴듯한 이유는 거의 존재하지 않는다. 어떤 사람들은 복제가 불임 부모들이 유전적으로 혈연 관계에 있는 아이를 가질 수 있는 수단을 제공할 수도 있다고 말해왔다. 하지만, 출산율 연구는 이 마지막 수단이 필요할지도 모르는 소수의 부부들을 치료하기 위해 더 효과적이면서 덜 논쟁적인 다른 접근법으로 이어질 것 같다. 또 어떤 사람들은 아이가 어린 나이에 죽을 때 복제가 정당화될 수 있다고 말해왔는데, 그들은 부모들이 잃어버린 사랑하는 사람을 되살릴 기회를 가질 자격이 있다고 믿는다. 하지만 많은 사람들은 이것이 전반적으로 실망으로 이어질 것이라고 생각한다. 환경의 영향으로 인해, 복제된 아이는 그 아이가 표면상 대체하고 있는 죽은 아이와 똑같지 않을 것이다. 게다가, 이상화된 기억과 영원히 경쟁하는 그 새로운 아이는 불합리한 기대에 직면할 수도 있다. 결국, 부모도 아이도 잘되지 못할 것이다.

어휘 clone 복제하다 plausible 그럴듯한 reproductive 생식의 infertile 불임의 related 혈연 관계에 있는 fertility 출산율, 생식력 controversial 논쟁적인 approach 접근법 last resort 마지막 수단 bring sb to life ~을 되살리다 disappointment 실망감 all round 전반적으로 deceased 죽은 ostensibly 표면상 idealized 이상화된 unreasonable 불합리한 prosper 번영하다

01	④	02	④	03	③	04	④	05	④
06	④	07	④	08	③	09	③	10	④

01

정답 ④

해설 bemoan은 '한탄하다'라는 뜻으로, 이와 의미가 가장 가까운 것은 ④ 'deplore(한탄하다)'이다.
① 갈망하다 ② 뒤집다 ③ 혼합하다, 악화시키다

해석 연재만화는 때때로 현대 생활에서 윤리적 또는 도덕적 가치의 하락을 한탄한다.

어휘 comic strip 연재만화 ethical 윤리적인 moral 도덕적인

02

정답 ④

해설 hold water는 '이치에 맞다'라는 뜻으로, 이와 의미가 가장 가까운 것은 ④ 'make sense(이치에 맞다)'이다.
① 나타나다 ② 이룩하다 ③ 운동하다, 잘 풀리다

해석 우리 모두는 그의 주장이 이치에 맞지 않다고 생각했다.

어휘 argument 주장

03

정답 ③

해설 (enduring → to endure) 의미상 enduring과 병렬 구조를 이루고 있는 것은 to resist이므로, enduring을 to endure로 고쳐야 한다.
① avoid는 동명사를 목적어로 취하는 동사이므로 devoting은 적절하게 쓰였다.
② materials를 선행사로 받는 주격 관계대명사 that이 적절하게 쓰였다.
④ to control은 목적을 나타내는 to 부정사의 부사적 용법으로 적절하게 쓰였다.

해석 도시의 설립은 인간이 자연과 거리 두는 것을 수반했다. 유목민들은 영속적인 것들을 확립하기 위해 에너지와 자원을 바치는 것을 피했다. 심지어 정착 초기에도 오두막은 오래갈 재료로 만들어지지 않았다. 그러나 도시는 의심할 여지 없이 화재와 악천후를 견디고 아주 오래 버티도록 세워진 인공 환경이었다. 침입자들을 막기 위해 도시 주변에 벽이 만들어졌고, 자연을 통제하기 위해 관개 및 하수 시스템이 설치되었다.

어휘 distance 거리를 두다 nomadic 유목의 devote 바치다 permanence 영속(성) settlement 정착 hut 오두막 undoubtedly 의심할 여지 없이 artificial 인공의 inclement 험한, 궂은 invader 침입자 irrigation 관개 sewer 하수도

04

정답 ④

해설 (bending → bent) 부대 상황을 나타내는 'with + O + OC'의 분사구문이 사용되었다. '고개를 숙이다'라는 의미의 표현으로 'bend one's head'를 사용하는데, 여기서 그의 머리가 '숙여진' 것이므로, 능동의 현재분사 bending을 수동의 과거분사 bent로 고쳐야 한다.
① 'A를 B로 기소하다'라는 의미로 'charge A with B' 구문을 사용하므로 적절하게 쓰였다.
② 상대의 의견을 묻는 표현으로는 'What do you think of[about] ~?' 또는 'How do you feel about ~?'을 사용할 수 있으므로 적절하게 쓰였다.
③ if절과 주절의 시제가 다른 혼합가정법 구문이다. if절에는 과거의 사실과 반대되는 가정이, 주절에는 현재의 사실과 반대되는 가정이 나오므로, if절에 가정법 과거완료시제를 쓰고, 주절에는 가정법 과거시제를 쓴 것은 적절하다.

어휘 possession 소지 listening 경청하는 slightly 약간

05

정답 ④

해설 B가 등산을 하고 나서 힘들다고 했지만 빈칸 뒤에서 빈칸 내용을 긍정하며 정상에서 보는 경치가 너무 좋았다고 한 것으로 보아, 빈칸은 힘들어도 좋았을 것이라는 내용임을 유추할 수 있다. 따라서 빈칸에 들어갈 말로 가장 적절한 것은 ④ '고생한 보람이 있었을 거야'이다. 참고로 여기서 would have been은 가정법 과거완료로 쓰인 것이 아니라, 과거에 대한 추측을 나타낸다.
① 난 등산을 별로 좋아한 적이 없어
② 난 조만간 등산 여행을 계획하고 있어
③ 다음번에는 무리하지 마

해석 A: 좋은 아침이야. 어젯밤 잘 잤어?
B: 응, 근데 등산이 나한테 무리였었나 봐. 정상까지 가지 말았어야 했어.
A: 그래도, 고생한 보람이 있었을 거야.
B: 사실 그건 맞아. 산 정상에서 보는 경치가 너무 좋았어.

어휘 strain 무리를 주다

06

정답 ④

해설 마지막 문장에서 정부의 개입이 잠재적으로 수익성 높은 거래의 발생을 막을 우려가 있음을 지적하고 있긴 하지만, 이것은 오직 수익성 높은 거래만 발생해야 한다는 취지가 아닌 거래의 자유를 보장해야 한다는 의미로 보는 것이 더 타당하다. 따라서 글의 내용과 일치하지 않는 것은 ④ '자유주의자들은 오직 수익성이 높은 거래만 발생해야 한다고 강조한다.'이다.
① 자유주의자들은 경제 활동의 자유를 지지한다. → 첫 문장에서 언급된 내용이다.
② 자유주의자들은 이상적인 조건하에서는 모든 개인이 만족할 수 있다고 생각한다. → 3번째 문장에서 언급된 내용이다.
③ 자유주의자들은 정부가 경제에 덜 관여해야 한다고 요구한다. → 5번째 문장에서 언급된 내용이다.

해석 국제 정치 경제에서 자유 무역과 자유 시장의 옹호자는 자유주의자로 불린다. 자유주의적 주장은 어떻게 시장과 정치 둘 다 다른 사람들과의 자발적인 교환에 참여하여 모든 당사자들이 이익을 얻을 수 있는 환경인지를 강조한다. 자유주의자들은, 개인들 사이의 거래에 있어서 장애가 없다면, 현존하는 상품과 서비스의 축적을 감안할 때, 모든 사람은 가능한 한 잘살 수 있을 것이라고 판단한다. 다시 말해서, 시장의 모든 참여자는 가능한 최고의 효용 수준에 도달하게 될 것이다. 그러므로 자유주의자들은 정부의 경제적 역할이 상당히 제한되어야 한다고 생각한다. 그들은 경제에 있어서 많은 형태의 정부 개입이 의도적이든 의도적이지 않든 시장을 제한하고, 그로 인해 잠재적으로 수익성이 높은 거래가 발생하는 것을 막는다고 주장한다.

어휘 advocate 옹호자, 지지자 Liberal 자유주의자 party 당사자 impediment 장애(물) reason 판단하다, 사고하다 well off 부유한, 잘사는 stock 비축(물) utility 효용, 유용성 intervention 개입 rewarding 수익이 많이 나는

07

정답 ④

해설 오늘날 유전자 기술로 생산품이 철저하게 통제되는 농장이 점점 더 많아지고 있으며, 이러한 변화는 앞으로 양식업, 원예 등으로 영역을 더욱 넓힐 것이라는 내용의 글이다. 따라서 글의 제목으로 가장 적절한 것은 ④ '게놈이 통제하는 농장의 출현'이다.
① 게놈 편집의 기원 → 게놈 편집의 기능을 설명하고 있을 뿐, 그 기원에 관한 언급은 없다.
② 농업의 생산성 저하
③ 최신 농업 기술의 한계 → 글에서 언급된 유전자 기술을 최신 농업 기술로 본다면, 한계가 아니라 오히려 장래성을 강조하는 내용이므로 적절하지 않다.

해석 농장은 이제 더 공장처럼 되어가고 있다. 즉, 자연의 변덕으로부터 가능한 한 면역이 생긴, 신뢰할 수 있는 제품을 생산하기 위해 엄격하게 통제되는 운영이 되었다. DNA에 대한 더 나아진 이해 덕분에, 농장에서 재배(사육)되는 식물들과 동물들 또한 더욱 철저하게 통제된다. '게놈 편집'으로 알려진 정밀한 유전자 조작은 작물이나 가축의 게놈을 하나의 유전자 '문자' 수준으로 바꾸는 것을 가능하게 만들었다. 작물의 DNA 염기서열을 이해하는 것은 또한 번식 자체가 더 정밀해질 수 있다는 것을 의미한다. 하드웨어, 소프트웨어 그리고 '라이브웨어'에서의 그러한 기술 변화들은 들판, 과수원 그리고 축사를 넘어서고 있다. 양식업 또한 그것들(기술 변화)로부터 격려를 받게 될 것이다. 그리고 이미 가장 잘 통제되고 정밀한 형태의 농업인 원예도 더욱더 그렇게 될 것이다.

어휘 operation 운영 turn out 생산하다 reliable 신뢰할 수 있는 immune 면역의, 면역성 있는 vagary 예상 밖의 변화 precise 정밀한 genetic 유전의 manipulation 조작 genome 게놈(유전자 총체) stock 가축 sequence 서열 breeding 사육, 번식 orchard 과수원 byre 외양간 boost 격려 horticulture 원예 advent 출현

08

정답 ③

해설 전체 글에서 주어진 문장의 제도(system)가 가리키는 대상으로 볼 수 있는 것은 fractional reserve banking이며, ③의 다음 문장의 주어인 The rest는 은행이 현금으로 보유하고 있는 예금을 제외한 나머지를 의미하므로 주어진 문장은 그보다 앞에 들어가야 한다. 따라서 주어진 문장이 들어갈 위치로 가장 적절한 곳은 ③이다.

해석 당신의 은행 계좌 안의 돈을 당신의 재량대로 인출할 수 없는 경우에 대해 생각해본 적 있는가? 이런 일은 일어날 수 있고, 실제로도 여러 번 일어났다. 경제 혼란으로 은행이 파산 직전의 상태에 있을 때, 모든 예금자들은 힘들게 모은 예금을 확보하고 인출하기 위해 은행으로 달려갈 것이다. 이러한 현상은 뱅크런이라고 불리며 대개 사람들의 손실에 대한 두려움에 의해 발생한다. 또 다른 원인은 부분지급준비제도이며, 이는 모든 예금자가 동시에 자금을 인출하고 싶어 하지는 않을 것이라는 가정에 기반을 둔다. 이 제도하에서 상업 은행들은 전체 예금 중 10%를 넘지 않는 단지 일부만을 현금 예비금의 형태로 금고에 보유한다. 나머지는 대출자들에게 빌려주거나 금융시장에 투자하기 위해 사용된다. 그 결과로, 은행들은 뱅크런이 발생한 시점에 모든 인출을 충당할 만큼 충분한 돈을 갖고 있지 않을 수도 있다.

어휘 retain 보유하다, 유지하다 deposit 예금 reserve (은행의) 준비금, 예비금 vault 금고 at sb's discretion ~의 재량대로 on the verge of ~의 직전에 insolvent 지급 불능의, 파산한 turmoil 혼란 savings 예금, 저금 withdraw 인출하다 phenomenon 현상 fractional 단편[부분]적인 presumption 추정, 가정 borrower 대출자

09

정답 ③

해설 영화 속 악당은 가학성과 이기주의의 특징을 보이는데, 그들은 희생자들을 다치게 하기 위해 그렇게 하는 것을 즐기는 것처럼 보인다는 것이 글의 핵심이다. 글의 후반부에서 모든 성공적인 악당의 핵심은 사악한 것을 즐기는 것이라고 했으므로, 빈칸에 들어갈 말로 가장 적절한 것은 ③ '해를 입히는 것에서 기쁨을 끌어낸다'이다.
① 자기들만의 법칙을 만든다 → 가학성과 이기주의를 악당들만의 법칙으로 표현하기에는 너무 포괄적이다.
② 보거나 듣기에 재미있다 → 악당의 본질에 관한 내용이 들어가야 하는데, 악당이 나오는 영화를 보는 관객의 입장에서 재미를 논하는 것은 적절하지 않다.
④ 사람들이 가장 고통을 느끼는 곳을 알아낸다 → 고통의 극한점을 안다는 내용은 언급되지 않으며, 사람들의 고통을 즐긴다는 것이 핵심이므로 적절하지 않다.

해석 악당은 공포 영화에만 국한되지 않는다. 액션 영화는 나쁜 놈들로 가득 차 있다. 이 영화들은 또한 상당히 표준적인 패턴에 따르는 것처럼 보이기도 한다. 보통, 악당들은 돈이나 권력에 대한 탐욕에 의해 동기를 부여받는다. 이러한 동기는 많은 상세한 말 없이도 제시되는 경향이 있다. 두 가지 추가적인 특징이 흔한데, 그것은 가학성과 이기주의이다. 영화 속 악당들 다수는 단순히 희생자들을 다치게 하기 위해 그렇게 하는 것을 즐기는 것처럼 보이고, 그들은 자기 자신에 대해 매우 높게 생각하는 경향이 있다. 실제로, 그들의 자신감은 흔히 치명적인 결함으로 드러나는데, 왜냐하면 그들의 과신은 영웅에게 그들의 손아귀에서 벗어나 그들을 물리칠 기회를 주기 때문이다. 가학성은 악당의 본질 중 일부이다. 영화 속 악당에 관한 최근의 텔레비전 특집 방송에서, 전국적으로 유명한 영화 비평가인 Siskel과 Ebert는 이러한 일반적인 점을 강조했다. "사악한 것을 즐기는 것은 모든 성공적인 악당의 핵심이다." 그들은 이것을 '가장 중요한 특징'이라고 덧붙였다. 그러므로 해로운 행동을 수행하는 것으로는 충분하지 않다. 진정으로 사악한 악당은 해를 입히는 것에서 기쁨을 끌어낸다.

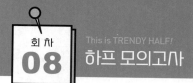

01	④	02	③	03	④	04	④	05	④
06	③	07	③	08	④	09	②	10	②

어휘 villain 악당 confine 국한시키다 conform to ~에 따르다 greed 탐욕 elaboration 상술, 정교함 feature 특징 sadism 가학성 egotism 이기주의 for the sake of ~을 위해서 exalted 고귀한, 높은 fatal 치명적인 flaw 결함 overconfidence 과신 clutch 손아귀, 움켜쥠 prominent 유명한 emphasize 강조하다 derive 끌어내다 inflict (괴로움 등을) 가하다

10

정답 ④

해설 아이스크림 판매량과 범죄율이 동반 상승하는 현상을 예시로 상관관계가 있다고 해서 반드시 인과 관계가 성립하지는 않는다는 사실을 설명하는 글이다. 따라서 낯선 사람들을 마주쳤을 때 경계한다는 일반적인 사람들의 성향에 대해 언급한 ④가 글의 흐름상 가장 어색한 문장이다.

해석 아이스크림 판매량이 증가함에 따라 전반적인 범죄율도 증가한다는 것을 알고 있었는가? 당신이 가장 좋아하는 맛의 아이스크림에 탐닉하는 것이 당신을 한바탕 범죄를 저지르도록 몰아넣을 수 있는가? 아니면, 범죄를 저지르고 난 후, 당신은 스스로에게 (아이스크림) 콘을 대접하기로 결심할 것이라고 생각하는가? 아이스크림과 범죄 사이에는 관계가 있을 수 있지만, 단순히 하나의 요소가 다른 요소에 직접적으로 영향을 미친다고 결론짓는 것은 비이성적일 것이다. 즉, 상관관계가 반드시 인과 관계를 의미하는 것은 아니다. 아이스크림 판매량과 범죄율 둘 다 바깥 기온과 관련이 있을 가능성이 훨씬 더 크다. 기온이 따뜻하면 집 밖으로 나와 서로 교류하고, 서로에게 짜증이 나고, 때때로 범죄를 저지르는 사람들이 많다. (사실, 대부분의 보통 사람들은 낯선 사람들과 마주쳤을 때 경계한다.) 또한, 밖이 따뜻할 때, 우리는 아이스크림과 같은 시원한 음식을 찾을 가능성이 더 크다.

어휘 overall 종합적인, 전체적인 indulge in ~에 탐닉하다 spree (범행을) 한바탕 저지르기 commit 저지르다 treat 대접하다; 한턱, 선물 irrational 비이성적인 correlation 상관관계 imply 의미하다 causation 인과 관계 wary 경계하는, 조심하는

01

정답 ④

해설 clandestine은 '비밀의'라는 뜻으로, 이와 의미가 가장 가까운 것은 ④ 'surreptitious(비밀의)'이다.
① 결함이 있는 ② 모호한 ③ 명백한

해석 Lansdale은 비밀 작전과 심리전의 선구자였다.

어휘 pioneer 선구자 psychological warfare 심리전

02

정답 ③

해설 'prefer A to B'는 'B보다 A를 선호하다'라는 표현으로 전치사 to 뒤에서 complicated(복잡한)이라는 단어가 나왔으므로, 빈칸에는 이와 반대되는 단어가 들어가야 함을 유추할 수 있다. 따라서 빈칸에 들어갈 말로 가장 적절한 것은 ③ 'succinct(간결한)'이다.
① 튼튼한 ② 난해한 ④ 풍부한, 호화로운

해석 일부 프로그래머들은 복잡한 형태보다는 의미상 동일하지만 간결한 형태를 선호한다.

어휘 semantically 의미적으로 equivalent 동등한

03

정답 ④

해설 (destroyed → was destroyed) 주어인 그 도시가 '파괴하는' 것이 아니라 '파괴되는' 것이므로, 수동태인 was destroyed로 써야 한다. 참고로 여기서 since는 부사로 쓰여 '(1910년) 이후에'라는 의미로 쓰였다.
① 문장의 주어는 단수명사인 One이므로, is의 수일치는 적절하다.
② had better는 '~하는 편이 낫다'라는 뜻의 구 조동사로 뒤에 RV가 오며, 부정형은 RV 앞에 not이나 never을 붙여 만든다. that은 the alley를 선행사로 받는 주격 관계대명사로 쓰였고, 관계사절의 동사 looks의 수일치는 적절하다. 또한 2형식 동사 looks 뒤에 형용사인 dangerous가 온 것도 적절하다.
③ 'be busy (in) RVing'는 '~하느라 바쁘다'라는 뜻의 동명사 관용 표현으로 적절하게 쓰였다.

해석 ① 명성으로 인한 단점 중 하나는 사생활의 상실이다.
② 너는 위험해 보이는 골목을 지나가지 않는 것이 좋겠다.
③ 선생님들은 우리가 푼 문제들을 채점하느라 바쁘다.
④ 그 도시는 1910년에 파괴되었고 그 이후에 재건되었다.

어휘 disadvantage 단점 fame 명성 alley 골목 grade 채점하다

04

정답 ④

해설 (taking → to take) 'forget RVing'는 '~했던 것을 잊다'라는 의미이고, 'forget to RV'는 '~할 것을 잊다'라는 의미이다. 주어진 우리말을 참고하면 휴지를 '가져가는' 것을 잊었다고 했으므로, taking을 to take로 고쳐야 한다.

① 사람과 신체 부위를 분리 표현하는 경우 look은 'look + 사람 + in the 신체 부위'의 구문을 사용한다. 따라서 전치사 in과 정관사 the가 적절하게 쓰였다.

② '~한 지 ~가 되었다'를 의미하는 표현은 'It is[has been] + 시간 + since + S + 과거동사' 혹은 '시간 + have passed + since + S + 과거동사'의 형태로 쓰인다.

③ 선행사를 포함한 관계대명사 what이 적절하게 쓰였다. 여기서 what은 관계사절 내의 동사 say의 목적어 역할과 주절의 동사 believe의 목적어 역할을 동시에 하고 있다.

어휘 foreigner 외국인 go on vacation 휴가를 가다

05

정답 ④

해설 면접을 앞두고 있어 긴장된다는 A의 말에 대한 대답으로, 새로운 직장에서 자신이 있는 것을 보니 좋다고 하는 B의 말은 모순된다. 따라서 대화 중 가장 어색한 것은 ④이다.

해석 ① A: Tim, 너 엄청 피곤해 보여. 무슨 일 있어?
B: 아니, 그냥 힘이 없어. 걱정할 건 없어.
② A: 이번 주에 휴가 가시나요?
B: 저도 그러고 싶지만, 그럴 수 없네요. 곧 큰 프로젝트가 있어요.
③ A: 10% 할인 쿠폰이 있어요. 사용할 수 있나요?
B: 죄송하지만 이것은 지난달에 만료되었습니다.
④ A: 곧 취업 면접이 있는데 너무 떨려.
B: 새 직장에서 자신이 있는 것을 보니 좋다.

어휘 discount 할인 expire 만료되다 confident 자신감 있는

06

정답 ③

해설 4번째 문장에서 전례 없다는 표현이 나오고 마지막 2번째 문장에서 전형적인 Surtseyan 폭발보다 훨씬 더 격렬했다고 언급되는 등 글 전체에서 통가 화산 폭발이 전례 없는 사건이었다는 사실을 알 수 있다. 따라서 글의 내용과 일치하는 것은 ③ '통가 화산 폭발의 사례는 이례적으로 여겨진다.'이다.

① 피나투보 화산 폭발은 통가의 화산 폭발과는 달리 수중에서 발생했다. → 3번째 문장에서 통가 화산은 수중 화산이라고 언급되므로 옳지 않다.

② 통가 화산 폭발의 여파는 그 지역에서만 감지됐다. → 4번째 문장에서 통가 화산의 폭발이 위성 촬영과 지진파를 통해 전 세계적으로 감지되었다고 언급되므로 옳지 않다.

④ 통가 화산 폭발에 대한 새로운 공식적 분류가 이루어졌다. → 마지막 문장에서 일부 연구원들이 비공식적인 명칭을 붙이며 그 자체의 지정을 기대한다고만 언급되므로 옳지 않다.

해석 남태평양 통가 왕국의 화산 폭발은 100개 이상의 히로시마 원자폭탄이 동시에 터지는 것과 맞먹는 폭발력이었다. 연구원들에 따르면, 그것은 1991년 피나투보 화산 폭발 이후 지구상에서 관측된 가장 강력한 화산 폭발이었다. 다만 한 가지 주목할 점은 통가 화산이 수중 화산이라는 점이다. 수심 150미터에서 폭발했음에도 불구하고, 분화 구름이 인공위성에 포착되었고 전 세계적으로 지진파가 감지되었는데, 이는 전례가 없는 일이다. 실제로 액체 상태의 물과 타는 듯이 뜨거운 마그마가 접촉하는 곳에서 Surtseyan 폭발로 알려진 격렬한 폭발이 종종 일어난다. 그러나 수증기 기둥을 우주로 반쯤 날려 보낸 통가 화산 폭발은 전형적인 Surtseyan 폭발보다 훨씬 더 격렬했다. 일부 연구원들은 그것을 비공식적으로 'ultra Surtseyan' 폭발이라고 부르며, 이런 유형의 사건이 그 자체의 명칭을 붙일 만하다고 생각했다.

어휘 eruption 분출 equivalent to ~와 같은 simultaneous 동시의 seismic 지진의 unprecedented 전례 없는 scorching 태우는, 몹시 뜨거운 column 기둥 designation 명칭 aftermath 여파 atypical 이례적인 classification 분류

07

정답 ③

해설 이 글은 우리가 다른 사람들에게 피해를 주면 그 사람을 더 싫어하게 되고, 친절을 베풀면 그 사람을 더 좋아하게 된다는 인간 본성에 대한 연구 결과를 말하고 있다. 우리가 타인에게 피해를 준 사실을 인정하는 순간 자신이 나쁜 사람이 된다는 부조화를 인정하지 못하고 합리화한다는 내용이 이어지고 있으므로, 글의 요지로 가장 적절한 것은 ③ '우리는 합리화를 위해 행동에 따라 감정을 조정하는 경향이 있다.'이다.

① 비이성적인 행동을 정당화하는 것은 다른 사람들과 갈등을 일으킬 뿐이다. → 비이성적인 행동의 정당화에 관한 내용이 아니라, 행동 자체를 정당화하는 이유에 관한 글이다. 또한 행동을 정당화함으로써 내적 갈등이 해소된다는 내용일 뿐, 외적 갈등에 관해선 언급되지 않았다.

② 당신의 정신 건강을 위해 해로운 관계를 멀리해라. → 해로운 관계를 멀리하라는 내용은 언급되지 않았다.

④ 작은 친절한 행동이 더 큰 친절로 되돌아올 것이다. → 내가 누군가에게 친절을 베풀면 내가 그 사람에 대해 긍정적인 감정이 생기게 될 것이라는 내용이지, 상대방의 감정이나 행위에 관해 언급하고 있진 않다.

해석 인간 본성에 대한 연구는 사람들이 다른 사람들에게 피해를 준 후에 그들을 더 싫어한다는 것을 보여준다. 나는 우리가 싫어하는 사람들에게 피해를 준다고 말하지 않았다는 것에 유의하길 바란다. 비록 그게 사실이라 할지라도 말이다. 요점은 우리가 고의든 우연이든, 다른 사람에게 피해를 줄 때, 우리는 무의식적으로 그 사람을 싫어하게 된다는 것이다. 이것은 부조화를 해소하기 위한 시도이다. 발생한 내적 갈등은, "내가 이것을 왜 이 사람한테 했을까?" 하는 것이다. 그다음에 합리화는, "내가 그를 정말 안 좋아하기 때문이고 그는 그래도 싸기 때문이야. 그게 아니라면 난 나쁘거나 경솔한 사람이 되는 건데, 그건 그럴 수 없지."가 된다. 이것은 역으로도 작용한다. 우리는 그 혹은 그녀를 위해 좋은 일을 한 후에 그 사람을 더 좋아한다. 우리가 누군가에게 친절을 베풀면, 우리는 그 사람에 대해 긍정적인 감정을 가지게 될 가능성이 크다.

어휘 on purpose 고의로 by accident 우연히 unconsciously 무의식적으로 dissonance 부조화, 불일치 rationalization 합리화 careless 부주의한, 경솔한 in reverse 반대로 justify 정당화하다 adjust 조정하다

08

정답 ④

해설 인간화하는 일은 조직이 직원의 생각과 느낌을 인식하는 일을 제공할 것을 요구한다는 내용의 주어진 글 다음에는 그것이 무엇을 의미하는지를 설명하는 (C)가 와야 한다. 그다음에는 (C)에서 직원들이 자동화에 직면하여 일회용이거나, 기계적이거나, 상품화된 것으로 느끼는 경험을 To avoid these experiences ~로 받아서 글을 이어가는 (B)가 와야 한다. 마지막으로 (B)에서 언급한 여가(leisure time)를 Leisure itself ~로 받아 그것이 인간화에 있어 중요함을 강조하는 내용으로 글을 마무리하는 (A)가 오는 것이 자연스럽다. 따라서 글의 순서로 가장 적절한 것은 ④ '(C) - (B) - (A)'이다.

해석 인간화는 다른 사람들을 사고하고 느끼는 존재로 인식하는 것을 포함하기 때문에, 인간화하는 일은 조직이 직원의 생각과 느낌을 인식하는 일을 제공할 것을 요구한다. (C) 이것은 사람들에게 의미 있고 도전적인 일을 주고 충분히 그들에게 보상하는 것을 의미하지만, 그것은 또한 무언가를 더 포함한다. 그것은 자동화에 직면하여 직원들이 일회용이거나, 기계적이거나, 상품화된 것으로 느끼지 않도록 보장하는 것을 포함하는데, 사람들은 그 무엇으로도 대체할 수 없으며 대체할 수 없는 것으로 느끼고 싶은 깊은 욕구를 가지고 있다. (B) 이러한 경험을 피하기 위해 조직은 직원들의 가장 특징적인 인적 기술을 동원하는 일을 제공함과 동시에 일에서 사람들의 정체성을 분리할 수 있는 충분한 여가를 제공해야 한다. (A) 여가 그 자체는 로봇이 절대 습득할 수 없는 기술이며, 그러므로 휴식을 통해서든, 음악을 듣든, 아니면 단순히 마음이 표류하도록 하게 하든, 여가를 경험하는 것은 사람들이 자동인형 '그 이상'이라고 느낄 수 있게 한다.

어휘 humanization 인간화 leisure 여가 drift 표류하다 automaton 자동인형(pl. automata) distinctively 특징적으로 sufficient 충분한 detach 분리하다 challenging 도전적인 compensate 보상하다 disposable 일회용의 mechanical 기계적인 commoditize 상품화하다 irreplaceable (대단히 귀중하여) 대체할 수 없는

09

정답 ②

해설 전체 글의 요지는 이슬람교도들에게 요구되는 엄격한 생활 방식에 대한 것이다. 빈칸 앞에서 규율에 무심한 사람들은 이슬람교도가 되기 힘들다는 것을 서술하고 있고, 그 뒤에는 이슬람교도들에게 요구되는 많은 책무에 관해서 서술하고 있다. 따라서, 빈칸에 들어갈 말로 가장 적절한 것은 ② '굉장한 노력과 절제력'이다.

① 가난한 이를 위한 연민 → 이슬람교도들이 지켜야 하는 교리 중 일부만을 서술하고 있다.

③ 너그러움과 사려 깊음 → 가난한 이들을 위한 구호에서 유추할 수는 있겠으나, 구체적으로 명시된 바가 없다.

④ 새벽부터 황혼까지 이어지는 단식 → 이슬람교도들이 지켜야 하는 교리 중 일부일 뿐이다.

해석 이슬람교의 빠른 전파에도 불구하고, 이슬람교는 규정에 무심한 이들을 위한 종교는 아니다. 오히려, 이슬람교의 교리를 준수하는 것은 굉장한 노력과 절제력이 필요하다. 이슬람교도는 새벽 전에 일어나 매일 요구되는 다섯 번의 기도 중 첫 번째 기도를 하는 교리를 지켜야 한다. 그리고 다섯 번의 기도 중 어느 한 기도도 우선 의식에 따라 몸을 씻지 않고서는 할 수가 없다. 수면, 노동, 그리고 오락 활동은 기도 다음의 위치를 차지한다. 라마단 한 달 동안 금식하기, 일생에 적어도 한 번은 메카를 순례하기, 이슬람교를 믿는 가난한 사람들을 구호하기 위해 세금 내기, 그리고 이슬람 교리를 받아들이는 것은 진지하고 힘든 헌신을 요구한다. 대체로 전 세계의 대다수의 이슬람교도는 이러한 교리들을 지킨다.

어휘 casual 무심한, 건성의 adhere to ~을 고수하다 observe 준수하다 prayer 기도 ritually 의식에 따라 cleanse 씻다, 세척하다 recreational 오락의 fasting 단식, 금식 pilgrimage 순례 relief 구호(품) creed (종교적) 교리, 신념 energetic 정력을 요하는, 힘든 commitment 헌신 tenet 교리 sympathy 연민 discipline 절제력 generosity 너그러움 thoughtfulness 사려 깊음 dawn-to-dusk 새벽부터 황혼까지의

10

정답 ②

해설 (A) 앞에서 인간의 동기와 행동 사이의 명백한 불일치에 대한 이해가 장려된다고 한 후, 뒤에서 이 불일치에 대한 예시로서 공정한 할당보다 더 얻으려는 사람들을 언급하므로, (A)에 들어갈 연결사로 가장 적절한 것은 for example이다. 이어서 (B) 앞에서는 사람들이 아낌없이 베풀어야 한다는 말을 듣는다고 한 반면, 뒤에서는 이에 어긋나는 실제 행동들이 언급되므로, (B)에 들어갈 연결사로 적절한 것은 However이다.

해석 젊은 사람들은 세상과 떨어져서 살지 않는다. 그들은 인간의 동기와 행동, 그리고 이것들 사이의 명백한 불일치에 대해 연구하고 그에 대한 이해력을 얻도록 장려된다. 예를 들어, 그들은 생활 필수품의 공정한 분배의 수단으로서의 배급의 가치를 배웠지만, 그들은 평판으로는 정직한 사람들(아마도 그들의 가족 구성원들)이 필수적인 물품의 공정한 할당 그 이상을 얻으려고 시도하는 것을 본 적이 있다. 그들은 모든 사람이 인류의 공익을 위해 자신의 시간, 돈, 서비스를 아낌없이 베풀어야 한다는 말을 듣는다. 그러나 그들은 자신들의 친구들과 친척들이 그들이 하는 일에 대해 과도하게 높은 임금을 요구하는 것과, 그렇게 해서 번 돈을 즉각적인 방종을 위해 쓰는 것을 흔히 본다.

어휘 motive 동기 apparent 명백한 inconsistency 불일치 rationing 배급 distribution 분배 reputedly 평판[소문]으로는 just 공정한 allotment 할당 commodity 상품, 제품 generously 아낌없이 good 이익, 선 relative 친척 excessively 지나치게 wage 임금 immediate 즉각적인 self-indulgence 방종

01	②	02	①	03	①	04	③	05	①
06	④	07	③	08	③	09	③	10	④

01

정답 ②

해설 conceive는 '상상하다'라는 뜻으로, 이와 의미가 가장 가까운 것은 ② 'envision(상상하다)'이다.
① 구체화하다 ③ 수반하다 ④ 활기 있게 하다

해석 그는 양자 컴퓨터의 가능성을 상상한 최초의 과학자들 중 한 명이었다.

어휘 quantum 양자

02

정답 ①

해설 turn a deaf ear to는 '~에 귀를 기울이지 않다'라는 뜻으로, 이와 의미가 가장 가까운 것은 ① 'ignore(무시하다)'이다.
② 강요하다 ③ 받아들이다 ④ 거듭하다

해석 왜 기업들은 그들의 직원들을 잘 대해야 한다는 요구에 귀를 기울이지 않는가?

어휘 treat 대하다

03

정답 ①

해설 의문부사 how가 쓰이는 절은 'how + 형용사/부사 + S + V'의 어순을 취하는데, 뒤에 responded라는 자동사가 왔으므로 이를 수식하는 부사인 carelessly가 적절하게 쓰였다.
② (enough foolish → foolish enough) enough는 형용사나 부사를 수식할 경우 후치 수식해야 하므로, enough foolish를 foolish enough로 고쳐야 한다.
③ (gave it → gave) which는 the book을 선행사로 받는 목적격 관계대명사로 쓰였으므로, 타동사 gave 뒤에 목적어 자리가 비어있어야 한다.
④ (accompany with → accompany) accompany는 전치사 없이 목적어를 바로 취하는 완전타동사이므로, 전치사 with를 삭제해야 한다.

해석 ① 그는 자신이 그녀에게 얼마나 경솔하게 반응했는지 전혀 몰랐다.
② 나는 또 그에게 속을 만큼 어리석었다.
③ 내가 어제 너에게 준 책이 마음에 들었으면 좋겠다.
④ 그 강좌를 가르치는 강사가 우리와 동행할 것이다.

어휘 carelessly 경솔하게, 부주의하게 deceive 속이다 accompany 동행하다

04

정답 ③

해설 (very → so) '너무 ~해서 ~하다'의 의미를 가지는 'so ~ that' 구문에서, so 대신에 very를 쓸 수 없다.
① 'A에게 B를 알리다'라는 의미의 구문인 'inform A of B'가 적절하게 쓰였다. 또한 문맥상 (늦어도) 내일까지 알려달라고 했으므로, 전치사 by의 쓰임도 적절하다.
② order와 같은 주장·요구·명령·제안·충고·결정 동사가 당위의 의미를 지니는 that절을 목적어로 취할 때, that절 내의 동사는 '(should) + RV'로 표현하므로 waive는 적절하게 쓰였다.
④ if가 이끄는 조건의 부사절에서는 현재시제가 미래시제를 대신하므로, require는 적절하게 쓰였다. 또한 추가 요금이 '부과되는' 것이므로, 수동태인 will be charged도 적절하게 쓰였다.

어휘 terms 조건 waive 포기하다, 면제하다 fee 요금 nonprofit 비영리적인

05

정답 ①

해설 여행에 대해 얘기하고 있는 와중에 B가 여행에 돈을 너무 많이 썼다며 여행이 끝나면 지출을 줄여야 한다고 했다. 이에 대한 A의 대답(빈칸 내용)에 대해 B는 긍정하며 그냥 여행을 즐기자고 했으므로, 빈칸에 들어갈 말로 가장 적절한 것은 ① '지금 그것을 생각하진 말자'이다.
② 우리 신용카드가 너무 많아
③ 나 그 크루즈 여행에서 뱃멀미 심하게 했어
④ 다음에 넌 더 많은 활동을 계획해야 해

해석 A: 난 우리가 이 섬을 여행하기로 선택해서 너무 기뻐. 난 여기서 영원히 살 수도 있어.
B: 내 말이. 우리 계획된 활동들도 엄청 많아.
A: 응, 크루즈 여행이 정말 기대돼.
B: 근데 알다시피, 이 여행 이후에 우리 지출을 줄여야 해. 이 여행에 돈이 너무 많이 들었어.
A: 지금 그것을 생각하진 말자.
B: 네 말이 맞아. 그냥 이 순간을 즐기자.

어휘 fortune 거금 credit card 신용카드 feel seasick 뱃멀미를 하다

06

정답 ④

해설 마지막 2번째 문장에서 스키너 상자는 상자 속의 피실험 동물이 외부 자극을 받을 수 없도록 막혀 있는 것이 일반적이라고 하므로, 글의 내용과 일치하지 않는 것은 ④ '스키너 상자는 상자 안의 동물이 외부 자극에 반응할 수 있도록 개방돼 있다.'이다.

① 스키너 상자는 1930년대에 고안되었으며, 제작자로부터 그 이름을 얻었다. → 첫 문장에서 언급된 내용이다.

② 스키너 상자에는 실험 대상이 쉽게 조작할 수 있는 하나 이상의 물체가 장착되어 있다. → 2번째 문장에서 언급된 내용이다.

③ 어떤 경우에는, 빛뿐만 아니라 전기가 흐르는 바닥도 자극으로 사용된다. → 4, 5번째 문장에서 언급된 내용이다.

해석 흔히 스키너 상자라고 알려진 조작적 조건 형성 상자는 B.F. Skinner에 의해 1930년대에 개발되었던 실험 도구이다. 구체적인 디자인은 동물의 종류와 실험 변수에 따라 달라질 수 있지만, 일반적으로 이것은 동물이 조작할 수 있는 최소 하나의 레버, 막대, 또는 키를 포함한다. 레버를 누르면 음식, 물, 또는 무언가 다른 종류의 강화물이 제공될 수도 있다. 빛, 소리, 이미지를 포함한 다른 자극도 제시될 수 있다. 경우에 따라서는 상자 바닥에 전기가 통할 수 있다. 스키너 상자는 동물이 다른 자극을 경험하지 않게 하기 위해서 일반적으로 막혀 있다. 이 장치를 이용하여, 연구자들은 매우 통제된 환경에서 행동을 주의 깊게 연구할 수 있다.

어휘 operant conditioning 조작적 조건 형성(어떤 행동에 선택적으로 보상하여 행동의 강화 또는 억제를 끌어내는 것) chamber 공간, 방 colloquially 일상적인 말로 laboratory 실험실 variable 변수 manipulate 조작하다 reinforcement 강화 dispense 내놓다, 제공하다 devise 고안하다 be equipped with ~을 갖추다

07

정답 ③

해설 고대 메소포타미아 지역은 물과 토양이 풍부했지만 금속, 목재, 석재 등 다른 전략적 자원이 부족했기에, 타 지역과 서로의 잉여 생산물을 교환함으로써 경제와 문명을 유지해 나가야 했다는 내용의 글이다. 따라서 글의 제목으로 가장 적절한 것은 ③ '고대 메소포타미아에서의 생존을 위한 무역'이다.

① 메소포타미아 제국의 흥망성쇠 → 메소포타미아의 생존을 위한 무역이 흥망성쇠와 연관될 수는 있으나, 그 흥망성쇠를 설명하고 있지는 않다.

② 원자재 부족: 그 중대한 이유 → 고대 메소포타미아 지역에서의 자원 부족이 언급되기는 하지만, 이는 교역의 필요성을 설명하기 위한 부수적 소재일 뿐이며, 자원 부족에 대한 이유들을 나열하고 있지도 않다.

④ 석유: 인류의 가장 큰 걱정거리

해석 현대 서양은 지구상에서 정치적으로 가장 불안정한 지역에서 나는 석유에 의존하고 있는 상태임을 걱정하지만, 고대 메소포타미아의 곤경은 훨씬 더 심각했다. 강 사이의 평평한 충적토 지대는 물과 토양만 과도하게 지녀서, 풍부한 양의 보리, 에머 밀, 물고기, 양모를 생산해 냈다. 하지만 이 고대 문명의 요람에는 금속, 큰 목재, 그리고 심지어 건축용 돌과 같은, 당대의 전략적 자재가 거의 전혀 없었다. 수메르인, 아카드인, 아시리아인, 그리고 마지막으로 바빌로니아인까지, 메소포타미아의 위대한 제국들의 생존이야말로 그들의 잉여 식량을 오만과 시나이족의 금속, 아나톨리아와 페르시아의 화강암과 대리석, 레바논의 목재와 교역하는 것에 달려 있었다.

어휘 dependency 의존 unstable 불안정한 plight 곤경 alluvial (하천에 의해 퇴적되어 생긴) 충적토의 possess 지니다, 소유하다 excess 과다 yield 산출하다 abundance 풍부함 barley 보리 wheat 밀 cradle 요람 devoid ~이 전혀 없는 strategic 전략적인 timber 목재 hinge on ~에 달려 있다 surplus 잉여, 과잉 granite 화강암 lumber 목재 rise and fall 흥망성쇠 shortage 부족

08

정답 ③

해설 집단면역의 개념을 설명하는 내용의 글이다. 주어진 문장은 전염성이 강할수록 면역된 사람의 수가 더 많이 필요하다는 내용이므로 집단 면역 형성이 어려운 경우를 설명하고 있다. 따라서 문맥상 글 중반부에 However로 시작하는 문장 뒤에 위치해야 함을 알 수 있다. 이때, ③ 다음 문장에서 전염성이 강한 질병의 예시로 홍역을 언급하며, 이어진 문장에서 이 경우에 집단 면역 형성을 위해선 대부분의 사람이 면역되어야 한다는 내용이 자연스럽게 이어진다. 따라서 홍역은 주어진 문장에 대한 예시임을 알 수 있으므로, 주어진 문장이 들어갈 위치로 가장 적절한 곳은 ③이다.

해석 집단면역은 사람들이 예방 접종이나 이전의 감염을 통해 면역이 되었을 때 발생하는 전염병으로부터의 간접적 보호책이다. 일단 집단면역이 한동안 확립되고, 질병의 확산 능력이 저해되고 나면, 그 질병은 결국 제거될 수 있다. 하지만, 집단면역을 달성하는 것은 매우 어려울 수 있고, 그것이 매우 오래 지속되는 것이 항상 가능한 것은 아니다. 그리고, 질병의 전염성이 더 강할수록, 집단면역을 확보하기 위해 필요한 면역된 사람들의 수도 더 많아진다. 예를 들어, 홍역은 전염성이 매우 강하며 홍역에 걸린 한 사람이 최대 18명까지 감염시킬 수 있다. 이것은 큰 집단이 집단면역을 가지기 위해서는 약 95%의 사람들이 면역될 필요가 있다는 것을 의미한다.

어휘 infectious 전염되는, 전염성의 immune 면역력이 있는, 면역된 herd immunity 집단면역 contagious 전염성이 있는 vaccination 예방 접종 hinder 저해하다 eliminate 없애다, 제거하다 challenging 힘든, 어려운 measles 홍역

09

정답 ③

해설 언어의 격식과 비격식을 나타낼 때, 다른 나라들과는 다른 한국 사회에서의 특징을 설명하는 글이다. 한국에서 언어는 계층 체계를 드러낸다고 했고, 성별이나 친밀함의 정도에 따라서도 언어의 격식이 다르다고 언급되었다. 따라서 빈칸에 들어갈 말로 가장 적절한 것은 ③ '인간관계의 차이점을 인지하는'이다.

① 공감 능력을 보여주는 → 공감 능력에 관해선 언급되지 않았다.

② 다양한 사투리를 잘 이해하는 → 지역 간이 아닌, 관계 간 차이 나는 언어의 사용에 관한 내용이다.

④ 격식을 차리지 않고 의견을 말하는 → 격식을 차리지 않고 의견을 말하는 것은 계층 체계를 고려하지 않는다는 의미이므로, 빈칸에 들어갈 내용과 반대된다.

해석 언어의 격식과 비격식을 나타내는 데에 있어, 커다란 문화적 차이점들이 존재한다. 미국, 캐나다, 호주와 같은 나라에서의 대화를 특징짓는 비격식적인 접근 방식은 언어의 격식이 사회적 위치를 정의하는 아시아의 많은 지역에서 적절한 언어를 사용하는 것에 대해 보이는 우려와는 상당히 다르다. 예를 들어, 한국에서 언어는 대인 간 계층 체계를 드러낸다. 한국 사람들은 다른 성별, 사회적 지위 수준, 친밀한 정도, 그리고 사회적 행사의 종류에 따라 특별한 어휘를 가진다. 심지어 오래된 친구들, 지인, 그리고 완전히 낯선 사람과의 대화를 위한 격식의 정도에도 차이가 존재한다. 한국 사회에서 교육받은 사람임을 보여주는 증표는 인간관계의 차이점을 인지하는 방식으로 언어를 사용하는 능력일 수 있다.

어휘 when it comes to ~에 관한 한 display 전시, 표현 formality 격식 characterize ~을 특징으로 하다 define 정의하다 interpersonal 대인관계에 관련된 hierarchy 계급, 계층 vocabulary 어휘 status 지위 intimacy 친밀함 occasion 행사, 때 acquaintance 지인 learned 교육받은, 박식한 empathy 공감 dialect 사투리 distinction 차이, 구분

손글씨 필기노트, 해설지, 백지복습지 다운로드 http://cafe.naver.com/shimson2000

10

정답 ④

해설 사람의 행동과 정신적 과정을 생물학적인 측면을 통해서만 이해할 수는 없다는 내용의 글이다. 이처럼 생물학적 설명이 전부가 아니라는 것을 보여주는, 금연에 성공한 사람들(이전 흡연자들)의 예시를 소개한 뒤에, 사람들이 내릴 결정을 알아내기 위해 심리학자들이 그들의 행동을 예측한다고 하는 부분은 연관성이 떨어진다. 따라서 ④가 글의 흐름상 가장 어색한 문장이다.

해석 과학 심리학자들은 모든 생각, 모든 느낌, 그리고 모든 행동이 어떻게든 신경계에서 표현되고, 그러한 사건의 어떤 것도 그것 없이는 일어날 수 없었을 것이라고 말할 때 의심할 여지 없이 옳다. 그러나 우리는 심리학에서 생물학적 설명을 지나치게 단순화하거나 지나치게 강조하지 않도록 주의해야 한다. 예를 들어, 많은 사람들은 행동이나 정신적 과정이 강력한 생물학적 기초를 가지고 있다면, 그것은 우리의 통제를 벗어난다고, 즉 '생물학이 운명'이라고 생각한다. 그에 맞춰, 많은 흡연자들은 니코틴에 대한 자신들의 생물학적 중독이 그들을 실패에 처하게 할 것이라고 확신하기 때문에 (담배를) 끊으려는 시도조차 하지 않는다. 수백만 명의 이전 흡연자들을 통해 확인할 수 있는 것처럼, 이것은 반드시 사실인 것은 아니다. (행동을 예측함으로써, 심리학자들은 어떤 사람이 특정한 상황에 직면할 때 건강하거나 건강하지 못한 결정을 내릴 것인지를 알아내려고 노력한다.) 모든 행동과 정신적 과정이 생물학적 과정에 근거하고 있다는 사실은 그것이 생물학적 과정만의 연구를 통해 온전히 이해될 수 있다는 것을 의미하지는 않는다.

어휘 nervous 신경의 oversimplify 지나치게 단순화하다 overemphasize 지나치게 강조하다 biological 생물(학)적인 quit 그만두다 addiction 중독 doom 운명을 맞게 하다 confirm 확인해 주다 determine 알아내다 confront 직면하게 하다

01	②	02	④	03	①	04	③	05	④
06	④	07	③	08	④	09	④	10	③

01

정답 ②

해설 apex는 '정점'이라는 뜻으로, 이와 의미가 가장 가까운 것은 ② 'summit (정점)'이다.

① 최하점 ③ 촉매 ④ 결점

해석 불교의 근간은 도덕이고, 지혜는 그것의 정점이다.

어휘 Buddhism 불교

02

정답 ④

해설 빈칸에는 깜짝 생일 파티를 준비하고 있는 상황에서 you에게 할 수 있는 당부의 말이 들어가야 한다. 따라서 빈칸에 들어갈 말로 가장 적절한 것은 ④ 'let the cat out of the bag(비밀을 누설하다)'이다.

① 헛수고하다 ② 긁어 부스럼 만들지 않다 ③ 더 중요한 일이 있다

해석 나는 그녀를 위해 깜짝 생일 파티를 계획하고 있으니 너는 비밀을 누설해서는 안 된다.

03

정답 ①

해설 (that → which) 관계대명사 that은 콤마 뒤에서 쓸 수 없고, 주어가 없는 불완전한 절이므로 주격 관계대명사 which로 고쳐야 한다.

② 전치사 of 뒤에 동명사인 engaging이 적절하게 쓰였다. engage in은 '~에 관여하다'라는 의미로 쓰인다.

③ foster는 문맥상 문장의 동사인 teach와 병렬 구조를 이루고 있으므로 적절하게 쓰였다.

④ them은 앞에 나온 복수명사 people을 지칭하므로 수에 맞게 쓰였다.

해석 궁핍한 생활의 심리적 영향은 약물 남용으로 이어질 수 있는데 이는 그 자체로 범죄가 될 수 있고, 그것은 또한 다른 범죄 활동으로도 이어질 수 있다. 게다가, 다른 범죄자들과의 근접성은 교육과 기회를 통해 범죄에 관여할 가능성을 높일 수 있다. 범죄자들은 다른 사람들에게 잡히지 않고 법을 어기는 방법을 가르치고 부정적인 생각을 조장한다. 도심 빈민가에서 사는 것은 사람들이 범죄에 관여할 가능성을 높일 뿐 아니라, 범죄의 희생자가 될 가능성도 높인다.

어휘 psychological 심리적인 destitution 빈곤, 궁핍 abuse 남용 proximity 가까움, 근접 likelihood 가능성 foster 조장하다 slum 빈민가 victim 희생자

04

정답 ③

해설 find가 5형식 동사로 쓰여 to 부정사나 that절을 목적어로 취할 때 'find + 가목적어 it + 목적격 보어 + to RV/that절'의 구조를 취하므로 적절하게 쓰였다.

① (the way 또는 how 삭제) the way와 how는 동시에 쓸 수 없으므로, 둘 중에 하나를 삭제해야 한다.

② (does not improve → improves) unless는 자체에 부정의 뜻을 포함하는 접속사이므로, unless절에 부정의 뜻을 갖는 not이나 never를 중복해서 쓸 수 없다.

④ (if → whether) if가 명사절로 사용될 경우, 타동사의 목적어로는 사용할 수 있지만 전치사의 목적어, 주어로는 쓸 수 없다. 반면에 whether는 위의 모든 경우에 사용 가능하므로 if를 whether로 고쳐야 한다.

어휘 mechanical 기계식의 bankrupt 파산한

05

정답 ④

해설 B가 친구에게 돌려줘야 하는 책이 없어졌다는 사실을 깨달은 상황이다. B는 빈칸 내용에 대해서 그렇게 못하겠다고 하며 친구가 화낼 것을 걱정하고 있다. 따라서 빈칸에 들어갈 말로 가장 적절한 것은 ④ '그녀한테 사실대로 말했어'이다.

① 네가 그것을 어디서 잃어버렸는지 기억할 수 있어
② 그에게 다른 책을 줘야 해
③ 그녀를 용서할 수 있겠어

해석 A: 안녕, 왜 그렇게 울상이야? 무슨 문제라도 있어?
B: 음, 내 친구가 내가 빌렸던 책을 돌려달라고 했어.
A: 그런데?
B: 난 그것을 돌려줬다고 생각했는데, 걔는 받은 적이 없대.
A: 그래서 책은 어떻게 됐는데?
B: 오빠가 나한테 말도 없이 가져간 모양이야. 그리고 설상가상으로 잃어버리기까지 했대.
A: 그녀한테 사실대로 말했어?
B: 그렇게 못하겠어. 그녀가 나한테 엄청 화낼 거야.

어휘 long face 울상 apparently 듣자 하니 what's worse 설상가상으로

06

정답 ④

해설 마지막 2번째 문장에서 눈에 보이는 우주의 약 99%가 플라스마로 이루어졌다고 했고, 마지막 문장에서 밤하늘의 별이나 극지방의 오로라의 형태로 플라스마가 빛난다고 했으므로, 플라스마를 자연에서 실제로 관측할 수 있음을 알 수 있다. 따라서 글의 내용과 일치하지 않는 것은 ④ '사람의 눈은 플라스마가 발산하는 빛을 감지할 수 없다.'이다.

① 에너지를 더하는 것은 액체를 기체로 바꿀 수 있다. → 2번째 문장에서 언급된 내용이다.

② 상반된 전하를 가진 입자들이 플라스마를 형성한다. → 3번째 문장에서 언급된 내용이다.

③ 플라스마 기술은 다양한 산업에서 사용된다. → 4번째 문장에서 언급된 내용이다.

해석 플라스마는 물질의 네 번째 상태라고 불리며, 나머지 셋은 고체, 액체, 기체이다. 에너지가 더해지면 액체가 기체로 변하는 것처럼, 기체를 가열하면 플라스마가 형성될 것이다. 기체가 과열되면, 그 물질은 양전하를 띤 입자(이온)와 음전하를 띤 입자(전자)의 혼합물이 된다. 비록 당신은 플라스마가 너무 이론적이고 우리의 일상생활과 동떨어진 것처럼 보인다고 생각할 수도 있지만, 플라스마의 작용과 성질은 램프, 레이저, 의료기기, 에너지 변환기, 정수기, 그리고 평판 영상 디스플레이에 활용된다. 사실, 눈에 보이는 우주의 약 99%가 플라스마로 이루어져 있다. 밤하늘에서, 플라스마는 별, 성운, 그리고 심지어 북극과 남극 위에서 때때로 물결치는 오로라의 형태로 빛난다.

어휘 state 상태 matter 물질 charged 대전된, 전하를 띤 particle 입자 theoretical 이론의, 이론적인 property 속성, 특성 utilize 활용하다, 이용하다 converter 변환기 water purifier 정수기 flat-panel 평판형의 nebula 성운 detect 감지하다

07

정답 ③

해설 사람들은 과거에 자신이 한 말이 타인에게 상처를 주거나 부정적 영향을 주었을 때 이를 의식하며, 자신에 대한 그 사람의 평가 또한 의식하기에 자신이 했던 말을 부정하거나 거짓말을 하게 된다는 내용을 다룬 글이다. 따라서 글의 주제로 가장 적절한 것은 ③ '과거의 말을 바꾸는 이면의 동기'이다.

① 과거 트라우마에 대한 대응 기제로서의 거짓말 → 과거 트라우마에 관해서는 언급되지 않았다.

② 사실을 부인하는 것의 알려지지 않은 결과 → 사실을 부인하는 것에 대한 결과가 아니라 동기를 설명하는 글이다.

④ 상처받은 당사자와의 의사소통 전략 → 상처받은 사람과의 의사소통 전략들을 소개하는 글이 아니다.

해석 어떤 사람이 특정 집단과 이야기할 때 특정 주제에 대해 강한 의견을 말할 수 있지만, 정반대 의견을 가진 다른 그룹과 이야기할 때는 그 주제에 대해 다르게 느낄 수 있다. 흔히 사람들은 자기 말이 다른 사람들에게 어떤 영향을 미칠 수 있는지 고려하지 않고 말한다. 자신이 말한 것이 누군가에게 부정적인 영향을 미쳤다는 것을 그들이 알게 되면, 그들은 그 말을 하지 않았더라면 좋았을 텐데 하고 바란다. (그 말을 했던) 바로 그 사람이 나중에는 자신은 그 말을 하지 않았고, 그런 의도가 아니었으며, 실제로는 다른 말을 한 것이라고 주장할 수도 있다. 그 사람은 자신이 전에 말했던 의견을 원래 했던 말과 같은 정도로 강조하여 부정할 것이다. 형편없이 표현된 발언의 충격을 완화하고자 노력하는 것은 화자가 상처받은 당사자를 신경 쓴다는 것을 보여줄 뿐 아니라, 상처받은 당사자에게 자신이 어떻게 인식되는지 신경 쓴다는 것도 보여준다. 다른 사람들에게 기분 좋게 인식되고 싶은 바로 그 욕망이 그 사람으로 하여금 거짓말을 하고 (자기 말을) 부정하도록 동기를 부여한다.

어휘 voice 말로 표현하다 oppositely 정반대로 comment 발언, 언급 deny 부정하다 state 말하다 emphasis 강조 impact 여파, 충격 party 당사자 pleasantly 기분 좋게, 유쾌하게 motivate 동기를 부여하다 coping mechanism 대응 기제 reword 바꿔 말하다

손글씨 필기노트, 해설지, 백지복습지 다운로드 http://cafe.naver.com/shimson2000

08

④

해설 마지노선이라는 방어선의 의미와 요새화를 설명하는 주어진 글 다음에는, 마지노선을 It으로 받아 강력한 포격이나 독가스에도 잘 견딜 수 있도록 설계되었다는 내용의 (C)가 오는 것이 자연스럽다. 그다음에는 Nevertheless로 연결되어 마지노선이 실제로는 실패한 전략이 되었다는 내용인 (B)가 오는 것이 자연스럽고, 실패의 원인에 대한 분석인 (A)로 글을 마무리하는 것이 적절하다. 따라서 글의 순서로 가장 적절한 것은 ④ '(C) - (B) - (A)'이다.

해석 프랑스가 독일의 침공을 막기 위해 국경선을 따라 건설한 방어선인 마지노선은 철근 콘크리트와 땅속 깊숙이 박힌 5,500만 톤의 강철로 요새화되었다. (C) 그것은 강력한 포격, 독가스, 그리고 독일군이 그것에 던질 수 있는 다른 어떤 것도 견딜 수 있도록 설계되었다. (B) 그럼에도 불구하고, 2차 세계대전이 발발한 후 프랑스의 구제자 역할을 하기로 되어 있었던 그 요새화된 국경은 실패한 전략의 상징이 되었다. (A) 지도자들은 과거 전쟁의 전술과 기술에 대항하는 데 집중했고, 빠르게 움직이는 장갑차로부터의 새로운 위협에 대비하는 데 실패했다.

어휘 array 집합체, 배열 defense 방어 시설 deter 단념시키다, 막다 invasion 침공 fortify 강화하다, 요새화하다 reinforced concrete 철근[강화] 콘크리트 embed 박다, 끼워 넣다 counter 대항하다 tactic 전술 break out 발발하다 salvation 구제, 구제자 withstand 견뎌 내다 artillery fire 포격

09

정답 ④

해설 인간의 공격적 성향이 본성적이고 자율적이라는 Freud의 믿음을 반박한 글이다. 6번째 줄의 However 뒤로 인간의 공격성이 다른 기본적 욕구처럼 자발적이고 자연적이지 않다는 내용이 주로 제시된다. 따라서 Freud의 이론에 관해 최종적으로 판단하는 빈칸에 들어갈 말로 가장 적절한 것은 ④ '미신에 불과하다'이다.

① 자기 파괴적 충동을 과소평가한다 → Rillaer는 Freud가 주장했던 인간에 내재된 공격성이 개인 자신을 파괴하면서까지 표면화되는 물질이 아니라고 하는 등 자기 파괴적 충동을 부인하며 Freud의 이론을 비판하였으므로, 반대로 Freud는 오히려 자기 파괴적 충동을 과대평가한 것에 가깝다.
② 우리의 폭력적인 성향을 밝혀준다 → Freud의 이론이 우리의 폭력적인 성향을 밝혀주는 것은 맞지만, 빈칸에는 이 부분을 비판하는 내용이 와야 한다.
③ 살인에 대한 우리의 생각을 반박한다 → '우리의 생각'은 구체적으로 명시되지 않았으며, 화자인 Rillaer와 같은 생각으로 본다고 해도 '우리의 생각'이 Freud 파의 이론을 반박하는 내용이므로 선후관계가 잘못되었다.

해석 Freud에 따르면, 성경 계명인 "죽이지 말지어다"는 바로 우리가 끝없이 길게 이어진 살인자 세대의 후손이라는 증거이다. 그는 공격적인 경향은 인간에게 있어 본래의 자율적 성향이라고 주장했다. 하지만, 생리학자들도 심리학자들도 적대감에 대한 그렇게 자발적인 충동의 존재를 입증할 수는 없었다. 공격성은 배고픔, 갈증 또는 활동 및 사회적 접촉의 욕구에 비교할 만한 자연적 동기로 나타나지 않는다. 심리학자 Jacques Van Rillaer에 따르면, "공격성은 개인이 자신을 파괴하는 처벌을 받으며 표면해야 하는, 유기체에 의해 만들어지는 물질의 일종이 아니다. 방어 및 공격 행동을 이해하려면 불가사의한 죽음의 충동의 행동을 들먹이는 것보다도 대상과 타인, 그리고 자기 자신과의 관계에 대해 궁금해 하는 것이 훨씬 더 유용하다. 이 Freud 파의 이론은 미신에 불과하다."

어휘 biblical 성경의 commandment 계명 be descended from ~로부터 내려오다, ~의 후손이다 assert 주장하다 aggression 공격성 autonomous 자율적인 disposition 성향 physiologist 생리학자 spontaneous 자발적인 impulse 충동 hostility 적의 comparable to ~에 맞먹는 organism 유기체 externalize 표면화하다 infinitely 대단히, 엄청나게 invoke 들먹이다 understate 과소평가하다 shed light on ~을 밝히다 refute 반박하다

10

정답 ③

해설 화자는 보스턴에서 뉴욕으로 가는 기차에서 여자 친구에게 자신의 문제에 관해 불평불만을 이야기하는 한 남자 옆에 앉아서, 그가 하는 말에 매우 짜증을 느끼고 있었다. 좌석이 만석이라 다른 좌석으로 옮길 수도 없는 상황에서, 그곳에 있지 않은 사람처럼 대해지는 것에 대해 분노의 감정이 치밀어 오르는 것을 느끼는 상황이다. 따라서 화자의 심경으로 가장 적절한 것은 ③ '짜증 나고 분개한'이다.
① 차분하고 무관심한
② 안심하고 감사하는
④ 슬프고 실망한

해석 최근 보스턴에서 뉴욕으로 가는 기차 여행에서, 나는 여자 친구에게 자신의 문제에 관해 이야기를 하고 있던 한 남자 옆에 앉아 있었다. 그는 최근에 한바탕 거하게 술을 마셨고, 그의 아버지는 더 이상 그의 수입을 보충해주려고 하지 않는다. 그는 자기 여자 친구가 돈을 너무 많이 쓴다고 생각하고, 그는 그녀의 십 대 딸을 좋아하지 않는다. 나는 그가 하고 있는 말을 듣고 매우 짜증이 났다. 그래서 나는 다른 좌석을 찾으려고 통로를 왔다 갔다 했지만, 기차는 만석이었다. 나는 불평하는 사람 바로 옆의 내 좌석으로 되돌아오는 것 이외에 선택의 여지가 없었다. 나는 그가 내게 불평을 하고 있었던 것은 아니라는 것을 알고 있지만, 나는 내가 사라지기를 정말로 바랐다. 어쩌면 그럴 필요가 없었는지도 모른다. 나는 그곳에 있지 않은 것처럼 이미 대해지고 있었다. 나는 갑작스럽게 분노가 치밀어 오르는 것을 느꼈다.

어휘 bout 한바탕, 한차례 supplement 보충하다 annoyed 짜증이 나는 aisle 통로 complainer 불평하는 사람 surge 치밀어 오름, 급증

Shimson_lab
110
손글씨 필기노트, 해설지, 백지복습지 다운로드 http://cafe.naver.com/shimson2000

01	①	02	②	03	②	04	②	05	②
06	②	07	①	08	②	09	④	10	①

01

정답 ①

해설 plight는 '곤경'이라는 뜻으로, 이와 의미가 가장 가까운 것은 ① 'quandary(곤경)'이다.

② 경솔 ③ 행복감 ④ 편협함

해석 법의 존엄성보다 더 중요한 것은 특정 사건에서 개별 당사자들의 곤경이 었다.

어휘 sanctity 존엄성, 신성함 party 당사자

02

정답 ②

해설 set store by는 '중시하다, 존중하다'라는 뜻으로, 이와 의미가 가장 가까운 것은 ② 'respect(존중하다)'이다.

① 깨뜨리다 ③ 부활시키다 ④ 유지하다

해석 대다수의 젊은이들이 전통을 존중하는 것은 매우 중요하다.

03

정답 ②

해설 over the past 2 years라는 기간 명사가 나왔으므로 현재완료시제가 쓰인 것은 적절하고, 주어인 비용이 '절감되는' 것이므로 수동태도 적절하게 쓰였다.

① (are → is) All of 뒤에 불가산명사인 information이 나왔으므로, 복수동사 are를 단수동사 is로 고쳐야 한다.

③ (inevitably → inevitable) 2형식 동사 become 뒤에는 주격 보어로 부사가 아닌 형용사가 와야 한다.

④ (while → during) while은 접속사라 뒤에 절이 와야 하는데, 여기서는 the recession이라는 명사가 나왔다. 따라서 접속사 while을 전치사 during으로 고쳐야 한다.

해석 ① 모든 관련 연락처 정보는 웹사이트에 게시되어 있다.

② 지난 2년 동안 비용이 20% 절감되었다.

③ 디지털 전환은 모든 사업의 성공을 위해 불가피해졌다.

④ 개발도상국들의 많은 일자리가 불경기 동안 사라졌다.

어휘 post 게시하다 inevitably 불가피하게 recession 불경기

04

정답 ②

해설 (Whom → Who) think와 같은 동사가 쓰인 의문문에서 의문사가 문두에 위치한 것은 적절하지만, Whom은 목적격이므로 will score의 주어 역할을 할 수 없다. 따라서 Whom을 주격인 Who로 고쳐야 한다.

① convince는 '~을 확신시키다'라는 뜻이다. 'convince O that절'이 수동태가 되면 'be convinced that절'이 되어 '~라는 것을 확신하다'라는 뜻이 된다.

③ cause가 5형식 동사로 쓰이면 목적격 보어에 to RV를 취한다.

④ '~하는 데 사용되다'라는 의미의 'be used to RV'가 적절하게 쓰였다. '~하는 데 익숙하다'라는 의미의 'be used to RVing'와의 구분에 유의해야 한다.

어휘 alien 외계인 score 득점하다 resign 사임하다 stimulate 활발하게 하다

05

정답 ②

해설 빈칸 앞에서 도와줄 게 없냐는 B의 질문에, A가 빈칸 뒤에서 B가 케이크를 가져오기로 약속했다고 상기시키는 것으로 보아, A는 B가 그 약속을 잊었을 것을 염려했음을 알 수 있다. 따라서 빈칸에 들어갈 말로 가장 적절한 것은 ② '설마 잊은 건 아니겠지'이다.

① 물어봐 주다니 참 다정하다

③ 네가 그녀를 데리러 갈 수 있다면 좋을 텐데

④ 내 생일을 기억하는 것부터 시작해 봐

해석 A: 우리 엄마 깜짝 생일 파티가 너무 기대돼.

B: 좋겠다! 내가 뭐 도와줄 수 있어?

A: 설마 잊은 건 아니겠지. 케이크 가져오겠다고 약속했잖아.

B: 오, 맙소사! 완전히 까먹었어. 지금 바로 갈게.

어휘 slip one's mind 깜빡 잊어버리다 pick sb up ~을 (차에) 태우러 가다

06

정답 ②

해설 마지막 2번째 문장에서 Linnaeus의 명명법에 하나의 라틴어 이름이 사용된다는 것을 알 수 있다. 따라서 글의 내용과 일치하지 않는 것은 ② 'Linnaeus는 분류를 위해 라틴어를 사용하는 것에 반대했다.'이다.
① 생물학자들은 긴 어구를 붙여 유기체를 명명하곤 했다. → 3번째 문장에서 언급된 내용이다.
③ Homo sapiens라는 이름은 Linnaeus의 분류 체계에서 비롯된 것이다. → 마지막 두 문장에서 언급된 내용이다.
④ 유럽으로의 새로운 종의 수입은 더 나은 명명법을 필요로 했다. → 5번째 문장에서 언급된 내용이다.

해석 18세기에 스웨덴의 생물학자 Carl Linnaeus는 생물을 분류하는 체계를 공표했다. Linnaeus 이전에, 종의 명명 관행은 다양했다. 생물학자들은 그들이 기술하는 종에 길고 읽기 어려운 라틴어 이름을 부여했는데, 이것은 마음대로 바꿀 수 있어서, 한 유기체가 다양한 이름들을 가질 수도 있었다. 예를 들어, 일반적인 야생 들장미는 Rosa sylvestris inodora seu canina, 그리고 Rosa sylvestris alba cum rubore, folio glabro로 불렸다. 실용적인 명명 체계의 필요성은 전 세계에서 유럽으로 들어오는 엄청난 수의 새로운 식물과 동물들로 인해 훨씬 더 커졌다. Linnaeus는 속을 나타내기 위한 하나의 라틴어 이름과 종을 위한 하나의 약칭을 지정함으로써 명명을 매우 단순화했다. 그 두 이름은 이명법으로 된 종의 이름을 이루는데, 가장 잘 알려진 것은 단연 Homo sapiens이다.

어휘 classify 분류하다 practice 관행, 관습 unwieldy 다루기 어려운 alter 바꾸다 at will 마음대로 workable 실행할 수 있는 simplify 단순화하다 immensely 엄청나게, 대단히 designate 지정하다 indicate 나타내다 shorthand 약칭 be derived from ~에서 비롯되다 binomial (속명과 종명으로 된) 이명법의

07

정답 ①

해설 이 글은 삼림 벌채의 정의와 원인을 설명하고 있다. 삼림 벌채의 주요 원인으로 농작물 수확, 소 방목, 야자유 농장 개간을 제시하고 있다. 따라서 글의 제목으로 가장 적절한 것은 ① '왜 우리는 숲을 잃고 있을까?'이다.
② 삼림 벌채가 생태계에 미치는 영향들 → 마지막 문장에서 삼림 벌채가 생태계에 끼치는 해로운 영향을 두 배로 늘린다고 언급되긴 하나 야자유 농장 개간에 관한 부연에 불과하며, 삼림 벌채의 영향들을 구체적으로 제시하는 글 또한 아니다.
③ 삼림 벌채에 대한 해결책은 존재하는가? → 삼림 벌채의 해결책에 관해서는 언급되지 않았다.
④ 삼림 벌채: 야생동물 멸종으로 가는 길

해석 삼림 벌채는 숲 외의 무언가를 위한 공간을 만들기 위해 나무를 영구적으로 제거하는 것이다. 과학자들은 스위스 크기(14,800제곱마일)의 지역이 매년 삼림 벌채로 손실된다고 추정한다. 인간이 붙이는 불은 보통 농사용 땅을 개간하는 데 사용된다. 일꾼들은 귀중한 목재를 수확한 다음, 콩 같은 작물이나 소 방목을 위한 길을 내기 위해 남은 초목을 태운다. 게다가 많은 숲이 야자유 농장을 위한 길을 내기 위해 개간된다. 야자유는 가장 흔하게 생산되는 식물성 기름이며 모든 슈퍼마켓 제품의 절반에서 발견된다. 기름을 생산하는 나무를 기르는 것은 토착 숲의 파괴와 지역 이탄지의 파괴를 필요로 하는데, 이는 생태계에 끼치는 해로운 영향을 두 배로 늘린다.

어휘 deforestation 삼림 벌채 permanent 영구적인 estimate 추정하다 human-lit 인간이 (불) 붙인 clear 개간하다 agricultural 농업의 harvest 수확하다 timber 목재 vegetation 초목 graze 방목하다 palm 야자수 plantation 농장 level (나무를) 완전히 무너뜨리다 destruction 파괴 peatland 이탄지

08

정답 ②

해설 수요 탄력성에 관한 글이다. 주어진 문장은 수요량의 변화가 가격의 상대적 변화보다 작으면 수요가 비탄력적이라는 내용으로, 구매량의 상대적 변화가 가격의 상대적인 변화보다 큰 경우를 설명하는 ② 앞 문장의 앞이나 뒤에 위치해야 하는데, ② 뒤 문장에서 수요가 비탄력적인 경우의 예를 들고 있으므로 그 앞에 와야 한다. 따라서 주어진 문장이 들어갈 위치로 가장 적절한 곳은 ②이다.

해석 경제학에서, 수요의 자체 가격 탄력성은 가격 변화에 대한 수요량의 반응성을 측정한다. 그것은 수요량이 제품의 가격 변화에 얼마나 민감한지에 대한 척도이다. 구매량의 상대적인 변화가 가격의 상대적인 변화보다 클 때, 수요는 탄력적이다(가격 탄력성의 절댓값은 1 이상이다). 수요량의 변화가 가격의 상대적 변화보다 작으면, 수요는 비탄력적이다(가격 탄력성의 절댓값은 1 미만이다). 예를 들어, 10% 가격 인상으로 상품 구매량이 3.2% 감소할 때, 수요의 가격 탄력성은 -0.32로 비탄력적 수요를 나타낸다. 탄력성은 대체재의 수, 소비자 소득, 가격 변화의 예상 지속 기간, 제품 시장 점유율에 따라 결정된다. 예를 들어, 대체재가 적은 제품은 일반적으로 탄력성이 낮고, 따라서 가격이 비탄력적이다.

어휘 relative 상대적인 inelastic 비탄력적인 absolute value 절댓값 responsiveness 반응성, 민감성 sensitive 민감한 good 제품, 상품 commodity 상품 reflect 반영하다, 나타내다 substitute 대체재 income 소득 duration 지속 기간 market share 시장 점유율

09

정답 ④

해설 기축 통화에 관한 글이다. 문맥상 경제적으로 더 약한 국가들(those countries)이 환율을 맞추고자 하는 무역 상대국은 빈칸 문장 앞에서 서술된 재정적으로 강하고 경제적으로 안정적이고 발전된 국가로 볼 수 있으므로, 빈칸에는 그러한 국가들을 수식하기에 적절한 형용사가 들어가야 한다. 따라서 빈칸에 들어갈 말로 가장 적절한 것은 ④ '우세한'이다.
① 개발 도상의 → 개발 중이 아닌 이미 개발된 선진국을 묘사해야 하므로 적절하지 않다.
② 의존적인
③ 국내의 → 빈칸 문장은 국제 거래 시 통화 관행을 설명하고 있으므로 적절하지 않다.

해석 기축 통화는 미국 달러(USD), 유로(EUR), 영국 파운드(GBP) 등 국제 거래의 환율 기반을 제공하는 안정적이고 크게 변동하지 않는 통화를 말한다. 기축 통화는 대개 재정적으로 강하고 경제적으로 안정적이고 발전된 국가에서 나오기에 다른 통화들의 가치를 설정하는 경향이 있다. 특히, 기축 통화는 더 작거나 경제적으로 더 약한 국가들의 통화에 영향을 준다. 그 결과, 그 국가들이 우세한 무역 상대국들에 맞춰 환율을 조정하려고 노력하는 것이 통화 관행이다. 게다가 주요 선진국들과 경제적 관계를 수립하고 유지하기 위한 노력의 일환으로, 그러한 기축 통화가 없는 아프리카와 아시아 일부 국가들은 그들 자국 통화를 이용하여 기축 통화를 매입한다.

어휘 key currency 기축 통화 stable 안정적인 fluctuate 변동을 거듭하다 exchange rate 환율 transaction 거래 monetary 통화[화폐]의 align (~에 맞춰) 조정하다 trading partner 무역 상대국 advanced 선진의 devoid ~이 전혀 없는 utilize 활용하다

10

정답 ①

해설 영국 왕실 근위대의 상징인 모자에 관해 설명하는 글이다. (A) 앞에서는 근위대의 모자가 경비 임무에는 적합하지 않다고 했고, 뒤에서는 편안함이나 기능성(적합성)을 넘어서는 어떤 이유가 있다고 했으므로 (A)에 들어갈 연결사로 적절한 것은 역접을 나타내는 However 또는 Nonetheless이다. (B) 뒤의 마지막 문장은 모자를 전쟁의 전리품으로 가져왔다는 역사적 배경을 설명한 앞의 내용을 한 문장으로 요약하고 있으므로 (B)에 들어갈 연결사로 가장 적절한 것은 In short이다.

해석 아마도, 런던의 버킹엄 궁전을 생각할 때 가장 먼저 떠오르는 것은 붉은 튜닉 제복과 분명 그들의 경비 임무엔 적합하지 않은 높고 육중한 곰 가죽 모자를 걸친 왕실 근위대일 것이다. 그러나, 편안함이나 기능성을 넘어서는 이유가 존재한다. 18세기에 영국과 프랑스 군대의 포병들은 키가 더 커 보이게 하려고 그와 같은 모자를 썼다. 이것은 그들의 적들을 위협한다고 믿어졌다. 프랑스 황제 Napoleon 또한 19세기 초 권력을 잡고 있을 때 그의 근위대에게 비슷한 모자를 씌웠다. 워털루 전투에서 영국이 Napoleon의 군대를 격파하면서, 그들은 Napoleon의 황제 근위대로부터 곰 가죽 모자를 수집하여 전리품으로 가져왔다. 간단히 말해서, 그 모자는 영국 군대의 가장 위대한 승리 중 하나를 상징한다.

어휘 come to mind 생각이 떠오르다 royal guards 왕실 근위대 massive 육중한 comfort 편안함 functionality 기능성 gunner 포병 intimidate 겁을 주다, 위협하다 imperial 황제의 in power 권력을 쥐고 있는 defeat 패배시키다 trophy 전리품 triumph 승리

01	②	02	④	03	②	04	③	05	④
06	③	07	④	08	③	09	④	10	④

01

정답 ②

해설 defy는 '반항하다'라는 뜻으로, 이와 의미가 가장 가까운 것은 ② 'disobey(반항하다)'이다.
① 정당성을 입증하다 ③ 명상하다 ④ 굴복하다

해석 Gandhi는 인도인들에게 새로운 법에 반항하고 그렇게 하는 것에 대한 처벌을 받도록 촉구했다.

어휘 urge 촉구[권고]하다

02

정답 ④

해설 rule out은 '배제하다'라는 뜻으로, 이와 의미가 가장 가까운 것은 ④ 'exclude(배제하다)'이다.
① 제기하다 ② 고려하다 ③ 포함하다

해석 그는 자신의 미래가 불확실해질 가능성을 배제하지 않았다.

어휘 uncertain 불확실한

03

정답 ②

해설 (encouraged → encouraging) 문장의 주어인 the organization이 자원 고갈, 오염 등을 '조장하는' 것이므로, 수동태가 아닌 능동태로 써야 한다.
① 문장의 주어는 단수명사인 The view이고, that부터 environment까지는 이를 수식하는 동격절이다. 따라서 is의 수일치는 적절하다.
③ generate는 등위접속사 and를 기준으로 앞에 나온 to make와 병렬 구조를 적절히 이루고 있다. 참고로 병렬 구조에서 뒤에 오는 to 부정사의 to는 생략할 수 있다.
④ 문맥상 their는 문장의 주어인 복수명사 Most organizations를 지칭하므로 수에 맞게 쓰였다.

해석 자연환경을 논할 때 마케팅이 특별한 책임이 있다는 관점도 잘 발달되어 있다. 조직은 제품 제조 및 사용을 촉진하여 자원 고갈, 오염 또는 기타 환경 악화를 조장할 수 있다. 대부분의 조직들은 그들의 행위가 법 테두리 안에 있는데도 자연환경 보존과 관련한 사회에 대한 의무를 무시하면서 이윤을 내고 고용을 창출하는 것은 충분하지 않다고 생각한다.

어휘 promote 촉진하다 manufacture 제조 depletion 고갈 deterioration 악화 sufficient 충분한 obligation 의무

04

정답 ③

해설 (have totally lost → totally lost) when절에 과거시제를 나타내는 동사가 쓰였으므로, 주절에도 현재완료시제가 아닌 과거시제를 써야 한다.
① 'A에게 B를 상기시키다'라는 의미의 구문인 'remind A of B'가 적절하게 쓰였다.
② '~하는 것이 낫다'라는 의미의 구조동사 'may as well RV'가 적절하게 쓰였다. '~하는 것이 당연하다'라는 의미의 구조동사 'may well RV'와의 구분에 유의해야 한다.
④ call은 전치사 없이 목적어를 바로 취하는 3형식 완전타동사이다. '~인 경우에'라는 의미의 'in case (that)'도 적절하게 쓰였다.

어휘 bundle 묶음 lose track of time 시간 가는 줄 모르다

05

정답 ④

해설 점심을 많이 먹어 배부르다는 A의 말에 대한 응답으로 B는 아침 먹는 것의 중요성을 얘기하고 있다. 따라서 대화 중 가장 어색한 것은 ④이다.

해석 ① A: 저 이번 주말에 낚시하러 갈 계획이에요. 같이 가실래요?
B: 왜 안 되겠어요? 어차피 다른 계획도 없는걸요.
② A: 아야! 방금 내 팔 꼬집었어?
B: 나 아니었어. 아마 벌레에 물렸나 봐.
③ A: 밖에 타는 듯이 더운데 아직 4월밖에 안 됐어.
B: 진짜 여름이 오면 어떨지 상상이 안 가.
④ A: 나 점심에 피자 네 조각 먹었어. 너무 배불러.
B: 너는 활기찬 하루를 보내려면 매일 아침을 먹어야 해.

어휘 pinch 꼬집다

06

정답 ③

해설 5~7번째 문장에서 교류가 현재 전력 시장을 지배하고 있지만, 직류도 완전히 사라지지 않고 최신 기술에 이용되고 있다고 언급되었다. 따라서 글의 내용과 일치하는 것은 ③ '오늘날 직류와 교류가 모두 사용되고 있다.'이다.
① Edison의 기술이 시카고 세계박람회에 전력을 공급하는 데 선택되었다. → 2번째 문장에서 Edison의 직류를 채택한 General Electric이 입찰에서 패했다고 언급되므로 옳지 않다.
② 버펄로의 사례를 통해, 교류는 실용적이지 않은 것으로 드러났다. → 3번째 문장에서 버펄로가 교류 유도 전동기로 환하게 밝혀졌다고 언급되므로 옳지 않다.
④ '전류전쟁'은 교류의 승리로 끝나는 것 같다. → 마지막 문장에서 '전류전쟁'이 아직 끝나지 않은 것 같다고 언급되므로 옳지 않다.

해석 1880년대 후반부터 Thomas Edison과 Nikola Tesla는 현재 '전류전쟁'으로 알려진 싸움에 휘말렸다. General Electric은 Edison의 직류(DC)를 이용해 시카고 세계박람회에 전력을 공급하려고 입찰했으나, Tesla의 교류(AC)와 함께 훨씬 적은 가격에 입찰한 George Westinghouse에 패했다. 몇 년 후, 뉴욕 버펄로는 나이아가라 폭포에서 Tesla의 다상 교류 유도 전동기에 의해 생성된 전기로 환하게 밝혀졌다. 비록 일부는 그 폭포가 도시 전체에 전력을 공급할 수 있을지 의심했지만, Tesla는 그의 기술이 미국 동부 전역에 전력을 공급하기에 충분하다고 확신했다. 그 후, 교류는 표준이 되었고, 현재 전력 시장을 지배하고 있다. 하지만 직류는 완전히 없어지지 않았다. 최근 몇 년간 그것은 LED, 태양 전지, 전기 자동차와 같은 직류 전원으로 작동되는 최신 기술 때문에 약간의 부흥을 경험했다. 기업들은 이제 전기 손실을 줄이면서 전기를 장거리 운송하기 위해 직류를 사용하는 방법을 찾고 있다. 따라서 '전류전쟁'은 아직 끝나지 않은 것 같다.

어휘 embroil 휘말리게 하다 current 전류 bid 입찰하다 electrify 전력을 공급하다 fair 박람회 alternating 교류의 light up 환하게 만들다 polyphase 다상(多相)의 induction 유도 power 전력을 공급하다; 전력 dominate 지배하다 obliterate 없애다, 지우다 renaissance 부흥 solar cell 태양 전지 impractical 비현실적인, 비실용적인

07

정답 ④

해설 인간은 무엇이든 믿고자 하는 강력한 욕구를 지니고 있으므로, 그 욕구에 호소하면 추종자 집단을 형성할 수 있고, 그리하면 나설 것 없이 자신의 뜻을 관철할 수 있는 강한 힘이 생긴다는 내용의 글이다. 따라서 글의 요지로 가장 적절한 것은 ④ '힘의 비결은 당신의 헌신적인 추종자들을 만들어내는 데 있다.'이다.
① 남들에게 당신의 뜻을 강요하는 것은 아무 소용이 없을 것이다. → 애초에 직접 강요의 효과를 따지기 이전에, 추종자 집단을 통해 뜻을 이루는 것에 관한 글이다.
② 추종자들을 속이는 것은 지도자로서 결코 해서는 안 될 일이다.
③ 신념을 가지고자 하는 사람들의 욕망에 호소하는 것은 벅찬 일이다. → 오히려 꽤 간단하다는 내용이므로 적절하지 않다.

해석 많은 추종자를 갖는 것은 속이는 것에 대한 온갖 가능성을 열어주는데, 당신의 추종자들은 당신을 숭배할 뿐만 아니라, 당신을 적으로부터 보호해주고, 다른 사람들을 꼬드겨 당신의 갓 생긴 사이비 집단에 가입하게 하는 일을 자발적으로 떠맡을 것이다. 이러한 종류의 힘은 당신을 또 다른 영역으로 고양시켜 줄 것이다. 즉, 당신은 더 이상 당신의 뜻을 (남들에게) 강요하고자 분투하거나 속임수를 쓸 필요가 없을 것이다. 당신은 흠모받고 있으며 잘못을 할 수가 없다(완전무결하게 여겨진다). 당신은 그러한 추종자를 만드는 것이 엄청난 일이라고 생각할지 모르지만, 실은 꽤 간단하다. 인간으로서 우리는 어떤 것이든 무언가를 믿고자 하는 절실한 욕구를 지니고 있다. 이는 우리를 대단히 잘 속게 만든다. 우리는 그저 오랜 기간의 의심, 또는 믿을 것이 없어서 생기는 공허함을 견딜 수 없다. 어떤 새로운 대의명분, 일확천금을 노리는 계획, 또는 최신 기술 동향이나 예술 운동을 우리에게 내보여 봐라. 그러면 우리는 하나같이 미끼를 물기 위해 물 밖으로 뛰어오른다.

어휘 deception 속임, 기만 worship 숭배하다 take on ~을 맡다 entice 꾀다, 유도하다 fledgling 갓난, 신생의 cult 추종, 사이비 집단 realm 영역 enforce 강요하다 adore 흠모하다 desperate 필사적인 eminently 대단히 gullible 잘 속는 emptiness 공허(감) dangle sth in front of ~에게 내보이다 cause 대의명분 get-rich-quick 일확천금의 scheme 계획, 책략 bait 미끼 get sb nowhere 아무 성과를 못 보게 하다 daunting 벅찬

08

정답 ③

해설 결정 지점과의 근접은 신호가 행동에 영향을 미치는 주요 요인이라며 마케팅의 예를 언급하는 주어진 글 다음에는, 스니커즈 바의 매출에 대한 서로 다른 홍보의 영향을 살펴본 한 연구를 소개하는 (C)가 와야 한다. 첫 번째 홍보의 결과를 제시하는 (C)에 이어, Then they changed the promotion ~으로 시작해서 두 번째 홍보의 결과를 제시하는 (A)가 온 다음, In neither case ~로 시작하여 두 경우 가격이 같았지만 홍보 효과는 달랐다고 마무리 짓는 (B)가 오는 것이 자연스럽다. 따라서 글의 순서로 가장 적절한 것은 ③ '(C) - (A) - (B)'이다.

해석 결정 지점과의 근접은 신호가 행동에 영향을 미치는 주요 요인이다. 친숙한 마케팅 예를 들면, 홍보 전문가들은 결정이 일어날 때 접점이 직접적으로 발생하기 때문에 그러한 영향에 대한 자격을 완벽히 갖추고 있다. (C) 한 연구에서, 과학자들은 서로 다른 홍보가 스니커즈 바의 매출에 미친 영향을 살펴보았다. 첫 번째 홍보는 오로지 행동에 대한 요청('몇 개를 사서 냉장고에 넣으세요')으로만 구성되었다. 이 홍보는 평균 1.4개의 판매를 낳았다. (A) 그러고 나서 그들은 '18개를 사서 냉장고에 넣으세요'라는 행동 고정 장치를 추가하여 홍보를 바꿨다. 이것은 우스꽝스럽게 보일 수도 있지만, 그 영향은 상당했다. 이번에 판매된 바의 평균 수는 2.6개였다. (B) 어느 경우에도 가격은 할인되지 않았다. 그저 인지할 수 있고 실체적인 고정 장치로 더 높은 숫자를 추가함으로써 그들은 태도 변화라는 선행 단계 없이, 매출을 거의 두 배로 만들었다.

어휘 proximity 가까움, 근접 promotional 홍보의 qualify 자격을 주다 interface 접점 anchor 고정 장치 freezer 냉장고 ridiculous 우스꽝스러운 significant 상당한 discount 할인하다 perceivable 인지 가능한 tangible 실체적인, 유형의 preceding 선행하는 call 요청

09

정답 ④

해설 물 낭비의 원인이 낮은 수도 가격이라는 내용의 글로, 수도 계량기 설치가 미비하여 모든 사용량에 단일한 낮은 요금을 청구하니 사용자가 물을 절약할 동기가 없다고 설명한다. 따라서 빈칸에 들어갈 말로 가장 적절한 것은 ④ '이 소중한 자원에 대한 낮은 가격 책정'이다.
① 지역 수도 당국의 위법
② 규제 시스템의 형식 준수 → 물 사용을 규제하는 시스템에 관한 언급은 없으며, 공공 수도 시스템을 규제 시스템으로 본다고 하더라도 그것이 형식에 치중한다는 내용은 없다.
③ 수도 계량기의 과도한 설치 → 오히려 수도 계량기의 부족이 물 낭비의 원인에 일조한다는 내용이다.

해석 과도한 물 사용과 낭비의 주요 원인은 이 소중한 자원에 대한 낮은 가격 책정이다. 많은 수도 당국은 물 사용에 정액 요금을 청구하고, 몇몇은 물을 가장 많이 사용하는 사용자들에게 훨씬 더 적게 청구한다. 예를 들어, 미국의 모든 공공 수도 시스템의 약 5분의 1은 수도 계량기를 갖추고 있지 않고, 거의 한계 없이 양질의 물을 사용하는 것에 단일한 낮은 요금을 청구한다. 또한 많은 아파트 거주자들은 물을 절약할 동기가 거의 없는데, 물 사용이 집세에 포함되어 있기 때문이다. 콜로라도주의 Boulder에서 수도 계량기를 도입했을 때, 인당 물 사용량이 40% 감소했다. 연구자들은 수도 가격을 10% 올릴 때마다 가정에서의 물 사용량을 3~7% 줄인다는 것을 발견했다.

어휘 authorities 당국 charge 청구하다 flat fee 정액 요금 water meter 수도 계량기 rate 요금 dweller 거주자 incentive 동기, 장려책 conserve 아끼다, 절약하다 rent 집세, 임차료 domestic 가정의 illegitimacy 위법, 부조리 formality 형식 (준수) installation 설치 underprice 적정 가격보다 낮게 매기다

10

정답 ④

해설 감정은 생화학적으로 인식과 상호작용하여 호르몬으로 뇌를 적시고 뇌세포의 행동을 수정한다는, 즉 호르몬이 뇌 작용에 강력한 편향을 발휘한다는 내용의 글이다. 따라서 감정 시스템이 작동하지 않는 인간은 선택에 어려움을 겪는다는 내용의 ④가 글의 흐름상 가장 어색한 문장이다.

해석 감정은 생화학적으로 인식과 상호작용하여, 뇌에서 혈류나 도관을 통해 전달되는 호르몬으로 뇌를 적시고 뇌세포의 행동을 수정한다. 호르몬은 뇌 작용에 강력한 편향을 발휘한다. 긴장되고 위협적인 상황에서, 감정 시스템은 뇌를 편향시켜 그 환경의 관련 부분에 초점을 맞추게 하는 호르몬의 방출을 촉발한다. 근육은 행동을 준비하기 위해 긴장한다. 차분하고 위협적이지 않은 상황에서, 감정 시스템은 근육을 이완시키고 뇌를 탐험과 창의성을 향해 편향시키는 호르몬의 방출을 촉발한다. (작동하는 감정 시스템이 없는 인간은 선택하는 데 어려움을 겪는다.) 이제 뇌는 더욱더 환경의 변화를 알아차리고, 사건에 주의를 빼앗기고, 이전에는 관련 없어 보였을지도 모르는 사건과 지식을 종합하는 경향이 있다.

어휘 cognition 인식 biochemically 생화학적으로 bathe 적시다 bloodstream 혈류 duct 도관(導管) modify 수정하다 exert 발휘하다 bias 편향; 편향시키다 operation 작동 tense 긴장된; 긴장하다 trigger 촉발하다 distract 주의를 빼앗다 piece together 종합하다

회차 13

This is TRENDY HALF!

하프 모의고사

01	③	02	②	03	④	04	③	05	②
06	③	07	④	08	③	09	③	10	②

01

정답 ③

해설 detest는 '혐오하다'라는 뜻으로, 이와 의미가 가장 가까운 것은 ③ 'abhor(혐오하다)'이다.
① 포기하다 ② 피하다 ④ 간과하다

해석 기업은 마케팅 캠페인을 형성할 때 사람들이 어떤 것들은 가치 있게 여기고 다른 것들은 혐오한다는 사실을 이용한다.

어휘 take advantage of ~을 이용하다

02

정답 ②

해설 sit on the fence는 '중립적인 태도를 취하다'라는 뜻으로, 이와 의미가 가장 가까운 것은 ② 'avoid taking sides(편드는 것을 피하다)'이다.
① 다수를 따르다 ③ 차분히 남의 말을 듣다 ④ 자유롭게 의견을 내다

해석 그는 항상 직원회의에서 중립적인 태도를 취하는 것을 선호한다.

03

정답 ④

해설 'Had + S + p.p. ~'는 가정법 과거완료가 if의 생략으로 도치된 형태이다. 이에 맞추어 주절에는 '조동사의 과거형 + have p.p.'가 적절하게 쓰였다.
① (he had → had he) '~하자마자 ~했다'라는 의미를 가지는 'Hardly + had + S + p.p. ~ when + S + 과거동사'의 구문이 쓰여야 하므로, he had를 had he로 고쳐야 한다.
② (more greater → greater) greater는 형용사 great의 비교급이므로, 앞에 more를 중복해서 쓸 수 없다.
③ (will happen → happens) unless가 이끄는 조건의 부사절에서는 현재시제가 미래시제를 대신하므로, will happen을 happens로 고쳐야 한다.

해석 ① 그는 집에 오자마자 불평하기 시작했다.
② 내 지출은 항상 수입보다 많다.
③ 나는 예기치 못한 일이 일어나지 않는 한 내일 당신을 만날 것이다.
④ 그가 파티에 올 줄 알았더라면 나는 오지 않았을 텐데.

어휘 complain 불평하다 expense 지출 income 수입

04

정답 ③

해설 (them → whom) 문장의 동사가 2개이므로, 절과 절을 연결할 수 있는 접속사가 필요하다. 따라서 them을 접속사 역할을 하면서 10 students라는 사람 선행사를 받을 수 있는 관계대명사 whom으로 고쳐야 한다.
① 사역동사 have는 목적어와 목적격 보어의 관계가 능동이면 RV를, 수동이면 p.p.를 목적격 보어로 취한다. 여기서는 머리가 '잘리는' 것이므로, cut은 적절하게 쓰였다. 또한 every가 '~마다'라는 뜻으로 쓰일 때, 'every + 기수 + 복수명사' 또는 'every + 서수 + 단수명사'의 형태를 취한다. 여기서는 three라는 기수가 나왔으므로 복수명사 weeks는 적절하다.
② 비교급을 이용하여 최상급을 표현하는 경우, '비교급 ~ than + all the other + 복수명사' 또는 '비교급 ~ than + any other + 단수명사' 형태를 취한다. 따라서 any other 뒤에 단수명사 prisoner가 온 것은 적절하다.
④ 'It was not until A that B'는 'A하고 나서야 비로소 B했다'라는 뜻의 표현으로 적절하게 쓰였다.

어휘 serve one's sentence 복역하다

05

정답 ②

해설 B가 압박감 때문에 연극 대사를 잘 외우지 못하는 상황이다. 연습만 좀 하면 괜찮아질 거란 A의 위로에 B가 빈칸 앞에서 동의하고 있다. 따라서 빈칸에 들어갈 말로 가장 적절한 것은 ② '그냥 겁이 났나 봐'이다.
① 몸이 좀 안 좋은 거 같아
③ 네가 말했듯이 거의 가망이 없어
④ 넌 마음을 좀 가라앉혀야 해

해석 A: 네가 그 연극에서 주연 여배우 역할을 맡았다고 들었어. 지금까진 어떻게 되어가?
B: 사실 잘 안 되고 있어. 계속 내 대사를 까먹어.
A: 음, 그건 문제네. 대본이 외우기가 너무 어려워?
B: 응, 근데 그게 쓰인 방식이 아니라 압박감 때문이야. 내가 이 역할에 맞지 않나 봐.
A: 그 압박감은 이해하지만, 절대 너 자신을 의심해서는 안 돼. 연습만 좀 하면 괜찮아질 거야.
B: 네 말이 맞아. 그냥 겁이 났나 봐.

어휘 leading 주역의 line 대사 under the weather 몸이 좀 안 좋은 get cold feet 겁이 나다 a long shot 거의 승산 없는 것 hold one's horses 잠시 기다리다, 조급한 마음을 가라앉히다

손글씨 필기노트, 해설지, 백지복습지 다운로드 http://cafe.naver.com/shimson2000

06

정답 ③

해설 4번째 문장에서 바로크 오케스트라는 클라리넷이 18세기까지 발명되지 않았기에 보통 그것을 사용하지 않는다고 언급되었으므로, 글의 내용과 일치하지 않는 것은 ③ '클라리넷은 바로크 오케스트라에 필수적이다.'이다.
① 오케스트라는 다양한 부문의 악기를 필요로 한다. → 첫 문장에서 언급된 내용이다.
② 오케스트라의 구성은 시간이 지나도 크게 변하지 않았다. → 2번째 문장에서 언급된 내용이다.
④ 19세기 초에 트럼펫이 오케스트라에서 흔히 사용되었다. → 마지막 문장에서 언급된 내용이다.

해석 오케스트라는 현악기, 금관악기, 목관악기, 타악기 부문을 포함하는 대규모 기악 합주단이다. 오케스트라는 시간이 지남에 따라 구성에 있어서 거의 변화가 없었지만, 각 역사적 시기의 저명한 작곡가들의 음악이 그 시대의 표준적인 규모와 구성을 결정지었다. 그리고 기악 편성 요건은 악기들의 이용 가능성에 영향을 받았다. 예를 들어, 바로크 오케스트라는 보통 클라리넷을 사용하지 않는데, 그 악기가 18세기까지 발명되지 않았기 때문이다. 19세기 목관악기 부문도 피콜로플루트, 잉글리시 호른, 베이스 클라리넷, 콘트라바순의 사용이 증가함에 따라 확장을 목격했다(확장되었다). 금관악기용 밸브는 19세기 초에 발명되었는데, 그 시기에는 오케스트라 작품에서 트럼펫과 호른의 수와 중요성이 모두 빠르게 늘어났다.

어휘 ensemble 합주단, 앙상블 string 현악기(의) brass 금관악기(의) woodwind 목관악기(의) percussion 타악기 composition 구성 prominent 저명한 composer 작곡가 make-up 구성 instrumentation 기악 편성 employ 이용하다 expansion 확장, 확대 prominence 중요성, 유명

07

정답 ④

해설 집 설계 시 특정한 디테일 또는 주제를 은근하게 전체적으로 반복해 주면 설계의 통일성과 완성도가 높아질 수 있다는 내용의 글이다. 따라서 글의 제목으로 가장 적절한 것은 ④ '설계에 통일성을 이루기 위한 반복의 기술'이다.
① 다이아몬드 모양에 대한 선호: 보편적 현상 → 다이아몬드 모양은 집 설계에서 주제가 반복되는 경우를 보여주고자 예시로 언급된 디테일일 뿐이다.
② 반복이 음악 인식에 미치는 불가사의한 영향 → 음악에서의 반복은 비유로 언급되었을 뿐, 이 글의 중심 소재는 설계에서의 반복이다.
③ 주제의 반복에서 비롯된 지루함을 피하는 법 → 주제 반복으로 지루함이 생긴다는 내용은 언급되지 않았으며, 오히려 그것의 긍정적인 효과를 설명하는 글이다.

해석 설계의 우수함과 통일성의 느낌을 주는 한 가지 방법은 특정 디테일을 집 전체에 반복하는 것이다. 그것은 한 음악 주제가 연주된 후 변주들이 이어지는 것과 아주 유사하다. 가령 당신은 다이아몬드 모양을 좋아할지도 모른다. 이것을 설계 전체에 걸쳐 누비듯이 이어지고 반복되는 미묘한 주제로 사용하여, (이것이) 예기치 못한 곳에서 다시 나타나는 것에 대해 생각해 보라. 당신이 현관문에 들어서서 그 다이아몬드 디테일이 바닥 표면에 새겨져 있는 것을 보면 어떨까? 그런 다음, 당신은 부엌에 들어가 그 다이아몬드 모양이 유리문에서, 또 창문에서 반복되는 것을 보는데, 여기서는 크기가 더 작을 수도 있다. 누군가 집에 처음 올 때 그 모든 다이아몬드 무늬의 반복을 알아채려면 몹시 관찰력 있어야 하겠지만, 결국 그 사람은 알아차릴 것이다. 반복되는 주제가 집 전체에 존재하는 것은 그 집에 대량 생산된 집은 결코 제공할 수 없는 통일감과 완성감을 줄 것이다.

어휘 quality 우수함, 양질 unity 통일성 variation 변주, 변형 affection 애정 subtle 미묘한, 은근한 thread 누비듯이 이어지다 inlaid (표면에) 무늬를 새긴 observant 관찰력 있는 motif 무늬 completeness 완전, 완성 mass-produce 대량 생산하다 phenomenon 현상

08

정답 ③

해설 주어진 문장은 This에 대한 이유가 던지는 동안 공과의 접촉이 길어져 힘을 더 오래 가할 수 있고, 신체 근육을 더 많이 사용하기 때문이라고 설명한다. 문맥상 This는 한쪽 팔만 사용해도 중앙선 쪽으로 던지는 것이 스로인보다 더 멀리 갈 수 있다는 사실을 가리키며, 주어진 문장 뒤에 또 다른 이유(another factor)를 설명하는 ③ 뒤 문장이 오는 것이 자연스럽다. 따라서 주어진 문장이 들어갈 위치로 가장 적절한 곳은 ③이다.

해석 골키퍼는 흔히 공을 차는 것보다 던지는 것을 신뢰한다. 공은 꽤 정확하게 근처의 동료에게 굴려지거나 던져질 수 있다. 때때로 골키퍼는 공을 차기보다는 중앙선 쪽으로 던지기를 택하는데, 이 방식에서 인상적인 사정거리가 얻어질 수 있다. 한쪽 팔만 사용하는데도 이 던지기는 양손이 필요한 스로인보다 더 멀리 갈 수 있다. 이것은 부분적으로는 던지는 동안 공과의 접촉이 더 길어서 힘이 더 오래 가해질 수 있기 때문이고, 부분적으로는 신체 근육을 더 많이 사용하기 때문이다. 긴 사정거리를 위한 최적의 던지기 각도를 얻는 것이 더 쉬운 점이 아마 또 다른 요인일 것이다. 길게 던지기의 경우 손은 약 6피트 공과 접촉 상태를 유지하며, 그 던지기를 위한 접촉 시간은 보통 스로인을 위한 접촉 시간의 몇 배는 더 길다.

어휘 accurately 정확하게 hurl 던지다 half-way line 중앙선 range 사정거리, 범위 optimum 최적의 angel 각도

09

정답 ③

해설 나일강의 범람을 자연적인 관개 수단으로 활용했던 고대 이집트인들의 농사법을 다룬 글이다. 나일강의 범람 정도에 따라 수확량이 적거나 농사 계획에 차질이 발생했다는 내용으로 보아, 나일강의 범람이 한 해 농사의 성공 여부를 결정하는 요소였음을 알 수 있다. 따라서 빈칸에 들어갈 말로 가장 적절한 것은 ③ '잔치(풍요)와 기근'이다.
① 원인과 결과 → 범람이 적당했을 때와 그렇지 않았을 때 발생하는 서로 다른 결과들을 나타내야 하므로, 선지에 '원인'이 함께 들어가는 것은 적절하지 않다.
② 꿈과 현실 → 긍정적 결과인지 부정적 결과인지의 차이일 뿐, 풍작과 흉작 모두 '현실'에서 일어나는 것이므로 적절하지 않다.
④ 빛과 그림자 → 극과 극이라는 의미로 본다고 하더라도, 농사의 성패(풍요와 기근)를 표현하기에는 너무 포괄적이므로 적절하지 않다.

해석 고대 이집트인들은 나일강의 주기적 범람을 이용한 자연 관개 방법을 개발했다. 농지가 물에 잠기고 나면, 그들은 토양을 수분으로 적시고 침니가 침적되게 하기 위해 수로를 폐쇄했다. 그렇게 함으로써 그들은 땅의 비옥함을 확보했고, 그리고 나서 물은 나일강으로 다시 방류되었다. 건기에는 농사를 지을 수 없었기 때문에, 모든 작물은 엄격한 관개 계획과 시기에 들어맞아야 했다. 그러나 평균적으로 5년 중 1년은 범람이 너무 작거나 너무 커서 잔치와 기근을 가를 수 있었다. 작은 범람의 경우, 상류 유역에 물이 충분히 채워질 수 없었고, 이는 훨씬 더 적은 수확량을 의미했다. 범람이 너무 크면 그것이 마을, 농지, 제방, 운하들을 훼손하여 제때 파종을 시작하는 것이 거의 불가능했다.

어휘 irrigation 관개 periodic 주기적인 flooding 범람 inundate 침수시키다 saturate 흠뻑 적시다 moisture 수분 silt 침니(물에 운반되어 침적된 쇄설물) deposit 침전되다 fertility 비옥함 discharge 방출하다 scheme 계획 basin (큰 강의) 유역 yield 수확량 dyke 제방 canal 운하, 수로 sowing 씨 뿌리기, 파종 feast 잔치, 성찬 famine 기근

손글씨 필기노트, 해설지, 백지복습지 다운로드 http://cafe.naver.com/shimson2000

10

정답 ②

해설 (A) 앞에는 부정적인 사고 과정을 내려놓는 순간 좋은 쪽으로 즉각적인 감정 변화를 겪는다는 이 글의 주제가 서술되고, 뒤에서는 동료와의 말다툼으로 분노에 가득 찬 상황을 가정하므로, (A)에 들어갈 연결사로 가장 적절한 것은 For example이다. 또한 (B) 앞에는 말다툼을 곱씹으면서 부정적인 감정이 더 커진다는 내용이 나오고, 뒤에는 친구와의 통화로 화가 났던 일이 잊히는 반전되는 상황이 제시되므로, (B)에 들어갈 연결사로 가장 적절한 것은 however이다.

해석 불행은 부정적인 감정과 흔히 부정적인 행동을 초래하는 부정적인 사고의 결과이다. 이해해야 할 중요한 점은 이것, 즉 어떤 사람이 자신의 부정적인 사고 과정을 내려놓는 바로 그 순간, 그는 자신이 느끼는 방식에서 더 좋은 쪽으로의 즉각적인 변화를 경험한다는 것이다. 예를 들어, 당신이 동료와 격렬한 말다툼을 해서 씩씩대며 대화를 끝낸다고 생각해 보자. 당신은 방에서 뛰쳐나와, 불같이 화가 난 채 집으로 차를 몰아오면서 마음속으로 그 말다툼을 계속해서 되새긴다. 그 갈등에 관해 생각하면서, 당신은 당신이 하는 생각의 부정적인 영향을 느껴, 당신은 더 화가 나고 불만스러워진다. 하지만 집으로 들어갈 때, 전화벨이 울리고 당신은 그것을 받으러 달려간다. 1년이 넘도록 연락하지 않은 소중한 친구가 전화를 걸고 있다. 당신의 주의는 분산되고, 당신의 관심은 그 문제에서 멀어지며, 사실상 그것은 사라진다. 당신이 전화하는 동안, 당신의 문제는 잊힌다.

어휘 immediate 즉각적인 shift 변화; 옮기다 heated 열띤 in a huff 씩씩거리며, 발끈 성을 내는 steam 성내다 rush over 서둘러 가다 on the line 통화 중인 distracted 주의가 산만한 for all practical purposes 사실상

01	④	02	④	03	②	04	②	05	③
06	②	07	②	08	②	09	④	10	②

01

정답 ④

해설 dissuade는 '단념시키다'라는 뜻으로, 이와 의미가 가장 가까운 것은 ④ 'deter(단념시키다)'이다.
① 해산시키다 ② 폭로하다 ③ 미루다

해석 유럽에 군사적 충돌의 가능성이 떠오르면서, 일본은 러시아를 단념시키기 위한 세계적인 외교 노력에 동참했다.

어휘 loom 다가오다, 떠오르다 diplomatic 외교의

02

정답 ④

해설 빈칸에는 오염된 해변에서 해변 사고로 인간의 생명이 어떻게 될 수 있는지에 관한 내용이 들어가야 한다. 해변 사고는 인간의 생명에 해를 끼치므로, 빈칸에 들어갈 말로 가장 적절한 것은 ④ 'imperil(위태롭게 하다, 위험에 빠뜨리다)'이다.
① 보호하다 ② 속이다 ③ 명시하다

해석 깨끗한 해변은 인간의 건강에 많은 이점을 가지고 있는데, 오염된 해변은 해변 사고로 인간의 생명을 위태롭게 할지도 모르기 때문이다.

어휘 pollute 오염시키다

03

정답 ②

해설 가주어(It)-진주어(to watch) 구문이 적절하게 쓰였다. 봤던 영화를 다시 보는 것이 '지루한' 것이므로 boring의 쓰임은 적절하며, 이미 본 시점이 지루한 시점(과거)보다 더 이전이므로 had already seen의 과거완료시제도 적절하다.
① (discussed about → discussed) discuss는 전치사 없이 목적어를 바로 취하는 완전타동사이므로, 전치사 about을 삭제해야 한다.
③ (is → was) while이 이끄는 부사절의 시제가 과거(played)이므로, 주절의 시제도 과거로 일치시켜 was로 고쳐야 한다. 참고로 slept로 고쳐도 문법적으로 틀린 것은 아니지만, while의 동시적 의미를 강조하는 과거 진행시제가 더 적절하다.
④ (are → is) the number of 뒤에는 '복수명사 + 단수동사'가 와야 하므로, are를 is로 고쳐야 한다.

해석 ① 그녀는 동료들과 그 조치에 대해 자세히 논의했다.
② 내가 이미 봤던 영화를 다시 보는 것은 지루했다.
③ 내가 밖에서 축구를 하는 동안 내 동생은 방에서 자고 있었다.
④ 역사에 대한 관심이 커지면서 박물관을 찾는 방문객의 수가 늘고 있다.

어휘 measure 조치

04

정답 ②

해설 (as if → as) '비록 ~일지라도'를 의미하는 표현은 '형용사/부사/무관사명사 + as[though] + S + V' 구문을 사용한다. 따라서 as if를 as로 고쳐야 한다. 참고로 as if는 '마치 ~인 것처럼'이라고 해석한다.
① '~은 말할 것도 없이'라는 의미로 쓰이는 비교급 관용 구문으로 긍정문에서는 much[still] more를, 부정문에서는 much[still] less를 사용한다. 여기서는 주어진 문장이 부정문이므로 much less가 적절하게 쓰였다.
③ 'A is one thing and B is another'는 'A와 B는 별개이다'를 의미한다.
④ thoughtful, stupid, wise 등과 같은 사람의 성격을 나타내는 형용사가 쓰인 구문에서는, to 부정사의 의미상 주어를 'of + 목적격'으로 표현한다.

어휘 desire 바라다 thoughtful 사려 깊은

05

정답 ③

해설 A가 축구를 하다가 다친 상태 그대로 집에 온 상황이다. B가 A를 걱정하며 왜 아무 도움도 받지 않았냐고 타이르고 있으므로, 그 이유를 답한 A의 말 이후 빈칸에 들어갈 말로 가장 적절한 것은 ③ '그래도 도움을 좀 받았어야지'이다.
① 그 반창고 떼면 내가 새 걸 붙여줄게
② 방과 후에만 축구해야 해
④ 어젯밤 축구 경기 정말 재밌었어

해석 A: 엄마! 이리 와서 제 다리 좀 봐주실 수 있어요?
B: 오! 무슨 일이야? 헛디뎠니?
A: 네, 축구하다가 헛디뎌서 엄청 세게 넘어졌어요.
B: 왜 아무 도움도 받지 않았니? 심지어 반창고도 안 붙였잖아.
A: 수업이 거의 끝나갔고 그냥 집에 오고 싶었어요.
B: 그래도 도움을 좀 받았어야지.

어휘 trip 발을 헛디디다 band-aid 반창고

06

정답 ②

해설 4번째 문장에서 론도 형식이 흔히 소나타의 마지막 악장에 사용된다고 언급되므로, 글의 내용과 일치하지 않는 것은 ② '론도는 흔히 소나타의 시작 악장을 구성한다.'이다.
① 후렴과 삽입부가 번갈아 나오는 것이 론도의 특징이다. → 2번째 문장에서 언급된 내용이다.
③ 소나타 론도 형식은 소나타 요소와 론도 요소의 결합이다. → 마지막 2번째 문장에서 언급된 내용이다.
④ 론도는 고전주의 시대가 끝나면서 인기가 떨어졌다. → 마지막 문장에서 언급된 내용이다.

해석 음악에서 론도는 삽입부라고 불리는 음악의 다른 대비되는 부분들과 함께 후렴이라고 불리는 음악의 반복되는 부분으로 구성된다. 후렴과 삽입부는 항상 후렴으로 돌아가는 패턴으로 번갈아 나온다. 론도 형식은 새로운 주제의 도입과 전개라는 놀라움과 원래 조성의 익숙한 소재의 복귀 사이에서 균형을 이룰 수 있는 점 때문에 귀중히 여겨졌다. 론도 구조를 사용하는 많은 작품들이 제목에 론도라는 용어를 사용하며, 그 형식은 흔히 소나타나 더 긴 작품들의 마지막 악장에 사용된다. 때때로 론도 구조는 소나타 형식과 혼합되어 소나타 론도 형식이라고 불리는 변형 구조를 만들어 낸다. 비록 론도 형식이 고전주의 시대가 끝난 후 여느 때처럼 쓰이지는 않았지만, 그것은 후기 음악의 구조와 발전에 관한 아이디어에 영향을 미쳤다.

어휘 recur 반복되다 refrain 후렴 contrasting 대비되는, 대조적인 episode 삽입부 alternate 번갈아 나오다 prize 귀중히 여기다 tonic key (원래의) 기본 조성 movement 악장 blend 혼합하다 variant 다른, 변형의 employ 사용하다 era 시대 characterize ~의 특징이 되다 comprise 구성하다

07

정답 ②

해설 막히지 않은 폐 유정이 메탄과 같은 온실가스를 다량 배출함으로써 지구 온난화에 영향을 미친다는 사실을 지적하는 글이다. 따라서 글의 주제로 가장 적절한 것은 ② '사용되지 않는 산업 시설이 환경에 미치는 영향'이다.
① 화석연료의 무분별한 사용으로 인한 결과들 → 막히지 않은 폐 유정의 문제 원인이 화석연료 생산이 아닌 온실가스 배출에 있다고 강조되었을 뿐, 화석연료 사용에 관한 내용은 언급되지 않았다.
③ 지속 가능한 자원 개발의 필요성
④ 환경운동가와 기업가 사이의 의견 대립

해석 미국의 막히지 않은 버려진 유정들은 화석연료를 생산해서가 아니라, 온실가스를 직접 배출해서 지구 온난화를 가속하고 있다. 환경보호국(EPA)이 인용한 연구에 따르면, 막히지 않은 유정들은 매년 28만 미터톤의 메탄을 대기 중으로 누출시키는데, 이는 막혀 있는 유정들이 누출시키는 것보다 5,000배나 많다. 그 정도 양의 메탄은 대략 매사추세츠의 모든 발전소에서 1년간 배출되는 이산화탄소와 같은 기후 온난화 효과를 지닌다. 자원위원회 서부지부의 지역 간사인 David Wieland는 텍사스에만 14만 개 이상의 비활성 상태로 간주되는 유정들이 있으며, 이것들은 사실상 버려진 유정일 수도 있다고 말했다.

어휘 unplugged (관·구멍 등이) 막히지 않은 orphaned 고아가 된, 버려진 oil well 유정(油井) fossil fuel 화석연료 emit 방출하다, 내뿜다 cite 인용하다 methane 메탄(가스) atmosphere 대기 pack ~을 가지다[지니다] carbon dioxide 이산화탄소 power plant 발전소 council 위원회 indiscriminate 무분별한 disused 사용되지 않는, 폐기된 sustainable 지속 가능한 entrepreneur 기업가

08

정답 ②

해설 서부 지대와 동부 지대로 이루어진 태평양 거대 쓰레기 지대를 소개하는 주어진 글 다음에는, 플라스틱병의 이동을 예로 들어 쓰레기 지대가 커지는 과정을 서술한 (B)가 오는 것이 자연스럽다. 이후엔 그 과정을 This way로 칭해 태평양 거대 쓰레기 지대의 쓰레기양이 늘어난다는 내용의 (A)가 오고, 플라스틱이 작은 조각들로 부서진다는 (A)의 마지막 문장에 이어 그 조각들을 those tiny bits of plastics로 칭하며 미세 플라스틱을 설명하는 (C)가 와야 한다. 따라서 글의 순서로 가장 적절한 것은 ② '(B) - (A) - (C)'이다.

해석 태평양 거대 쓰레기 지대는 북아메리카의 서해안부터 일본까지의 수역에 걸쳐 있다. 이 지대는 실제로 일본 근처에 있는 서부 쓰레기 지대와 하와이와 캘리포니아 사이에 있는 동부 쓰레기 지대로 구성되어 있다. (B) 플라스틱병 하나가 캘리포니아 해안에서 막 버려졌다고 상상해보라. 긴 항해 끝에, 그것은 광활한 태평양을 건너 서부 쓰레기 지대에 도달할 것이다. 그리고 마침내, 천천히 돌아가는 서부 쓰레기 지대의 소용돌이가 그것을 끌어들일 것이다. (A) 이런 식으로, 태평양 거대 쓰레기 지대의 쓰레기양은 축적된다. 게다가, 생분해되지 않는 플라스틱은 마모되지 않는다. 그것들은 그저 더 작고 작은 조각들로 부서진다. (C) 이러한 이유로, 지대들은 거의 전적으로 미세 플라스틱이라고 불리는 그 작은 플라스틱 조각들로 이루어져 있다. 미세 플라스틱은 항상 육안으로 볼 수 있는 것은 아니다. 그것들은 단지 물을 뿌연 수프처럼 보이게 할 뿐이다.

어휘 patch 지역, 구역 span ~에 걸치다 debris 잔해, 쓰레기 accumulate 축적되다 biodegradable 생분해[자연분해]성의 wear down 마모되다 discard 버리다 voyage 항해 vast 거대한 vortex 소용돌이 bit 작은 조각 cloudy 뿌연

09

정답 ④

해설 세계화는 먼 과거에서부터 오랜 시간에 걸쳐 점진적으로 이루어졌으며, 인터넷이나 네트워크 등을 특징으로 하는 오늘날의 세계화 패턴은 그 과정의 단계 중 하나일 뿐이라는 내용의 글이다. 이를 근거로, 오늘날의 세계 무역 패턴을 알려면 과거의 패턴부터 이해하기 시작해야 한다는 결론을 도출할 수 있으므로, 빈칸에 들어갈 말로 가장 적절한 것은 ④ '전에 어떤 일이 있었는지 살펴보는'이다.

① 그것이 결국 어디에 이를지 주의를 기울이는 → 세계화가 앞으로 어떻게 될지보다는 과거부터 어떻게 이어져 왔는지 설명하는 데 중점을 둔 글이다.
② 얼마나 많은 이들이 연관되어 있는지 알아내는 → 이 글의 초점은 '현재의 복잡성'이 아닌 '과거로부터의 연속성'에 있으므로 적절하지 않다.
③ 어떤 물건이 가치 있는지 탐구하는

해석 세계화는 하나의 사건 또는 일련의 사건들조차 아닌 것으로 드러났다. 그것은 아주 오랜 시간 동안 천천히 발전 중인 과정이다. 세상은 인터넷의 발명으로 갑자기 '평탄'해진 것이 아니며, 상업은 20세기 말에 갑자기 전 세계로 뻗은 대기업의 지배를 받게 된 것이 아니다. 기록된 역사 초기에 고가의 화물로 시작하여 덜 귀중하고 더 부피가 크고 상하기 쉬운 물건들로 서서히 확장해 오면서, 구세계의 시장은 점차 더 통합되어 갔다. 신세계로의 첫 유럽 항해와 함께 이 세계 통합의 과정은 가속되었다. 오늘날의 거대한 컨테이너선, 인터넷, 그리고 점점 더 세계화되는 네트워크는 지난 5천 년간 진행되어 온 과정 속의 추가적인 발전 단계일 뿐이다. 우리가 오늘날 급변하는 세계 무역 패턴을 이해하고자 한다면, 전에 어떤 일이 있었는지 살펴보는 것이 우리에게 정말로 도움이 된다.

어휘 sequence 연속 abruptly 갑자기 commerce 상업, 무역 corporation 기업 dawn 시작, 시초 cargo 화물 bulky 부피가 큰 perishable 상하기 쉬운 gradually 점점 integrate 통합하다 voyage 항해 shift 바뀌다 end up 결국 (~에) 이르다

10

정답 ②

해설 현대의 그라피티와 고대의 동굴 벽화 사이의 유사성을 설명하는 글이다. 따라서 고대의 동굴 벽화에는 현대의 그라피티와는 다른 동기가 작용했다는 내용의 ②가 글의 흐름상 가장 어색한 문장이다.

해석 그라피티는 새로운 시장 범주이다. 그러나 그 이면의 욕구는 적어도 6만 년 동안 존재해왔다. 인간은 벽에 그림 그리는 것을 정말 좋아한다. 빙하시대에 사람들은 붉은 윤곽을 만들기 위해 동굴 벽에 손을 누르고 (그 위에) 황토색 안료를 뱉었다. (그러나 그 당시에는 다른 종류의 동기가 작용했다.) 거의 같은 기술이 오늘날 거리 예술가들이 빠른 이미지를 남기기 위해 미리 잘라놓은 스텐실 위에 페인트를 뿌릴 때 사용된다. 빙하기 미술을 그라피티로 분류하는 것은 불경해 보일 수 있다. 그러나 20세기에 그러한 예술의 진정한 오래됨이(전통적 가치가) 인정되기 전에, 동굴에 그려진 매머드를 우연히 발견한 사람들은 실제로 그것을 대충 그린 그라피티로 일축했다. 그리고 오늘날의 그라피티처럼 누가 동굴 벽화를 그렸는지 혹은 왜 그렸는지 증명할 서면 증거는 없다.

어휘 novel 새로운, 참신한 urge 욕구, 충동 spit 뱉다 ocher 황토, 황토색 pigment 색소, 안료 pre-cut 미리 잘려져 있는 irreverent 불경한 class 분류하다 antiquity 오래됨, (고대) 유물 come across ~을 우연히 발견하다 dismiss 일축하다 crude 대충의, 대강의

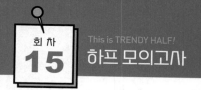
01	④	02	④	03	③	04	②	05	③
06	③	07	④	08	④	09	③	10	②

01

정답 ④

해설 reproach는 '비난'이라는 뜻으로, 이와 의미가 가장 가까운 것은 ④ 'reprimand(비난)'이다.
① 칭찬 ② 잔인함 ③ 적대감

해석 정부는 외교 문제에 대한 잘못된 처리에 관한 것 외에는 어떤 심각한 <u>비난</u>에도 아주 불쾌해 보이지 않는다.

어휘 obnoxious 아주 불쾌한 mismanagement 잘못된 처리[관리] foreign affairs 외교 문제

02

정답 ④

해설 at odds with는 '~와 뜻이 안 맞는'이라는 뜻으로, 이와 의미가 가장 가까운 것은 ④ 'in disagreement with(~와 의견이 안 맞는)'이다.
① ~에 비해서 ② ~에 따라서 ③ ~와 함께

해석 그녀는 투자에 대해서는 그녀의 남자친구와 항상 <u>뜻이 안 맞는다</u>.

03

정답 ③

해설 (argued → arguing) 부대 상황을 나타내는 'with + O + OC'의 분사구문이 사용되었다. 여기서는 뒤에 목적어인 that절이 있고 많은 사람들이 '주장하는' 것이므로, 수동의 과거분사 argued를 능동의 현재분사 arguing으로 고쳐야 한다.
① 문장의 주어는 불가산명사인 awareness이므로, has의 수는 적절하다.
② 기간을 나타내는 In recent years가 나왔으므로, 현재완료시제를 쓴 것은 적절하다.
④ continue는 목적어로 동명사와 to 부정사를 둘 다 사용할 수 있으므로, to evolve는 적절하게 쓰였다.

해석 오늘날, 채식의 증가와 식품의 기원에 대한 명시와 함께, 사회에서 동물 권리문제에 대한 인식이 확실히 커졌다. 최근 몇 년 동안, 영국은 심지어 동물의 권리를 위해 여우 사냥이라는 전통적인 스포츠를 금지했다. 그러나 많은 사람들이 인권 측면이 더 긴급한 관심을 요구한다고 주장하면서, 사회는 현재 그 문제에 대해 분열되어 있다. 동물에 대한 우리의 집단적 입장은 앞으로 몇 년 동안 계속해서 발전할 것이 분명하다.

어휘 vegetarianism 채식(주의) label (라벨을 붙여) 분류하다, 명시하다 in the interests of ~을 (도모하기) 위해 fragment 산산이 부수다, 분열시키다 urgent 긴급한 collective 집단적인

04

정답 ②

해설 more outstanding이라는 비교급이 나왔으므로, 비교급 강조 부사인 far의 쓰임은 적절하다. 또한 비교급을 이용하여 최상급을 표현하는 경우, '비교급 ~ than + all the other + 복수명사' 또는 '비교급 ~ than + any other + 단수명사' 형태를 취하므로 all the other 뒤에 복수명사 works가 온 것도 적절하다.
① (he is hungry → hungry he is) 복합관계부사 however이 이끄는 절은 'however + 형용사/부사 + S + V'의 어순을 따라야 하므로, hungry he is로 고쳐야 한다.
③ (had broken → broke) 역사적 사실은 항상 과거시제로 나타내므로, had broken을 broke로 고쳐야 한다.
④ (a little → a few) a little은 양 형용사로 뒤에 불가산명사를 취하고, a few는 수 형용사로 뒤에 복수명사를 취한다. 여기서는 뒤에 복수명사 ways를 취하고 있으므로 a few를 사용해야 한다.

어휘 outstanding 뛰어난 break out 발발하다

05

정답 ③

해설 A가 좋은 뮤지컬을 알아보는 상황에서 B가 자신의 친구가 잘 안다고 했으므로, 빈칸에 들어갈 말로 가장 적절한 것은 ③ '잘 됐다! 나 대신 물어봐 줄래?'이다.
① 너 많이 봤겠다.
② 아, 난 이미 표 샀어!
④ 날 믿어, 내가 제일 좋은 자리를 알아.

해석 A: 너 뮤지컬 보러 간 적 있어?
B: 응, 있어. 그건 왜 물어봐?
A: 아내가 가고 싶어 하는데, 난 좋은 뮤지컬을 하나도 모르겠어.
B: 나도 모르지만, 그것들에 대해 많이 아는 친구가 있어.
A: <u>잘 됐다! 나 대신 물어봐 줄래?</u>

06

정답 ③

해설 마지막 문장에서 종교적 의미를 갖는 정신적인 전통들이 아메리카 원주민 공동체의 전반적인 삶의 방식과 분리되거나 구별되지 않는다고 했으므로, 종교를 지칭하는 단어는 없어도 종교라는 개념 자체는 존재한다고 볼 수 있다. 따라서 글의 내용과 일치하지 않는 것은 ③ '종교의 개념은 아메리카 원주민 사회에 존재하지 않는다.'이다.

① Koyokon 족은 그들 고유의 규칙에 따라 동물을 사냥한다. → 3번째 문장에서 언급된 내용이다.

② 아메리카 원주민들은 종교에 해당하는 단어를 갖고 있지 않다. → 첫 문장에서 언급된 내용이다.

④ Hopis 족은 그들이 가진 음식을 자연이 준 것으로 여긴다. → 마지막 2번째 문장에서 언급된 내용이다.

해석 어떤 아메리카 원주민 언어에서도 우리는 영어 단어 "종교"로 번역되는 단어를 찾을 수 없다. 원주민 전통의 다양성의 기저에 깔린 몇 안 되는 공통분모 중 하나는 사회생활의 모든 차원이 깊이 통합되어 있다는 관념이다. 예를 들어, 알래스카의 Koyukon 족 사이에서, 생계형 사냥의 성공은 지형과 큰 사냥감의 습성에 대한 지식을 필요로 하는데, 이 지식은 사냥꾼들이 땅과 동물을 존중해야 한다고 명령하는 정교한 윤리 강령을 수반한다. 비슷하게, 애리조나의 Hopis 족은 그들의 의식 생활 속에서 신성한 음식인 옥수수를 가져다주고 사람과 식물 사이의 유대를 다시 맺어주는 자연의 힘에 감사를 표한다. 그러한 정신적인 또는 종교적인 전통들은 아메리카 원주민 공동체의 경제생활과 분리되어 있지 않으며, 아마 삶의 전반적인 방식의 구조와 구별할 수조차 없을 것이다.

어휘 common denominator 공통분모 sense 의식, 관념 dimension 차원 profoundly 깊이 integrate 통합하다 subsistence 생존, 생계 game 사냥감 elaborate 정교한 code of ethics 윤리 강령 mandate 명령하다 gratitude 고마움 sacred 성스러운 reestablish 재건하다, 회복하다 bond 유대 indistinguishable 구별할 수 없는 fabric 구조 in compliance with ~에 따라 correspond to ~에 해당하다

07

정답 ④

해설 보름달이 사람의 행동에 영향을 줄 수 있고, 이는 그것의 중력이 사람 신경계의 물 분자에 영향을 미치기 때문이라는 추측에 대해 과학적 근거를 제시하며 반박하는 내용의 글이다. 따라서 글의 제목으로 가장 적절한 것은 ④ '달은 그곳에 있을 뿐 아무것도 하지 않는다'이다.

① 뇌 활동의 주기적인 변화 → 달의 위상 변화가 뇌에 미치는 영향이 실재하지 않는다고 주장하는 글이므로 적절하지 않다.

② 달의 중력 → 달의 중력이 지속적으로 언급되기는 하나, 이를 중심 소재로 다룬 글이 아니므로 적절하지 않다.

③ 보름달이 뜰 때 → 보름달 무렵에 발생하는 실제 현상을 설명하는 글이 아니며, 중심 내용을 표현하기엔 너무 포괄적이다.

해석 오늘날까지도 많은 사람들은 보름달의 신비로운 힘이 별난 행동, 자살, 살인, 사고를 유발한다고 생각한다. 그리고 어떤 사람들은 이른바 보름달이 행동에 미치는 영향은 그것이 물에 미치는 영향에서 비롯되며, 그것이 어떤 식으로든 인간 신경계에서 물 분자의 정렬을 어지럽힌다고 추측한다. 하지만 이 설명이 말이 되지 않는 몇 가지 이유가 있다. 달의 중력 효과는 행동은커녕 뇌 활동에 어떤 의미 있는 영향이라도 일으키기에는 너무나도 미미하다. 그리고 달의 중력은 바다와 호수 같은 개방된 수역에만 영향을 미칠 뿐, 인간의 뇌 같은 함유된 수원에는 영향을 미치지 않는다. 마지막으로, 달의 중력 효과는 시야에서 사라질 때도 딱 보름달이 뜰 때만큼의 위력을 지닌다.

어휘 mystical 신비로운 induce 유발하다 erratic 불규칙한, 별난 suicide 자살 homicide 살인 conjecture 추측하다 disrupt 지장을 주다 alignment 정렬 molecule 분자 nervous 신경의 gravitational 중력의 minuscule 극소의, 미미한 let alone ~은커녕 contained 함유된 potent 강력한

08

정답 ④

해설 주어진 문장은 가장 심각한 사이버 폭력의 정신적 피해 양상에 대해 언급하고 있으므로, 사이버 폭력의 기본적 피해 양상이 제시된 ③ 뒤 문장 이후에 위치해야 한다. 또한 ④ 뒤 문장의 them은 주어진 문장의 victims를 가리키므로, 주어진 문장이 들어갈 위치로 가장 적절한 곳은 ④이다.

해석 오늘날 스마트폰의 의무적인 필요성과 소셜 미디어 플랫폼에의 쉬운 접근과 더불어, 누구나 사이버 폭력의 끊임없는 표적이 될 수 있다. 온라인 연결을 유지하는 것이 보이는 것처럼 항상 무해하지는 않다. 사이버 폭력은 욕설, 유언비어 유포, 성적으로 노골적인 이미지 및 메시지 전송, 사이버 스토킹과 같은 형태를 띤다. 기본적으로, 그것은 건강한 관계를 형성하는 데 어려움을 초래할 수 있다. 쇠약하게 만드는 두려움, 자존감 파괴, 사회적 고립 또한 사이버 폭력의 다른 피해로 여겨진다. 가장 중요한 것은 피해자들에게 외상 후 스트레스, 불안, 우울이란 심각한 증상이 생길 수 있다는 것이다. 이러한 수많은 심리적 영향은 나이에 상관없이 그들에게 파괴적일 수 있고, 아무도 그것이 일으키는 종류의 정신적 외상에 면역이 있지 않은 것으로 보인다.

어휘 develop (병·문제가) 생기다 post-traumatic 외상 후의 mandatory 의무적인 perpetual 끊임없는 cyberbullying 사이버 폭력 innocent 무해한 name-calling 욕하기 forward 전송하다 explicit 노골적인 debilitating 쇠약하게 하는 self-esteem 자존감 devastating 대단히 파괴적인 immune 면역이 있는

09

정답 ③

해설 공무원이 대중에게 이로운 다양한 목적을 위해 필요한 자료를 얻으려 보고를 요구하는 행정 부담을 지울 수 있다는 내용의 글이다. 즉, 그 행정 부담을 정당화하는 목적은 유용한 정보 수집이므로, 빈칸에 들어갈 말로 가장 적절한 것은 ③ '중요하거나 심지어는 필수적인 지식의 획득을 보장하는'이다.
① 기술이 필요하고 보수가 좋은 직업들을 다양화하는 → 최종적으로 도출될 대중을 위한 이익에 대한 설명일 순 있겠으나 글에서 명시된 행정 부담의 목적은 정보 수집에 그치며, 언급된 예시들을 포괄하는 선지도 아니다.
② 복잡한 문제에 대한 창의적인 해결책을 생각해내는 → 행정 부담의 목적은 단순 정보 수집이라는 내용으로, 문제 해결로까지 전개되지는 않았다.
④ 공무원이 부적절한 사익을 추구하는 것을 막는

해석 공무원은 다양한 목적을 위해 이용될 수 있는 자료를 얻기 위해 보고 요구를 포함한 행정 부담을 지울지도 모르고, 그것이 대중에게 큰 이익이 될 수도 있다. 예를 들어, 공무원은 전국적 유행병 기간에 도움을 주는 직업 훈련이나 재정 지원을 받는 사람들이 실제로 관련 프로그램으로부터 혜택을 받고 있는지 알고 싶을 수도 있다. 그들은 그 훈련이나 그 지원으로 무엇을 하는가? 행정 부담은 그 질문에 대한 답을 얻기 위해 필수적일 수 있다. 또는 정부가 전염병의 확산을 줄이거나, 고속도로 개발을 촉진하거나, 유해 폐기물 관리를 감시하거나, 조종사가 제대로 검증되고 비행기가 제대로 유지 보수되게 보장하거나, 식품 안전 프로그램이 어떻게 작동하고 있는지 확인하기 위해 노력하고 있다고 가정하자. 행정 부담에 관한 정보 수집 요구를 받는 사람들로부터 불평이 있을 수도 있지만, 그것은 중요하거나 심지어는 필수적인 지식의 획득을 보장하는 수단으로 정당화될 수 있다.

어휘 impose 부과하다 administrative burden 행정 부담 pandemic 전국적 유행병 infectious 전염성의 promote 촉진하다 hazardous 위험한 certify 증명[보증]하다 complaint 불평 diversify 다양화하다 come up with ~을 생각해내다 acquisition 획득, 습득 indispensable 필수적인

10

정답 ②

해설 조언자는 고객의 말에 판단을 내리는 것을 피해야 한다는 내용의 글이다. (A) 앞은 조언자가 판단한다고 느끼는 고객은 조언자의 눈치를 보며 이야기하고 싶어질 것이라는 내용이고, 뒤는 조언자가 제대로 된 이야기를 듣지 못해 고객을 알아가는 데 방해가 있을 것이라는 결과적인 내용이므로, (A)에 들어갈 연결사로 가장 적절한 것은 As a result이다. 또한 (B) 앞엔 학대받은 고객이 책임을 묻는 말을 들으면 자유롭게 말할 수 없을 것이라는 예시가 나오고, 뒤엔 고객의 비통한 이야기에 책망으로 답하는 것을 피해야 한다는 비슷한 예시가 나오므로, (B)에 들어갈 연결사로 가장 적절한 것은 Similarly이다.

해석 인터뷰를 하는 동안, 조언자는 고객이 말하고 있는 것에 판단을 내리는 것을 피해야 한다. 판단을 내리지 않는 이해는 고객이 자유롭게 이야기하도록 격려한다. 조언자가 판단을 내린다고 느끼는 고객은 조언자의 인정을 얻거나 적어도 은연중 비판을 피할 방식으로 자신의 이야기를 하고 싶어질 것이다. 그 결과, 조언자는 완전한 이야기를 파악하지 못할 것이고 고객을 알아가는 데 있어 장벽에 직면할 것이다. 예를 들어, 상담자에게 도움을 청하는 학대받은 아내는 인터뷰 초반에 상담자가 "어떻게 그런 사람과 결혼할 수 있어요?"라고 묻는다면 자유롭게 말할 가능성이 작다. 마찬가지로, 당신은 고객의 비통한 이야기에 "저를 더 빨리 찾아왔으면 좋았을 텐데요"라는 흔한 책망으로 응답하는 것을 무슨 수를 써서라도 피해야 한다. 그 진술은 당신 자신의 능력을 칭찬하는 역할을 하는 것 외에, 당신의 고객이 자기 일을 처리하는 방식에 대한 부정적인 판단을 내리고, 그것은 언제나 고객들이 당신과의 관계에 방어적이고 조심스러워지게 만들 것이다.

어휘 judgmental 판단을 내리는 approval 인정 implied 은연중, 무언의 abuse 학대하다 at all costs 무슨 수를 써서라도 woe 고민, 비통 admonition 책망 other than ~외에 invariably 언제나, 예외 없이 defensive 방어적인 guarded 조심스러운

| 01 | ② | 02 | ② | 03 | ③ | 04 | ④ | 05 | ② |
| 06 | ② | 07 | ④ | 08 | ④ | 09 | ① | 10 | ③ |

01

정답 ②

해설 emancipate는 '해방시키다'라는 뜻으로, 이와 의미가 가장 가까운 것은 ② 'liberate(해방시키다)'이다.
① 위험에 빠뜨리다 ③ 비난하다 ④ 기운 나게 하다

해석 노예 소유주들이 양심적인 동기로 노예들을 궁극적으로 해방시키기를 바라는 것은 어리석은 일이었다.

어휘 conscientious 양심적인

02

정답 ②

해설 and 뒤에서 그들(아이돌 그룹)을 롤 모델로 여긴다고 했으므로, 빈칸에는 아이돌 그룹을 목적어로 받을 수 있는 긍정의 표현이 들어가야 한다. 따라서 빈칸에 들어갈 말로 가장 적절한 것은 ② 'look up to(존경하다)'이다.
① 복습하다 ③ 비난하다 ④ 설명하다

해석 일부 십 대들은 아이돌 그룹을 존경하고 그들을 롤 모델로 여긴다.

03

정답 ③

해설 (to store → stored) 준사역동사 get은 목적어와 목적격 보어의 관계가 능동이면 to RV를, 수동이면 p.p.를 목적격 보어로 취한다. 여기서 them은 앞에 나온 all data를 지칭하고 모든 데이터는 '저장되는' 것이므로, to store를 stored로 고쳐야 한다.
① '오르다'라는 의미의 자동사 have risen이 적절하게 쓰였고, 이를 수식하는 부사 sharply도 적절하게 쓰였다. 또한 the peak season은 특정 기간을 나타내므로 전치사 during과 같이 쓴 것도 적절하다.
② insist와 같은 주장·요구·명령·제안·충고·결정 동사가 당위의 의미를 지니는 that절을 목적어로 취할 때, that절 내의 동사는 '(should) + RV'로 표현한다. 따라서 be recruited는 적절하게 쓰였다.
④ among이 이끄는 부사구가 문두에 나와 주어와 동사가 도치된 구조이다. 문장의 주어는 복수명사인 two firefighters이므로, were의 수일치는 적절하다.

해석 ① 성수기 동안 호텔 요금이 급격히 올랐다.
② 부사장은 더 많은 직원을 채용해야 한다고 주장했다.
③ 우리의 시스템은 모든 데이터를 지우고 미래를 위해 저장해둘 수 있다.
④ 총격 사건의 희생자 중에는 2명의 소방관이 있었다.

어휘 rate 요금 sharply 급격히 peak season 성수기 vice president 부사장 recruit 채용하다 victim 희생자

04

정답 ④

해설 (forming → from forming) 'keep + O + RVing'는 'O가 계속 ~하게 하다'라는 뜻의 표현이다. 주어진 우리말을 참고하면 'O가 ~하지 못하게 하다'라는 의미가 적절하므로, 'keep + O + from RVing' 구문을 사용하여 forming 앞에 전치사 from을 써야 한다.

① 'It is easy to RV'의 난이형용사 구문이 적절하게 쓰였다.

② ask는 5형식 동사로 쓰이면 to RV를 목적격 보어로 취하므로 to let은 적절하게 쓰였고, 부정어 not이 to let 앞에 온 것도 적절하다. 또한 사역동사 let은 목적어와 목적격 보어의 관계가 능동일 경우 RV를 목적격 보어로 취하므로 know의 쓰임도 적절하다.

③ 'B라기보다 A'라는 의미인 'A rather than B'가 주어진 우리말에 맞게 쓰였다. A와 B의 위치를 혼동하지 않도록 유의해야 한다.

어휘 significant 중요한

05

정답 ②

해설 지역 야구팀에 가입해야 한다며 고등학교 때 야구를 했었다는 A의 말에 대한 반응으로, 10년 전이니 몸부터 만들어야 한다는 B의 대답은 적절하다. 따라서 대화 중 가장 자연스러운 것은 ②이다.

해석 ① A: 아쉽게도 이 식당은 디저트를 제공하지 않네요.

B: 아이스크림에 초콜릿 시럽 좀 올려주세요.

② A: 지역 야구팀에 가입해야겠어. 고등학교 때 했었는데.

B: 그건 10년 전이잖아. 먼저 몸부터 만들어야지.

③ A: 어제 네 발레 춤 봤어. 너 별처럼 빛나더라.

B: 그래서 나보고 그냥 포기하라고 하는 거야?

④ A: 나 두통이 너무 심해. 약 있어?

B: 응, 많이 좋아졌어. 물어봐 줘서 고마워.

어휘 shame 유감스러운 일 get in shape 몸을 만들다[단련하다] pill 알약

06

정답 ②

해설 4번째 문장에서 그녀가 아버지의 심한 반대에도 불구하고 Schumann과 결혼했다고 언급되므로, 글의 내용과 일치하는 것은 ② '그녀의 아버지는 그녀가 Robert Schumann과 결혼하는 것을 반대했다.'이다.

① 어린 시절, 그녀의 음악적 재능을 알아챈 이들은 소수에 불과했다. → 2번째 문장에서 유럽 전역에서 신동으로 명성을 얻었다고 언급되므로 옳지 않다.

③ 그녀는 가사 부담 때문에 가르치는 일을 포기했다. → 5번째 문장에서 가사 부담에도 불구하고 Leipzig 음악원에서 가르치는 일을 했다고 언급되므로 옳지 않다.

④ 그녀의 남편이 죽은 후, 그녀는 Brahms와 사이가 멀어졌다. → 마지막 3번째 문장에서 Brahms가 그녀의 여생 동안 곁에 남았다고 언급되므로 옳지 않다.

해석 Clara Schumann은 독일의 피아니스트이자 작곡가로, 작곡가 Robert Schumann의 아내이다. 그녀는 5살 때부터 피아노를 공부했고 1835년 무렵 유럽 전역에서 신동으로 명성을 얻었다. 1838년에 그녀는 오스트리아 궁정에서 작위를 받았으며, 또한 빈의 명망 있는 'Society of the Friends of Music'에 선발되었다. 아버지의 심한 반대에도 불구하고 그녀는 1840년에 Schumann과 결혼했고, 그들은 1841년부터 1854년까지 8명의 자녀를 두었다. 가사 부담이 그녀의 일을 줄이기는 했지만, 그녀는 Leipzig 음악원에서 가르치고, 작곡하고, 순회공연도 자주 했다. 1853년부터, Schumann 부부는 작곡가 Johannes Brahms와 직업적 및 개인적으로 두터운 친분을 쌓았다. 그는 그녀의 여생 동안 친구이자 동반자로 그녀의 곁을 지켰다. 남편의 사후에, 그녀는 남편의 작품을 출판하는 데 헌신했다. 그녀 본인의 작품에는 오케스트라, 실내악, 가곡, 그리고 피아노 독주를 위한 많은 성격 소품이 포함된다.

어휘 composer 작곡가 child prodigy 신동 honor (작위 등을) 수여하다 court 궁정 prestigious 명망 있는 family responsibility 가사 부담, 가족 부양 curtail 축소하다, 줄이다 frequently 자주 companion 동반자 dedicate 헌신하다 chamber music 실내악 character piece 성격 소품(특정 분위기 및 사상을 표현하는 짧은 음악 작품) pass away 사망하다 grow apart from ~와 사이가 멀어지다

07

정답 ④

해설 동물은 먹이를 자연에서 직접 찾아 먹지만, 인간은 슈퍼마켓이나 음식점에서 다른 사람들이 준비한 음식을 먹는다는 내용의 글이다. 따라서 글의 요지로 가장 적절한 것은 ④ '동물은 자연에서 먹이를 얻는 반면, 인간은 다른 사람들에게서 음식을 얻는다.'이다.

① 인간의 활동은 점점 더 자연에 해를 끼치고 있다.

② 인간은 동물과 달리 날음식을 가공하는 능력이 있다. → 인간이 동물과 달리 간접적으로 음식을 얻는다고만 했을 뿐, 둘의 가공 능력을 비교하는 내용은 언급되지 않았다.

③ 음식은 경제적 목적을 달성하기 위한 무기로 사용될 수 있다.

해석 많은 동물들은 깨어있는 시간의 대부분을 먹이를 찾고 그것을 먹는 데 쓴다. 그들은 먹을 것들을 위해 환경을 물색한다. 어떤 동물들은 혼자 물색하고, 또 어떤 동물들은 함께 물색하지만, 일반적으로 그들은 자연으로부터 직접 먹이를 얻는다. 인간의 음식 역시 자연에서 나오지만, 대부분의 사람들은 이제 다른 사람들로부터 음식을 얻는다. 지난 한 해 동안, 당신이 먹은 것 중 얼마나 많은 것을 자연에서 직접, 식물에서 채집하거나 동물을 사냥하고 죽여서 얻었는가? 아마 전부는 아니더라도 당신이 먹은 것의 대부분은 다른 사람들이 준비한 음식이 팔리는 슈퍼마켓이나, 아니면 어떤 사람들이 재배한 음식이 다른 사람들에 의해 요리되고 제공되는 식당과 카페테리아 같은 음식점에서 왔을 것이다. 만약 그 모든 기관들이 갑자기 폐업하고 사람들이 자연으로부터 직접 음식을 얻어야 한다면, 우리 대부분은 그것을 어떻게 시작해야 할지 모를 것이다. 많은 사람들이 굶주릴 것이다.

어휘 pick off ~을 떼어 내다, 채집하다 dining establishment 식사 시설, 음식점 institution 기관, 제도 abruptly 갑자기 go out of business 폐업하다 go about ~을 시작하다 raw 날것의

08

정답 ④

해설 개발이 가장 가난하고 소외된 민족들에 더 가까이 올수록 그들이 이웃과 다른 언어를 말할 가능성이 크다는 내용의 주어진 글 다음에는, 그 예로 가장 언어적으로 다양하고 경제적으로 미개발된 국가인 Cameron을 드는 (C)가 와야 한다. 그다음에는 (C)에서 언급된 Nugunu 족을 theirs로 지칭하여 개발은 그들의 것이 아니라 소수의 엘리트만의 것이라는 내용의 (B)가 와야 한다. 마지막으로 (B)에 나온 local male elites를 These same local elites also ~로 글을 이어가면서 개발은 언어, 발달, 교육을 포함한 자기 영속적 순환을 악화시킨다는 내용으로 마무리하는 (A)가 오는 것이 자연스럽다. 따라서 글의 순서로 가장 적절한 것은 ④ '(C) - (B) - (A)'이다.

해석 개발이 세계에서 가장 가난하고 가장 소외된 민족들에 더 가까이 올수록, 그들이 이웃과 다른 언어를 말할 가능성이 더욱더 크다. (C) 가장 언어적으로 다양하고 경제적으로 개발되지 않은 아프리카 국가 중 하나인 Cameron을 생각해 보라. Ombessa의 Nugunu 족에게 개발이라는 개념은 개발이 가장 흔하게 제공되고 전달되는 언어인 프랑스어처럼, 공적 활동 영역에 속하는 것으로 보인다. (B) 개발은 멀리 떨어져 있고 그들의 것이 아니다. 지위가 거의 없는 마을 사람들은 개발 기관이나 그들의 대리인과 거의 어떤 상호작용도 하지 않는데, 겨우 4%(대개 남성)만이 개인적으로 그리고 조직적인 회의에서 접촉했을 뿐이다. 따라서 개발은 평범한 마을 사람보다 지역 남성 엘리트들에게 더 쉽게 도달한다. (A) 이 같은 지역 엘리트들은 또한 최고 수준의 학교 교육을 받고 프랑스어에 가장 능숙하다. 교육 시스템은 오로지 프랑스어에 의존한다. 따라서 개발과의 접촉은 언어, 발달, 교육을 포함하는 저절로 계속되는 순환을 악화시킨다.

어휘 marginalized 소외된 competence 능숙, 능력 exclusively 오로지, 배타적으로 encounter 접촉, 만남 exacerbate 악화시키다 self-perpetuating 저절로 계속되는 remote 멀리 떨어져 있는 status 지위 agency 기관 agent 대리인 readily 쉽게 sphere 영역

09

정답 ①

해설 어떤 사람에 대한 유죄 판결은 그 사람의 무고를 입증해줄 새로운 또는 고려되지 않은 증거가 밝혀지면 철회될 수 있지만, 사형은 집행된 후에는 그 판결을 되돌릴 수 없다는 사실이 사형 제도에 반대하는 주장의 근거로 이용될 수 있다는 내용의 글이다. 따라서 판결의 철회 가능성을 고려할 때 부적절한, 빈칸에 들어갈 말로 가장 적절한 것은 ① '누군가에게 되돌릴 수 없는 처벌을 선고하는'이다.
② 철학적 증거 없이 누군가가 유죄인지 결정하는 → 철학적 증거에 관한 언급은 없으며, 글의 논점은 '처음의 판결'이 아닌 '판결의 철회'에 있다.
③ 누군가가 저지른 범죄에 대한 판결을 미루는 → 판결을 미루는 것보다 이미 판결을 내린 것을 무효로 되돌릴 수 있느냐에 관한 내용이므로 적절하지 않다.
④ 정치적 적에 대한 테러 수단으로 사형을 이용하는

해석 사형 제도에 대한 논쟁에서 사람들은 흔히 사형과 구금형 사이의 결정적 차이를 지적한다. 한 사람이 유죄라고 판결할 때, 영국법은 평결에 의문을 제기하는 증거가 나중에 알려질 경우 그 평결은 재고될 수 있으며, 필요할 경우 처벌은 철회될 수 있다는 사실을 참작한다. 그러나 사형이 집행될 경우, 이 선택사항은 제거된다. 그 처벌은 되돌릴 수 없기에 철회될 수 없다. 사형의 반대자들은 사형에 반대하는 자신들의 주장에 이 사실을 이용한다. 철학적인 언어를 사용한다면, 그들 주장의 핵심은 법원이 내린 유죄나 증거에 대한 어떤 판단도 '무효화할 수 있다'는 것이다. 즉, 아무리 희박할지라도, 판결이 새롭거나 고려되지 않은 증거에 비추어 수정될 가능성은 항상 열려 있다는 것이다. 그러므로 그러한 판결이 무효가 될 수 있다는 것을 고려할 때, 누군가에게 되돌릴 수 없는 처벌을 선고하는 것은 부적절하다. 그러한 행동 방침은 법원 판결이 무효화할 수 없을 경우에만 정당화될 수 있을 것이다.

어휘 death penalty 사형 sentence 형벌; 선고하다 custodial 구금의 allow for ~을 참작하다 come to light 알려지다[밝혀지다] verdict 평결 rescind 철회[폐지]하다 carry out ~을 이행하다 irreversible 되돌릴 수 없는 opponent 반대자 capital punishment 사형 crux 핵심 case 주장 defeasible 무효화할 수 있는 remote (가능성이) 희박한 revise 수정[개정]하다 in the light of ~에 비추어 given that ~을 고려할 때 inappropriate 부적절한 course of action 행동 방침 postpone 연기하다

10

정답 ③

해설 도시의 환한 불빛 때문에 대도시의 많은 거주자들은 은하수를 볼 수 없고, 관측소의 기구들이 쓸모없어지고 있고, 아마추어 천문학자 역시 눈이 어둠에 적응하는 능력을 방해받는다는 내용의 글이다. 따라서 인간의 눈은 훌륭하지만 어둠에 적응하는 덴 매우 오래 걸릴 수 있다는 내용의 ③이 글의 흐름상 가장 어색한 문장이다.

해석 대도시의 많은 거주자들은 그들이 사는 곳에서 은하수를 볼 수 없는데, 도시 지역의 불빛이 에너지 대부분을 흔히 쓸데없이 하늘을 향해 쏟으면서 발생하는 밝기 때문이다. 이것은 단지 아마추어 천문학자들에게만 문젯거리인 것은 아닌데, 도시 지역 근처의 관측소는 점점 더 도시의 환한 빛 때문에 기구들이 쓸모없게 될 위험에 처해 있다. 아마추어 천문학자들에게는, 눈이 어둠에 적응하는 능력을 방해하는 밝고 환한 빛의 추가적인 골칫거리가 있는데, 심지어 그렇지 않으면 빛 공해가 없는 지역에서도, 밤새도록 켜 놓은 이웃의 차고 불빛이 문제를 일으킬 수 있다. (인간의 눈은 훌륭한 도구이지만, 어둠에 적응하는 데는 매우 오랜 시간이 걸릴 수 있다.) 빛 공해에 대한 장기적인 해결책은 도시 지역의 더 스마트한 조명을 수반하는데, 여기에는 전력량이 위쪽(하늘)으로 낭비되지 않게 조명을 차폐하는 것이 포함된다. 하지만 단기적으로, 가장 좋은 해결책은 흔히 단순히 도시를 벗어나, 근처에 빛 공해가 적은 지역을 찾는 것이다.

어휘 inhabitant 거주자 the Milky Way 은하수 urban 도시의 amateur 아마추어의 astronomer 천문학자 observatory 관측소 glare 환한 빛; 환하다 nuisance 골칫거리 interfere with ~을 방해하다 adjust to ~에 적응하다 free of ~이 없는 lighting 조명 shielding 차폐 wattage (와트로 표현되는) 전력량

01	④	02	③	03	④	04	②	05	②
06	②	07	①	08	③	09	②	10	①

01

정답 ④

해설 infuriate는 '격분하게 하다'라는 뜻으로, 이와 의미가 가장 가까운 것은 ④ 'exasperate(몹시 화나게 하다)'이다.
① 진정시키다 ② 현혹시키다 ③ 무시하다

해석 빈에서는 가난한 사람들을 격분하게 하지 않기 위해 식탁이 더는 식당 창문 근처에 놓이지 않는다.

어휘 indigent 궁핍한

02

정답 ③

해설 out of the question은 '불가능한'이라는 뜻으로, 이와 의미가 가장 가까운 것은 ③ 'impossible(불가능한)'이다.
① 현실적인 ② 신중한 ④ 이룰 수 있는

해석 소수의 병력으로 그런 대군을 무찌르는 것은 불가능해 보였다.

어휘 defeat 물리치다 troops 병력, 군대

03

정답 ④

해설 '전치사 + 관계대명사'인 during which 뒤에 완전한 문장이 온 것은 적절하고, 개인의 미래가 '결정되는' 것이므로 수동태도 적절하게 쓰였다.
① (have prevented → have been prevented) 가정법 과거완료 구문이 쓰인 문장으로, if절에는 'had p.p.'가, 주절에는 '조동사의 과거형 + have p.p.'가 적절하게 쓰였다. 그런데 사고는 '예방하는' 것이 아니라 '예방되는' 것이므로, 수동태 could have been prevented로 고쳐야 한다.
② (to take → take) 'would rather A than B'는 'B하기보다는 차라리 A하다'라는 뜻으로 A와 B에는 원형부정사가 온다. 따라서 to take를 take로 고쳐야 한다.
③ (receive → receiving) 'look forward to RVing'는 '~하기를 기대하다'라는 뜻이다. 이때 to는 전치사이므로, 뒤엔 동명사 receiving이 와야 한다.

해석 ① 그가 더 조심했더라면 사고를 막을 수 있었을 텐데.
② 나는 지하철을 타느니 차라리 걷는 게 낫겠다고 생각했다.
③ 그녀는 가능한 한 빨리 당신의 답장을 받기를 기대한다.
④ 청소년기는 한 개인의 미래가 결정되는 시기다.

어휘 adolescence 청소년기

04

정답 ②

해설 (left → be left) 사역동사 let은 목적어와 목적격 보어의 관계가 수동일 때 목적격 보어로 'be p.p.'를 취하는데, 이때 be동사를 생략하지 않도록 유의해야 한다. 따라서 left를 be left로 고쳐야 한다. 참고로 주어인 We와 목적어가 동일하므로 재귀대명사 ourselves는 적절하게 쓰였다.
① 주어진 우리말을 참고하면 그 특별 할인이 9월 말까지는 '계속' 유효한 것이므로, 상태의 지속을 나타내는 전치사 until이 적절하게 쓰였다. 상태의 완료를 나타내는 전치사 by와의 구분에 유의해야 한다.
③ 상관접속사 'A as well as B'는 A에 수일치하므로, is는 단수인 He에 맞게 쓰였다.
④ '~에 간 적이 있다'라는 현재완료의 '경험'을 의미하는 'have been to'가 적절하게 쓰였다.

어휘 valid 유효한 competitor 경쟁자 upcoming 다가오는

05

정답 ②

해설 빈칸 앞에서 B는 침실 두 개면 충분할 거라고 했지만 빈칸 뒤에서 A는 하나가 더 있어야 한다고 했으므로, 빈칸에는 침실 하나가 더 필요한 이유가 언급되는 것이 자연스럽다. 따라서 빈칸에 들어갈 말로 가장 적절한 것은 ② '그런데 우리 집에는 종종 손님이 머무르잖아'이다.
① 우린 한 방에 침대 두 개를 둬도 돼
③ 그럼 난 차라리 공원 주변에서 살래
④ 그래, 넌 항상 옳은 선택을 하지

해석 A: 집을 빌리기 전에 우리가 논의해야 할 것들이 뭘까?
B: 우리 예산은 이미 짜놨어, 그렇지?
A: 맞아. 우리 침실은 몇 개 필요해?
B: 두 개면 우리한테 충분할 거 같아.
A: 그런데 우리 집에는 종종 손님이 머무르잖아. 침실이 하나 더 있어야 해.
B: 우리 예산으로 침실 세 개짜리 집이 감당될지 의문이야.

어휘 budget 예산 cover (비용을) 감당하다

06

정답 ②

해설 4번째 문장에서 브라질이 Jules Rimet 트로피를 3회 수상한 결과 그것을 영구 소장하고 있었다고 언급되므로, 글의 내용과 일치하는 것은 ② '브라질은 Jules Rimet 트로피를 3회 수상한 국가다.'이다.

① Jules Rimet 트로피는 결국 리우데자네이루에서 발견되었다. → 5번째 문장에서 트로피가 리우데자네이루에서 도난당한 후로 발견된 적 없다고 언급되므로 옳지 않다.

③ Jules Rimet은 트로피 제작 능력으로 유명했다. → 첫 문장에서 Jules Rimet은 FIFA의 최장수 회장이었다고만 언급되므로 옳지 않다.

④ Jules Rimet 트로피의 금 함유량이 그것을 가치 있게 만들었다. → 마지막 두 문장에서 트로피가 실제로는 금으로 도금한 순은이라 금괴를 노린 도난일 가능성은 없다고 언급되므로 옳지 않다.

해석 FIFA의 최장수 회장의 이름을 딴 Jules Rimet 트로피는 축구의 독특한 신화에서 특별한 위치를 차지하고 있다. 그 트로피는 1966년 월드컵을 4개월 앞두고 영국 런던에서 공개 전시 도중 도난당했다. 다행히 그 트로피는 처음 사라진 지 7일 만에 발견됐다. 17년 후인 1983년, 브라질이 그것을 3회 수상하는 데 성공했기 때문에, 그 나라가 그 트로피를 리우데자네이루에서 영구적으로 소장하고 있었다. 그때, 또 다른 절도가 그곳에서 발생했고, 그 이후로 그것은 한 번도 발견된 적이 없다. 일부는 그 트로피가 녹여져 금괴로 만들어지기 위해 팔렸을지도 모른다고 제의했다. 그러나 그것은 실제로는 금으로 도금한 순은으로 만들어졌기 때문에 그러한 결과는 있을 법하지 않고, 여전히 Jules Rimet 트로피의 궁극적인 운명은 미스터리로 남아 있다.

어휘 longest-serving 가장 오래 집권한 mythos 신화 locate ~의 위치를 알아내다 permanently 영구적으로 gold-plated 금으로 도금한 sterling silver 순은 ultimate 궁극적인 renowned 유명한 content 함유량

07

정답 ①

해설 이 글은 포크가 유럽에 도입된 이후, 이탈리아에서는 인기를 끌었으나 알프스 북부, 특히 영국에서는 환영받지 못했다는 역사적 사실을 다루고 있다. 따라서 글의 제목으로 가장 적절한 것은 ① '포크가 유럽에서 받아들여지는 방식의 차이'이다.

② 포크가 여성성의 상징이 된 방법 → 여성성은 포크가 영국에서 배척당한 이유 중 하나일 뿐이다.

③ 포크가 처음 유럽에 도입된 시기 → 첫 문장에서 언급되긴 하나, 글의 중심 소재인 포크에 대한 유럽의 태도를 설명하기 위한 서론에 불과하다.

④ 로마 가톨릭 사제들이 포크를 멀리하게 만든 것 → 마지막에 언급되는 내용이나, 포크를 대하는 태도 중 하나일 뿐이므로 정답이 되기엔 지엽적이다.

해석 포크는 10세기에 (신성 로마 제국) 황제 Otto 2세의 부인인 Theophanu Byzantine에 의해 유럽에 도입되었다. 그것은 11세기 무렵 이탈리아에 진출했고 14세기 무렵에는 (이탈리아의) 상인들 사이에서 인기가 많아졌다. 포크는 곧 유럽 전역에서 친숙한 광경(물건)이 되었지만, 알프스 북부에서는 오랫동안 눈살의 피푸림을 받았다. 우리의 유럽 이웃사촌들이 새로운 철제 식사 도구를 가지고 열심히 먹는 동안 영국인들은 이탈리아인들의 이런 '여성스러운 허식'을 그저 비웃었다. 영국 남자들은 손가락으로 먹으며 자랑스러워했다! 설상가상으로, 심지어 교회도 포크의 사용에 반대했다. 로마 가톨릭교회를 위해 글을 쓰는 몇몇 작가들은 하느님이 그의 지혜로 우리에게 자연스러운 포크를 우리의 손가락에 제공했다는 것은 엄청난 섬세함이라고 선언했고, 그것을 이러한 금속 기구로 대체하는 것은 그에 대한 모욕일 것이다.

어휘 emperor 황제 make one's way 진출하다 merchant 상인 frown 눈살을 찌푸리다 tuck in 열심히 먹다 eating irons 철제 식사 도구 affectation 가장, 허식 delicacy 섬세함 insult 모욕 substitute 대체하다 metallic 금속성의 priest 사제

08

정답 ③

해설 주어진 문장은 개가 물렸을 때 기생충이 어느 정도 해를 가했다는 내용으로, 개가 물리는 상황이 처음 나오는 ③ 앞 문장 이후에 와야 한다. 그리고 ③ 뒤 문장의 It이 주어진 문장의 the parasite를 가리키고, 그것이 끼치는 또 다른 해를 also라는 부사를 통해 기술하고 있다. 따라서 주어진 문장이 들어갈 위치로 가장 적절한 곳은 ③이다.

해석 우리 중 많은 이들은 벌레 물리는 것에 알레르기가 있다. 물린 상처는 가렵고, 발진이 돋으며 심지어 감염될 수도 있다. 개는 벼룩 그리고/또는 진드기에 같은 반응을 보인다. 벌레가 당신 위에 앉으면, 당신은 그것을 손으로 쫓아낼 기회가 있다. 불행하게도, 당신의 개가 벼룩 그리고/또는 진드기에 물릴 땐 그것을 긁어내거나 무는 것밖에 못 한다. 개가 물렸을 무렵 기생충은 어느 정도 해를 가했다. 그것은 또한 알을 낳아 가까운 미래에 더 많은 문제를 일으킬지도 모른다. 기생충에 물려서 생기는 가려움은 아마도 기생충이 개의 피를 빨 때 그 부위에 주입된 침 때문일 것이다.

어휘 parasite 기생충 allergic 알레르기가 있는 itch 가렵다 erupt (발진이) 돋다 infect 감염시키다 flea 벼룩 mite 진드기 whisk away 쫓아내다 scratch 긁다 saliva 침 inject 주입하다 suck 빨다

09

정답 ②

해설 보이지 않는 손이 시장을 규제하여 정부의 규제는 완전히 불필요하다는 Friedman의 자유 시장 경제 이론을 소개하는 글이다. Friedman의 이름이 약칭으로 불릴 대상은 곧 그를 믿는 사람들일 것이므로, 빈칸에는 그의 이론을 설명하는 내용이 올 것임을 추론할 수 있다. 따라서 빈칸에 들어갈 말로 가장 적절한 것은 ② '시장이 외부 도움 없이 스스로 규제할 수 있다'이다.

① 정부가 경제에서 적극적인 역할을 해야 한다 → 정부 역할(규제)의 축소를 요구하는 Friedman의 이론과 반대된다.

③ 시장이 공급과 수요 사이의 균형을 맞추지 못할 것이다 → 시장이 스스로 잘 규제된다는 Friedman의 이론과 반대된다.

④ 지나친 규제는 정부 폐쇄로 이어진다 → 지나친 정부 규제의 결과에 관해서는 언급되지 않았다.

해석 경제학자이자 노벨상 수상자인 Milton Friedman은 자유 시장 경제의 확고한 옹호자로서 가장 잘 알려져 있다. Friedman은 (자유 시장 경제에) 의구심을 품었던 Adam Smith보다 훨씬 더 경쟁적 이기심의 보이지 않는 손이 궁극적으로 시장을 규제할 것이며, (정부의) 규제를 완전히 불필요한 것으로 만들 것이라고 믿었다. Friedman은 시카고 대학에서 수년간 강의했으며, 전 세계의 경제에 영향을 미치기 위해 나선 많은 경제 학도들에게 영향을 미쳤다. Friedman의 지지자들은 종종 Friedmanite라고 불리며, Friedman의 이름은 시장이 외부 도움 없이 스스로 규제할 수 있다고 믿는 사람들을 지칭하는 약칭이 되었다.

어휘 defender 옹호자 invisible 보이지 않는 self-interest 사리사욕, 이기심 ultimately 궁극적으로 regulate 규제하다 shorthand 약칭(의) shutdown 폐쇄

10

정답 ①

해설 토양이 좋고 야생동물이 살도록 장려된 지역에서는 극소수의 식물만이 침략적으로 행동한다는 내용의 글이다. (A) 앞은 마당에 민들레가 많았으면 좋겠다는 내용이고, 뒤는 20년 동안 집 주변에 민들레가 얼마 없었다는 역접의 내용이므로, (A)에 들어갈 연결사로 가장 적절한 것은 Yet이다. 또한 (B) 앞은 미국 황금방울새가 민들레 씨앗을 먹어 발아할 수 있는 씨앗의 수를 줄인다는 내용이고, 뒤에는 동부솜꼬리토끼가 민들레 잎을 먹어 개화를 늦추거나 없앤다는 비슷한 결의 내용이므로, (B)에 들어갈 연결사로 가장 적절한 것은 In addition이다.

해석 토양이 좋고 야생동물이 살도록 장려된 지역에서는, 극소수의 식물들이 침략적으로 행동한다. 예를 들어, 나는 마당에 많은 민들레를 갖고 싶다. 그러나 20년 동안 나는 집 주변에 겨우 몇 그루의 민들레만 가지고 있었다. 그것들이 부족한 이유는 내가 항상 야생동물을 염두에 두고 조경을 해 와서 자연히 민들레의 수를 제한하는 동물들을 갖고 있기 때문이다. 미국 황금방울새는 민들레 씨앗을 즐겨서, 발아할 수 있는 씨앗의 총수를 줄인다. 게다가, 동부솜꼬리토끼는 민들레 잎을 먹고 산다. 만약 그것들이 한 번에 식물을 충분히 먹는다면, 이는 개화를 지연시키거나 없앨 수 있는데, 잎이 없어진 민들레는 새로운 잎을 자라게 하는 데 에너지를 쏟아야 하기 때문이다.

어휘 invasively 침략적으로, 침습적으로 dandelion 민들레 scarcity 부족 landscape 조경하다 American Goldfinch 미국 황금방울새 diminish 줄이다 germinate 발아하다 eliminate 없애다 flowering 개화

01	③	02	④	03	③	04	②	05	②
06	④	07	③	08	④	09	①	10	③

01

정답 ③

해설 insolent는 '무례한'이라는 뜻으로, 이와 의미가 가장 가까운 것은 ③ 'impolite(무례한)'이다.
① 경솔한 ② 고집 센 ④ 허세 부리는

해석 그 대학은 그가 그 회의에 참석했고 과학자들에게 무례했다고 말한다.

어휘 conference 회의, 학회

02

정답 ④

해설 because 이하에서 경제 예측이 정확할 수도 있고 그렇지 않을 수도 있는 통계 정보의 '확률'에 의존한다고 했으므로, 빈칸에는 이러한 불확실성과 관련된 단어가 들어가야 함을 유추할 수 있다. 따라서 빈칸에 들어갈 말로 가장 적절한 것은 ④ 'vague(모호한)'이다.
① 타당한 ② 필수적인 ③ 실행 가능한

해석 경제 예측은 정확할 수도 있고 그렇지 않을 수도 있는 통계 정보의 확률에 기초하기 때문에 모호하다.

어휘 forecasting 예측 probability 확률 statistical 통계의

03

정답 ③

해설 (provide → providing) 앞에 전치사 of가 있으므로 동사인 provide를 쓸 수 없다. 따라서 전치사 of의 목적어 역할을 할 수 있고, 뒤에 food라는 목적어를 받아줄 수 있는 동명사 providing으로 고쳐야 한다.
① 특정 과거 시점을 나타내는 in Neolithic times가 나왔으므로 과거시제 began은 적절하다.
② 맥락상 it이 지칭하는 것은 앞에 나온 불가산명사 Mass production of food이므로 수에 맞게 쓰였다.
④ others는 '다른 사람들'이라는 의미의 대명사로 적절하게 쓰였다.

해석 도시화의 상세한 역사는 신석기 시대에 시작되었다. 초기 인류가 식량을 재배하고 저장하는 기술들을 고안해내자, 그들은 쉽게 한곳에 모여 정착할 수 있었다. 식량의 대량 생산은 더 많은 사람들이 부양될 수 있다는 것을 의미했고, 그것은 사람들이 매일 사냥하고 식량을 모으는 부담을 지지 않아 노동의 전문화를 가능하게 했다. 소수의 사람들이 다수를 위한 식량 제공을 책임질 수 있었는데, 이는 그 집단의 많은 다른 구성원들이 자유롭게 매우 필요한 다른 임무들을 수행하게 해주었다. 어떤 사람들이 농업과 부족에의 식량 제공에 집중하는 동안, 다른 사람들은 다른 일에 시간과 에너지를 쏟을 수 있었다.

어휘 urbanization 도시화 Neolithic 신석기 시대의 devise 고안하다 settle 정착하다 support 부양하다 specialization 전문화 burden 부담을 지우다 game 사냥감 in charge of ~의 책임이 있는 agriculture 농업 tribe 부족

04

정답 ②

해설 (modest → modestly) '~하면 할수록 더 ~하다'라는 의미의 'the 비교급, the 비교급' 구문이 쓰였다. the more의 경우 뒤에 형용사나 부사가 나오는데, 앞에서는 are의 보어로 형용사 famous가 적절하게 쓰였으나, 뒤에서는 동사 behave를 수식할 수 없는 형용사 modest가 쓰이고 있으므로 부사 modestly로 고쳐야 한다.

① statistics는 '통계학'이라는 의미로 사용되면 단수 취급하고, '통계 수치'라는 의미로 사용되면 복수 취급한다. 여기서는 '통계 수치'라는 의미로 사용되었으므로 복수동사 represent는 적절하다.

③ 'since + 과거 시점'이 나왔으므로, 현재완료시제가 적절하게 쓰였다. 참고로 malfunction은 '오작동하다'라는 뜻의 1형식 완전자동사이다.

④ '이성적 판단의 형용사 + that절'의 형태를 취하는 경우, that절 내의 동사는 '(should) RV'로 써야 하므로 동사 be가 적절하게 쓰였다. 또한 상처 부위가 '소독되는' 것이므로 수동태로 쓴 것도 적절하다.

어휘 taste 취향 modest 겸손한 behave 행동하다 wounded 상처 입은 disinfect 소독하다

05

정답 ②

해설 빈칸 뒤에서 A가 그럴 수도 있지만 만일을 대비해서 가방에 우산이 있다고 했으므로, B는 물에 젖을 상황을 우려했음을 알 수 있다. 따라서 빈칸에 들어갈 말로 가장 적절한 것은 ② '그러면 우리 젖지 않을까'이다.
① 전에 타본 적 있니
③ 표 있니
④ 지금 타야 할까

해석 A: 저 다리 근처에 있는 폭포 좀 봐!
B: 오, 아름답다. 보트 타고 가까이에서 보고 싶어.
A: 그래, 그럼 타보자.
B: 그러면 우리 젖지 않을까?
A: 그럴 수도 있지만, 만일을 대비해서 내 가방에 우산이 있어.
B: 그래, 그럼 준비됐네!

어휘 waterfall 폭포

06

정답 ④

해설 첫 문장과 2번째 문장에서 태양풍은 태양 바깥쪽 대기층(코로나)의 미립자들이 태양 중력의 영향권 밖으로 방출되는 현상을 가리킨다는 것을 알 수 있다. 따라서 글의 내용과 일치하지 않는 것은 ④ '태양풍은 코로나 내부의 기체 흐름을 지칭한다.'이다.

① 태양풍은 지구의 표면에 도달하지 않는다. → 마지막 2, 3번째 문장에서 언급된 내용이다.

② CME는 태양 활동의 주기적인 변화와 관련이 있다. → 4번째 문장에서 언급된 내용이다.

③ 달은 태양풍으로부터의 보호막을 갖고 있지 않다. → 마지막 문장에서 언급된 내용이다.

해석 태양의 바깥쪽 (대기)층인 코로나는 섭씨 110만 도에 달한다. 이 수준에서는 태양의 중력이 빠르게 움직이는 미립자들을 붙잡을 수 없고, 그것들은 태양풍을 형성하면서 흘러나간다. 때때로 태양은 코로나 질량 방출(CME) 또는 태양 폭풍이라고 알려진 플라스마의 큰 폭발을 내뿜는다. 태양 극대기로 알려진 주기의 활동 기간에 더 흔한 CME는 표준 태양풍보다 더 강한 영향을 미친다. 만약 지구의 표면이 태양풍에 노출되었다면, 대전 입자로부터 생성된 방사선은 행성의 어떤 생명체에게든 심각한 손상을 입혔을 것이다. 하지만 지구는 미립자들의 방향을 바꿈으로써 태양풍으로부터의 보호막 역할을 하는 자기장에 의해 보호된다. 반면에, 우리의 달은 그것을 보호할 게 아무것도 없어서 정면으로 완전한 타격을 받는다.

어휘 layer 층 stream 흐르다 ejection 방출, 분출 solar maximum 태양 극대기 radiation 방사선 charged particle 대전 입자(전기를 띠고 있는 입자) magnetic field 자기장 redirect 방향을 바꾸다 take the brunt 타격을 정면으로 받다 periodic 주기적인

07

정답 ③

해설 두 종류의 지진파를 통해 지구 외핵의 특성을 밝히는 글이다. 첫 문장에서 지구 외핵은 고체가 아니라는 사실을 제시한 뒤, 지진파들의 특성을 알면 이 사실에 관한 근거를 얻을 수 있다는 내용이 주를 이루고 있다. 따라서 글의 주제로 가장 적절한 것은 ③ '유체 외핵에 대한 증거로서의 지진파'이다.

① 내핵과 외핵의 물리적 특성 → 내핵에 관해서는 언급되지 않았다.

② 액체를 통과할 수 있는 파동의 종류 → 액체를 통과할 수 있는 파동이 P파라는 내용이 암시될 뿐 명시된 것은 아니며 글의 중심 소재 또한 아니다.

④ 지진파 속도의 주된 결정 요인

해석 지구 외핵에 관해 놀라운 점은 그것이 엄청난 압력에도 불구하고 고체가 아니라는 것이다. 이는 서로 다른 종류의 지진파, 즉 압축파와 전단파의 전달을 연구하여 입증되었다. 압축파(또는 P파)는 공기 중의 음파와 같아서, 압축과 팽창이 교차하는 진동으로 구성된다. 전단파(또는 S파)는 젤리를 흔들어서 관찰할 수 있는데, 이것은 물질의 본체를 통과하는, 좌우로 교차하는 흔들림이다. 지진파들 간의 중요한 차이는 압축파는 어떤 것이든 통과할 수 있지만 전단파는 액체를 통과할 수 없다는 것이다. 이것은 액체가 전단 운동에 아무런 저항도 제공하지 않기 때문이다. 지진계는 이 두 유형의 파동을 구별할 수 있고, 이를 통해 우리는 P파만이 외핵을 통과해 전달되므로 외핵은 틀림없이 액체라는 것을 알 수 있다.

어휘 remarkable 놀라운, 주목할 만한 immense 엄청난 solid 고체(의) demonstrate 입증하다 compressional 압축의 shear 전단(剪斷)하다 alternate 교대[교차]하는 pulse 파동, 진동 dilation 팽창 wobble 흔들림, 떨림 distinction 차이 seismometer 지진계 distinguish 구별하다 property 특성 fluid 유체의 determinant 결정 요인

손글씨 필기노트, 해설지, 백지복습지 다운로드 http://cafe.naver.com/shimson2000

08

정답 ④

해설 전통적인 민족지학자들은 수천 명의 사람들 간의 의사소통으로 표현된 문화를 기술했다는 내용의 주어진 글 다음에는 For example과 함께 Firth의 고전 연구를 그 예로 제시하는 (C)가 와야 한다. 그리고 1929년과 달리 현대의 민족지학자들은 훨씬 더 큰 규모의 수에 직면한다는 내용의 (C)에 이어, 2000년의 방대한 인구를 제시하고 현대 통신 매체의 동시성을 설명하는 (B)가 와야 한다. 마지막으로 (B)에 언급된 1980년을 that same era로 지칭하여 또 다른 동시성의 예를 들고, 그 시기 이후 의사소통의 규모와 범위가 증대해서 구식의 민족지학은 제 역할을 못 한다고 마무리 짓는 (A)가 오는 것이 자연스럽다. 따라서 글의 순서로 가장 적절한 것은 ④ '(C) - (B) - (A)'이다.

해석 전통적인 민족지학자들은 수천 명의 사람들 사이의 의사소통을 통해 표현된 문화를 기술했다. (C) 예를 들어, Raymond Firth의 고전적인 연구는 1929년에 인구가 1,300명이었던 태평양 섬 Tikopia에 대해 수행되었는데, 그 섬의 모든 사람이 다른 모든 사람과 의사소통을 한다고 해도, 총관계의 수는 약 845,000건에 불과했을 것이다. 이와 대조적으로, 현대 사회에서 연구하는 민족지학자들은 훨씬 더 큰 규모의 수에 직면한다. (B) 2000년 인구 조사에 따르면 미국 인구만 280,000,000명이다. 게다가, 현대의 통신 매체는 이 방대한 수의 사람들이 즉각적으로 정보를 공유하는 것을 가능하게 한다. 1980년까지만 해도, 150,000,000명의 전 세계 사람들이 슈퍼볼을 보고 동시에 그것을 경험했다. (A) 같은 시기에, 미국 가구 중 절반인 거의 100,000,000명의 사람들이 텔레비전 미니시리즈 'Roots'를 시청했다. 의사소통의 규모와 범위는 이어지는 20년 동안 많이 증가해 왔다. 이런 환경에서, 구식의 민족지학은 완전한 일을 할 수 없다.

어휘 ethnographer 민족지학자 era 시기, 시대 household 가정 scope 범위 ensuing 뒤따르는 milieu (사회적) 환경 old-fashioned 구식의 census 인구 조사 vast 방대한 instantaneously 즉각적으로 simultaneously 동시에 confront 직면하다 magnitude 규모

09

정답 ①

해설 교사가 모든 전문 지식을 알고 있고 이를 학생들에게 전달한다는 것은 잘못된 믿음으로, 한 개인이 모든 주제에서 전문가가 되는 것은 불가능에 가깝다는 내용의 글이다. 새로운 발견들이 나오고 있으며 전문가라고 주장하는 것은 더는 배울 게 없음을 의미한다고 했으므로, 최선의 가르침은 이미 모든 지식을 가지고 있는 것이 아니라 계속해서 지식을 채워나가는 것임을 추론할 수 있다. 따라서 빈칸에 들어갈 말로 가장 적절한 것은 ① '더 나아지는'이다.
② 주고받는 → 학생에게서도 배울 점(독특한 관점)이 있다는 내용이 언급되긴 하나, 이 글의 초점은 교사가 지식을 교환하느냐가 아닌 모든 지식을 가지고 있느냐에 맞춰져 있으므로 적절하지 않다.
③ 사물을 통합하는 → 지식을 쌓아가는 것과 지식의 대상들을 통합하는 것은 별개이다.
④ 자신을 분석하는 → 스스로 상태를 검토해보는 내용은 언급되지 않았다.

해석 전문가로서의 교사에 대한 한 가지 잘못된 믿음은 교사들이 '다 알고 있다'는 것과 그들의 가르침이 비전문가일 뿐만 아니라 아무것도 모를 수도 있는 학생들에게 이 전문 지식을 전하는 것을 수반한다는 것을 시사한다. 사람들에게 이 잘못된 믿음을 버리라고 설득해야 하는 두 가지 주요 결함이 있다. 첫째, 교사는 지식이 풍부하고 학생은 지식이 빈약하다고 가정하는 것은 학생이 교실에 가져오는 독특한 관점을 자동으로 부정한다. 둘째, 어떤 개인이 모든 주제에서 전문가가 되는 것은, 심지어 유치원에서 가르치는 것에 관해서라도 매우 불가능하다. 예를 들어, 유치원생들은 흔히 자연에 대해 호기심이 많은데, 특히 새로운 발견이 이루어지고 있는 상황에서, 누가 자연의 모든 것에 대해 완전한 지식을 가지기를 기대할 수 있을까? 최선의 가르침은 더 나아지는 과정이다. 전문가라는 주장은 그 사람이 더 배울 것이 거의 없다는 것을 시사한다.

어휘 myth 잘못된 믿음 transmit 전달하다 expertise 전문 지식 flaw 결함 discard 버리다 automatically 자동으로 when it comes to ~에 관해서라면 kindergarten 유치원 at one's best 가장 좋은 상태에서 claim 주장 integrate 통합하다

10

정답 ③

해설 장례식은 여러 사람이 고인과의 삶의 이야기를 공유하는 가운데 일치감이 만들어지고 마음이 서로 연결되는 공간이라는 내용의 글이다. 따라서 세상에 다양한 문화가 있으니 함께 사는 법을 배워야 함을 강조하는 ③이 글의 흐름상 가장 어색한 문장이다.

해석 우리가 장례식에 참석해서 이제는 세상을 떠난 우리가 사랑하는 사람의 삶을 또한 알고 있고 공유한 다른 사람들에게 둘러싸일 때, 우리는 우리 안에서 고인의 '영혼'을 느낄 수 있다. 그리고 실제로, 제사에서 우리 각자 안에 있는 수조 개의 뉴런 연결의 활성화 패턴은 고인에 대한 우리의 유사한 경험 때문에 유사성을 가지고 있을 수도 있다. 생존자로서 우리는 우리가 우리의 삶에서 함께 구성하는 이야기 속에서 사랑하는 사람과의 일치감을 만들어냄으로써 상실에 대처하려고 시도한다. (사람들이 세상에는 다양한 문화들이 있고 우리는 함께 사는 법을 배울 필요가 있다는 것을 알 수 있게 하는 것이 중요하다.) 그런 제사에서는, 이제 막 죽은 사람의 '삶과 본질을 포착하기' 위해서 이야기가 심심찮게 들려올 것이다. 이러한 이야기의 공유는 인간 삶의 일치를 만들고 우리의 마음을 서로 연결하는 데 있어서 이야기의 중심적인 중요성을 반영한다.

어휘 funeral 장례식 pass away 세상을 떠나다 the deceased 고인 trillion 1조 neuronal 뉴런의 memorial service 제사, 추모식 parallel 유사한, 평행한 coherence 일관성, 일치

| 01 | ④ | 02 | ④ | 03 | ② | 04 | ② | 05 | ① |
| 06 | ③ | 07 | ① | 08 | ③ | 09 | ③ | 10 | ② |

01

정답 ④

해설 noxious는 '해로운'이라는 뜻으로, 이와 의미가 가장 가까운 것은 ④ 'detrimental(해로운)'이다.
① 일시적인 ② 이로운 ③ 모호한

해석 식품의 포장이나 운송을 위해 이러한 유연제를 함유한 플라스틱을 사용하는 것의 해로운 영향에 관한 다양한 연구는 그 유연제가 식품으로 쉽게 이동한다는 것을 보여주었다.

어휘 softener 유연제 foodstuff 식품 migrate 이동하다

02

정답 ④

해설 make a splash는 '큰 인기를 끌다'라는 뜻으로, 이와 의미가 가장 가까운 것은 ④ 'attract a lot of attention(많은 관심을 끌다)'이다.
① 기회를 얻다 ② 관계를 유지하다 ③ 신뢰를 쌓다

해석 당신은 큰 인기를 끌기 위해 많은 돈을 쓸 필요는 없다.

03

정답 ②

해설 if절이 부사절이 아닌 명사절로 사용될 경우, 현재시제가 미래시제를 대신하지 않으므로 will fire의 시제는 적절하게 쓰였다. 또한 타동사의 목적어로 쓰인 것도 적절하다.
① (use → using) 'be used to RV'는 '~하는 데 사용되다'라는 의미이고, 'be used to RVing'는 '~하는 데 익숙하다'라는 의미인데, 여기서는 문맥상 디지털 기기를 사용하는 데 '익숙하다'라는 의미가 되어야 한다. 따라서 use를 using으로 고쳐야 한다.
③ (that → which) 관계대명사 that은 콤마 뒤에 계속적 용법으로 쓸 수 없다. 선행사가 the movie이므로 that을 계속적 용법의 which로 고쳐야 한다.
④ (should → must) 'should have p.p.'는 '~했어야 했는데 (안 했다)'라는 의미이고, 'must have p.p.'는 '~했음이 틀림없다'라는 의미인데, 여기서는 문맥상 그가 너무 매운 음식을 먹어서 배가 아팠음이 '틀림없다'라는 의미가 더 적절하다. 따라서 should를 must로 고쳐야 한다.

해석 ① 우리 세대는 디지털 기기를 사용하는 데 매우 익숙하다.
② 나는 그 회사가 단지 그 이유만으로 그를 해고할지 궁금하다.
③ 내가 내일 볼 그 영화를 예매하는 것은 매우 어려웠다.
④ 그는 너무 매운 음식을 먹어서 배가 아팠음이 틀림없다.

04

정답 ②

해설 (moved → moving 혹은 move) saw가 지각동사로 쓰였고, 목적어인 가족들이 상자를 '옮기는' 것이므로 목적격 보어에 능동의 RV나 RVing가 와야 한다.
① few 뒤에 복수명사인 customers가 온 것은 적절하고, 동사의 수도 복수인 were가 적절하게 쓰였다.
③ '~이 없었다면'을 나타내는 가정법 과거완료인 But for가 쓰였고, 주절에 '조동사의 과거형 + have p.p.'가 적절하게 쓰였다. 이때 arrive는 1형식 완전자동사라 수동태로 쓸 수 없음에 유의해야 한다.
④ who는 someone을 선행사로 받는 주격 관계대명사로 적절하게 쓰였다. 관계사절의 동사 is의 수일치도 적절하며, 등위접속사 and를 기준으로 3개의 형용사 kind, polite, considerate가 병렬 구조를 적절히 이루고 있다.

어휘 considerate 사려 깊은

05

정답 ①

해설 빈칸의 물음에 대해 A가 지구 온난화를 줄일 방법들을 제시했으므로, 빈칸에 들어갈 말로 가장 적절한 것은 ① '우리가 할 수 있는 일이 있을까'이다.
② 그게 지구 온난화와 관련이 있을까
③ 이 사진들 어디서 났어
④ 어떤 운동을 해

해석 A: 안녕, 이 사진들 좀 봐.
B: 귀여워라! 북극곰들이 수영하고 있네.
A: 그게 아니야. 얼음이 너무 빨리 녹아서 이 곰들이 얼음 위에 있을 수가 없는 거야.
B: 아, 난 몰랐어. 우리가 할 수 있는 일이 있을까?
A: 자전거를 타고 출근하고 엘리베이터 대신에 계단을 이용하는 것으로 시작할 수 있지.
B: 그럼 우리는 지구 온난화를 줄이는 동시에 운동도 할 수 있겠구나!

어휘 polar bear 북극곰

06

정답 ③

해설 마지막 2번째 문장에서 의사가 대부분의 이주 집단에 배치되었음에도 많은 사람이 전염병으로 죽었다고 언급되므로, 글의 내용과 일치하지 않는 것은 ③ '의료진이 전무함으로 인해 많은 이들이 여정 중에 죽었다.'이다.
① 눈물의 길은 아메리카 원주민들의 강제 이주를 일컫는다. → 첫 문장에서 언급된 내용이다.
② 아메리카 원주민이 아닌 노예와 배우자들 또한 이주의 대상이었다. → 2번째 문장에서 언급된 내용이다.
④ 생존자의 정확한 수는 알려지지 않았다. → 마지막 문장에서 언급된 내용이다.

해석 '눈물의 길'은 (미국) 남동부의 조상 대대로 살아온 고향을 떠나 오늘날 오클라호마주의 '새 인디언 준주'로 이주하도록 강요받은 아메리카 원주민들의 여정을 묘사한다. 1830년 연방 인디언 이주법이 통과된 이후 10년 동안, 약 6만 명의 원주민, 아프리카계 노예, 백인 배우자들이 아칸소주를 지나 이동했다. 그들은 증기선을 타고 상류로 원시적인 길을 따라 이동했다. 대부분의 이주 집단에 의사가 배치되었음에도, 많은 사람이 콜레라, 홍역, 천연두 같은 전염병으로 죽었다. 아무도 얼마나 많은 사람이 그 길에 (죽어서) 묻혔는지, 또는 정확히 얼마나 많은 사람이 살아남았는지 모른다.

어휘 ancestral 조상의 territory 영토, 준주(準州) federal 연방의 removal 이동, 이주 estimated 대략 spouse 배우자 upriver 상류로 steamboat 증기선 primitive 원시의 physician 의사 assign 배치하다 infectious 전염성의 measles 홍역 smallpox 천연두 migration 이주 subject to ~의 대상인 relocation 이전, 이주

07

정답 ①

해설 인간이 전문성을 발휘하려면 자동화된 행동이 필요하고, 창의성을 발휘하려면 조정된 행동이 필요하므로, 결국 뇌는 둘 다 잘해야 한다는 요지의 글이다. 따라서 글의 제목으로 가장 적절한 것은 ① '똑똑한 뇌의 두 가지 구성 요소'이다.
② 조정된 행동은 새로운 통찰력을 필요로 한다 → 자동화된 행동에 관한 내용이 포함되어야 하므로 적절하지 않다.
③ 습관 형성: 효율성을 위한 최고의 선택 → 조정된 행동에 관한 내용이 포함되어야 하므로 적절하지 않다.
④ 창의성의 자동화: 무섭지만 불가피하다 → 창의성의 자동화에 관해서는 언급되지 않았다.

해석 인간은 습관을 반영하는 자동화된 행동과 습관을 타파하는 조정된 행동 사이의 경쟁 속에서 살아간다. 뇌는 효율성을 위해 신경망을 간소화해야 하는가, 아니면 융통성을 위해 신경망을 나뭇가지 모양으로 만들어야 하는가? 우리는 둘 다 할 수 있다는 것에 의존한다. 자동화된 행동은 우리에게 전문성을 준다. 조각가가 조각상을 만들거나, 건축가가 모형을 만들거나, 과학자가 실험할 때, 숙련된 손재주는 새로운 결과를 가능하게 만드는 데 도움이 된다. 만약 우리가 우리의 새로운 아이디어를 실행해내지 못하면, 우리는 그것을 소생시키고자 분투한다. 하지만 자동화된 행동은 혁신을 일으키지 못한다. 조정된 행동은 우리가 참신함을 만들어내는 방법이다. 그것은 창의성의 신경학적 기저이다. Arthur Koestler가 말했듯이, "창의성은 독창성을 통해 습관을 깨는 것이다."

어휘 automate 자동화하다 mediate 조정[중재]하다 defeat 이기다, 물리치다 neural 신경의 streamline 간소화하다 flexibility 융통성 expertise 전문성 dexterity (손이나 머리를 쓰는) 재주 execute 실행하다 bring sth to life ~을 소생시키다 innovate 혁신하다 generate 만들어내다 novelty 새로움, 참신함 building block 구성 요소 inevitable 불가피한

08

정답 ③

해설 어떤 일을 반복적으로 수행하여 너무 잘하게 되면 그 과정의 단계들을 의식할 수 없을 정도가 된다는 내용의 글이다. 주어진 문장은 우리가 적당히 숙달하여 더는 학습하지 않는 일에 대한 우리의 능력에 의문을 가지게 되면(question our competence) 그 단계들을 마음을 뒤져서 찾아낼 수 있다는 내용으로, questioning the process가 놀라운 결과를 가져온다는 내용 다음에 와서, 이후(then) 능력에 대한 결론을 내릴 수 있다는 내용으로 이어지는 것이 자연스럽다. 따라서 주어진 문장이 들어갈 위치로 가장 적절한 곳은 ③이다.

해석 TV를 시청하는 동안 뜨개질을 할 수 있거나 운전하는 동안 라디오를 들을 수 있는 사람이라면 학습된 일이 어떻게 마음에서 떨어져 나가는지를 안다. 우리가 어떤 일을 거듭해서 반복하여 그것을 더 잘하게 되면, 그 일의 개별적인 부분들은 우리의 의식 밖으로 나간다. 결국, 우리는 우리가 더 이상 그 일을 어떻게 하는지 모른다고 해도 그것을 할 수 있다고 상정하게 된다. 사실, 그 과정에 의문을 제기하는 것은 놀라운 결과를 가져올 수 있다. 무언가나 누군가가 우리로 하여금 우리가 적당히 잘 알고 있지만 이런 식으로 숙달 후엔 계속 학습되지 '않은' 일에 대한 우리의 능력에 의문을 제기하게 한다면, 우리는 그 일의 단계들을 찾기 위해 우리의 마음을 뒤지고 그것들을 찾을 수 있다. 그러고 나서 우리는 우리가 무능하지 '않다'고 결론지을 수 있다. 그러나 우리가 어떤 일을 너무 잘 알고 있어서 그것을 '능숙하게' (아무 생각 없이) 수행할 수 있다면, 이러한 단계들은 더 이상 의식적으로 이용할 수 없을 수도 있고 우리는 우리의 능력을 의심할 수도 있다.

어휘 question 의문을 제기하다 competence 능력, 능숙함 moderately 적당히 overlearn 숙달 후에도 계속 학습하다 knit 뜨개질을 하다 consciousness 의식 incompetent 무능한 expertly 전문가답게, 능숙하게 mindlessly 아무 생각 없이

09

정답 ③

해설 소년과 소녀 모두를 지도할 때 소녀들이 양쪽에 더 좋은 지도를 할 수 있게 해준다는 내용의 글이다. 소녀들에게 말하는 법을 소년들에게 그대로 적용했을 때 더 효과적이었다는 예와 더불어, 소녀들이 팀 소속감을 느끼며 동료들에게 좋은 말을 해주는 점이 팀 화합 개선을 위해 소년들에게도 그대로 적용되었을 것을 추론할 수 있으므로, 빈칸에 들어갈 말로 가장 적절한 것은 ③ '팀 동료가 하는 말의 중요성'이다.
① 훈련 방법에 대한 믿음
② 기술 발달의 필요성
④ 경쟁에 대한 노출의 결과 → 앞에서 대응되는 소녀 팀의 특성은 경쟁이 아닌 화합을 강조하고 있으므로 적절하지 않다.

해석 나에게는 고등학교 수준에서 소년과 소녀 모두를 지도한 경험이 광범위한 친구가 있다. 그는 소녀들이 그를 양쪽에 더 좋은 코치로 만들었다고 말했다. 처음에 소녀들의 감정을 상하게 하고 싶지 않은 것에 관해 걱정했던 그는 더 건설적인 언어를 사용하고 그것을 더 부드러운 어조로 말하는 법을 배웠다. 그러고 나서 그는 같은 기술이 그를 소년들에게 더 효과적이게 만든다는 것을 발견했다. 그는 또한 일반적으로 소녀들이 자신들이 같은 팀에서 뛰고 있다는 것을 더 많이 생각한다는 것을 발견했다. 그들은 다른 선수를 비판할 가능성이 더 작고, 격려하고 뛰어난 경기를 인정할 가능성은 더 컸다. 그는 자신이 소년 팀들에 팀 동료가 하는 말의 중요성을 가르쳤을 때 그들의 분위기와 궁합이 상당히 개선되었다고 느꼈다.

어휘 extensive 광범위한 initially 처음에 constructive 건설적인 acknowledge 인정하다 outstanding 뛰어난 atmosphere 분위기 chemistry (사람 사이의) 화학 반응, 궁합 significantly 상당히

10

정답 ②

해설 인도에서 사용되는 여러 언어들에 관한 글이다. (A) 앞에서는 인도 헌법이 공식적으로는 22개의 언어를 인정한다고 했고, 뒤에서는 그보다 훨씬 더 많은 언어가 사용되고 있는 현실이 제시되었으므로, (A)에 들어갈 연결사로 가장 적절한 것은 In fact이다. (B) 앞에서는 힌디어가 정부 공식 언어이자 가장 널리 사용되는 언어 중 하나라고 했고, 뒤에서는 힌디어가 인도 국민 대다수가 사용하는 언어는 아니라고 했으므로 (B)에 들어갈 연결사로 적절한 것은 Nevertheless이다.

해석 오늘날 인도는 28개 주와 7개 지역에 13억 명 이상의 인구가 살고 있는 다양성이 매우 풍부한 나라이다. 비록 인도 헌법이 어느 언어에도 국어의 지위를 부여하지 않고 있으나, 공식적으로 22개 언어를 인정한다. 실제로는, 2001년 인도 인구 조사에 따르면, 인도는 122개의 주요 언어와 1,599개의 다른 언어를 가지고 있다. 그중에서, 힌디어는 인도 연방정부의 공식 언어이자 가장 널리 사용되는 언어 중 하나이다. 그럼에도 불구하고, 인도 국민 대다수가 힌디어를 사용한다는 것은 잘못된 생각이다. 인도 거주민의 최소 56%는 힌디어 외의 다른 언어를 사용한다. 마라티어, 텔루구어, 구자라트어, 우르두어가 그 나라에서 사용되는 다른 언어들이다.

어휘 territory 지역, 영토 constitution 헌법 census 인구 조사 misconception 오해, 잘못된 생각 resident 거주자, 주민 other than ~외의

| 01 | ① | 02 | ② | 03 | ④ | 04 | ④ | 05 | ③ |
| 06 | ① | 07 | ④ | 08 | ② | 09 | ② | 10 | ④ |

01

정답 ①

해설 ponder는 '숙고하다'라는 뜻으로, 이와 의미가 가장 가까운 것은 ① 'contemplate(숙고하다)'이다.
② 드러내다 ③ 촉발시키다 ④ 해결하다

해석 시장은 사람들이 모여 지역 문제에 대해 토론하고 숙고하는 야외 마을 회관 역할을 했다.

어휘 marketplace 시장, 장터

02

정답 ②

해설 빈칸에는 Charles가 부동산 투자에서 큰 성공을 이룬 결과에 대한 표현이 들어가야 한다. and 뒤에서도 만족스러운 삶을 살게 했다고 했으므로, 빈칸에 들어갈 말로 가장 적절한 것은 ② 'go from rags to riches(벼락부자가 되다)'이다.
① 화가 머리끝까지 치밀다 ③ 자제력을 잃다 ④ 수포로 돌아가다

해석 Charles는 부동산 투자에서 큰 성공을 거두었고, 그것이 그를 벼락부자가 되어 만족스러운 삶을 살게 했다.

어휘 real estate 부동산

03

정답 ④

해설 (be resulted in → result in) '~을 초래하다'라는 뜻의 result in은 수동태로 쓸 수 없는 '자동사 + 전치사'이다. 따라서 be resulted in을 result in으로 고쳐야 한다.
① 주어인 it(The social security program)이 큰 성공으로 '여겨진' 것이므로, 수동태가 적절하게 쓰였다.
② 주절의 시제가 과거시제인 showed이므로, 종속절의 시제 또한 과거형 would require로 적절하게 쓰였다.
③ 특정 과거 시점을 나타내는 in 1940이 나왔고 뒤에 주어로 복수명사 nearly six workers가 나왔으므로, were는 시제와 수에 맞게 쓰였다.

해석 사회보장 프로그램은 대체로 처음부터 논란이 많았다. 그럼에도 불구하고, 그것은 70년대에 걸쳐 큰 성공으로 여겨졌다. 그러나 그 무렵 표면화된 재무 보고서는 그 제도가 퇴직자 대비 근로자 비율이 불균등한 인구 고령화를 관리하기 위해 개편이 필요하리라는 것을 보여주었다. 예를 들어, 1940년에는 65세 이상의 퇴직자 한 명당 거의 6명의 근로자가 있었다. 그러나 가령 2040년에는 그 비율이 2대 1이 될 것이다. 이는 사회보장제도의 파산을 초래할 수 있다.

어휘 social security 사회보장(제도) controversial 논란이 많은 surface 드러나다, 표면화되다 reorganization 개편 uneven 불균등한 ratio 비율 retiree 퇴직자 bankruptcy 파산

04

정답 ④

해설 '~이 없었다면'을 나타내는 가정법 과거완료인 If it had not been for에서 If가 생략되고 Had it not been for로 적절하게 도치되었다. 주절에도 '조동사의 과거형 + have p.p.'가 적절하게 쓰였다. 또한 주어인 내가 부상을 '당하는' 것이므로, 수동태로 쓴 것도 적절하다.

① (is → does) 긍정 동의를 나타낼 때는 'so + V + S'의 구조로 도치가 일어난다. 그런데 앞 문장의 동사가 enjoys라는 일반동사이므로, 대동사를 is가 아닌 does로 고쳐야 한다.

② (very → much) very는 비교급을 강조할 수 없으므로, 비교급 강조 부사인 much, even, still, (by) far, a lot 등으로 고쳐야 한다. 참고로 여기서 mine은 my headphones를 의미하는 소유대명사로 적절하게 쓰였다.

③ (such talented a → such a talented) such는 'such + a(n) + 형용사 + 명사'의 어순을 취해야 하므로 such a talented로 고쳐야 한다. 참고로 'so + 형용사 + a(n) + 명사'의 구조인 so talented a로 고쳐도 적절하다.

어휘 champagne 샴페인 talented 재능 있는

05

정답 ③

해설 예전에 프랑스어 수업을 들었지만 기억이 잘 안 난다는 말에, A가 수준에 맞는 강좌 신청을 위해 테스트를 제안한 상황이다. 이에 대한 B의 응답으로서 빈칸에 들어갈 말로 가장 적절한 것은 ③ '그게 좋겠어요. 언제 볼 수 있을까요?'이다.

① 가르칠 수 있는 기회를 주셔서 감사합니다!
② 저희는 5개의 다른 레벨에 따른 강좌를 제공합니다.
④ 제 영어 실력이 부족한 것 같습니다.

해석 A: 무엇을 도와드릴까요?
B: 안녕하세요, 초보자를 위한 프랑스어 강좌를 신청하고 싶은데요.
A: 좋습니다. 프랑스어를 처음 배우시는 건가요?
B: 아니요, 예전에 강좌 하나를 들었는데, 별로 기억나지 않는 것 같아요.
A: 어떤 강좌가 맞는지 레벨 테스트를 보시면 어떨까요?
B: 그게 좋겠어요. 언제 볼 수 있을까요?

어휘 sign up for ~을 신청하다 opportunity 기회

06

정답 ①

해설 2번째 문장에서 그리스 팔랑크스 진형의 강점은 병사들의 인내력과 절제력, 즉 개개인의 역량에 있었다고 언급되므로, 글의 내용과 일치하는 것은 ① '병사들의 역량이 그리스 팔랑크스에서 중요한 역할을 했다.'이다.

② 그리스 팔랑크스는 다른 대형들로 바뀔 수 있었다. → 4번째 문장에서 처음의 대형이 전투에서 결정적이었고 따라서 팔랑크스도 그 대형을 오래 유지해야 했다고 언급되므로 옳지 않다.

③ 두 그리스 팔랑크스의 충돌은 전투에서 거의 일어나지 않았다. → 마지막 문장에서 두 팔랑크스의 교전이 일반적인 상황으로 묘사되며, 드물었다는 언급 또한 없으므로 옳지 않다.

④ 그리스 팔랑크스는 더 빠른 이동을 위해 고안되었다. → 3번째 문장에서 적군을 향해 천천히 진격했다고 언급되므로 옳지 않다.

해석 고대 전쟁에서 가장 효과적이고 오래가는 군사 대형 중 하나는 긴 창과 서로 맞물리는 방패로 무장한, 밀착 대열의 밀집된 전사 무리인 그리스 팔랑크스의 대형이었다. 그리스 팔랑크스의 강점은 방패와 창으로 빽빽하게 채워진 직사각형 대형을 이룬 병사들의 인내력과 절제력에 있었다. 일단 팔랑크스가 형성되면, 병사들은 방패로 투척 무기 공격을 막아내고 상대편의 대열을 돌파하기 위해 대형을 단단히 유지하면서 적군을 향해 천천히 진격했다. 기원전 5세기 이전에, 전투의 승패는 처음 전장에 배치된 대형들에 의해 결정되었고, 결과적으로, 팔랑크스 대형을 이루는 사람들은 상대편보다 오래 버틸 준비가 되어 있어야 했다. 일단 두 팔랑크스가 전장에서 교전을 시작하면, 전투는 한쪽의 대열이 흐트러지고 패배할 때까지 계속되었다.

어휘 enduring 오래가는 formation 대형 phalanx 팔랑크스(고대 그리스의 밀집 대형 전술) close-rank 대열 사이가 좁은 dense 밀집한 spear 창 interlock 서로 맞물리다 discipline 절제력, 규율 advance 진격하다 fend off ~을 막아내다 missile 투척 무기 blow 강타, 타격 break through 돌파하다 outlast ~보다 더 오래가다 engage 교전을 시작하다 defeat 패배시키다

07

정답 ④

해설 몸의 형태와 신체적 속성은 생각과 믿음에 기반을 두고 있기에, 몸의 변화는 생각과 믿음의 변화가 전제해야 성립된다는 내용의 글이다. 따라서 글의 요지로 가장 적절한 것은 ④ '생각과 믿음이 변할 때만 몸이 변한다.'이다.

① 나이가 들면서 신체 능력은 떨어지는 경향이 있다. → 글에서 언급된 나이 듦은 생각과 믿음의 변화를 설명하기 위한 부연일 뿐으로, 단순 노화에 관해서는 언급되지 않았다.

② 믿음은 주로 어린 시절에 형성된다. → 믿음이 일생에 걸쳐서 변화한다는 내용으로, 주로 형성되는 시기는 언급되지 않았다.

③ 생각과 믿음은 경험의 부산물이다. → 경험에 관한 언급은 없으며, 글에서 묘사된 생각과 믿음은 부산물이 아니라 오히려 변화를 일으키는 근원에 가깝다.

해석 당신 몸의 형태와 신체적 속성은 당신의 생각과 믿음에 기반을 두고 있고 그것들로부터 떼어질 수 없다. 만약 당신이 5피트 10인치라면, 6피트 2인치 체격이 될 생각을 할 수 없는데, 왜냐하면 당신 몸의 능력에 관한 당신의 믿음이 그러한 시도를 경계하기 때문이다. 하지만 당신은 일생에 걸쳐 정말 상당히 많이 변한다. 당신이 보는 변화는 당신이 나이들 때와 같이 당신의 믿음에 의해 허용되는 변화이다. 어느 특정 시점에서든, 당신은 항상 당신의 몸에 대해 가지고 있는 인식의 기원을 당신의 생각으로 거슬러 올라가 밝혀낼 수 있다. 당신의 생각은 시간이 지나면서 변하기 때문에, 당신의 의식적인 마음은 당신이 신체에 대해 가지고 있는 인식을 변화시키고, 그리하여 몸이 당신의 생각과 믿음과 일치한다. 결과적으로, 당신의 생각이 변하기 때문에 당신은 변한다.

어휘 attribute 속성 alienate 소외시키다, 떼어 놓다 frame 틀, 골격 regarding ~에 관하여 stand guard 조심[경계]하다 perception 인식 conscious 의식적인 alter 바꾸다 coincide 일치하다 decline 감소하다 by-product 부산물

08

정답 ②

해설 전기는 경쟁적인 방법들, 즉 정신 분석, 철학, 소설, 시, 사회학, 민족학, 역사와 항상 맞닥뜨린다는 내용의 주어진 글 다음에는 그것들을 those disciplines로 지칭하여 글을 이어가는 (B)가 와야 한다. 그다음에는 19세기와 20세기에 전기에 반대하는 시나 소설가들이 많았다는 내용의 (B)에 이어, 그 예를 Freud와 Proust로 드는 (A)가 와야 한다. 마지막으로 역접 접속사 Yet으로 시작하여 Freud와 Proust가 전기에 긍정적인 반응을 보이기도 했다고 설명하는 (C)가 오는 것이 자연스럽다. 따라서 글의 순서로 가장 적절한 것은 ② '(B) - (A) - (C)'이다.

해석 전기는 인간과 정체성의 본질을 이해하고 설명하는 경쟁적인 방법들, 즉 정신 분석, 철학, 소설, 시, 사회학, 민족학, 역사와 항상 맞닥뜨린다. (B) 그 학문들의 종사자들은 전기에 대해 적대적이거나 회의적인 태도를 취하는 경우가 흔한데, 특히 19세기와 20세기에 전기에 반대하여 쓰인 시 또는 반어적인 의심이나 혐오로 전기를 다룬 소설가의 예가 많다. (A) Freud는 전기의 단순화와 지나친 확정성 때문에 전기(특히 그에 대해 쓰일 수도 있는 어떤 것이든)를 두려워하고 불신했다. Proust는 비평가 Sainte Beuve가 그가 선택한 작가들의 작품을 그들의 인생 이야기를 통해 얕잡아보며 해석한 것 때문에 그에게 반대 의견을 냈다. (C) 하지만 Freud는 Leonardo에 대한 그의 사례 연구에서와 같이 정신 분석적 전기의 가능성에 매료되었고, Proust는 그의 필생의 업적을 전기적 해석에 저항하면서도 그것을 초대하는 소설로 만들었다.

어휘 biography 전기 rub up against ~와 맞닥뜨리다 psychoanalysis 정신 분석 ethnography 민족학 over-conclusiveness 지나치게 확정적임 belittlingly 얕잡아보며 interpret 해석하다 practitioner 종사자, 현역 discipline 학과, 학문 hostile 적대적인 skeptical 회의적인 ironical 반어적인, 비꼬는 suspicion 의심 distaste 혐오

09

정답 ②

해설 이 글은 유전자 변이가 일어나는 여러 원인들과 그 변이를 통해 환경에 잘 적응하게 된 개체가 더 잘 살아남는다는 사실을 기술하고 있다. 그 예로 나무껍질 색과 유사한 날개를 가지게 변이한 나방이 위장 능력이 더 뛰어나다고, 즉 생존에 더 유리하다고 제시되었다. 따라서 빈칸에 들어갈 말로 가장 적절한 것은 ② '살아남아 그들의 유전자를 물려주다'이다.

① 형편없는 번식 때문에 멸종하게 되다 → 오히려 환경에 잘 적응했으니 생존 가능성이 클 것으로 추론할 수 있다.

③ 같은 색 나무의 증식에 영향을 주다 → 유전 변이로 인한 같은 종 내의 환경 적합성 차이를 설명하는 글로, 다른 종에 미치는 영향에 관해선 언급된 바 없다.

④ 새로운 서식지를 찾기 위해 기존의 서식지를 떠나다 → 현재 환경에 적합하다는 내용이므로 오히려 기존 서식지를 떠나지 않을 것임을 유추할 수 있다.

해석 한 종 내의 유전적 변이는 몇 가지 다른 근원에서 비롯될 수 있다. 돌연변이, 즉 DNA 내 유전자 배열의 변화는 유전적 변이의 한 근원이다. 또 다른 근원은 유전자 흐름, 즉 서로 다른 집단의 유기체들 사이에서 일어나는 유전자의 이동이다. 마지막으로, 유전적 변이는 새로운 유전자 조합의 생성으로 이어지는 유성 생식의 결과일 수 있다. 한 유기체 집단 내의 유전적 변이는 어떤 유기체들을 그들이 사는 환경의 다른 유기체들보다 더 잘 살아남을 수 있게 한다. 심지어 작은 개체군에 속한 유기체들도 특정 환경에서의 삶에 그들이 얼마나 적합한지에 관해서는 현저하게 다를 수 있다. 다른 색의 날개를 가진 같은 종의 나방이 그 예일 것이다. 나무껍질 색과 비슷한 날개를 가진 나방은 다른 색의 나방보다 자신을 더 잘 위장할 수 있다. 결과적으로, 나무 색깔의 나방은 살아남아 그들의 유전자를 물려줄 가능성이 더 크다.

어휘 variation 변이 mutation 돌연변이 sequence 순서, 배열 gene flow 유전자 흐름 sexual reproduction 유성 생식 strikingly 현저하게 moth 나방 bark 나무껍질 camouflage 위장하다 pass on 전달하다 proliferation 증식, 확산 habitat 서식지

10

정답 ④

해설 Ananda가 자신이 잠결에 물 주전자를 쏟은 것을 보고는 얼굴을 붉히고, 집에서 멀리 떠나 와 아직 새로운 환경에 익숙해지지 못했다는 것을 느낀 상황이므로, Ananda의 심경으로 가장 적절한 것은 ④ '어색하고 당황스러운'이다.

① 흥분되고 신이 난
② 평화롭고 차분한
③ 초연하고 무관심한

해석 Ananda는 어둠 속에 가라앉는 느낌으로 잠에서 깼다. 춥고 어두웠으며, 잠시 그는 자신이 침대를 적셨다고 생각했다. 그가 천천히 마음을 가라앉히고 로브를 모아 쥐었을 때, 자신이 잠결에 물 주전자를 찼다는 것을 깨달았다. 다리에 끼얹은 찬물의 날카로운 얼얼함이 그의 얼굴을 붉혔다. 그는 조심했어야 했고 바닥의 매트 가까이에 주전자를 두지 말았어야 했다. 그는 자신이 아직 새로운 환경에 익숙해지지 못했다고 느꼈다. 방의 어둠조차도 그에게 낯설게 느껴졌고, 그가 자신의 집과 부모로부터 얼마나 멀리 떨어져 있는지 깨닫게 했다.

어휘 wet 적시다 gather one's wits 마음을 가라앉히다 pitcher 주전자 tingle 따끔거림, 얼얼함 redden 붉어지게 하다 aware of ~을 인식하는 distant (멀리) 떨어져 있는

Staff

Writer	심우철
Director	김지훈
Researcher	노윤기 / 정규리 / 장은영
Design	강현구 / 정다은
Manufacture	김승훈
Marketing	윤대규 / 한은지 / 장승재

발행일   2022년 11월 25일

Copyright ⓒ 2022
by Shimson English Lab.

내용문의 http://cafe.naver.com/shimson2000

초고효율 학습관리
심우철 스파르타 클래스

의지박약도 반드시 암기하게 만들어 드립니다

심우철 합격영어 카카오톡 채널
친구 추가하시면 스파르타 클래스 모집 시
안내메시지를 보내드립니다.

공단기 **심우철** 선생님

 심우철 합격영어 ⊕

카카오톡 채널 추가하는 방법
① 카카오톡 실행하기 → 검색창에 채널명 입력하기 → 채널 추가 ② 카톡 상단 검색창 클릭 → QR코드 스캔 → 채널 추가

이 엄청난 프로그램이 0원

예치금 단돈 1만원
→ 미션만 완료하면 예치금 전액을 돌려드립니다.

스파르타 신청시
1만원
예치금

+

스파르타 전용
학습자료
제공

+

매일 학습 과제
MISSION
인증

=

목표 달성하면
100%
환급

매일 미션 공지 ────────────── **열심히 공부** ────────────── **미션 인증** ──────→

오늘 공부해야 할
범위의 미션을 공지합니다.

하루 동안 주어진 미션을
열심히 수행합니다.

주어진 시간 내에
수행한 미션을 인증합니다.

수강생 리얼 후기

"스파르타 아니었으면 못했을 거예요"

파르타 클래스 꼭 신청하세요! 의지박약이신 분들은 스파르타 클래스 신청하면
쿗도 주고 본인이 외운 걸 인증해야 되기 때문에 할 수 밖에 없어요!

국가직 일행 합격자 2*님 합격 수기

저는 암기를 너무 싫어해서 단어 외우는 것도 정말 싫어했는데
스파르타 클래스를 통해 꾸준히 단어 암기와 문법 회독을 했습니다. 너무 강추합니다!

22 간호직 합격자 g***님 합격 수기

This is TRENDY HALF !

Shimson_lab

커넥츠 공단기 gong.conects.com
심슨영어연구소 카페 cafe.naver.com/shimson2000

심우철
하프
모의고사

심우철 지음

Season2
기본편

This is TRENDY HALF !

Shimson_lab

커넥츠 공단기 gong.conects.com
심슨영어연구소 카페 cafe.naver.com/shimson2000

심우철
하프
모의고사

심우철 지음

Season2
기본편

Date : . . .
Score : / 10

📋 정답/해설 66p

01 밑줄 친 부분과 의미가 가장 가까운 것은?

> The new treatment will usually <u>abate</u> the sensitiveness in a week or so.

① augment
② lessen
③ aggravate
④ develop

02 밑줄 친 부분과 의미가 가장 가까운 것은?

> We must not <u>lose sight of</u> what we originally aimed for.

① alter
② forget
③ conceal
④ reveal

03 어법상 옳은 것은?

① Could you please tell me where is the bathroom?
② His educational background prevented him from getting a job.
③ Applicants must be submitted at least two recommendations.
④ People from different cultures understood the meaning different.

04 우리말을 영어로 잘못 옮긴 것은?

① 그녀의 미소는 어린아이의 미소처럼 순수했다.
　→ Her smile was as pure as that of a child.
② 각각의 장난감들은 다른 모양과 색을 가지고 있다.
　→ Each of the toys has a different shape and color.
③ 우리가 잡은 물고기는 너무 작아서 먹을 수 없었다.
　→ The fish we caught was too small to eat.
④ 이런 값진 경험을 좀 더 일찍 했었더라면 좋았을 텐데.
　→ I wish I had this valuable experience earlier.

05 밑줄 친 부분에 들어갈 말로 가장 적절한 것은?

> A: Hey, I heard you just got your driver's license.
> B: Yeah, but I'm having so much trouble parking. I don't want to go driving at all.
> A: I could help you with that.
> B: Really? _____.
> A: I don't mind. What are friends for?
> B: Thanks. I owe you for this.

① It's easy once you get the hang of it
② You might get frustrated with me
③ You should have been more careful
④ I'm more comfortable on my own

06 다음 글의 내용과 일치하지 않는 것은?

> Vandalism is willful or malicious damage to property, such as equipment or buildings. It is not senseless property damage. Individuals vandalize for a variety of reasons: to convey a message, to express frustration, to take revenge, to make money, or as part of a game. It is often associated with other signs of social disorder, such as disturbing the peace and trespassing. The types of vandalism include graffiti, trash dumping, light smashing, removing/bending signage or ornamentation, breaking windows, or other defacings of property. Graffiti is a pervasive type of vandalism experienced by retailers and commercial property owners. Graffiti vandals use a variety of instruments to tag or mark property including spray paint, broad-tipped markers, metal objects, etching pens, or shoe polish bottles.

① Vandalism is the act of intentionally damaging someone's property.
② Motivations for vandalism include financial gain or personal revenge.
③ Dumping trash is the most prevalent form of vandalism.
④ Graffiti vandals may use a metallic object to mark the building.

Huntington's disease is a brain disease that is caused by a mistake in a single gene, typically giving rise to symptoms sometime between the ages of 30 and 50, and is usually deadly around 15 to 20 years, after diagnosis. In the prehistoric era, human life expectancy was somewhere around 30 or 35 years, so, from an evolutionary perspective at least, coming down with Huntington's at age 40 and dying of it at 55 doesn't matter much. A 'wild' human was already likely to have had several children, and their remaining reproductive lifespan was short. Even in modern times, it's quite possible for a Huntington's sufferer to have children before succumbing to the disease. Thus, in spite of its deadliness, Huntington's persists, albeit rarely, in the human population. It is a clear example of an accidentally accumulated mutation, where a single gene causes something unambiguously and severely bad at post-reproductive ages.

① Genetic Disorders Causing Delayed Reproduction
② Types of Gene Mutations in Huntington's Disease
③ How Come Humans Still Live With Huntington's Disease?
④ Determinants of Life Expectancy for Huntington's Patients

The names of scientists of the greatest distinction are often completely unknown to the public.

While truthfulness in the understanding of reality is the aim of scientific endeavor, it would be impossible to deny that, for many scientists, fame is the spur. In many ways, the scientific community is somewhat isolated. (①) Our culture makes very little attempt to take a serious interest in scientific matters, regarding them as inaccessible. (②) The treatment of scientific discoveries in the press and other media is inadequate and often whimsical, catching a trivial incident and neglecting one of much greater significance. (③) Books aiming to convey scientific ideas to a wider public are often given little or no attention in the review columns outside the scientific journals. (④) Paul Dirac was a theoretical physicist worthy to be mentioned in the same breath as Isaac Newton or James Clerk Maxwell, but even among educated people it is likely that his name would not be recognized by many, and very few would be able to say what his outstanding discoveries were.

We've been taught to _____, but this is limited. Supposedly, if you have symptoms, you are unhealthy, and if you don't have symptoms, you're healthy, yet it's a well-known fact that the absence of symptoms is a poor indicator of health. There are thousands of people who have been riddled with cancer and never had noticeable symptoms even though the disease had been in their body for at least five to ten years. We need to make the distinction between health and the absence of symptoms. Just like some people think they can stand still even though they're standing on the Earth which is rotating on its own axis, as well as revolving around the sun, which also revolves around something else, there are some who think taking drugs to get rid of symptoms makes them healthier. Don't confuse alleviating symptoms with health. They're not the same thing.

① take our medications as prescribed
② use symptoms as a monitor for health
③ think of suffering as part of a healthy life
④ tell alleviation of symptoms from recovery

Research has shown that human infants develop a remarkably sophisticated understanding of causality, mechanics and other people's minds years before they acquire the language to talk about them. ① They quickly learn, for example, that for one brick to push another it has to be in contact with it, and they start to use objects as tools to extend their reach. ② They are surprised when an experimenter makes something happen that appears to violate causality. ③ These are almost uniquely human abilities; even chimps fail to learn that a stick can be used to pull things towards them. ④ Humans are different from animals in that they are born in the condition of helplessness and powerlessness. We acquire fundamental knowledge like this by interacting with the world, observing it and thinking about what we have seen — by learning from experience — and that continues to be one of our most valuable sources of knowledge throughout life.

📋 정답/해설 68p

01 밑줄 친 부분과 의미가 가장 가까운 것은?

People can admonish themselves for their mistakes and resolve to avoid similar behavior in the future.

① seclude
② exert
③ immerse
④ reprove

02 밑줄 친 부분과 의미가 가장 가까운 것은?

The pitcher has not always been able to overcome the pressures in big games.

① get by
② get on
③ get over
④ get at

03 밑줄 친 부분 중 어법상 옳지 않은 것은?

The first national system ① was started in 1889 in Germany by Otto von Bismarck. ② Motivating by a desire to address a portion of the unhappy complaints of socialists, Bismarck set up the world's first system ③ that paid retirement benefits to an entire nation of workers. It already included many features still found in current systems, including paying via income tax supplemented with employer and government contributions, ④ as well as benefits for disabled workers.

04 우리말을 영어로 잘못 옮긴 것은?

① 나는 한 달에 두 번 심야 영화를 보러 가곤 했다.
→ I used to go to a late-night movie twice a month.
② 그 자선단체는 사람들이 자립할 수 있도록 돕는 것을 목표로 한다.
→ The charity aims to help people become independent.
③ 그는 늦지 않도록 평소보다 한 시간 일찍 나왔다.
→ He came out an hour earlier than usual unless he should be late.
④ 회사의 모든 사람들은 그를 반갑지 않은 손님으로 여긴다.
→ Everyone in the company regards him as an unwelcome guest.

05 밑줄 친 부분에 들어갈 말로 가장 적절한 것은?

A: Hello, I'm looking for bluetooth earphones.
B: Are there any specific models you have in mind?
A: Not really. I just want good sound quality.
B: Try this pair. It has a nice design and also offers noise cancellation.
A: Hmm. _____.
B: Then how about this model? This one only weighs 35 grams a piece.
A: Perfect. I'll get it.

① It's a little heavy for me
② The sound isn't really my taste
③ This is just what I was looking for
④ I don't care much about the color

06 The Spanish flu에 대한 글의 내용과 일치하지 않는 것은?

The Spanish flu was the name given to a form of influenza (flu) caused by an H1N1 virus that started in some type of bird. The Spanish flu was a pandemic — a new influenza A virus that spread easily and infected people throughout the world. Because the virus was new, very few people, if any, had some immunity to the disease. From 1918 to 1919, the Spanish flu infected an estimated 500 million people globally. This amounted to about 33% of the world's population at the time. In addition, the Spanish flu killed about 50 million people. About 675,000 of the deaths were in the U.S. Just like the flu we get today, the Spanish flu was particularly harmful to infants under age 5 and people over the age of 65. One thing that was different about the Spanish flu was that it also killed a large number of healthy adults, aged 20 to 40 years.

① Most people were not immune to it at the time of its outbreak.
② During 1918-1919, a third of the world's people were infected by it.
③ It was particularly dangerous for infants and senior citizens.
④ Healthy adults aged between 20 and 40 were safe from it.

Bad habits feed themselves. They foster the feelings they try to numb. You feel bad, so you eat junk food. Because you eat junk food, you feel bad. Watching television makes you feel sluggish, so you watch more television because you don't have the energy to do anything else. Worrying about your health makes you feel anxious, which causes you to smoke to ease your anxiety, which makes your health even worse, and soon you're feeling more anxious. Researchers refer to this chain as "cue-induced wanting": an external trigger causes a compulsive craving to repeat a bad habit. Once you notice something, you begin to want it. This process often happens without us realizing it. Scientists have found that showing addicts a picture of cocaine for just thirty-three milliseconds stimulates the reward pathway in the brain and sparks desire. This speed is too fast for the brain to consciously perceive — the addicts couldn't even tell you what they had seen — but they craved the drug all the same.

① the role of habits in human drug addiction
② individual differences in cue-induced craving
③ the cycle of bad habits provoked by external cues
④ anxiety as the trigger of repetitive bad habits

The first step in self-control is to establish realistic goals. To lose weight, you could look in the mirror, weigh yourself, and then draw up a sensible plan to end up with a trimmer body.

(A) Yet despite these advantages, despite the incentive to collect payoffs that have exceeded seven thousand dollars, the bettors lose 80 percent of the time.

(B) The bookmaker, which offers odds of up to 50 to 1, lets the bettors set their own targets of how much weight to lose in how much time. It seems crazy for a bookie to let bettors not only set the terms of the wager but also control its outcome — it's like letting a runner bet on beating a target time he sets himself.

(C) You could do that, but few do. People's goals are so unrealistic that an English bookmaker, the William Hill agency, has a standing offer to bet against anyone who makes a plan to lose weight.

① (A)－(C)－(B)　　② (B)－(A)－(C)
③ (C)－(A)－(B)　　④ (C)－(B)－(A)

One way of confronting disturbing emotions is to _____. Usually, we completely identify with our emotions. When we are caught in a fit of anger, it is omnipresent in our mind and leaves little room for other mental states such as patience or taking anything into consideration that could calm our discontent. But even at that moment, the mind remains capable of examining what is going on inside it. To do this, all it has to do is observe its emotions, the way we would observe an external event taking place in front of our eyes. The part of our mind that is aware of anger is simply aware: it is not angry. In other words, mindfulness is not affected by the emotion it observes, in the same way that a ray of light may shine on a face disfigured by hatred or on a smiling face, without the light itself becoming mean or kind. Understanding that allows us to keep our distance and to give anger enough space for it to dissolve on its own.

① thoroughly appreciate the causes of emotional distress
② simply induce the most intense forms of those emotions
③ mentally dissociate ourselves from the emotion afflicting us
④ actively engage ourselves in multiple external activities

One approach to defining whether or not a child or young person has complex and continuing health needs is to focus on medical or physical health issues, and base the definition on their diagnosis or diagnoses or the complexity of their health related needs. These definitions focus very clearly on whether or not a child or young person has complex health needs, rather than other types of complex need.   (A) , they can mean that other important needs which they have are excluded from their assessment. For example, their social and emotional needs, any behavioral difficulties that they may have and organizational aspects of support may be missed, although these may be very important to their quality of life.   (B) , definitions that focus on diagnosis may exclude those children or young people who do not have, or do not yet have, a definite diagnosis and reduce their options for service provision despite having significant needs.

　　　(A)　　　　　　(B)
① However　　……　Instead
② However　　……　In addition
③ For example　……　Therefore
④ For example　……　However

📖 정답/해설 71p

01 밑줄 친 부분과 의미가 가장 가까운 것은?

His friends described him as someone who was
<u>affable</u> yet ambitious.

① genial   ② upbeat
③ literate   ④ fervent

02 밑줄 친 부분과 의미가 가장 가까운 것은?

Now he needs to <u>let go of</u> his past self.

① defeat   ② respect
③ abandon   ④ anticipate

03 어법상 옳은 것은?

① The new marketing strategy calling SNS marketing
was successful.
② We suggested that he hire a team of experts in each
field.
③ Such a novel idea had been almost unimaginable ten
years ago.
④ A number of person is lining up in the hotel lobby to
see Neymar.

04 우리말을 영어로 잘못 옮긴 것은?

① 일반적으로 맥주가 소주보다 마시기 쉽다.
→ In general, beer is easier to drink it than soju.
② 그는 더위로 고통받는 것보다 추위에 떠는 것을 더 선호한다.
→ He prefers shivering with cold to suffering from
heat.
③ 무슨 일이 있어도 내가 일할 때 나를 방해해서는 안 된다.
→ On no account must you disturb me when I'm
working.
④ 영어는 모든 공항에서 일반적으로 사용되는 세계적인 언어
이다.
→ English is a global language that is commonly used
in every airport.

05 밑줄 친 부분에 들어갈 말로 가장 적절한 것은?

A: Try this spaghetti. It's the best I have ever tasted.
B: Wow, it's amazing. It makes me want to ask the
chef for the recipe.
A: Me too. Maybe I'll just go ahead and ask for it.
B: _____.

① I want to make a complaint on this dish
② You know that my recipe is a secret
③ Please share it with me if you get it
④ I'm surprised you don't agree

06 다음 글의 내용과 일치하지 않는 것은?

The Oort Cloud is a vast reservoir of icy bodies that
make up a shell around the entire Solar System.
Though it has never actually been observed, this
spherical region is named the Oort Cloud after
Jan Oort, the Dutch astronomer who suggested its
existence in 1950. It lies as far as 100,000 times
Earth's distance from the sun, a distance of up to
15 trillion kilometers, and is filled with frozen
fragments of water, ammonia and methane left
over from the formation of the Solar System. The
fragments are fairly insubstantial individually, but
together they could add up to several times the mass
of the Earth. Some of the most impressive long-
period and non-periodic comets are thought to have
started their journeys in the Oort cloud.

① The Oort Cloud is the region surrounding the Solar
System.
② The Oort Cloud was first observed by Jan Oort.
③ The Oort Cloud is made up of several substances.
④ The Oort Cloud is believed to be the source of some
comets.

In England, around the 9th century, the land was divided into geographic areas ruled by a few individual kings — these geographic areas were called shires. Within each shire there was an individual called a reeve, which meant guardian. This individual was originally selected by the serfs to be their informal social leader. The kings incorporated that position into the governmental structure, and the reeve became the King's appointed representative to protect the King's interest and act as mediator with people of his particular shire. Through time and usage the words shire and reeve came together to be shire-reeve, guardian of the shire and eventually became the word sheriff, as we know it today.

*serf: 농노

① Kings as Guardians of Their Shires
② The Governmental Structure in the Medieval Era
③ How Did the Duties of Sheriff Differ in the Past?
④ The Historical Root of Sheriff

Art may confirm our values and beliefs, but artists do not necessarily seek to confirm them. True, artists often desperately want their audience to understand and appreciate their creation, which is why they may pay attention to criticism and audience reaction. But artists do not always take an audience's opinion into consideration when creating work, whereas entertainers always do. Many major movie and television producers show works in progress to test with audiences before formally releasing the "product". These test audiences, usually recruited from a targeted age or social group, fill out questionnaires after the showing about what they liked and didn't like, what they thought about the story and the characters, after which the producers, writers and directors rewrite and edit to make it more audience-friendly. In essence, a test audience is a tool for producers to _____, thereby making the product more entertaining and marketable.

① accomplish their artistic objectives
② examine what is considered creative in real life
③ match the values of the product to the consumer
④ categorize the types of expected audience reactions

This trade-off made it possible for our species to have an enormous geographic range and to be ascendant on the Earth.

Living in groups presents different challenges than living in a solitary or even paired fashion. Humans adopted group living as a survival strategy. (①) And to optimize success in this (social) environment, humans took on a host of adaptations (including physical traits and instinctual behaviors) and gave up adaptations suitable for solitary living. (②) Like snails carrying their physical environment with them on their backs, we carry our social environment of friends and groups with us wherever we go. (③) And surrounded by this protective social shell, we can then survive in an incredibly broad range of circumstances. (④) As a species, we have evolved to rely on friendship, cooperation, and social learning, even if those appealing qualities were born of the fire of competition and violence.

The beginning stages of learning are critical in the determination of future successful performance. Initial errors can "set" and be difficult to eradicate. ① Consequently, students' initial attempts in new learning should be carefully monitored and, when necessary, guided so they are accurate and successful. ② Teachers need to practice with the total group or circulate among students to make sure instruction has "taken" before "turning students loose" to practice independently (with no help available). ③ Many students feel exhausted and experience reduced well-being, if they are overwhelmed by their studies. ④ With teacher guidance, the student needs to perform all (or enough) of the task so that clarification or remediation can occur immediately should it be needed. In that way, the teacher is assured that students will subsequently perform the task correctly without assistance rather than be practicing errors when working by themselves.

🔲 정답/해설 73p

01 밑줄 친 부분과 의미가 가장 가까운 것은?

> Administration officials tried to <u>allay</u> concerns that their request for $2.5 billion was insufficient to address the epidemic.

① retract　　　　② assuage
③ expedite　　　　④ abolish

02 밑줄 친 부분에 들어갈 말로 가장 적절한 것은?

> They were wealthy and prosperous, but generally _____ in their style of living.

① alien　　　　② shrewd
③ lavish　　　　④ frugal

03 어법상 옳은 것은?

① Most of the houses in the city was built in the 1920s.
② Last year, more than 200 people has died in the area.
③ No sooner we have sat down than the movie started.
④ Imagine the pressure you are under at work every day.

04 우리말을 영어로 잘못 옮긴 것은?

① Maverick은 내가 믿기로 그 임무에 가장 적합한 리더이다.
→ Maverick is the leader who I believe is best for the mission.
② 그녀는 자신의 잘못 때문에 그의 결정에 따를 수밖에 없었다.
→ She had no choice but to follow his decision because of her fault.
③ 내 아이들은 캐나다에 가서 서울에 있지 않다.
→ My children are not in Seoul because they have gone to Canada.
④ 그는 현대 관측 천문학의 아버지로 일컬어진다.
→ He has referred to as the father of modern observational astronomy.

05 두 사람의 대화 중 가장 어색한 것은?

① A: I hate it when people stick their noses in my business.
　B: I know. I wish they didn't care so much.
② A: Did you just see that deer?
　B: Yeah, it came right out of the blue.
③ A: My computer broke down and my paper is due tomorrow.
　B: Don't worry. I finished mine yesterday so I can play.
④ A: I can't believe you forgot my birthday.
　B: You know how sorry I am. Let me make up for it.

06 다음 글의 내용과 일치하는 것은?

> Adenosine is one of many neurotransmitters affecting the complex behavior of sleep, particularly the initiation of sleep. While we are awake, adenosine levels gradually increase in areas of the brain that are important for promoting arousal. With higher and higher concentrations, adenosine inhibits arousal and causes sleepiness. Then, adenosine levels decrease during sleep. Therefore, scientists have long assumed that high levels of adenosine in effect cause sleep. In fact, caffeine found in coffee, tea, and other caffeinated beverages, is a xanthine chemical like adenosine and works to inhibit sleep by blocking the action of adenosine within the brain, which increases wakefulness. In other words, when you drink caffeine, it achieves its stimulating effects by blocking your brain's adenosine processing.

① Adenosine has more to do with the end of sleep than its beginning.
② High levels of adenosine make it possible to keep us alert.
③ Adenosine levels are higher while awake than while asleep.
④ Caffeine promotes wakefulness by maximizing the effects of adenosine.

According to Daniels *et al.*, every producer and marketer working in an international environment is always confronted with making decisions about brands. They must decide whether to adopt a worldwide brand or to use different brands for a variety of country markets. Using one brand internationally makes economic sense, but problems can arise as a result, particularly when it comes to language. A name originally chosen for one particular market with a particular language may have a different association in other language areas. As Daniels *et al.* rightly point out, problems with promoting brands internationally are exacerbated by the lack of some sounds of a brand name in other languages. The name chosen may also be difficult to pronounce because the pronunciation of the name may create a meaning different to the original. Such problems may be all the greater if the brand is promoted using a different alphabet.

① International brands seek images that look and feel authentic.
② Using different brands from country to country is not desirable.
③ A brand name that can be pronounced easily gains international fame.
④ Promoting one uniform brand name internationally causes linguistic confusion.

Shakespeare's metaphors are the paragon of creativity. "Love is a smoke made with the fume of sighs." "Adversity's sweet milk, philosophy." "There's daggers in men's smiles."

(A) At least that is how I interpret it. Poets have the gift of correlating seemingly unrelated words or concepts in manners that illuminate the world in new ways. They create unexpected analogies as a means of teaching higher-level structure.

(B) Such metaphors become obvious when you see them but they're very hard to invent, which is one reason why Shakespeare is regarded as a literary genius. To create such metaphors he had to see a succession of clever analogies.

(C) When he writes "There's daggers in men's smiles," he is not talking about daggers or smiles. Daggers are analogous to ill intent, and men's smiles are analogous to deceit. Two clever analogies in only five words.

① (A)−(C)−(B)   ② (B)−(A)−(C)
③ (B)−(C)−(A)   ④ (C)−(B)−(A)

There are numerous misconceptions about science that range from thinking that there is some unique scientific method to fusing it with technology; misconceptions which include the idea that it is mainly about the accumulation of facts, uncreative, yet highly competitive. There is even a school of sociologists of science that argue that science is little more than another set of socially constructed myths with no particular validity. For example, in their book *The Golem*, Collins and Pinch state that scientific disputes are not settled by further experiments but by social negotiations. Collins has even written that the real world has played little role in the development of scientific ideas. These relativists wish to _____ in providing understanding. Such views are essentially anti-science and it is a matter of great concern that their views are presented uncritically in so-called science study courses.

① suggest scientific methods
② gather all the solid evidence
③ take no action against science
④ deny the superiority of science

Taoism takes a new approach to creativity. It states that modern knowledge can act as a barrier to our natural curiosity and creativity. Children are naturally curious and creative but socialization and education can destroy it. __(A)__, children can play for hours bouncing a ball back and forth to an adult, while adults can become bored within minutes. This is because the adults conceptualize the outcome: The ball will be sent back and forth. However, children experience the ball bouncing and they are excited since the ball never bounces the same. __(B)__, the most important part of reality (e.g., a room) is not what we see (i.e., walls and ceiling), but what we do not see (i.e., the empty space surrounded by the walls). Without the empty space, a room would be useless. Science teaches us to focus on what we see and verify, but Taoism teaches us to focus on what is invisible but important.

	(A)		(B)
①	In contrast	……	Therefore
②	In contrast	……	Instead
③	For example	……	However
④	For example	……	Moreover

01 밑줄 친 부분과 의미가 가장 가까운 것은?

> He made a statement provoking the people to underline{animosity} through the media.

① jeopardy
② turmoil
③ antipathy
④ stigma

02 밑줄 친 부분과 의미가 가장 가까운 것은?

> The country's violent actions against the civilians made our blood boil.

① enraged us
② damaged us
③ released us
④ protected us

03 밑줄 친 부분 중 어법상 옳지 않은 것은?

> The early villages were characterized by a harmonious relationship between people and nature. People still relied ① heavily on the land, and villages could not grow so big as to overtake fertile land. As such, if numbers became too ② great, a new village would be established nearby utilizing other farmland. Advances in farming technology, however, ③ allowing smaller portions of land to cultivate more abundant crops. Further, improvements in transportation allowed foodstuffs to be shipped long distances and so villages did not have to ④ be located close to farmland.

04 우리말을 영어로 가장 잘 옮긴 것은?

① 필요하다면 주저하지 말고 연락 주세요.
→ If necessary, please do not hesitate to contact to me.
② 나는 네 컴퓨터를 망가뜨렸다고 네게 말한 것을 후회한다.
→ I regret to tell you that I broke your computer.
③ 당신은 65세가 되면 연금을 받을 자격이 있을 것이다.
→ You will be entitled to a pension when you will reach 65.
④ 그녀는 경찰에게서 도망치자마자 다시 붙잡혔다.
→ Scarcely had she run away from the police before she was caught again.

05 밑줄 친 부분에 들어갈 말로 가장 적절한 것은?

> A: What's keeping you so busy?
> B: I'm running late for the meeting but all these prints are coming out too light.
> A: Is there something wrong with the photocopier?
> B: Yeah, I think it needs more ink. _____
> A: It's in the supplies department. I'll go get one for you.
> B: Oh, you're a lifesaver.

① I wish I knew how to fix this computer.
② Do you know where the meeting is at?
③ But I don't know where to find it.
④ I'm so glad it's working again.

06 다음 글의 내용과 일치하지 않는 것은?

> Qi Baishi was one of the last of the great traditional Chinese painters. He was of humble origins, and it was largely through his own efforts that he became adept at the arts of poetry, calligraphy, and painting. He was active to the end of his long life and served as head of the Beijing Institute of Chinese Painting. His output reflects a diversity of interests and experience, generally focusing on the smaller things of the world rather than the large landscape, and he continued the styles of 17th- and 18th-century Individualists such as Shitao and Zhu Da. Fish, shrimp, crabs, and frogs were his favorite subjects. He was most accomplished at simple, freely sketched compositions, but he could also successfully execute a meticulous style. He used heavy ink, bright colors, and vigorous strokes to create works of a fresh and lively manner that expressed his love of nature and life. In 1955 he was honored with the International Peace Award.

① He did not spend his later years in comfort and continued to work.
② Lacking interest in small creatures, he became a landscape painter.
③ The use of bright colors is one of the characteristics of his artworks.
④ He was the recipient of the International Peace Award in 1955.

Central Africa had once been covered with tropical forests. As climatic change began millions of years ago, they slowly gave way to scrub savannas, where seasonal aridity favored grasses and shrubs and a loose scatter of trees. These extensive, plain, and seemingly unproductive landscapes in fact provided accessible, more nutritious, and palatable food for herbivores of all kinds in Africa — elephants, antelope, zebras, and rhinoceroses. As these herbivores thrived due to abundance of food, so did carnivores there including early humans, to which the herbivores were food. The story of the mankind begins in Africa not only because humanity evolved there, but also because that was where the remote ancestors of humans learned how to hunt large animals.

① Adverse Impacts of Climate Change
② Why Are Tropical Forests Important to Us?
③ Food Chain in Savanna Zones
④ Africa: The Origin of Humanity

As the various primates evolved into apes, however, it grew longer, and in some other primates the thumb can oppose one or even two fingers to some degree.

Whenever there is some successful evolutionary adaptation or change in an animal, it is almost always preceded by some simpler versions. Consider the marvelous mechanical device that has given human beings the ability to create our technological world — our thumb. (①) It is an *opposable* thumb, which means that we can touch it to the tips of any of our other fingers. (②) This provides the ability to skillfully manipulate small objects, and to create and use tools. (③) This special thumb first appeared in monkeys as a stubby thing, not really opposable against any fingertips. (④) Thus, the human thumb shows evidence of evolving from simpler forms that predated it.

When the banker's guild of Florence commissioned a massive bronze statue of St. Matthew for Orsanmichele, they clearly had their own magnificence in mind. Not only did they hire the highly in-demand sculptor, Lorenzo Ghiberti, to create it, but they also stipulated in the work's contract that it must be as big as or bigger than the sculptor's creation for a rival guild in the same location. Ghiberti's fame, the statue's scale, and the technical proficiency required to cast it were all reflections of the banker's guild's own status. While today we often focus on the artist who made an artwork, in the Renaissance it was the patron who was considered the primary force behind a work's creation. Information about patrons provides a window into the complex process involved in the production of art and architecture. We often forget that for most of history artists _____.

① did not simply create art for art's sake
② pursued art that advocated social justice
③ were committed to creating pure art
④ affected their patrons' artistic tastes

Expression of feelings in the city appears to be creating openings in a closed system that is overall shaped by rationality. This may be attractive particularly when subjectivity can be expressed and communicated freely. ① However, this expression is made possible through relying on a series of public frameworks. ② These frameworks include social norms and laws and spatial orders, which support the free expression of subjectivity without becoming threatening to others. ③ When these infrastructures do not work or are not in place, such as in some poor cities around the world, the expression of feeling can accumulate to create instability to the urban life, where no one can enjoy such freedom. ④ When living in a city, we should try to have a life style of a type that will minimize all the things which we are aware of that cause tension within us. Where the basic infrastructures, such as security of citizens or collection of garbage are not working, any expression of individuality and emotion can lead to collective discomfort and even misery.

01 밑줄 친 부분과 의미가 가장 가까운 것은?

> The East India Company began to cast <u>avaricious</u> glances at Bengal in the early 16th century.

① greedy
② garrulous
③ reticent
④ impertinent

02 밑줄 친 부분에 들어갈 말로 가장 적절한 것은?

> It rained so much that they had no choice but to _____ the schedule.

① call off
② take down
③ go through
④ make over

03 어법상 옳은 것은?

① Little I dreamed that it was so hard to teach English.
② My daughter explained me why she needed a laptop.
③ He told me that he would get rid of useless thoughts in his head.
④ The region has been attracted a lot of novices and professionals.

04 우리말을 영어로 잘못 옮긴 것은?

① 그는 나에게 식습관과 영양에 대한 조언을 해주었다.
　→ He gave me advice on diet and nutrition.
② 문제를 해결할 때 폭력보다 대화가 더 좋다.
　→ Conversation is preferable to violence in solving problems.
③ 경제학을 공부하는 것은 우리가 생각하는 것만큼 쉽지 않다.
　→ Studying economics is not as easier as we think.
④ 그것은 당신이 하고 싶은 것이 아니라 해야 할 것이다.
　→ It is not so much what you want to do as what you should do.

05 밑줄 친 부분에 들어갈 말로 가장 적절한 것은?

> A: It smells amazing in here, mom. What's in the oven?
> B: I'm roasting turkey for our Thanksgiving dinner.
> A: Can I have a look at it?
> B: Not yet. It's going to take another hour.
> A: _____?
> B: Sure. Leave your door open so you can hear me.

① Why does it take so long
② Is it enough for our whole family
③ Did you use that special recipe
④ Can you call me when it's ready

06 다음 글의 내용과 일치하지 않는 것은?

> Most of us have a rough map of the world in our minds, but the map isn't necessarily reliable. Flattening a three-dimensional globe onto a flat surface isn't possible without distortion. Mercator projection, a popular way representing the Earth's curved surface on a flat map, distorts the shape and relative size of continents, particularly near the poles. This is why Greenland appears to be similar in size to South America on Mercator maps, when in fact South America is eight times as large. This distortion also affects our ideas about how to get from one place to another. If you are flying from Washington D.C. to Shanghai, China, the most direct route appears to be due west over the Pacific Ocean. However, airplanes are flying over the North Pole, because when looking at a globe, that's the shortest way to get there.

① It is not possible to reflect continents precisely on a map.
② Mercator projection is popular because it has no distortion.
③ Greenland is actually much smaller than South America.
④ The shortest path on a map may differ from that on a globe.

Although a documentary shows actual events and contains interviews with real people, it is up to the documentary filmmaker to decide what footage to include and how to present it to the audience. Documentary filmmakers usually film hundreds of hours of footage which are then edited down to the length of a feature film and ordered in a particular way. The footage that the filmmakers choose to show the audience strongly influences how the audience will respond to the subject matter. For instance, a documentary filmmaker may want the audience to sympathise with one of the people in the film, so they may decide not to show the footage of that person doing and saying things that present them in a bad light.

*footage: (특정한 사건을 담은) 장면, 영상

① the ability of documentary films to evoke sympathy
② the reflection of objective reality in documentary films
③ the determinants of audience demand for documentaries
④ the documentary as a reconstructed representation of reality

Hydrogen has always been attractive as an energy source because it stores about three times as much energy by weight as gasoline.

(A) This has hampered the development of hydrogen-fueled cars because people did not like to buy an expensive car that is difficult to fuel, and fueling stations are not going to invest in hydrogen unless there are a lot of hydrogen-car owners.

(B) Additionally, the atoms in hydrogen gas are so sparse that it is difficult to pack enough of them in a small space — such as a fuel tank — to do much good, and it can be highly flammable. Added to that — hydrogen fueling stations are not common, so fueling hydrogen-powered cars is logistically difficult.

(C) When it is used in a fuel cell to produce electricity, its by-products are water that is pure enough to drink, and heat that can be used for other purposes. But there is a down side: hydrogen is expensive and difficult to isolate.

① (A)－(C)－(B)
② (B)－(C)－(A)
③ (C)－(A)－(B)
④ (C)－(B)－(A)

_____ matters in the information revolution. What economists call barriers to entry and economies of scale remain in some of the aspects of power that are related to information. For example, soft power is strongly affected by the cultural content of what is broadcast or what appears in movies and television programs. Large, established entertainment industries often enjoy considerable economies of scale in content production and distribution. The dominant U.S. market share in films and television programs in world markets is a case in point. It is hard for newcomers to compete with Hollywood (although India's "Bollywood" has a wide following). Moreover, in the information economy, there are "network effects" with increasing returns to scale. As we know, one telephone is useless. The second adds value, and so forth as the network grows.

① Skill
② Size
③ Speed
④ Timing

Humans have not been cloned and few plausible reasons exist to clone humans for reproductive purposes. Some have suggested that cloning might provide a means for infertile parents to have a genetically related child.   (A) , fertility research seems likely to lead to other, more effective and less controversial, approaches to treat the few couples for whom this last resort might be necessary. Others have suggested cloning may be justified when a child dies young; believing parents would deserve a chance to bring their lost loved one back to life. But many think this would lead to disappointment all round. Due to environmental influences, the cloned child would not be the same as the deceased child he or she was ostensibly replacing.   (B) , the new child, forever competing against an idealized memory, might face unreasonable expectations. In the end, neither parents nor child would prosper.

	(A)	(B)
①	However	Furthermore
②	However	Otherwise
③	For example	Conversely
④	For example	Moreover

01 밑줄 친 부분과 의미가 가장 가까운 것은?

> The comic strips sometimes <u>bemoan</u> the decline of ethical or moral values in modern-day living.

① yearn
② reverse
③ compound
④ deplore

02 밑줄 친 부분과 의미가 가장 가까운 것은?

> We all thought that his argument didn't <u>hold water</u>.

① turn up
② take off
③ work out
④ make sense

03 밑줄 친 부분 중 어법상 옳지 않은 것은?

> The establishment of cities involved a distancing of man from nature. Nomadic peoples avoided ① <u>devoting</u> energy and resources to establishing things of permanence. Even in the early days of settlement, huts were not made of materials ② <u>that</u> would last. But cities were undoubtedly an artificial environment built to resist fire and inclement weather, and ③ <u>enduring</u> a very long time. Walls were created around cities to keep invaders out, and irrigation and sewer systems were established ④ <u>to control</u> nature.

04 우리말을 영어로 잘못 옮긴 것은?

① 그들은 그를 무기 소지 혐의로 기소했다.
  → They charged him with possession of a weapon.
② 뉴진스의 신곡에 대해 어떻게 생각하세요?
  → What do you think of NewJeans' new song?
③ 내가 어젯밤에 저녁을 먹지 않았더라면 지금 행복할 텐데.
  → If I hadn't had dinner last night, I would be happy now.
④ 그는 고개를 약간 숙인 채 경청하는 자세로 서 있었다.
  → He stood in a listening attitude with his head slightly bending.

05 밑줄 친 부분에 들어갈 말로 가장 적절한 것은?

> A: Good morning, did you sleep well last night?
> B: Yes, but hiking seems to have been hard on me. I shouldn't have gone to the top.
> A: Still, _____.
> B: That's true, actually. I loved the view from the top of the mountain.

① I never really liked hiking
② I'm planning on a hiking trip soon
③ you shouldn't strain yourself next time
④ it would have been worth the pain

06 다음 글의 내용과 일치하지 않는 것은?

> In international political economy, advocates of free trade and free markets are referred to as Liberals. The Liberal argument emphasizes how both the market and politics are environments in which all parties can benefit by entering into voluntary exchanges with others. If there are no impediments to trade among individuals, Liberals reason, everyone can be made as well off as possible, given the existing stocks of goods and services. All participants in the market, in other words, will be at their highest possible level of utility. Liberals therefore reason that the economic role of government should be quite limited. Many forms of government intervention in the economy, they argue, intentionally or unintentionally restrict the market and thereby prevent potentially rewarding trades from occurring.

① Liberals support freedom of economic activities.
② Liberals believe that all individuals can be satisfied under ideal conditions.
③ Liberals require that governments be less involved in economy.
④ Liberals emphasize that only rewarding trades ought to happen.

Farms, now, are becoming more like factories: tightly controlled operations for turning out reliable products, immune as far as possible from the vagaries of nature. Thanks to better understanding of DNA, the plants and animals raised on a farm are also tightly controlled. Precise genetic manipulation, known as "genome editing", makes it possible to change a crop or stock animal's genome down to the level of a single genetic "letter". Understanding a crop's DNA sequence also means that breeding itself can be made more precise. Such technological changes, in hardware, software and "liveware", are reaching beyond field, orchard and byre. Fish farming will also get a boost from them. And indoor horticulture, already the most controlled and precise type of agriculture, is about to become yet more so.

① The Origin of Genome Editing
② Decreased Productivity in Agriculture
③ Limitations of Latest Agricultural Technology
④ The Advent of Genome-controlled Farms

Under the system, commercial banks retain only a portion of total deposits, no more than 10 percent, in the form of cash reserve in their vaults.

Have you ever thought about an event where you could not take out money in your bank account at your discretion? It can happen, and has actually happened many times. When a bank is on the verge of becoming insolvent due to economic turmoil, all its depositors will run to the bank to secure their hard-earned savings and withdraw their deposits. (①) This phenomenon is called a bank run and is usually caused by people's fear of loss. (②) Another cause is fractional reserve banking, which is based on the presumption that not all depositors would want to withdraw their funds at the same time. (③) The rest are lent to borrowers or are used to invest in financial markets. (④) As a result, banks may not have enough money to cover all withdrawals at the time of bank runs.

Villains are not confined to horror movies. Action movies are full of bad guys. These movies also seem to conform to a fairly standard pattern. Usually, the villains are motivated by greed for either money or power. These motives tend to be presented without much elaboration. Two additional features are common: sadism and egotism. Many of the movie villains seem to enjoy hurting their victims simply for the sake of doing so, and they tend to have very exalted opinions of themselves. Indeed, their pride often proves to be a fatal flaw, because their overconfidence gives the hero a chance to escape from their clutches and defeat them. The sadism is part of the essence of the villain. In a recent television special on villains in movies, the nationally prominent movie critics Siskel and Ebert emphasized this general point: "Enjoying being evil is the key to any successful villain." They added that this is the "most important feature." Thus, it is not enough to perform harmful acts. The truly evil villains _____.

① make their own set of laws
② are fun to watch or listen to
③ derive pleasure from inflicting harm
④ identify where people feel the most pain

Did you know that as sales in ice cream increase, so does the overall rate of crime? Is it possible that indulging in your favorite flavor of ice cream could send you on a crime spree? ① Or, after committing crime do you think you might decide to treat yourself to a cone? There may exist a relationship between ice cream and crime, but it would be irrational to decide that simply one factor directly influences the other. ② That is, correlation does not necessarily imply causation. It is much more likely that both ice cream sales and crime rates are related to the temperature outside. ③ When the temperature is warm, there are lots of people out of their houses, interacting with each other, getting annoyed with one another, and sometimes committing crimes. ④ In fact, most ordinary people become wary when faced with strangers. Also, when it is warm outside, we are more likely to seek a cool treat like ice cream.

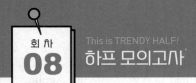

📋 정답/해설 83p

01 밑줄 친 부분과 의미가 가장 가까운 것은?

> Lansdale was a pioneer in clandestine operations and psychological warfare.

① faulty
② equivocal
③ luminous
④ surreptitious

02 밑줄 친 부분에 들어갈 말로 가장 적절한 것은?

> Some programmers prefer the semantically equivalent but _____ forms to complicated forms.

① sturdy
② abstruse
③ succinct
④ opulent

03 어법상 옳지 않은 것은?

① One of the disadvantages of fame is the loss of privacy.
② You had better not pass through the alley that looks dangerous.
③ The teachers are busy grading the questions we solved.
④ The city destroyed in 1910 and has since been rebuilt.

04 우리말을 영어로 잘못 옮긴 것은?

① 그 외국인들은 우리의 얼굴을 똑바로 쳐다보았다.
  → The foreigners looked us straight in the face.
② 내가 휴가를 다녀온 지 2주가 지났다.
  → Two weeks have passed since I went on vacation.
③ 그는 남들이 말하는 것을 전혀 믿지 않는다.
  → He doesn't believe what others say at all.
④ 그녀는 화장실에 가기 전에 휴지를 가져가는 것을 잊었다.
  → She forgot taking the tissue before going to the bathroom.

05 두 사람의 대화 중 가장 어색한 것은?

① A: Tim, you look so tired. Is there something wrong?
  B: No, I just feel weak. It's nothing to worry about.
② A: Are you taking a vacation this week?
  B: I'd love to, but I can't. I have a huge project soon.
③ A: I have a 10% discount coupon. Can I use it?
  B: I'm sorry, this expired last month.
④ A: I have a job interview coming up and I'm so nervous.
  B: It's good to see that you're confident at your new job.

06 다음 글의 내용과 일치하는 것은?

> The volcanic eruption in the South Pacific Kingdom of Tonga was equivalent in explosive power to more than 100 simultaneous Hiroshima bombs. According to the researchers, it was the most powerful volcanic eruption seen on Earth since the eruption of Pinatubo in 1991. However, one thing to note is that the Tonga volcano is an underwater volcano. Even though it exploded about 150 meters deep, the eruption cloud was captured by satellites and seismic waves were detected worldwide, which is unprecedented. In fact, where liquid water and scorching hot magma come in contact, violent explosions known as Surtseyan eruptions often occur. However, the eruption from the Tonga volcano — which sent a column of steam rising halfway to space — was far more violent than a typical Surtseyan eruption. Some researchers thought this type of event deserves its own designation, unofficially calling it an 'ultra Surtseyan' eruption.

① The eruption of Pinatubo took place underwater, unlike that of Tonga.
② The aftermath of the Tonga volcanic eruption was detected only in the area.
③ The case of the Tonga volcanic eruption is considered atypical.
④ A new official classification was made for the eruption of Tonga.

07 다음 글의 요지로 가장 적절한 것은?

Studies in human nature show us that people dislike others more after doing them harm. Please note that I did not say that we do harm to those whom we dislike, although this may be true. The point here is that when we do harm to another, either on purpose or by accident, we are unconsciously driven to dislike the person. This is an attempt to reduce dissonance. The internal conflict created is, "Why did I do this to this person?" The rationalization then becomes, "It must be because I really don't like him and he deserves it. Otherwise I would be a bad or careless person, and that cannot be so." This works in reverse as well. We like someone more after doing something nice for him or her. If we do someone a kindness we are likely to have positive feelings toward that person.

① Justifying irrational behavior only creates conflicts with others.
② Stay away from harmful relationships for your mental health.
③ We tend to adjust our emotions to our actions for rationalization.
④ A little act of kindness will bring back greater kindness.

08 주어진 글 다음에 이어질 글의 순서로 가장 적절한 것은?

Because humanization involves recognizing others as thinking, feeling beings, humanizing work requires organizations to provide work that recognizes employees' thoughts and feelings.

(A) Leisure itself is a skill that robots can never master and, therefore, experiencing leisure whether through resting, listening to music, or simply letting one's mind drift enables people to feel "more than" automata.

(B) To avoid these experiences organizations must provide work that engages employees' most distinctively human skills while providing sufficient leisure time to detach people's identities from their jobs.

(C) This means giving people meaningful and challenging work and compensating them sufficiently, but it also involves something more. It involves ensuring employees do not feel disposable, mechanical, or commoditized in the face of automation — people have a deep need to be and feel irreplaceable.

① (A)－(C)－(B)　　② (B)－(A)－(C)
③ (C)－(A)－(B)　　④ (C)－(B)－(A)

09 밑줄 친 부분에 들어갈 말로 가장 적절한 것은?

Despite its rapid spread, Islam is not a religion for those who are casual about regulations; on the contrary, adhering to its rules requires _____. One must rise before dawn to observe the first of five prayers required daily, none of which can take place without first ritually cleansing oneself. Sleep, work, and recreational activities take second place to prayer. Fasting for the month of Ramadan, undertaking the pilgrimage to Mecca at least once in a lifetime, paying tax for relief of the Muslim poor, and accepting Islam's creed require a serious and energetic commitment. On the whole, the vast majority of Muslims worldwide do observe those tenets.

① sympathy for the poor
② great effort and discipline
③ generosity and thoughtfulness
④ dawn-to-dusk fasting

10 밑줄 친 (A), (B)에 들어갈 말로 가장 적절한 것은?

Young people do not live in a world apart. They are encouraged to study and to gain an understanding of human motives and behavior and of apparent inconsistencies among these. They have been taught, __(A)__, the value of rationing as a means of fair distribution of life necessities, yet they have seen reputedly honest people (members of their own family, perhaps) attempt to obtain more than their just allotment of a necessary commodity. They are told that everyone should give generously of his time, money, and service for the general good of humanity. __(B)__, they often see their friends and relatives requesting excessively high wages for their work, and spending the money thus earned for immediate self-indulgence.

	(A)	(B)
①	for example	Similarly
②	for example	However
③	therefore	Moreover
④	therefore	Instead

손글씨 필기노트, 해설지, 백지복습지 다운로드　http://cafe.naver.com/shimson2000

📋 정답/해설 86p

01 밑줄 친 부분과 의미가 가장 가까운 것은?

He was one of the first scientists to <u>conceive</u> the possibility of quantum computers.

① embody　　　　② envision
③ entail　　　　　④ enliven

02 밑줄 친 부분과 의미가 가장 가까운 것은?

Why do companies <u>turn a deaf ear to</u> calls for treating their employees well?

① ignore　　　　② force
③ accept　　　　④ repeat

03 어법상 옳은 것은?

① He had no idea how carelessly he responded to her.
② I was enough foolish to be deceived by him again.
③ I hope you like the book which I gave it to you yesterday.
④ The instructor who teaches the course will accompany with us.

04 우리말을 영어로 잘못 옮긴 것은?

① 내일까지 그에게 계약 조건을 알려주세요.
→ Please inform him of the terms of the contract by tomorrow.
② 판사는 그에게 비영리 단체에 대한 납부금을 면제하라고 명령했다.
→ The judge ordered that he waive the fee for nonprofit organizations.
③ 그는 너무 화가 나서 그녀가 하는 말을 거의 들을 수 없었다.
→ He was very angry that he could hardly hear what she was saying.
④ 더 큰 방을 원하시면 추가 요금이 부과될 것입니다.
→ An extra fee will be charged if you require a larger room.

05 밑줄 친 부분에 들어갈 말로 가장 적절한 것은?

A: I'm so glad we picked this island for our trip. I could live here forever.
B: I can't agree more. We have so many activities planned too.
A: Yeah, I'm really looking forward to the cruise tour.
B: But you know, we should cut our spending after this trip. It cost us a fortune.
A: _____.
B: You're right. We should just enjoy this moment.

① Let's forget about that now
② We have too many credit cards
③ I felt so seasick on that cruise tour
④ You should plan more activities next time

06 다음 글의 내용과 일치하지 않는 것은?

An operant conditioning chamber, colloquially known as a Skinner box, is a laboratory tool that was developed in the 1930s by B.F. Skinner. Its specific design can vary depending upon the type of animal and the experimental variables, but generally, it includes at least one lever, bar, or key that the animal can manipulate. When the lever is pressed, food, water, or some other type of reinforcement might be dispensed. Other stimuli can also be presented, including lights, sounds, and images. In some instances, the floor of the chamber may be electrified. The Skinner box is usually blocked to keep the animal from experiencing other stimuli. Using the device, researchers can carefully study behavior in a very controlled environment.

① The Skinner Box, devised in the 1930s, got its name from its creator.
② A Skinner Box is equipped with one or more objects that the subject can easily operate.
③ In some cases, lights as well as electrified floors are used as stimuli.
④ The Skinner box is open so that the animal inside it can react to outside stimuli.

While the modern West worries about its dependency on oil from the most politically unstable regions of the planet, the plight of ancient Mesopotamia was far worse. The flat, alluvial land between the rivers possessed only water and soil in excess, and so yielded an abundance of barley, emmer wheat, fish, and wool. This cradle of ancient civilization was, however, nearly completely devoid of the era's strategic materials: metals, large timbers, and even stone for building. The very survival of Mesopotamia's great nations — the Sumerians, Akkadians, Assyrians, and finally the Babylonians — hinged on the exchange of their surplus food for metals from Oman and the Sinai, granite and marble from Anatolia and Persia, and lumber from Lebanon.

① The Rise and Fall of Mesopotamian Empires
② Shortage of Raw Materials: The Major Reasons
③ Trade for Survival in Ancient Mesopotamia
④ Oil: Humanity's Biggest Worries

And, the more infectious a disease, the greater the number of people who are immune needed to ensure herd immunity.

Herd immunity is the indirect protection from a contagious disease that happens when a population is immune either through vaccination or previous infection. (①) Once herd immunity has been established for a while, and the ability of the disease to spread is hindered, the disease can eventually be eliminated. (②) However, achieving herd immunity can be quite challenging, and it is not always possible for it to last very long. (③) Measles, for example, is highly contagious and one person with measles can infect up to 18 other people. (④) This means that around 95% of people need to be immune in order for the wider group to have herd immunity.

When it comes to displays of formality or informality in language, large cultural differences exist. The informal approach that characterizes conversations in countries like the United States, Canada, and Australia is quite different from the concern shown for using proper speech in many parts of Asia, where formality in language defines a social position. In Korea, for example, the language reveals a system of interpersonal hierarchies. Koreans have a special vocabulary for different sexes, levels of social status, degrees of intimacy, and types of social occasions. There are even different degrees of formality for speaking with old friends, acquaintances, and complete strangers. One sign of being a learned person in Korea may be the ability to use the language in a way that _____.

① displays the empathy ability
② understands various dialects well
③ recognizes relational distinctions
④ gives an opinion without formality

Scientific psychologists are no doubt correct when they say that every thought, every feeling and every action are represented somehow in the nervous system and that none of these events could occur without it. However, we must be careful not to oversimplify or overemphasize biological explanations in psychology. ① Many people assume, for example, that if a behaviour or mental process has a strong biological basis, it is beyond our control — that 'biology is destiny.' ② Accordingly, many smokers don't even try to quit because they are sure that their biological addiction to nicotine will doom them to failure. ③ This is not necessarily true, as millions of ex-smokers can confirm. ④ By predicting behavior, psychologists try to determine if a person is likely to make healthy or unhealthy decisions when confronted with certain situations. The fact that all behavior and mental processes are based on biological processes does not mean that they can be fully understood through the study of biological processes alone.

01 밑줄 친 부분과 의미가 가장 가까운 것은?

> The base of Buddhism is morality, and wisdom is its apex.

① nadir
② summit
③ catalyst
④ shortcoming

02 밑줄 친 부분에 들어갈 말로 가장 적절한 것은?

> I am planning a surprise birthday party for her, so you should not _____.

① beat a dead horse
② let sleeping dogs lie
③ have other fish to fry
④ let the cat out of the bag

03 밑줄 친 부분 중 어법상 옳지 않은 것은?

> The psychological impact of living in destitution can lead to drug abuse, ① that might be a crime in itself, and it can also lead to other criminal activity. Furthermore, proximity to other criminals can increase a person's likelihood of ② engaging in crime through education and opportunity. Criminals teach others how to break the law without getting caught and ③ foster negative ideas. Living in inner-city slums not only makes people more likely to engage in crime, but also makes ④ them more likely to be a victim of crime.

04 우리말을 영어로 가장 잘 옮긴 것은?

① 그것이 기계식 키보드가 작동하는 방식이다.
→ That's the way how the mechanical keyboard works.
② 사업이 개선되지 않으면 그 회사는 파산할 것이다.
→ The firm will go bankrupt unless the business does not improve.
③ 나는 30살에 부자가 된 것이 너무 놀랍다고 생각했다.
→ I found it so amazing that I became rich at the age of 30.
④ 사회학자들은 사회학이 과학인지 아닌지에 대해 다른 의견을 가지고 있다.
→ Sociologists have different opinions about if sociology is a science or not.

05 밑줄 친 부분에 들어갈 말로 가장 적절한 것은?

> A: Hey, why the long face? Is there a problem?
> B: Well, my friend asked me to give her book back that I had borrowed.
> A: And?
> B: I thought I had returned it, but she said she never got it.
> A: So what happened to the book?
> B: Apparently my brother took it without telling me. And what's worse, he lost it.
> A: _____?
> B: I can't get myself to do it. She's going to get so mad at me.

① Can you remember where you lost it
② Should you get him another book
③ Will you be able to forgive her
④ Did you tell her the truth

06 다음 글의 내용과 일치하지 않는 것은?

> Plasma has been called the fourth state of matter, the other three being solid, liquid and gas. Just as a liquid will change into a gas when energy is added, heating a gas will form a plasma. When a gas is superheated, the matter becomes a soup of positively charged particles (ions) and negatively charged particles (electrons). Although you may think that plasma is too theoretical and seems far from our everyday life, the behavior and properties of plasma are utilized in lamps, lasers, medical devices, energy converters, water purifiers and flat-panel video displays. Actually, about 99% of the visible universe is formed of plasma. In the night sky, plasma glows in the form of stars, nebulas, and even the auroras that sometimes wave above the north and south poles.

① Adding energy can turn a liquid into a gas.
② Particles with opposite charges form a plasma.
③ Plasma technology is used in different industries.
④ Human eyes cannot detect light given off by plasma.

A person might voice a strong opinion on a given subject when speaking to a particular group but may feel differently about the subject when speaking to another, oppositely minded group. People often speak without considering how their words might affect other people. When they notice that something they said has had a negative effect on someone, they wish they hadn't made the comment. The same person might later insist that they did not say that; did not mean that; or had actually said something different. That person will deny the opinion he or she previously stated with the same level of emphasis as the original comment. Trying to soften the impact of a poorly worded comment shows, not only that the speaker cares about the injured party, but that the speaker cares about the way he or she is perceived by that injured party. It is the desire to be perceived pleasantly by others that motivates that person to lie and deny.

① lying as a coping mechanism for past trauma
② unknown consequences of denying facts
③ the motive behind rewording past statements
④ strategies for communication with the injured party

The Maginot Line, an array of defenses that France built along its border to deter invasion by Germany, was fortified with reinforced concrete and 55 million tons of steel embedded deep into the earth.

(A) Leaders had focused upon countering the tactics and technology of past wars, and failed to prepare for new threats from fast-moving armored vehicles.

(B) Nevertheless, after World War II broke out, the fortified border that was supposed to serve as France's salvation became a symbol of a failed strategy.

(C) It was designed to withstand heavy artillery fire, poison gas and whatever else the Germans could throw against it.

① (A)－(B)－(C)　　　① (B)－(A)－(C)
③ (C)－(A)－(B)　　　④ (C)－(B)－(A)

According to Freud, the biblical commandment "Thou shalt not kill" is the very proof that we are descended from an endless long chain of generations of murderers. He asserted that the tendency to aggression is an original, autonomous disposition in man. However, neither physiologists nor psychologists have been able to demonstrate the existence of such a spontaneous impulse for hostility. Aggression does not manifest as a natural motivation comparable to that of hunger, thirst, or the need for activity and social contact. According to psychologist Jacques Van Rillaer, "Aggressivity is not a kind of substance produced by the organism, which the individual must externalize under penalty of destroying himself. To understand defense and attack behaviors, it is infinitely more useful to wonder about the relations of the subject with others, and with himself, than to invoke the action of a mysterious death impulse. This Freudian theory _____."

① understates our self-destructive impulses
② sheds light on our violent disposition
③ refutes our ideas of murder
④ is nothing but a myth

On a recent train trip from Boston to New York, I sat next to a man talking to his girlfriend about his problems. He's had a recent bout of heavy drinking, and his father is no longer willing to supplement his income. He thinks his girlfriend spends too much money and he dislikes her teenage daughter. I was very annoyed to hear what he was saying. So I walked up and down the aisles to find another seat, but the train was full. I had no choice but to return to my seat next to the complainer. I know he was not complaining to me, but I did wish I could disappear. Perhaps there was no need. I was already being treated as though I were not there. I felt a sudden surge of anger.

① calm and indifferent
② relieved and grateful
③ irritated and indignant
④ sorrowful and disappointed

📋 정답/해설 91p

01 밑줄 친 부분과 의미가 가장 가까운 것은?

> More important than the sanctity of the law was the <u>plight</u> of the individual parties in the particular case.

① quandary ② frivolity
③ euphoria ④ bigotry

02 밑줄 친 부분과 의미가 가장 가까운 것은?

> It is very important for the majority of young people to <u>set store by</u> tradition.

① break ② respect
③ restore ④ maintain

03 어법상 옳은 것은?

① All of the relevant contact information are posted on the website.
② Costs have been reduced by 20% over the past 2 years.
③ Digital transformation became inevitably for the success of any business.
④ Many jobs in developing countries were lost while the recession.

04 우리말을 영어로 잘못 옮긴 것은?

① 그는 외계인이 다른 행성에 존재한다고 확신한다.
  → He is convinced that aliens exist on other planets.
② 오늘 경기에서 누가 가장 많은 득점을 할 것 같나요?
  → Whom do you think will score the most points in today's game?
③ 내부 및 외부 요인이 그를 사임하게 했다.
  → Internal and external factors caused him to resign.
④ 그 소설은 대학생들 사이의 토론을 활발하게 하는 데 사용되었다.
  → The novel was used to stimulate discussion among college students.

05 밑줄 친 부분에 들어갈 말로 가장 적절한 것은?

> A: I'm so excited for my mom's surprise birthday party.
> B: Sounds great! Is there anything I can help you with?
> A: _____. You promised you'd get the cake.
> B: Oh, my goodness! It totally slipped my mind. I'll be right on my way.

① It's so sweet of you to ask
② Please don't tell me you forgot
③ It'd be great if you could pick her up
④ You can start by remembering my birthday

06 다음 글의 내용과 일치하지 않는 것은?

> In the 18th century, Swedish biologist Carl Linnaeus published a system for classifying living things. Before Linnaeus, species naming practices varied. Biologists gave the species they described long, unwieldy Latin names, which could be altered at will; one organism might have different names. For instance, the common wild briar rose was referred to as *Rosa sylvestris inodora seu canina* and as *Rosa sylvestris alba cum rubore, folio glabro*. The need for a workable naming system was made even greater by the huge number of new plants and animals being brought to Europe from around the world. Linnaeus simplified naming immensely by designating one Latin name to indicate the genus, and one as a shorthand name for the species. The two names make up the binomial species name, the most well-known being definitely *Homo sapiens*.
>
> *genus: (생물 분류상의) 속(屬)

① Biologists used to name organisms by adding long phrases.
② Linnaeus objected to the use of Latin words for classification.
③ The name *Homo sapiens* is derived from Linnaeus' classification system.
④ Import of new species into Europe called for a better naming method.

Deforestation is the permanent removal of trees to make room for something besides forest. Scientists estimate that an area the size of Switzerland (14,800 square miles) is lost to deforestation every year. Human-lit fires are commonly used to clear land for agricultural use. Workers harvest valuable timber, then burn the remaining vegetation to make way for crops like soy, or for cattle grazing. In addition, many forests are cleared to make way for palm oil plantations. Palm oil is the most commonly produced vegetable oil and is found in half of all supermarket products. Growing the trees that produce the oil requires the leveling of native forest and the destruction of local peatlands — which doubles the harmful effect on the ecosystem.

① Why Are We Losing Our Forests?
② Effects of Deforestation on Ecosystems
③ Are There Solutions to Deforestation?
④ Deforestation: a Path to Wildlife Extinction

If changes in quantity demanded is below the relative change in price, demand is inelastic (the absolute value price elasticity is less than 1).

In economics, the own price elasticity of demand measures the responsiveness of quantity demanded to changes in price. It is a measure of how sensitive the quantity demanded is to a change in the price of the good. (①) When the relative change in purchased quantity is greater than the relative change in price, demand is elastic (the absolute value price elasticity is more than 1). (②) For example, when a commodity's purchased quantity falls by 3.2% due to a 10% increase in price, the price elasticity of demand is -0.32, reflecting inelastic demand. (③) Elasticity is determined by the number of substitutes, consumer income, expected duration of price change, and the product market share. (④) For example, products with fewer substitutes generally have a lower elasticity, and hence are price-inelastic.

A key currency refers to a currency which is stable, does not fluctuate much, and provides the foundation for exchange rates for international transactions, such as the U.S. dollar (USD), the Euro (EUR) and the British pound (GBP). Because key currencies usually come from countries that are financially strong, economically stable and developed, they tend to set the value of other currencies. Particularly, key currencies influence and impact the currencies of smaller or economically weaker nations. As a result, it is a monetary practice for those countries to try to align their exchange rates with _____ trading partners. In addition, in an effort to establish and maintain economic relations with the major advanced countries, nations that are devoid of such key currencies in Africa and in some parts of Asia utilize their own national currencies to buy the key currencies.

① developing
② dependent
③ domestic
④ dominant

Perhaps, the first thing that comes to your mind when you think of Buckingham Palace in London would be the royal guards with red tunic uniforms and tall, massive bearskin caps — obviously not suitable for their guard duties. __(A)__, there exists a reason beyond comfort or functionality. In the 18th Century, the gunner in British and French armies wore helmets like those to make them appear taller. This was believed to intimidate their opponents. The French Emperor Napoleon also dressed his imperial guards in similar hats while he was in power in the early 19th Century. During the Battle of Waterloo, as the British defeated Napoleon's army, they collected the bearskin caps from the Napoleon's guards and brought them home as trophies. __(B)__, the caps represent one of the greatest triumphs of the British army.

	(A)	(B)
①	However	In short
②	Thus	At the same time
③	Moreover	In addition
④	Nonetheless	On the contrary

📋 정답/해설 93p

01 밑줄 친 부분과 의미가 가장 가까운 것은?

> Gandhi urged Indians to defy the new law and to suffer the punishments for doing so.

① vindicate ② disobey
③ meditate ④ succumb

02 밑줄 친 부분과 의미가 가장 가까운 것은?

> He did not rule out the possibility that his future would become uncertain.

① raise ② consider
③ involve ④ exclude

03 밑줄 친 부분 중 어법상 옳지 않은 것은?

> The view that marketing has a special responsibility when discussing the natural environment ① is also well developed. By promoting product manufacture and usage, the organization may be ② encouraged resource depletion, pollution or other environmental deterioration. Most organizations believe that it is not sufficient to make profits and ③ generate employment while ignoring an obligation to society regarding the preservation of the natural environment even though ④ their behavior is within the law.

04 우리말을 영어로 잘못 옮긴 것은?

① 그것은 내게 내 모든 지난날을 상기시켜준다.
 → It reminds me of all my past days.
② 너는 그 간식을 묶음으로 사는 게 낫다.
 → You may as well buy the snack in a bundle.
③ 나는 그곳에 여행을 갔을 때 정말 시간 가는 줄 몰랐다.
 → I have totally lost track of time when I went on a trip there.
④ 프런트에 아무도 없는 경우 이 번호로 전화해 주십시오.
 → Please call this number in case there is no one at the front desk.

05 두 사람의 대화 중 가장 어색한 것은?

① A: I'm planning on going fishing this weekend. Would you like to come?
 B: Why not? I have nothing else planned anyway.
② A: Ouch! Did you just pinch my arm?
 B: It wasn't me. Maybe you got a bug bite.
③ A: It's burning hot outside and it's only April.
 B: I can't imagine what it'd be like when real summer comes.
④ A: I had four slices of pizza for lunch. I'm so full.
 B: You need to have breakfast every morning to have a lively day.

06 다음 글의 내용과 일치하는 것은?

> Starting in the late 1880s, Thomas Edison and Nikola Tesla were embroiled in a battle now known as the War of the Currents. General Electric bid to electrify the Chicago World's Fair using Edison's direct current (DC), but lost to George Westinghouse, who bid much less with Tesla's alternating current (AC). A few years later, Buffalo, New York was lit up by the electricity generated by Tesla's polyphase AC induction motor at Niagara Falls. Although some doubted that the falls could power a whole city, Tesla was convinced his technology was enough to power the entire Eastern United States. AC afterwards became the standard and now dominates the electricity market. DC, however, was not completely obliterated. In recent years, it has seen a bit of a renaissance because of the latest technologies that are run on DC power, such as LEDs, solar cells and electric vehicles. Companies are now finding ways of using DC to transport electricity long distances with less electricity loss. So it appears the War of the Currents is not over yet.

① Edison's technology was chosen to power the Chicago World's Fair.
② Through the case in Buffalo, alternating current proved to be impractical.
③ Today, both direct current and alternating current are being used.
④ The War of the Currents seems to end with a victory for alternating current.

07 다음 글의 요지로 가장 적절한 것은?

Having a large following opens up all sorts of possibilities for deception; not only will your followers worship you, they will defend you from your enemies and will voluntarily take on the work of enticing others to join your fledgling cult. This kind of power will lift you to another realm: You will no longer have to struggle or use deception to enforce your will. You are adored and can do no wrong. You might think it's an enormous task to create such a following, but in fact it is fairly simple. As humans, we have a desperate need to believe in something, anything. This makes us eminently gullible: We simply cannot endure long periods of doubt, or the emptiness that comes from a lack of something to believe in. Dangle in front of us some new cause, get-rich-quick scheme, or the latest technological trend or art movement, and we leap as one from the water to take the bait.

① Enforcing your will on others will get you nowhere.
② Deceiving the followers is the last thing to do as a leader.
③ Appealing to people's desire to have a faith is a daunting task.
④ The secret to power lies in creating a devoted following of yours.

08 주어진 글 다음에 이어질 글의 순서로 가장 적절한 것은?

The proximity to the point of decision is a key factor for signals to influence behaviour. Taking a familiar marketing example, promotional professionals qualify themselves perfectly for such effects since the interface occurs directly when the decision takes place.

(A) Then they changed the promotion by adding a behavioural anchor: 'Buy 18 for your freezer.' This might appear ridiculous, but the impact was significant. The average number of bars sold this time was 2.6.

(B) In neither case was the price discounted. Simply by adding the higher number as a perceivable and tangible anchor they almost doubled the sales — without a preceding step of changing attitudes.

(C) In a study, scientists looked at the impact of different promotions on sales of Snickers bars. The first promotion consisted only of a call to action ('buy some for your freezer'). This promotion resulted in average sales of 1.4 bars.

① (A)－(C)－(B)   ② (B)－(C)－(A)
③ (C)－(A)－(B)   ④ (C)－(B)－(A)

09 밑줄 친 부분에 들어갈 말로 가장 적절한 것은?

A major cause of excessive water use and waste is _____. Many water authorities charge a flat fee for water use and some charge even less for the largest users of water. For example, about one-fifth of all U.S. public water systems do not have water meters and charge a single low rate for almost unlimited use of high-quality water. Also, many apartment dwellers have little incentive to conserve water because water use is included in their rent. When Boulder, Colorado, introduced water meters, water use per person dropped by 40 percent. Researchers have found that each 10 percent increase in water prices cuts domestic water use by 3-7 percent.

① the illegitimacy of local water authorities
② the formality in the regulation system
③ the excessive installation of water meters
④ the underpricing of this precious resource

10 다음 글의 흐름상 가장 어색한 문장은?

Emotion interacts with cognition biochemically, bathing the brain with hormones, transmitted either through the bloodstream or through ducts in the brain, modifying the behavior of brain cells. Hormones exert powerful biases on brain operation. ① In tense, threatening situations, the emotional system triggers the release of hormones that bias the brain to focus upon relevant parts of the environment. ② The muscles tense in preparation for action. ③ In calm, non-threatening situations, the emotional system triggers the release of hormones that relax the muscles and bias the brain toward exploration and creativity. ④ A human without a working emotional system has difficulty making choices. Now the brain is more apt to notice changes in the environment, to be distracted by events, and to piece together events and knowledge that might have seemed unrelated earlier.

📖 정답/해설 96p

01　밑줄 친 부분과 의미가 가장 가까운 것은?

> Companies take advantage of the fact that people value some things and that they detest others in shaping marketing campaigns.

① forgo
② elude
③ abhor
④ overlook

02　밑줄 친 부분과 의미가 가장 가까운 것은?

> He always prefers to sit on the fence at staff meetings.

① follow the majority
② avoid taking sides
③ listen to others calmly
④ make an opinion freely

03　어법상 옳은 것은?

① Hardly he had come home when he started to complain.
② My expenses are always more greater than my income.
③ I will meet you tomorrow unless something unexpected will happen.
④ Had I known that he was coming to the party, I wouldn't have come.

04　우리말을 영어로 잘못 옮긴 것은?

① 나는 3주에 한 번씩 머리를 자른다.
→ I have my hair cut every three weeks.
② 그는 다른 어느 죄수들보다 더 열심히 복역했다.
→ He served his sentence harder than any other prisoner.
③ 우리 반에는 10명의 학생이 있는데, 모두 미술에 재능이 있다.
→ There are 10 students in my class, all of them are talented in art.
④ 나는 10살이 되어서야 알파벳을 배웠다.
→ It was not until I was 10 years old that I learned the alphabet.

05　밑줄 친 부분에 들어갈 말로 가장 적절한 것은?

> A: I heard you got the role as leading actress in the play. How's it going so far?
> B: Not well, actually. I keep forgetting my lines.
> A: Well, that's a problem. Is the script too hard to memorize?
> B: Yeah, but it's not the way it's written, it's the pressure. Maybe I'm not fit for this role.
> A: I understand the pressure, but you should never doubt yourself. All you need is some practice and you'll be fine.
> B: You're right. _____.

① I'm feeling under the weather
② I probably just got cold feet
③ It's a long shot like you said
④ You need to hold your horses

06　다음 글의 내용과 일치하지 않는 것은?

> An orchestra is a large instrumental ensemble that contains sections of string, brass, woodwind, and percussion instruments. Orchestras changed very little in composition over time, but the music of the prominent composers of each historical period determined the standard size and make-up of that time. And the instrumentation requirements were influenced by the availability of the instruments. For example, the Baroque orchestra does not typically employ clarinets, as the instrument was not invented until the 18th century. The 19th century woodwind section also saw an expansion with increasing use of the piccolo flute, the English horn, the bass clarinet, and the contrabassoon. Valves for brass instruments were invented in the early 19th century, at which point there was a rapid growth in both the number and prominence of trumpets and horns in orchestral works.

① Orchestras require instruments from various sections.
② Composition of orchestras did not change much over time.
③ Clarinets are essential for the Baroque orchestra.
④ In the early 19th century, trumpets were often used in orchestras.

One way to offer a sense of quality and unity of design is to repeat a given detail throughout a house. It's very much like a musical theme performed and then followed by variations. For example, you might have an affection for a diamond shape. Think about using this thing as a subtle theme that threads and repeats through the design, reappearing in unexpected places. What if you walk in the front door and you see that diamond detail inlaid in the floor? Later, you walk into the kitchen and see the diamond shape repeated in the glass doors, and also in the windows, but here it might be smaller. Someone would have to be very observant to notice all the repetitions of the diamond motif the first time he or she is in the house, but eventually that person will. The presence of that repeated theme throughout the house will give it a sense of unity and completeness that a mass-produced house can never offer.

① Preference for the Diamond Shape: A Universal Phenomenon
② The Mysterious Effects of Repetition on Music Perception
③ How To Avoid Boredom From the Repetition of Themes
④ The Art of Repetition for Achieving Unity in Design

This is partly because of the longer contact with the ball during the throw, allowing the force to be applied for more time, and partly because of the greater use of the body muscles.

Goalkeepers often trust their throw rather than their kick. The ball can be quite accurately rolled or thrown to a nearby colleague. (①) Sometimes the goalkeeper chooses to hurl the ball toward the half-way line rather than kick it, and an impressive range can be obtained in this way. (②) Despite the use of only one arm these throws can carry farther than a throw-in that requires both hands. (③) The greater ease of obtaining the optimum angle of throw for a long range is probably another factor. (④) For a long throw the hand remains in contact with the ball for about 6 feet, and the contact time for the throw is typically several times as long as for a throw-in.

The ancient Egyptians developed a natural irrigation method which made use of the periodic flooding of the Nile River. Once the farming fields were inundated, they closed waterways to saturate the soil with moisture and allow the silt to deposit. In so doing, they secured the fertility of the land, and then the water was discharged back into the Nile. Since farming was not possible in the dry season, all crops had to fit into the tight scheme of irrigation and timing. However, on average, one in five years the flooding was too little or too much that it could make the difference between _____. In case of a small flood, the upper basins could not be filled with enough water, which meant much lower yields. If a flood was too large, it would damage villages, fields, dykes and canals, making it almost impossible to start sowing in time.

① cause and effect
② the dream and the real
③ feast and famine
④ light and shade

Unhappiness is a result of negative thinking that results in negative feelings and, often, negative behaviour. An important point to understand is this: the very moment a person drops his negative thought process, that person experiences an immediate shift in the way he feels for the better. __(A)__, suppose you have a heated argument with a co-worker that results in you leaving the conversation in a huff. You storm out of the room and as you drive home steaming mad you review the argument in your mind over and over again. As you think about the conflict, you feel the negative effects of your thinking — you get angrier and more frustrated. As you walk into your house, __(B)__, the phone is ringing and you rush over to answer it. A dear friend is on the line who you haven't spoken to in over a year. You are distracted, your attention is shifted away from the problem, and for all practical purposes, it disappears. While you are on the phone, your problem is forgotten.

    (A)   (B)
① For example ······ thus
② For example ······ however
③ By contrast ······ instead
④ By contrast ······ furthermore

---

01 밑줄 친 부분과 의미가 가장 가까운 것은?

As the possibility of military conflict looms over Europe, Japan joined the global diplomatic effort to dissuade Russia.

① dismiss   ② divulge
③ defer   ④ deter

---

02 밑줄 친 부분에 들어갈 말로 가장 적절한 것은?

Clean beaches have many benefits for human health because the polluted beaches may _____ human lives by beach accidents.

① protect   ② beguile
③ specify   ④ imperil

---

03 어법상 옳은 것은?

① She discussed about the measures in detail with her colleagues.
② It was boring to watch a movie that I had already seen again.
③ My brother is sleeping in the room while I played soccer outside.
④ As interest in history grows, the number of visitors to museums are increasing.

---

04 우리말을 영어로 잘못 옮긴 것은?

① 나는 독일어를 읽을 줄 모르고, 쓰는 것은 말할 것도 없다.
  → I cannot read German, much less write it.
② 그는 가난할지라도 남들을 도우며 산다.
  → Poor as if he may be, he lives by helping others.
③ 무언가를 원하는 것과 실제로 그것을 성취하는 것은 별개이다.
  → Desiring something is one thing and actually achieving it is another.
④ 제 생일을 기억하고 선물을 보내주시다니 사려 깊으시네요.
  → It is thoughtful of you to remember my birthday and send me a gift.

---

05 밑줄 친 부분에 들어갈 말로 가장 적절한 것은?

A: Mom! Can you come over here and take a look at my leg?
B: Oh! What happened? Did you trip?
A: Yeah, I tripped and fell down really hard while playing soccer.
B: Why didn't you get any help? You don't even have a band-aid on.
A: Class was nearly over and I just wanted to come home.
B: _____.

① Take that band-aid off and I'll put on a new one
② You should only play soccer after school
③ You still should have gotten some help
④ I really enjoyed last night's soccer game

---

06 다음 글의 내용과 일치하지 않는 것은?

A rondo in music consists of a recurring section of music called a refrain, along with other contrasting sections of music called episodes. The refrains and episodes alternate in a pattern that always returns to the refrain. The rondo form was prized for its ability to balance the surprise of the introduction and development of new themes with the return of familiar material in the original tonic key. Many pieces using a rondo structure use the term rondo in the title, and the form is often used in the final movement of a sonata or other longer works. Sometimes the rondo structure is blended with sonata form to create a variant structure called sonata rondo form. Although the rondo form was not employed as commonly after the end of the Classical era, it influenced ideas about musical structure and development in music of later periods.

① The alternation of refrain and episode characterizes a rondo.
② A rondo often comprises the opening movement of a sonata.
③ Sonata rondo form is a combination of sonata and rondo elements.
④ Rondo became less popular with the end of the Classical era.

---

07 다음 글의 주제로 가장 적절한 것은?

Unplugged, orphaned oil wells in the U.S. are accelerating global warming not by producing fossil fuel, but by directly emitting greenhouse gases. According to a study cited by the Environmental Protection Agency (EPA), unplugged wells leak 280,000 metric tons of methane into the atmosphere each year — 5000 times more than plugged wells did. That amount of methane packs roughly the same climate-warming power as the carbon dioxide emitted by all the power plants in Massachusetts in a year. David Wieland, regional organizer with the Western Organization of Resource Councils, said that just in Texas, there are more than 140,000 oil wells considered inactive, which may actually be orphaned wells.

① the consequences of indiscriminate use of fossil fuel
② the impact of disused industrial facilities on the environment
③ the necessity of development of sustainable resources
④ the conflict of opinions between eco-activists and entrepreneurs

08 주어진 글 다음에 이어질 글의 순서로 가장 적절한 것은?

The Great Pacific Garbage Patch spans waters from the West Coast of North America to Japan. The patch is actually comprised of the Western Garbage Patch, located near Japan, and the Eastern Garbage Patch, located between Hawaii and California.

(A) This way, the amount of debris in the Great Pacific Garbage Patch accumulates. Moreover, plastics, which are not biodegradable, do not wear down; they simply break into tinier and tinier pieces.

(B) Imagine that a plastic bottle has just been discarded off the coast of California. After a long voyage, it will reach the Western Garbage Patch, across the vast Pacific. And finally, the gently rolling vortex of the Western Garbage Patch will draw in it.

(C) For this reason, the patches are almost entirely made up of those tiny bits of plastics, called microplastics. Microplastics can't always be seen by the naked eye. They simply make the water look like a cloudy soup.

① (A)−(B)−(C)　　　② (B)−(A)−(C)
③ (B)−(C)−(A)　　　④ (C)−(A)−(B)

09 밑줄 친 부분에 들어갈 말로 가장 적절한 것은?

Globalization, it turns out, was not one event or even a sequence of events: it is a process that has been slowly evolving for a very long time. The world did not abruptly become "flat" with the invention of the Internet, and commerce did not suddenly, at the end of the 20th century, become dominated by large corporations with worldwide reach. Beginning at the dawn of recorded history with high-value cargoes, then slowly expanding into less precious and more bulky and perishable goods, the markets of the Old World have gradually become more integrated. With the first European voyages to the New World, this process of global integration accelerated. Today's massive container ships, the Internet, and an increasingly globalized network are just further evolutionary steps in a process that has been going on for the past five thousand years. If we wish to understand today's rapidly shifting patterns of global trade, it serves us very well indeed to _____.

① pay attention to where they end up
② figure out how many are involved
③ explore which goods are valuable
④ examine what came before

10 다음 글의 흐름상 가장 어색한 문장은?

Graffiti is a novel market category. Yet the urge behind it has been around for at least 60,000 years. Human beings just love drawing on walls. ① In the ice age, people pressed their hands against cave walls and spat ocher pigment to create a red outline. ② However, a different kind of motivation worked at that time. ③ Pretty much the same technique is used today when street artists spray paint over a pre-cut stencil to leave a quick image. It may seem irreverent to class ice-age art as graffiti. ④ But before the true antiquity of such art was recognized in the 20th century, people who came across mammoths drawn in caves did actually dismiss them as crude graffiti. And there is no written evidence to prove who made cave paintings or why, just as today's graffiti.

📖 정답/해설 101p

01 밑줄 친 부분과 의미가 가장 가까운 것은?

> The government does not appear to be obnoxious to any serious reproach, except about its mismanagement of foreign affairs.

① compliment   ② cruelty
③ hostility   ④ reprimand

02 밑줄 친 부분과 의미가 가장 가까운 것은?

> She is always at odds with her boyfriend over investment.

① in comparison with   ② in accordance with
③ in conjunction with   ④ in disagreement with

03 밑줄 친 부분 중 어법상 옳지 않은 것은?

> Today, awareness of animal rights issues ① has certainly increased in society, with increased vegetarianism and labeling of the origins of food products. In recent years, Britain ② has even banned the traditional sport of fox hunting in the interests of animal rights. However, society is currently fragmented on the issue, with many ③ argued that aspects of human rights require more urgent attention. It is evident that our collective stance toward animals will continue ④ to evolve over the coming years.

04 우리말을 영어로 가장 잘 옮긴 것은?

① 그는 아무리 배가 고파도 절대 과식하지 않는다.
→ However he is hungry, he never eats too much.
② 그의 작품은 다른 모든 작품들보다 훨씬 뛰어났다.
→ His work was far more outstanding than all the other works.
③ 우리는 어제 2차 세계대전이 1939년에 발발했다는 것을 배웠다.
→ We learned yesterday that World War II had broken out in 1939.
④ 그들이 전 세계의 인종차별을 막을 수 있는 몇 가지 방법이 있었다.
→ There were a little ways that they prevented racism throughout the world.

05 밑줄 친 부분에 들어갈 말로 가장 적절한 것은?

> A: Have you ever been to a musical?
> B: Yeah, I have. Why do you ask?
> A: My wife wants to go, but I don't know of any good musicals.
> B: I don't either, but I have a friend who knows a lot about them.
> A: _____

① You must have seen many of them.
② Oh, I bought the tickets already!
③ Great! Will you ask him for me?
④ Trust me, I know the best seats.

06 다음 글의 내용과 일치하지 않는 것은?

> In none of the Native American languages do we find a word that translates into the English word "religion." One of the few common denominators underlying the diversity of Native traditions is the sense that all dimensions of social life are profoundly integrated. For example, among Alaska's Koyukon people, success in subsistence hunting requires a knowledge of the landscape and of the behavior of big game, which comes with an elaborate code of ethics that mandates that hunters respect the land and the animals. Similarly, the Hopis of Arizona express gratitude in their ceremonial life for the natural forces that bring them corn, a sacred food, and that reestablish bonds between the people and the plant. Such spiritual — or religious — traditions are not separate from the economic life of the Native American community, and perhaps even indistinguishable from the fabric of an entire way of life.

① The Koyukon hunt animals in compliance with their own rules.
② Native Americans have no word corresponding to religion.
③ The concept of religion does not exist in the Native American society.
④ The Hopis regard the food that they have as given by nature.

Even today many people think the mystical powers of the full moon induce erratic behaviors, suicides, homicides, and accidents. And some conjecture that the full moon's supposed effects on behavior arise from its influence on water, and it somehow disrupts the alignment of water molecules in the human nervous system. But, there are a few reasons why this explanation doesn't make sense. The gravitational effects of the moon are far too minuscule to generate any meaningful effects on brain activity, let alone behavior. And the moon's gravitational force affects only open bodies of water, such as oceans and lakes, but not contained sources of water, such as the human brain. Lastly, the gravitational effect of the moon is just as potent when it disappears from view as when there is a full moon.

① Periodic Changes in Brain Activity
② The Moon's Gravitational Force
③ When the Full Moon Goes Up
④ The Moon Does Nothing but Be There

Most importantly, victims can develop severe symptoms of post-traumatic stress, anxiety and depression.

With today's mandatory need for smartphones and easy access to social media platforms, anyone can be a perpetual target of cyberbullying. (①) Staying connected online is not always as innocent as it appears. (②) Cyberbullying takes the form of name-calling, spreading false rumors, forwarding sexually explicit images and messages, and cyberstalking. (③) Basically, it can lead to difficulty in forming healthy relationships. Debilitating fear, destruction of self-esteem and social isolation are also considered other harms of cyberbullying. (④) These numerous psychological effects can be devastating to them regardless of age, and it seems no one is immune to the kind of trauma it causes.

Public officials might impose administrative burdens, including reporting requirements, to acquire data that can be used for multiple purposes, and that might benefit the public a great deal. For example, officials might want to know whether people who receive employment training or funding to help them during a pandemic are actually benefiting from the relevant program. What do they do with that training or that funding? Administrative burdens might be essential to obtain answers to that question. Or suppose that the government is trying to reduce the spread of an infectious disease, to promote highway development, to monitor hazardous waste management, to ensure that pilots are properly certified and that airplanes are properly maintained, or to see how food safety programs are working. There might be complaints from those who receive information-collection requests about the administrative burdens, but they can be justified as a means of _____.

① diversifying jobs that require skills and pay well
② coming up with creative solutions to complex problems
③ ensuring acquisition of important or even indispensable knowledge
④ preventing public officials from pursuing improper private interests

During the interview, an advisor should avoid making judgments on what the client is saying. Non-judgmental understanding encourages clients to talk freely. A client who senses that an advisor is judgmental will be tempted to tell his or her story in a way that will gain the advisor's approval or at least avoid implied criticism. (A) , the advisor will not get the full story and will face a barrier in getting to know the client. For example, an abused wife seeking help from a counselor is not likely to speak freely if, early in the interview, the counselor asks, "How could you marry a person like that?" (B) , you should avoid at all costs responding to your clients' tales of woe with the usual admonition, "If only you had come to see me sooner." Other than serving to praise your own abilities, that statement makes a negative judgment on how your clients manage their affairs, and it will invariably cause clients to become defensive and guarded in their relations with you.

	(A)	(B)
①	On one hand	For example
②	As a result	Similarly
③	As a result	However
④	On one hand	That is

📋 정답/해설 103p

01 밑줄 친 부분과 의미가 가장 가까운 것은?

> It was foolish to hope that the owners of slaves will ultimately <u>emancipate</u> them from conscientious motives.

① endanger
② liberate
③ reprehend
④ invigorate

02 밑줄 친 부분에 들어갈 말로 가장 적절한 것은?

> Some teenagers _____ idol groups and regard them as role models.

① brush up on
② look up to
③ call down
④ account for

03 어법상 옳지 않은 것은?

① Hotel rates have risen sharply during the peak season.
② The vice president insisted that more employees be recruited.
③ Our system can clear all data and get them to store for the future.
④ Among the victims of the shooting incident were two firefighters.

04 우리말을 영어로 잘못 옮긴 것은?

① 환절기에는 감기에 걸리기 쉽다.
→ It is easy to catch a cold during the change of seasons.
② 그는 나에게 그의 이름을 아무에게도 알리지 말라고 부탁했다.
→ He asked me not to let anyone know his name.
③ 땅값은 그 크기보다는 그 위치에 따라 결정된다.
→ The price of land is determined by its location rather than its size.
④ 그 문제로 인해 우리는 그들과 더 중요한 관계를 형성하지 못했다.
→ The problem kept us forming a more significant relationship with them.

05 두 사람의 대화 중 가장 자연스러운 것은?

① A: It's a shame this restaurant doesn't offer any desserts.
B: I would like some chocolate syrup on the ice cream, please.
② A: I should join the local baseball team. I used to play in high school.
B: That was ten years ago. You need to get in shape first.
③ A: I saw your ballet dance yesterday. You shined like a star.
B: So are you suggesting that I just give up?
④ A: I'm having the worst headache. Do you have any pills?
B: Yes, I'm feeling a lot better. Thanks for asking.

06 Clara Schumann에 관한 다음 글의 내용과 일치하는 것은?

> Clara Schumann was a German pianist, composer, and wife of composer Robert Schumann. She studied piano from the age of five and by 1835 had established a reputation throughout Europe as a child prodigy. In 1838 she was honoured by the Austrian court and also was elected to the prestigious Society of the Friends of Music in Vienna. Despite strong objections from her father, she married Schumann in 1840, and they had eight children between 1841 and 1854. Though family responsibilities curtailed her career, she taught at the Leipzig Conservatory, composed, and toured frequently. Beginning in 1853, the Schumanns developed a close professional and personal friendship with the composer Johannes Brahms. He remained at her side as a friend and companion for the rest of her life. After the death of her husband, she dedicated herself to the publication of his works. Her own compositions include works for orchestra, chamber music, songs, and many character pieces for solo piano.

① In her childhood, only a few people noticed her musical talent.
② Her father was opposed to her marriage to Robert Schumann.
③ She gave up teaching because of family responsibilities.
④ After her husband passed away, she grew apart from Brahms.

07 다음 글의 요지로 가장 적절한 것은?

Many animals spend most of their waking hours looking for food and eating it. They search their environment for things to eat. Some animals search alone, and others search together, but in general they get their food directly from nature. Human food comes from nature too, but most people now get their food from other people. Over the past year, how much of what you ate did you get directly from nature, by picking it off of plants or hunting and killing animals? Probably most, if not all, of what you ate came either from supermarkets, where the food prepared by others is sold, or in dining establishments such as restaurants and cafeterias, where food grown by some people is cooked and served by others. If all those institutions abruptly went out of business and people had to get their food directly from nature, most of us would not know how to go about it. Many people would go hungry.

① Human activities are increasingly causing harm to nature.
② Humans, unlike animals, have the ability to process raw food.
③ Food can be used as a weapon to achieve economic objectives.
④ While animals obtain food from nature, humans do so from others.

08 주어진 글 다음에 이어질 글의 순서로 가장 적절한 것은?

The closer development comes to the poorest, most marginalized peoples in the world, the more likely it is that they will speak a different language from their neighbors.

(A) These same local elites also have the highest level of schooling and greatest competence in French. The educational system relies exclusively on French. Thus, development encounters exacerbate a self-perpetuating cycle involving language, development and education.

(B) Development is remote and not theirs. Villagers with little status rarely have any interaction with development agencies or their agents; only 4 percent (mostly men) had contact personally and in organized meetings. Development thus reaches local male elites more readily than the ordinary villager.

(C) Consider Cameroon, one of the most linguistically diverse and economically undeveloped African countries. For the Nugunu people in Ombessa, the idea of development, like French, the language in which it is most often offered and delivered, is seen as belonging to official spheres of activity.

① (A)－(C)－(B)
② (B)－(C)－(A)
③ (C)－(A)－(B)
④ (C)－(B)－(A)

09 밑줄 친 부분에 들어갈 말로 가장 적절한 것은?

In the debate over the death penalty, people often point to a crucial difference between a death sentence and a custodial sentence. In judging a person guilty, British law allows for the fact that if evidence comes to light later that questions the verdict, the verdict can be reconsidered and, if necessary, the punishment rescinded. If, however, the death penalty is carried out, this option is removed. The punishment cannot be rescinded because it is irreversible. Opponents of the death penalty use this fact in their arguments against capital punishment. To use philosophical language, the crux of their case is that any judgement of guilt or evidence given by a court is 'defeasible'. That is to say, the possibility — however remote — always remains open that the judgement will be revised in the light of new or unconsidered evidence. Given that such judgements are defeasible, it is therefore inappropriate to _____.
Such a course of action could only be justified if court judgements were indefeasible.

① sentence someone to a punishment that cannot be reversed
② determine without philosophical evidence if someone is guilty
③ keep postponing the judgement on a crime committed by someone
④ use death penalty as a terror instrument against political opponents

10 다음 글의 흐름상 가장 어색한 문장은?

Many inhabitants of large cities can't see the Milky Way from where they live, because of the brightness caused from lights in urban areas expending much of their energy — often uselessly — up into the sky. ① This isn't just a problem for amateur astronomers; observatories near urban areas are increasingly in danger of having their instruments made useless thanks to the glare from cities. ② For amateur astronomers, there's the additional nuisance of bright, glaring lights interfering with the eye's ability to adjust to the darkness — even in an area that is otherwise free of light pollution, a neighbour's all-night garage light can create problems. ③ The human eye is a wonderful instrument, but it can take a very long time to adjust to darkness. ④ The long term solution for light pollution includes smarter lighting in urban areas, including the shielding of lights so that their wattage is not wasted upwards. In the short term, however, the best solution is often simply to get out of town, and to find areas near you where light pollution is low.

01 밑줄 친 부분과 의미가 가장 가까운 것은?

> In Vienna, so as not to <u>infuriate</u> the indigent poor, tables are no longer placed near the window of the restaurants.

① appease
② beguile
③ override
④ exasperate

02 밑줄 친 부분과 의미가 가장 가까운 것은?

> It seemed <u>out of the question</u> to defeat such a large army with a small number of troops.

① realistic
② prudent
③ impossible
④ attainable

03 어법상 옳은 것은?

① If he had been more careful, the accident could have prevented.
② I thought that I would rather walk than to take the subway.
③ She looks forward to receive your reply as soon as possible.
④ Adolescence is the period during which an individual's future is determined.

04 우리말을 영어로 잘못 옮긴 것은?

① 그 특별 할인은 9월 말까지만 유효하다.
→ The special offer is only valid until the end of September.
② 우리는 경쟁자들에게 뒤처져서는 안 된다.
→ We must not let ourselves left behind by our competitors.
③ 너뿐만 아니라 그도 다가오는 월드컵에 관심이 있다.
→ He as well as you is interested in the upcoming World Cup.
④ 나는 강릉에 가본 적이 없어서 그곳의 깨끗한 바다가 궁금하다.
→ I have never been to Gangneung, so I'm curious about the clean sea there.

05 밑줄 친 부분에 들어갈 말로 가장 적절한 것은?

> A: What are some things we should discuss before renting a house?
> B: We've already set our budget, right?
> A: Right. How many bedrooms do we need?
> B: I think two will be enough for us.
> A: _____. There should be an extra bedroom.
> B: I doubt our budget could cover a three-bedroom house.

① We can have two beds in a single room
② But we often have guests staying at our house
③ Then I would rather live near the park
④ Sure, you always make the right choices

06 다음 글의 내용과 일치하는 것은?

> The Jules Rimet trophy, named after the longest-serving president of FIFA, occupies a special place in football's unique mythos. The trophy was stolen four months ahead of the 1966 World Cup, while on public exhibition in London, England. Fortunately, the trophy was located seven days after its first disappearance. 17 years later, in 1983, Brazil was keeping the trophy permanently in Rio de Janeiro because the country succeeded in winning it three times. Then, another theft occurred there, and it has never been found since. Some have suggested that the trophy may have been sold to be melted down into gold bars. However, since it was actually made of gold-plated sterling silver, such an outcome is not likely, and still, the ultimate fate of the Jules Rimet trophy remains a mystery.

① The Jules Rimet trophy was eventually found in Rio de Janeiro.
② Brazil is the three-time winner of the Jules Rimet trophy.
③ Jules Rimet was renowned for his trophy-making ability.
④ The gold content of the Jules Rimet trophy made it valuable.

The fork was introduced to Europe in the 10th century by Theophanu Byzantine, the wife of Otto the 2nd. It made its way to Italy by the 11th century and had become popular amongst merchants by the 14th. Although forks soon became a familiar sight all over Europe, they were long frowned upon north of the Alps. While our European cousins were tucking in with their new eating irons, the British simply laughed at this 'feminine affectation' of the Italians. British men would eat with their fingers and were proud! What's more, even the church was against the use of forks. Some writers for the Roman Catholic Church declared it an excessive delicacy that God in his wisdom had provided us with natural forks in our fingers, and it would be an insult to him to substitute them for these metallic devices.

① Differences in the Way Fork Was Accepted in Europe
② The Way Fork Became Symbol of Femininity
③ The Time Fork Was First Introduced to Europe
④ What Kept Roman Catholic Priests Away From Fork

By the time the dog has been bitten, the parasite has done some of its damage.

Many of us are allergic to insect bites. The bites itch, erupt and may even become infected. Dogs have the same reaction to fleas and/or mites. (①) When an insect lands on you, you have the chance to whisk it away with your hand. (②) Unfortunately, when your dog is bitten by a flea and/or mite, he can only scratch it away or bite it. (③) It may also have laid eggs to cause further problems in the near future. (④) The itching from parasite bites is probably due to the saliva injected into the site when the parasite sucks the dog's blood.

Economist and Nobel Prize-winner Milton Friedman is best known as a firm defender of the free market economy. Even more than Adam Smith, who had doubts, Friedman believed that the invisible hand of competitive self-interest would ultimately regulate markets, making regulation totally unnecessary. Friedman taught for many years at the University of Chicago and influenced many student economists who went forth to influence the economies of the world. Friedman's followers were often called Friedmanites, and Friedman's name has become a shorthand way of referring to those who believe _____.

① the government should play an active role in the economy
② markets can control themselves without any outside help
③ markets can't create a balance between supply and demand
④ the excessive regulation leads to the government shutdown

In areas where the soil is good and wildlife has been encouraged to live, very few plants behave invasively. For example, I would love to have lots of dandelions in my yard. __(A)__, over the course of twenty years, I have had only a few dandelion plants around my house. The explanation for their scarcity is that I have always landscaped with wildlife in mind, so I have animals that naturally limit the dandelion numbers for me. American Goldfinches enjoy dandelion seeds, diminishing the total number of seeds available to germinate. __(B)__, Eastern Cottontail Rabbits feed upon dandelion leaves. If they eat enough of a plant at once, this could delay or eliminate flowering, since defoliated dandelion has to put its energy into growing new leaves.

*defoliate: 잎을 없애다

(A)　　　　　(B)
① Yet ······ In addition
② Yet ······ Even so
③ Thus ······ As a result
④ Thus ······ Instead

01 밑줄 친 부분과 의미가 가장 가까운 것은?

> The college says he attended the conference and was insolent toward the scientists.

① imprudent ② obstinate
③ impolite ④ pretentious

02 밑줄 친 부분에 들어갈 말로 가장 적절한 것은?

> Economic forecasting is _____ because it is based on the probability of statistical information that may or may not be accurate.

① valid ② vital
③ viable ④ vague

03 밑줄 친 부분 중 어법상 옳지 않은 것은?

> The detailed history of urbanization ① began in Neolithic times. Once early humans devised techniques to cultivate and store food, they were easily able to gather in one place to settle. Mass production of food meant that larger numbers of people could be supported, and ② it allowed for specialization of labor because people were not burdened with hunting game and gathering food everyday. A small group of people could be in charge of ③ provide food for a large group; this freed many other members of the group to perform much-needed, different duties. While some people focused on agriculture and feeding the tribe, ④ others were able to devote time and energy to other tasks.

04 우리말을 영어로 잘못 옮긴 것은?

① 통계 수치는 MZ 세대의 취향을 분명히 보여준다.
→ The statistics clearly represent the tastes of the MZ generation.
② 당신은 유명할수록 더 겸손하게 행동해야 한다.
→ The more famous you are, the more modest you should behave.
③ 새 소프트웨어는 지난 금요일부터 오작동하고 있다.
→ The new software has been malfunctioning since last Friday.
④ 상처 부위를 이틀에 한 번씩 소독하는 것이 중요하다.
→ It is important that the wounded area be disinfected every other day.

05 밑줄 친 부분에 들어갈 말로 가장 적절한 것은?

> A: Look at those waterfalls near that bridge!
> B: Oh, they're beautiful. I want to go on a boat ride to see them up close.
> A: Okay, let's get on then.
> B: _____?
> A: Maybe, but I have an umbrella in my bag just in case.
> B: Okay, then we're all set!

① Have you gone on one before
② Then won't we get wet
③ Do you have the tickets
④ Should we get on now

06 다음 글의 내용과 일치하지 않는 것은?

> The corona, the sun's outer layer, reaches temperatures of up to 1.1 million degrees Celsius. At this level, the sun's gravity can't hold on to the rapidly moving particles, and they stream away, forming the solar wind. Sometimes the sun spits out large bursts of plasma known as coronal mass ejections (CMEs), or solar storms. More common during the active period of the cycle known as the solar maximum, CMEs have a stronger effect than the standard solar wind. If the surface of Earth were exposed to the solar wind, the radiation generated from charged particles would do severe damage to any life on the planet. However, Earth is protected by its magnetic field that serves as a shield from the solar wind by redirecting the particles. Our moon, in contrast, has nothing to protect it, so takes the full brunt.

① The solar wind does not reach the surface of Earth.
② CMEs are related to the periodic change in the sun's activity.
③ The moon has no protection from the solar wind.
④ The solar wind refers to the gas flow within the corona.

A remarkable thing about the Earth's outer core is that, despite the immense pressure, it is not solid. This has been demonstrated by studying the transmission of different kinds of seismic waves: compressional waves and shearing waves. A compressional wave (or P-wave) is just like a sound wave in air; it consists of alternate pulses of compression and dilation. A shearing wave (or S-wave) can be observed by shaking a jelly; it is an alternate side-to-side wobble travelling through the body of the material. An important distinction between seismic waves is that compressional waves can travel through anything, but shearing waves cannot pass through a liquid. This is because a liquid offers no resistance to shearing motion. Seismometers can distinguish between the two types of waves, and from this we can tell that only P-waves are transmitted through the outer core, which must therefore be liquid.

*seismic: 지진의

① physical properties of the inner and outer core
② types of waves that can travel through liquid
③ seismic waves as evidence for the fluid outer core
④ primary determinants of seismic wave speed

Traditional ethnographers described cultures that were expressed through communications among a few thousand persons.

(A) In that same era, half the households in the United States — almost 100,000,000 people — watched the television miniseries Roots. The scale and scope of communication has increased greatly in the ensuing two decades. In this milieu, old-fashioned ethnography cannot do a complete job.

(B) The population of the United States alone is 280,000,000 according to the 2000 census. Moreover, modern communications media make it possible for these vast numbers of people to share information instantaneously. Even as long ago as 1980, 150,000,000 people worldwide saw and simultaneously experienced the Super Bowl.

(C) For example, Raymond Firth's classic study was conducted on Tikopia, a Pacific island with a population of 1,300 in 1929; even if everyone on the island communicated with everyone else, the total number of relationships would only have been about 845,000. By contrast, ethnographers who work in modern societies confront numbers of a vastly greater magnitude.

① (A)−(C)−(B)
② (B)−(A)−(C)
③ (C)−(A)−(B)
④ (C)−(B)−(A)

One myth of the teacher as expert suggests that teachers are "all knowing" and that their teaching involves transmitting this expertise to students who not only are nonexperts but may know nothing. There are two major flaws that should convince people to discard this myth. First, assuming that the teacher is knowledge wealthy and the students are knowledge poor automatically denies the unique perspectives students bring to the classroom. Second, it is quite impossible for any individual to be an expert in all subjects, even when it comes to teaching kindergarten. For example, kindergartners are often curious about nature, and who could expect to have a complete knowledge of all things natural, especially as new discoveries are being made? Teaching at its best is a process of _____. Claims of being an expert suggest there is little more for the person to learn.

① becoming better
② giving and taking
③ integrating things
④ analyzing themselves

When we attend a funeral and are surrounded by others who have also known and shared the life of someone we love who has now passed away, we can feel the deceased's "spirit" within us. ① And, indeed, the patterns of activation of those trillions of neuronal connections within each of us at the memorial service may have similarities because of our parallel experiences with the deceased. ② As survivors, we attempt to deal with the loss by creating a sense of coherence with the loved one within the narratives we construct of our lives together. ③ It is important to enable people to know that there are different cultures in the world and that we need to learn to live together. ④ At such a memorial service, stories often will be told to "capture the life and the essence" of the person who has just died. This sharing of stories reflects the central importance of narratives in creating coherence in human life and connecting our minds to each other.

01 밑줄 친 부분과 의미가 가장 가까운 것은?

> Various studies of the noxious effects of the use of plastics containing these softeners for packing or transportation of foodstuffs showed that the softeners easily migrate into foodstuffs.

① tentative ② beneficial
③ equivocal ④ detrimental

02 밑줄 친 부분과 의미가 가장 가까운 것은?

> You don't just have to spend a lot of money to make a splash.

① get an opportunity ② maintain a relationship
③ establish trust ④ attract a lot of attention

03 어법상 옳은 것은?

① Our generation is very used to use digital devices.
② I wonder if the company will fire him just for that reason.
③ It was very difficult to book the movie, that I will watch tomorrow.
④ He should have had a stomachache because he ate too spicy food.

04 우리말을 영어로 잘못 옮긴 것은?

① 오늘 밤 우리 식당에는 손님이 거의 없었다.
  → There were few customers in our restaurant tonight.
② 집에 가는 길에 가족들이 상자를 옮기는 것을 보았다.
  → On my way home, I saw the family moved the boxes.
③ 그 사고가 없었다면 우리는 제시간에 도착했을 것이다.
  → But for the accident, we would have arrived on time.
④ 우리는 친절하고 예의 바르고 사려 깊은 사람을 찾고 있다.
  → We are looking for someone who is kind, polite and considerate.

05 밑줄 친 부분에 들어갈 말로 가장 적절한 것은?

> A: Hey, take a look at these photos.
> B: How cute! Those polar bears are swimming.
> A: That's not it. These bears can't stay on the ice because it's melting so quickly.
> B: Oh, I didn't realize. _____?
> A: We could start by riding a bike to work and taking stairs instead of an elevator.
> B: So we can reduce global warming and get exercise at the same time!

① Is there anything we can do
② Is it related to global warming
③ Where did you get these photos
④ What kind of exercises do you do

06 다음 글의 내용과 일치하지 않는 것은?

> "Trail of Tears" describes the journey of American Indians forced to leave their ancestral homes in the Southeast and move to the "new Indian Territory" in present-day Oklahoma. During the decade after passage of the federal Indian Removal Act in 1830, an estimated 60,000 Indians, African slaves, and white spouses traveled through Arkansas. They traveled upriver on steamboats and along primitive roads. Even with physicians assigned to most removal groups, many died from infectious diseases such as cholera, measles, and smallpox. No one knows how many are buried on the trail or exactly how many survived.

① The Trail of Tears refers to the forced migration of American Indians.
② Non-American Indian slaves and spouses were also subject to relocation.
③ A total lack of medical staff caused many to die on the journey.
④ The exact number of the survivors remains unknown.

Humans live inside a competition between automated behavior, which reflects habits, and mediated behavior, which defeats them. Should the brain streamline a neural network for efficiency, or arborize it for flexibility? We depend on being able to do both. Automated behavior gives us expertise: when the sculptor carves a statue, the architect builds a model or the scientist conducts an experiment, practiced dexterity helps to make new outcomes possible. If we can't execute our new ideas, we struggle to bring them to life. But automated behavior can't innovate. Mediated behavior is how we generate novelty. It is the neurological basis of creativity. As Arthur Koestler said, "Creativity is the breaking of habits through originality."

*arborize: 나뭇가지 모양으로 하다

① The Two Building Blocks of a Smart Brain
② Mediated Behavior Requires a Novel Insight
③ Habit Formation: The Best Choice for Efficiency
④ The Automation Of Creativity: Scary But Inevitable

If something or someone makes us question our competence on a task that we know moderately well but is *not* overlearned in this way, we can search our minds for the steps of the task and find them.

Anyone who is able to knit while watching TV, or listen to the radio while driving, knows how learned tasks drop out of mind. As we repeat a task over and over again and become better at it, the individual parts of the task move out of our consciousness. (①) Eventually, we come to assume that we can do the task although we no longer know how we do it. (②) In fact, questioning the process can have surprising results. (③) We can then conclude that we are not incompetent. (④) However, if we know a task so well that we can perform it "expertly" (mindlessly), these steps may no longer be consciously available and we may doubt our competence.

I have a friend who has extensive coaching experience with both boys and girls at the high school level. He said the girls made him a better coach for both. Initially concerned about not wanting to hurt the girls' feelings, he learned to use more constructive language and to say it in a gentler tone. He then discovered that the same technique made him more effective with the boys. He also found that girls, in general, thought more they were playing on the same team. They were less likely to criticize another player and more likely to give encouragement and to acknowledge outstanding plays. He felt that the atmosphere and the chemistry on his boys' teams improved significantly when he taught them _____.

① the belief in training methods
② the necessity of skill development
③ the importance of a teammate's words
④ the consequence of exposure to competition

Today, India is a very diverse country, with more than 1.3 billion people in its 28 states and seven territories. Although the Constitution of India does not give any language the status of national language, it officially recognizes 22 languages.   (A) , according to the Census of India of 2001, India has 122 major languages and 1599 other languages. Among them, Hindi is the official language of the Union Government of India and one of the most widely spoken.   (B) , it is a misconception that the majority of people in India speak Hindi. At least 56 percent of Indian residents speak something other than Hindi. Marathi, Telugu Tamil, Gujarati and Urdu are some other languages spoken in the country.

	(A)	(B)
①	In fact	Thus
②	In fact	Nevertheless
③	In conclusion	Besides
④	In conclusion	However

📋 정답/해설 113p

01　밑줄 친 부분과 의미가 가장 가까운 것은?

> Marketplaces served as open town halls where people gathered to discuss and <u>ponder</u> local issues.

① contemplate
② disclose
③ precipitate
④ unravel

02　밑줄 친 부분에 들어갈 말로 가장 적절한 것은?

> Charles had great success in real estate investment, enabling him to _____ and live a satisfying life.

① go through the roof
② go from rags to riches
③ go off the deep end
④ go down the drain

03　밑줄 친 부분 중 어법상 옳지 않은 것은?

> The social security program in general was controversial from the beginning. Nevertheless, it ① <u>was regarded</u> as a great success through the seventies. However, financial reports that surfaced around that time showed that the system ② <u>would require</u> reorganization to manage the aging population that had an uneven ratio of workers to retirees. For instance, in 1940 there ③ <u>were</u> nearly six workers for every retiree over age 65. However, in the year 2040, for instance, that ratio will be two to one. This could ④ <u>be resulted in</u> the bankruptcy of the social security system.

04　우리말을 영어로 가장 잘 옮긴 것은?

① 그녀는 샴페인을 즐겨 마시고, 그녀의 남자친구도 그렇다.
　→ She enjoys drinking champagne, and so is her boyfriend.
② 그녀가 최근에 산 헤드폰은 내 것보다 훨씬 더 무거웠다.
　→ The headphones she bought recently were very heavier than mine.
③ CEO는 그렇게 재능 있는 직원을 잃은 것에 대해 슬픔을 표현했다.
　→ The CEO expressed his sadness at the loss of such talented a employee.
④ 너의 도움이 없었다면 나는 더 크게 다쳤을 텐데.
　→ Had it not been for your help, I would have been injured more seriously.

05　밑줄 친 부분에 들어갈 말로 가장 적절한 것은?

> A: How may I help you?
> B: Hello, I'd like to sign up for a French course for beginners.
> A: Sure. Is it your first time learning French?
> B: No, I took a course a while back, but I don't think I remember much.
> A: Why don't you take the level test to see which course fits you?
> B: _____

① Thank you for offering me the opportunity to teach!
② We provide courses for five different levels.
③ That would be perfect. When can I take it?
④ I don't think my English is good enough.

06　다음 글의 내용과 일치하는 것은?

> One of the most effective and enduring military formations in ancient warfare was that of the Greek phalanx, a close-rank, dense grouping of warriors armed with long spears and interlocking shields. The strength of the Greek phalanx lay in the endurance and discipline of the soldiers who made up the closely-packed rectangular formation of shields and spears. Once the phalanx was formed the soldiers would advance slowly toward the opposing army, fending off missile blows with their shields and holding the formation tightly in order to break through the ranks of the other side. Before the 5th century B.C., a battle was decided by the formations initially placed in the field and, consequently, the men who made up the phalanx formations had to be prepared to outlast their opponents. Once two phalanxes engaged each other on the field, the battle was on until one side broke ranks and was defeated.

① Soldiers' capabilities played a major roll in the Greek phalanx.
② The Greek phalanx could change to other formations.
③ A clash of two Greek phalanxes barely happened in a battle.
④ The Greek phalanx was devised for faster movement.

The shape of your body and physical attributes are based upon your thoughts and beliefs and cannot be alienated from them. If you are 5'10", you cannot think your way into a 6'2" frame, since your beliefs regarding the capabilities of your body stand guard against such attempts. Yet, you do change over your lifetime rather significantly. The changes that you see are those permitted by yours beliefs, such as when you age. At any given point, you can always trace the perception that you have of your body back to your thoughts. As your thoughts change over time, your conscious mind alters the perception that you have of your physical body, so that the body coincides with your thoughts and beliefs. Consequently, you change because your thoughts change.

① Physical ability tends to decline as you age.
② Beliefs are formed mainly during childhood.
③ Thoughts and beliefs are by-products of experiences.
④ The body changes only when thoughts and beliefs change.

Biography rubs up all the time against rival ways of understanding and explaining human beings and the nature of identity — psychoanalysis, philosophy, fiction, poetry, sociology, ethnography, history.

(A) Freud feared and distrusted biography (especially any that might be written of him) for its simplifications and over-conclusiveness. Proust argued against the critic Sainte Beuve for belittlingly interpreting the works of his chosen writers through their lifestories.

(B) Practitioners of those disciplines often have a hostile or skeptical attitude to biography: there are many examples of poems written against biography, especially in the 19th and 20th centuries, or of novelists treating biography with ironical suspicion or distaste.

(C) Yet Freud was fascinated — as in his case-study of Leonardo — by the possibilities of psychoanalytical biography, and Proust made his life's work a fiction which both resisted and invited biographical interpretation.

① (A)－(C)－(B)   ② (B)－(A)－(C)
③ (C)－(A)－(B)   ④ (C)－(B)－(A)

Genetic variation within a species can result from a few different sources. Mutations, the changes in the sequences of genes in DNA, are one source of genetic variation. Another source is gene flow, or the movement of genes between different groups of organisms. Finally, genetic variation can be a result of sexual reproduction, which leads to the creation of new combinations of genes. Genetic variation in a group of organisms enables some organisms to survive better than others in the environment in which they live. Organisms of even a small population can differ strikingly in terms of how well suited they are for life in a certain environment. An example would be moths of the same species with different color wings. Moths with wings similar to the color of tree bark are better able to camouflage themselves than moths of a different color. As a result, the tree-colored moths are more likely to _____.

① become extinct due to poor reproduction
② survive and pass on their genes
③ influence the proliferation of the same colored trees
④ move away from existing habitats to find new ones

Ananda woke up with a feeling of sinking in darkness. It was cold and dark, and for a moment he thought he had wet his bed. As he slowly gathered his wits and his robe, he realized that he had kicked a water pitcher in his sleep. The sharp tingle of cold water on his legs made his face reddened. He should have been careful and not put the pitcher close to his mat on the floor. He felt that he was yet to get used to the new surroundings. Even the darkness of the room felt unfamiliar to him and made him aware of how distant he was from his home and his parents.

① thrilled and excited
② peaceful and calm
③ detached and indifferent
④ awkward and embarrassed

This is TRENDY HALF!

심우철
하프 모의고사

Shimson_lab

커넥츠 공단기 gong.conects.com
심슨영어연구소 카페 cafe.naver.com/shimson2000